무한세계

SAP ERP 여행

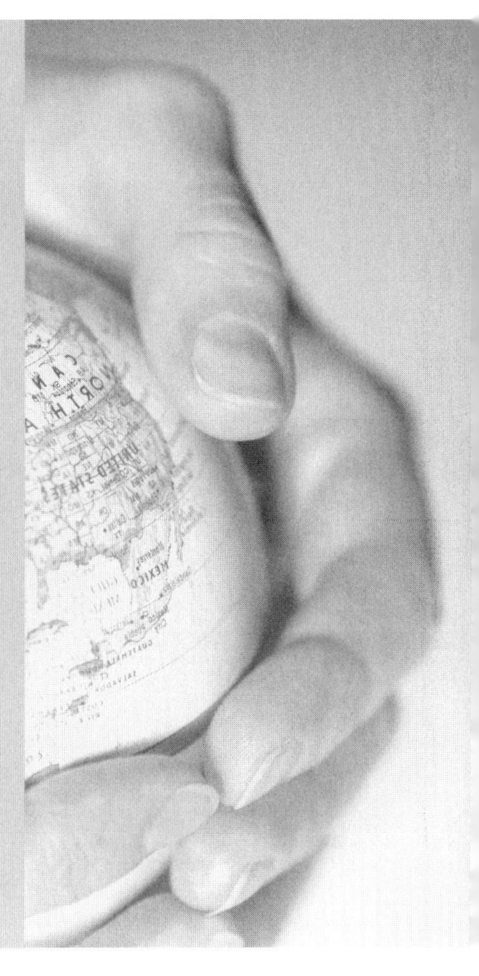

함용석

도서출판 두남

머리말

ERP의 세계는 무궁무진합니다. 조그마한 CD 몇 장에 담긴 소프트웨어인데 이 안에는 수 만명의 경영학자와 박사들의 이론 및 지식과 산업계 전문가들의 경험이 담겨있는 무한의 세상입니다. 이 ERP의 세계로 탐구여행을 하며 책을 써보니 더욱 더 큰 세상에 말문이 막힐 뿐입니다.

흔히 대학에서 기업체에 딱 맞는 교육을 하지 않는다고 기업체에서 불만이 많고, 미디어에서도 이런 이야기들을 많이 합니다. 정부에서도 맞춤형 교육 또는 주문식 교육의 필요성이 대두되고 있는 실정입니다. 그러나 저자는 경영학과에서 ERP를 학습하면 대부분의 기업의 경영 관련 주문식 교육을 수행하는 것이라고 주장합니다. 그 이유는 ERP S/W 안에는 초우량기업의 우수 업무 프로세스(Best Practices)가 담겨있고, 경영학에서 배우는 많은 이론들이 이 안에 담겨 있기 때문에, ERP의 이론과 사상을 학습한다는 것은 대부분의 기업보다 우수한 프로세스를 학습하는 것이므로 자연히 주문식 교육이 된다는 생각입니다.

저는 ERP를 수단으로 경영혁신을 이루고 실제 기업성과가 비약적으로 개선된 기업들을 대상으로 컨설팅을 한 바 있습니다. 산업계에서 ERP를 실제 구축하고 운영한 경험을 바탕으로 대학생들에게는 우수 업무 프로세스를 학습하게 하고, 기업의 구성원들은 업무 프로세스를 개선하기 위해 ERP를 쉽게 익히는데 도움을 받을 수 있는 책을 쓰고 싶었습니다. 특히 대학에서 ERP를 강의할 필요성은 느끼고 있는데, 막상 강의하려니 산업계에서 요구하는 내용을 강의할 만한 교재가 별로 없다는 한계를 느꼈습니다.

이 책은 대학에서 두 학기 정도에 강의를 할 수 있는 분량입니다. 1부의 <ERP 이론 및 기능>을 한 학기에 강의하고, 두 번째 학기에 1부의 6장 자재관리 모듈의 주요 기능과 7장 영업/유통 모듈의 주요 기능을 복습하며 2부의 <SAP ERP의 실습 및 응용>을 실습하면, ERP의 통합성을 이해하며 컨설턴트로 입문하는 수준에 이르리라고 생각됩니다.

이 책의 1부에서는 SAP ERP에 초점을 맞추어 전반적인 ERP 관련 이론을 살펴보았습니다. 특히 8장의 ERP 추진 사례는 ERP를 단순히 구현한 기업이 아닌 ERP를 통해 경영혁신을 이루고 비약적인 성과 향상을 이룬 기업들의 추진 과정과 변화관리 내용을 상세히 설명하고자 노력하였습니다. 영업/유통 모듈과 자재관리 모듈은 학생들이 가장 흥미를 느낄 수 있는 분야이고, 생산관리 및 회계 분야와 밀접히 통합되어 있어 ERP의 특성을 가장 잘 반영하고 있는 모듈입니다. 1부 6장과 7장에서 이 두 모듈의 주요 기능 위주로 설명하고, 실습을 가이드하기 위해 2부 2장에서 자재관리 모듈을 통해 기본 기능을 익히고, 2부 3장에서 생산관리 모듈을 통해 영업/유통 모듈 및 자재관리 모듈과 연계된 주요 생산 프로세스에 대한 흐름을 살펴보았으며, 2부 4장에서 영업/유통 모듈을 통해 비즈니스 시나리오에 기초한 업무를 실습할 수 있도록 구성하였습니다. 마지막으로 2부 5장에서 실제 기업에 적용될 수 있는 프로세스를 SAP ERP에 구현할 수 있도록 영업/유통 모듈 위주로 Configuration과 이를 응용할 수 있는 실습 화면을 구성하였습니다.

처음에 SAP ERP를 기증받고 강의계획서를 만들 때만해도 해야 할 일들이 많아 어렵게 느껴졌는데, 이제는 차츰 발전하고 있는 ERP 전공 트랙을 보며 보람을 느낍니다. 벌써 ERP 관련 전문 업체들에 취업이 되어 ERP 실력이 부쩍 늘은 졸업생들, 그리고 일반 업체에 취직했는데 SAP ERP로 수출영업 업무, 생산 및 자재관리 업무, 회계 업무를 하고 있다는 졸업생들이 찾아올 때마다 기업체에 더욱 도움이 되는 교육과정이 되도록 노력해야겠다는 생각이 듭니다.

저자의 글 솜씨가 부족하여 아직 미흡하지만 이 책이 나오기까지 많은 분의 도움을 받았습니다. 우선 SAP ERP S/W를 기증해주시고, 학생들을 잘 가르치도록 격려해주신 SAP Korea의 한의녕 사장님, 양희천 부사장님, SAP ERP S/W의 문제점에 대한 수정을 지원해주신 Accenture의 전성욱 전무님, 김해근 선생님, 주문식교육 협약을 맺고 적극적으로 도와주신 ASPN의 한창직 사장님, 정택근 상무님께 감사드립니다.

또한 필요한 자료를 제공하고 같이 상의해주신 김태영 교수님, 정운형 팀장님, 박현성 선생님께 진심으로 감사의 말씀을 전합니다.

그리고 연구보조원으로 일한 경영학부의 김현주, 박용정, 방주희, 최수영 학생이 더운 여름, 추운 겨울동안 내내 묵묵히 도와주었습니다. 또한 도서출판 두남의 전두표 사장님, 이승구 상무님과 편집에 힘써주신 양준석 상무님과 곽은옥씨께도 감사드립니다.

끝으로 ERP 교육과정 개발과 운영을 성심껏 도와주신 동양공전 경영학부의 모든 교수님들께 감사드립니다.

2008년 2월

저자 함용석

차례

1부 ERP이론 및 기능

제3장 SAP ERP의 구성 및 모듈별 특성 _45

제4장 ERP도입의 필요성과 효과_87

제8장 ERP의 추진 및 변화관리 사례_223

2부 SAP ERP의 실습 및 응용

제1장 SAP ERP 사용 방법_241

제5장 Configuration 실습 및 응용_359

제 1 부

ERP이론 및 기능

제1장 ERP의 개요

1. ERP의 개념

현재 국내외의 선진기업들은 경쟁력을 확보/유지하기 위한 노력의 일환으로 ERP의 도입 또는 구현에 많은 관심을 기울이고 있다. ERP는 Enterprise Resource Planning을 줄인 말로, 우리 말로는 전사적 자원 관리(全社的 資源 管理)로 불리어지고 있다.

ERP는 직역하면 기업자원 계획이라고 할 수 있겠지만, 정보의 통합을 통하여 기업의 모든 경영 자원을 최적으로 관리하자는 개념에 근거한 IT 솔루션이기 때문에, 그 의미로는 전사적 자원 관리라고 번역하는 것이 더 타당하다. 말 그대로 기업 활동을 위해 쓰여 지고 있는 기업 내의 모든 인적·물적 자원을 효율적으로 관리하여 궁극적으로 기업의 경쟁력을 강화시켜 주는 역할을 하게 되는 통합정보시스템이라고 할 수 있다.

한때 e-business가 유행이 되면서 기업마다 무조건적인 인터넷화를 추진한 시절이 있었다. 그러나 결국 델이나 시스코 그리고 국내의 삼성전자나 볼보건설기계, 한국타이어 사례에서 업무 프로세스의 혁신과 ERP의 추진으로 e-business의 기본 정보가 나오지 않고서는 궁극적으로 e-business가 성공할 수 없다는 사실을 깨닫고, 국내외적으로 더욱 ERP의 중요성이 부각되었다.

ERP를 경영관리시스템의 새로운 개념으로 파악하고 이러한 관점에서 개념을 정리하면 다음과 같이 세가지로 나누어 볼 수 있다.

- ERP란 경영자원의 효과적 이용이란 관점에서 기업 전체를 통합적으로 관리하고 경영의 효율화를 기하기 위하여, 경영 이론과 실무를 사전에 프로그

래밍하여 놓고, 기업에 맞도록 조합시킬 수 있도록 패키지화한 수단이다.

- ERP시스템이란 최신의 IT(Information Technology) 기술을 활용해 수주에서 출하까지에 이르는 일련의 공급사슬(Supply Chain)과 관리회계, 재무회계, 인사관리를 포함한 기업의 기간업무를 지원하는 통합정보시스템이다.
- ERP란 공급사슬 상에 있는 기업(Enterprise)의 모든 경영자원(Resource)을 효율적으로 계획(Planning)하고 관리하는 매니지먼트 시스템이다.

이상으로 ERP시스템에 대한 개념을 몇가지 소개했는데 중요한 것은 'ERP란 기업의 이익을 최대화하기 위해 영업, 생산, 자재, 물류, 회계, 원가 그리고 인사 등의 기업 기간업무를 조직 횡단적으로 파악하고 전사적으로 경영자원의 활용을 최적화하는 계획과 관리를 위한 경영개념'이라는 것을 명확히 이해하는 것이다.

ERP패키지는 통합 데이터 베이스를 중심으로 많은 우량 기업의 비즈니스를 담고 있는 베스트 프랙티스(Best Practices)를 갖고 있고, 비교적 단기간에 업무 프로세스와 조직 혁신을 실현하기 위한 솔루션 모델을 제공한다.

점차 IT가 발전하여 이러한 시스템을 관계형 또는 객체지향형 DBMS, GUI, 개방형 시스템, C/S, 4GL, Web 기술, EDI, 워크플로, Data Warehouse의 최신기술이 뒷받침해주고 있다. 위의 개념적, 기술적 특성을 바탕으로 ERP는 '기업이나 조직의 업무 다각화 전략에 따른 분야별 기능의 지역적 분리 상황에 맞추어 물리적으로 떨어져 있는 조직체간의 업무기능과 지역적인 한계를 넘어 기능의 연계, 더 나아가 통합적인 관리를 할 수 있도록 지원하는 종합적 자원 관리 시스템'이라고 정의할 수 있다.

통합적인 관리를 한다는 말이 쉽게 이해되지 않을 수 있다. 이를 위해 기업에서 수주를 하면서 수행하는 활동을 예로 들어 간단히 통합성에 대해 이해하여 보자. 기업이 속해있는 시장이 매우 다양하여 주문형 생산 및 영업을 하는 경우와 계획 생산하여 불특정 다수에게 소비재를 재고 영업하는 경우 등에 따라 영업업무 프로세스가 매우 달라진다. 일반적으로 주문형 생산 및 영업을 하는 경우라고 가정해보자.

[그림 1-1]은 ERP의 통합성을 보여주는 하나의 주문 프로세스 사례이다. 일반적으로 고객의 문의나 견적요청을 바탕으로 고객의 주문을 받게 된다. 주문을 받으면서(수주) 가격결정을 한 후 재무적인 판단을 하게 되는 데, 이 때 여

신 점검(고객의 신용도 점검)을 한다. 즉, 고객이 과거에 구입한 불량외상매출금이 신용한도 이상으로 많이 남아있지 않은 지를 점검해야 한다. 그리고 자재의 가용성 및 생산용량의 적정성 등과 같은 능력 점검을 한 후 생산해서 조달할 수 있는 지 여부를 판단하고, 출하 판단을 한다. 그리고 이익 분석을 하기 위해 원가가 얼마인지, 원가 대비 판매가가 적정한 이윤을 남기는 지를 계산하는 이익 판단을 하고 수주가 완료 된다. 과거의 단위 시스템이었다면 영업시스템에서 수행하다가 여신점검을 위해 회계부서에 문의하고, 능력점검을 위해 구매 및 생산 부서에 문의하며, 이익판단을 위해 관리/원가부서에 문의하여야 할 상황에서 ERP라는 통합시스템에서는 바로 즉시 실시간으로 조회가 가능한 것이다. 또한 수출의 경우 해외 통화로 대금청구를 해야 하는 상황이라면 재무부서에서 통화 위험을 판단해야 하는 경우도 있을 것이다. 통화 위험이란 환율의 변동 또는 물가 상승(Inflation)이나 하락(Deflation)에 따른 위험을 말한다.

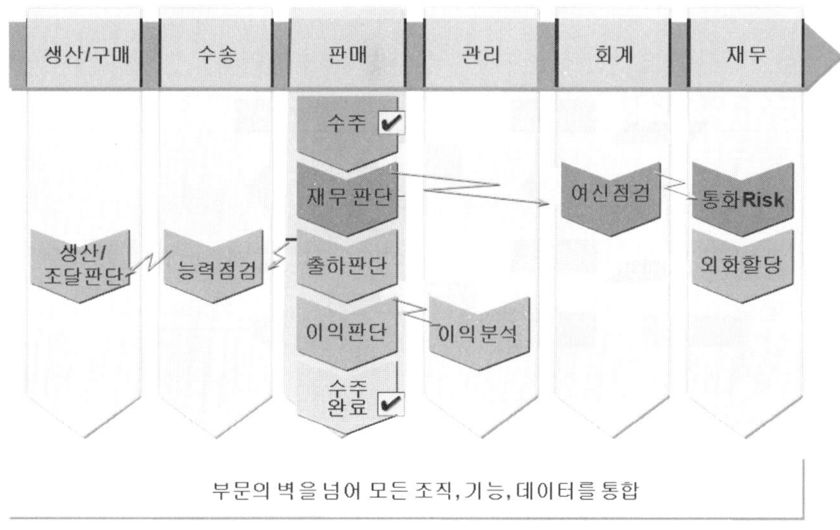

[그림 1-1] 주문 프로세스의 실시간 통합성 개념

이와 같이 ERP는 실시간 처리 시스템이고, 모든 모듈이 서로 통합되어 있으며, 또한 모든 조직, 기능, 데이터가 통합되어 있는 시스템이다. 이상의 개념과 정의를 바탕으로 ERP를 하나의 정의로 보기 어려우므로 관점에 따라 전사적 자원관리 이외에 실시간 기업 최적화 시스템, 기업 성과 극대화 시스템, 매개

통제방식의 통합경영 시스템, 업무내장 기업최적화 시스템이라고 생각하면 될 것 같다.

2부에서 여러분은 SAP ERP에 영업주문을 입력하는 화면을 보게 될 것이다. 다양한 가격 정책에 대한 자동 가격결정 및 이익 판단, 다양한 여신 점검 메커니즘에 기반한 여신점검, 다양한 가용성 점검 파라미터 조정을 통한 납기 가능성 판단, 제품 재고 및 출하예정 리스트 조회를 통한 출하 판단에 대한 기능들을 순차적으로 살펴볼 것이다.

ERP에 익숙해지고, ERP를 통해 업무처리를 하면 복잡한 회사나 공장의 物과 財의 흐름이 한 눈에 보인다. 즉, 조그마한 컴퓨터 모니터를 통해 바둑판같이 작지만 무한의 조합이 가능한 ERP S/W를 관찰하면, 큰 회사나 공장이 운영되는 모습을 파악할 수 있는 것이다. 지금부터 재미있는 ERP의 세상, 무한한 ERP의 세상으로 여행을 떠나보도록 하자.

2. ERP의 배경

1990년대 들어 글로벌 경쟁체제로 들어서면서 경영환경이 급변하고 특히 컴퓨팅 파워가 막강(저비용 고효율 구조: H/W비용이 급락, 첨단 IT출현)해졌다. 또한 시장 구조가 생산자 중심에서 소비자 중심으로 전환되어 가고 있는 가운데, 기업체들은 살아남기 위해서 IT자원을 활용한 첨단의 경영 기법을 필수적으로 도입해야 하는 상황에 처하면서 자연스럽게 ERP가 주목을 끌게 된 것이다. ERP는 기업의 통합정보시스템을 구축하기 위해 첨단의 IT를 기반으로 하여 선진 비즈니스 프로세스가 구현된 패키지 소프트웨어이므로 첨단 IT자원과 선진 비즈니스 프로세스를 동시에 기업에 접목시키는 수단으로 받아들여진 것이다.

쉽게 말해 기업체들은 ERP도입을 통하여 첨단의 IT 및 경영기법을 동시에 얻을 수 있게 된다. 이러한 ERP라는 개념은 가트너 그룹에서 MRPII(Manufacturing Resource Planning)에서 확장된 개념으로 처음 명명했다.

여기서 반드시 짚고 넘어가야 할 것은 ERP를 도입한다는 것은 단순한 전산화 시스템을 구축하는 것이 아니라는 점이다. 마치 새로운 공장을 짓고 새로운

회사를 설립하는 것과 같이 기존의 시스템과는 전혀 다른 혁신적인 업무와 통합성의 이점을 고려하여 ERP를 도입, 활용함으로써 일 처리방법이나 구조를 본질적으로 개혁시켜야 그 의미가 있다고 설명할 수 있다.

ERP가 왜 나타났는지에 대한 등장 배경을 먼저 살펴보자. 용어만을 보면 전사적으로 필요한 모든 자원을 효율적으로 관리하여 생산성을 극대화시키자는 말로 이해될 것이다. 2000년대를 맞이하여 기업은 내적·외적인 환경 변화에 유연히 대응할 수 있는 능력을 확보해야 하는 동시에, 경쟁에서 살아남고 이익을 내기 위한 준비를 해야 한다.

과거와 현재의 경영 패러다임을 비교해 본다면 과거는 고도 성장과 매출 극대라고 볼 수 있다. 그러나 현재의 경영은 빠르게 변하는 기업환경에 적절하게 대응하면서도 이익 중시의 경영을 하는 것이 중요한 이슈이다. 현재의 기업이 생존하고 성장하기 위해서는 외부 환경변화를 항상 주시하고, 환경과 기술의 변화에 대응할 수 있는 노력과 투자로 능력을 확보해야 한다.

ERP시스템의 전략측면에서 본다면 기업의 환경 변화요인은 다음의 7가지로 요약할 수 있다. 아래의 7가지 환경 변화 요인에 의해 ERP시스템 구축의 필요성은 더욱 증대되고 있다.

2.1 경영 환경 변화요인

(1) 기업의 세계화·국제화, 외부와의 경쟁

세계화·국제화 시대에 외국으로 진출하는 많은 기업들은 자국의 본사 또는 타 지역의 지사와 원활한 정보 교환을 위해 다국적 기업에서 사용이 가능한 정보시스템을 요구한다. 기업의 해외 진출이나 사업이 세계적인 규모로 확대될 경우에 대비하여 각국의 언어, 통화를 비롯해 회계 기준 및 법 제도에 대응해야 하는 경우도 많다. 그리고 세계화·국제화의 흐름은 세계 도처에서 다수의 경쟁자와 경쟁해야하는 필연적 과정을 요구한다. 이러한 경쟁에서 우위를 점하는 기업은 더욱 많은 기회를 얻게 되고, 이러한 경쟁의 승리를 위해서 기업 시스템 전체가 경쟁력을 갖추어야한다. ERP시스템을 도입하며 세계화 시대에 대비함으로써 업무 프로세스를 표준화시키는 것은 타 기업에 대해 총체적 우위를 가지게 하고 이러한 우위는 차별화된 경쟁력을 가져온다.

(2) 다량화 · 분산화된 정보의 통합화

정보화 시대에 부응하여 기업은 여러 곳에 산재해 있는 다량의 데이터를 효율적으로 수집하고 이를 가공하여 기업에 유효한 정보로 가공하고 보관하여야 한다. 이러한 정보의 통합을 위해 사람, 정보, 기술이 직접적으로 연결되는 네트워크 기술이 필요하다. 그리고 지식화 시대에 맞춘 정보분석시스템이 요구되고 있다.

(3) 빠른 제품 라이프 사이클과 수익률의 감소

고객의 제품, 서비스에 대한 요구의 다양화는 제품 전체의 라이프 사이클을 단축시키고 있다. 이러한 라이프 사이클의 단축으로 인해 제품 개발에 투자되는 단위기간 비용은 늘어나고, 반대로 제품 판매 기간이나 수량이 감소되어 이윤은 적어지는 추세에 있다. 이러한 추세에 대비하여 고객의 요구 분석능력과 생산을 최적화시키는 능력이 더욱 요구되고 있다. 고객이 요구하는 품질의 신뢰성과 고객 개개인의 기호를 맞춘 일품생산(一品生産) 형태를 가지기 위해서는 품질 정보시스템과 고객관리 정보시스템 구축이 필요하다.

(4) 고객지원 체계의 발달

보다 많고 자세한 고객정보를 신속하게 파악하는 것은 고객지원체계에 있어 가장 중요한 요소이다. 시간과 서비스에 뒤진 고객지원 체계는 기업의 성장에 절대적인 마이너스 요인으로 작용할 것이다. 기업은 고객과 친밀한 정보시스템을 확립함으로써 고객정보의 효율적 관리, 고객의 니드에 대한 신속한 대응, 시장 세분화 조사 등을 만족스럽게 수행할 수 있다.

(5) 생산품질의 고급화

고객의 기대에 도달하거나 혹은 고객의 기대를 초과하는 생산품질을 달성한다는 것은 고객의 마음속에서 다차원적인 의미를 가진다. 고객이 구매한 제품이 설계사양서와 일치하거나 고객의 마음 속에서 얼마나 많은 가치를 지니는가로 평가되는데, 이러한 기대 품질을 달성하기 위해 기업은 영업, 생산, 자재, 원가 등 여러 분야에서 통합된 정보가 필요해지고 있다.

(6) 지적 작업자 등장

이제 기업은 단순 작업을 하는 인재는 많은데, 지식 경영에 필요한 지식 작업자는 부족한 양극화의 고민을 해소해야 한다. 또한 이러한 지식 작업자의 업무를 지원하여 생산성을 향상 시킬 수 있는 시스템이 점점 더 요구되고 있는 실정이다.

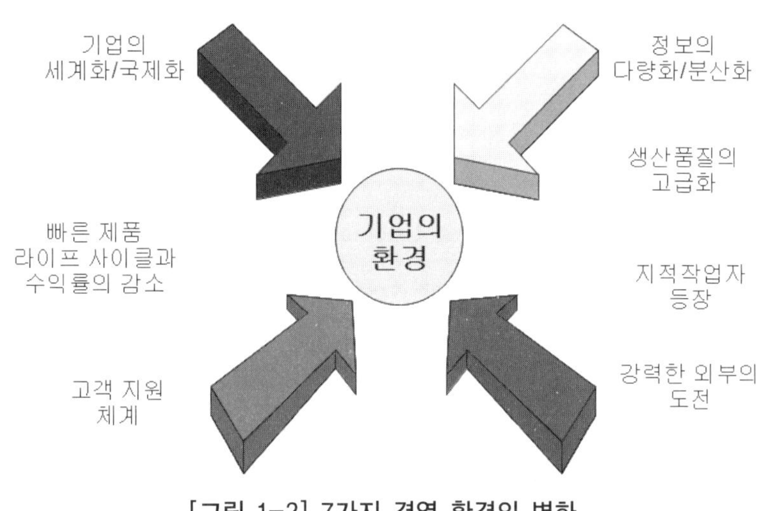

[그림 1-2] 7가지 경영 환경의 변화

(7) 강력한 외부의 도전

급격한 환경의 변화와 도전에 직면하여 시시각각 변화하는 실제 상태에 근거해 각종 경영판단이나 의사결정을 적시에 내리는데 도움이 되는 시스템이 필요해지고 있다. 그리고 어떤 업무에 대한 의사결정이 다른 업무에 어떠한 영향을 미치는가를 사전에 평가할 수 있는 전략적 관리가 요구되는 상황이다.

2.2 기술적 변화요인

위에서 본 경영 환경 변화요인에 의해 ERP시스템에 대한 필요성은 더욱 더 증가하였다. 현재 이러한 ERP시스템이 탄생할 수 있기까지 기술적인 요인 관점에서의 발전을 보면 다음의 9가지로 분석할 수 있다.

(1) 개방형 시스템

개방형 시스템은 이기종간의 시스템 연계를 원활히 지원해주는 통합 시스템 구축의 기본 골격을 형성하고 있다. 전사적인 자원 관리를 기본적인 목표로 하고 있는 ERP시스템에서 다양한 기종을 연결시킬 수 있는 개방형 시스템이라는 것은 가장 중요한 기본 개념이다.

(2) GUI와 4GL, CASE

지금까지 정보시스템의 문제는 보통 사람이 이해하기 어려운 시스템의 구성과 영어를 위주로 한 전산용어였다. 이러한 문제로 사용자는 쉽게 정보시스템에 접근할 수 없었다. GUI(Graphic User Interface)의 등장은 사용자가 쉽게 정보시스템에 접근할 수 있게 하였다.

그리고 4GL(Fourth Generation Language)의 등장으로 프로그램의 개발이 용이해지고 좀 더 사용자 중심의 프로그램 개발이 가능해졌다. CASE(Computer Aided Software Engineering)도구도 역시 개발 생산성의 증대와 소프트웨어 품질보증의 측면에서 ERP발전에 많은 공헌을 했다. 기존의 프로그램 방법론에서는 한번 개발된 프로그램을 급변하는 기업환경에 맞추어 수정하거나 보완하는 작업이 매우 어려웠다.

그리하여 이 작업에 소요되는 시간은 시스템을 처음부터 다시 개발하는 것과 비슷할 뿐 아니라, 수정이나 보완을 한다 해도 그 시스템이 완성된 후에는 이미 구형시스템이 되어 버리는 경우가 허다했다. 이에 따라 소프트웨어 개발뿐만 아니라 유지 보수 측면에서 유연성 있게 활용하기 위해서 사용하게 된 것이 4GL이나 CASE 도구라고 할 수 있으며, ERP시스템 역시 이러한 개념에서 4GL이나 CASE 도구를 기본으로 채택하고 있는 것이다.

(3) C/S 시스템과 Web 기술

C/S 시스템(Client/Server System)의 개념은 공용성이 높은 정보는 서버에 보관하고 개별적인 시스템은 사용자 측의 클라이언트에서 관련 정보를 보관하여 관리한다는 것이었다. ERP시스템에 이러한 C/S의 개념이 도입되면서 정보의 공유와 시스템의 소형화에 많은 기여를 하게 되었다. 이제는 이러한 C/S 중심의 ERP시스템에 Web 기술을 접목하여, 어디에서든 자사의 정보시스템에 접근

하여 업무를 처리할 수 있는 업무 환경을 만들어가고 있다.

(4) 관계형 데이터베이스(RDBMS : Relational Data Base Management System)

ERP시스템에서 요구하고 있는 대단히 복잡하고 엄청난 거래를 소화해내기 위해서는 반드시 저장 창고인 DB가 고기능화가 되어야 한다. 현재 ERP 시스템에서 운영되고 있는 DB는 Oracle, Informix, Sybase, SQL 등인데 DB의 채택은 주로 운영 환경과 하드웨어 등 전체의 플랫폼에 의해 결정되고 있다.

(5) 객체지향기술(OOT : Object Oriented Technology)

ERP패키지내의 각 모듈 (Module : 프로세스)은 각기 독립된 개체(Object)로서의 역할을 하게 된다. ERP시스템은 이렇게 많은 모듈들의 집합체이다. 각 모듈들은 자기 고유의 기능을 가지면서 다른 모듈들과 객체지향 방식의 인터페이스를 통해 전체적으로 시스템의 효율을 향상시킨다.

(6) 워크플로(Workflow)

기업 업무가 복잡해지면서 사무실의 서류가 점차 복잡해져 가고 있고, 업무관리의 표준화가 더욱 어려워지고 있다. 워크플로 개념은 특정 업무가 수행되었을 때 연이어 수행되어야 할 업무에 대해 알려주거나, 결재가 진행되도록 필요한 사람에게 공지되는 것이다. 이러한 워크플로는 기업의 기간 업무에 대한 자동화 및 표준화를 지향하고, 관련 업무간의 연계성, 정보의 효율적 관리와 운영에 많은 도움을 주게 된다. 또한 정보시스템에서 사용자의 역할과 책임이 업무 성과와 밀접하게 연관되어 있음을 강조하면서 ERP시스템의 기본 기능으로 정착되고 있다.

(7) 전자문서교환

ERP시스템에 EDI(Electronic Data Interchange)를 연계시킴으로써 거래처와 주고 받는 모든 문서가 EDI를 통해 접수됨과 동시에 자동적으로 ERP시스템으로 연계되기 때문에 업무처리의 신속성과 정확성 그리고 표준화를 기할 수 있게 된다. ERP공급업체에서 EDI업체(Third Party)와 협력하여 ERP시스템 구

축 시 전자문서교환을 추진하고 있는 상황이다.

(8) 데이터 웨어하우스(Data Warehouse)

데이터 웨어하우스란 기업의 운영시스템에서 생긴 내부 데이터와 기업 외부 데이터를 주제 별로 통합하여, 별도의 프로그래밍 없이 여러 각도에서 분석할 수 있는 정보로 모아 놓은 저장 창고이다. 데이터 웨어하우스의 발전으로 ERP의 분석시스템이 발전할 수 있었다.

(9) 사용자 인터페이스(User Interface)

점차 사용자 인터페이스의 중요성이 부각되면서, 특히 그래픽 사용자 인터페이스가 눈부신 성장을 하였다. 이러한 성장이 ERP와 접목되어 복잡한 ERP 정보를 용이하게 분석할 수 있도록 다양한 그래프 등이 제공되고 있다.

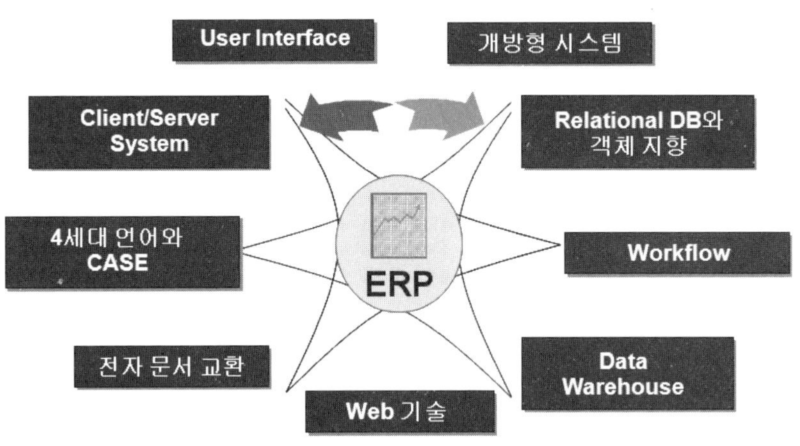

[그림 1-3] 9가지 기술의 변화

3. ERP의 발전 과정

ERP도 다른 개념들과 마찬가지로 갑자기 생겨난 개념이 아니다. ERP는 서구에서 발달한 통합생산 정보관리 시스템에서 발달하여 경영 및 정보기술

(Information Technology) 환경의 변화에 따라 자연스럽게 태동된 것이다. 그 후 판매관리 시스템이나 물류관리 시스템 등의 기능이 추가되어지고 나아가 인사관리 시스템과 회계관리 시스템도 통합되어 오늘날 주목받고 있는 ERP로 진화해 왔다.

[그림 1-4]에서 좀 더 구체적으로 살펴보면 통합 생산정보시스템 중에서도 특히 자재소요량 계획(MRP : Material Requirement Planning)에서 발전 했다. MRP는 생산관리 기법으로 기준생산계획(MPS : Master Production Schedule), 자재명세서(BOM : Bill of Material), 그리고 재고 정보를 가지고 최적의 제조 및 자재조달 계획을 수립해 원가절감을 추구하는 기법이다.

그 후 MRP는 MRP II로 발전하는데, MRP가 자재조달 위주의 원가절감 기법인 데 반해 MRP II는 설비, 외주, 생산인력 등의 모든 생산 관련 자원을 최적으로 투입해 생산성을 높이는 기법으로 발전했다.

1970년대	1980년대	1990년대	2000년대
MRP	MRP II	ERP	확장ERP
• 부품구성표(Part List) • 자재소요량 계산 • 재고정보 (Inventory Record)	• 외주처나 사내의 생산능력	• 판매, 구매, 생산, 일반관리의 통합관리 (MRP II + MIS)	• 내부공급뿐 아니라 외부공급망을 실시간으로 처리 (ERP+SCM,CRM)
구체적인 제조일정 산출 자재조달 계획 산출	생산능력계획과 기준생산계획의 연계 제조계획/설비 구입계획과의 연동 판매계획과의 연계	기업전반에 걸친 업무활동 대상	생산자와 공급자간의 전략적인 제휴 기업과 기업간의 제휴
자재 관리	생산 관리	전사적 자원 관리	확장된 총 공급 사슬 관리
기업 내부 중심 관리			기업 내부·외부 관리

[그림 1-4] ERP의 발전 과정

ERP는 이러한 MRP와 MRP II를 거쳐 어느 한 부문만의 최적화에서 벗어나는 방향으로 발달하였다. 즉, 그동안 자체적으로 SI업체를 통해 개발한 부문 최적화된 시스템보다는 전체 최적화를 추구하여 통합적인 차원에서 기업을 비롯한 모든 조직의 모든 자원을 최적으로 활용해 새로운 정보기술과 경영환경에 대응할 수 있는 정보 시스템이다.

특히 2000년도에 들어서 한 회사 단독으로만 잘해서는 효과가 한정된다는 인식이 확산되면서, 외부의 공급망까지도 실시간으로 최적화시키고 협업을 해야 하는 필요성이 커졌다. 또한 고객 및 관련 업무 처리내역을 조회하고 분석할 수 있는 고객 관계 관리에 집중할 필요성이 커지면서 확장ERP로 점차 발전하고 있다.

ERP의 기원이면서 생산부문의 효율적인 관리를 위한 시스템으로서 MRP의 발전 단계와 진화 내용을 좀 더 구체적으로 살펴보도록 하자.

3.1 MRP

1970년도에 등장한 MRP는 기업에서 가장 큰 고민거리 중 하나인 재고를 줄일 목적으로 제안되었다. 이 개념은 단순한 자재 수급관리를 위한 시스템이라고 할 수 있다. 이 시대에는 제품의 구성정보인 자재명세서(BOM : Bill of Material), 표준 공정도(Routing Sheet), 기준 생산계획(MPS : Master Production Schedule), 재고 레코드(Inventory Record) 등의 기준 정보를 근거로 자재의 비능률적인 활용이나 낭비를 제거하는 것이 주 목적이었다.

3.2 MRP II

1980년도에 출현한 MRPII(제조 자원계획 : Manufacturing Resource Planning)는 자재뿐만 아니라 생산에 필요한 모든 자원을 효율적으로 관리하기 위한 것으로 MRP가 확대된 개념이다. MRPII는 소품종 대량 생산에서 다품종 소량 생산으로의 환경 변화에 따른 고객지향 업무가 부각됨에 따라 생겨났다. 이러한 개념으로 MRP에 자동화된 공정 데이터의 수집, 수주관리, 재무관리, 원가관리의 기능을 추가하여 실현 가능한 생산계획을 제시하는 제조활동 시스템이라고

할 수 있다. 그러나 MRP, MRPII시스템은 IT자원이 충분히 뒷받침되어 주지 않아 만족할 만한 성과를 거두지 못한 것으로 평가되고 있다.

3.3 CIM

MRPII 패키지 시스템에 부족함을 느끼면서 통합을 중시한 컴퓨터 통합 생산 시스템(CIM : Computer Integrated Manufacturing)이 부각되었다. 90년대 초반 당시에 CIM은 기업 경쟁력 확보를 위한 기본적인 시스템으로 인식되어 기업들이 CIM구축에 많은 투자를 하게 된다. 그러나 정보시스템 구축을 위한 인력의 부족, 기술력의 미흡, 전체 기능 통합의 어려움 등으로 확장 열기는 점차 줄어들게 되었다. 이러한 문제를 안고 문제를 해결해 가면서 ERP시스템에 대한 전체적인 모델이 그려지고 있었다.

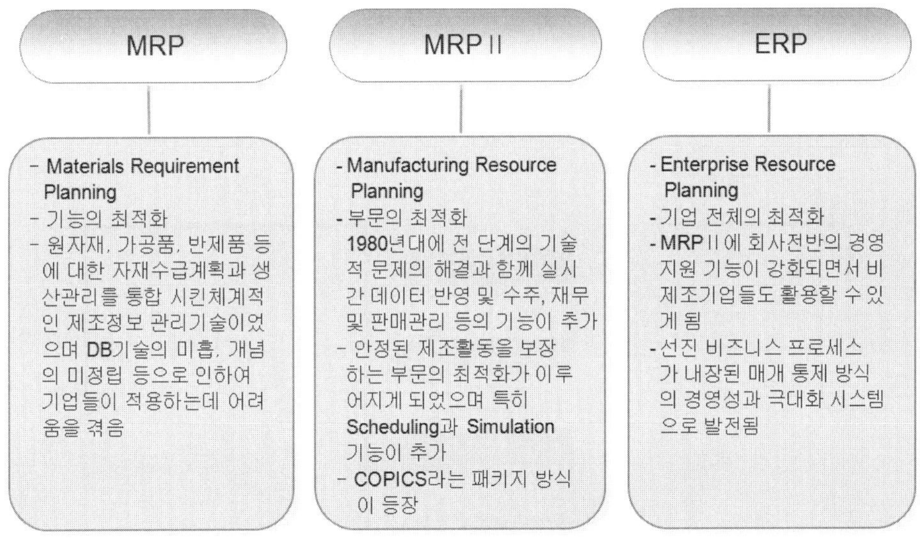

[그림 1-5] ERP의 발전 과정별 특성

3.4 ERP

기존의 MRP시스템이 생산 중심에서 출발하였다면 MRPII에서 확장된 개념의 ERP시스템은 생산뿐만 아니라 인사, 회계, 영업, 경영자 정보 등 경영관점

에서 전사적으로 자원의 효율적인 관리가 주 목적이다. 1990년대에 탄생한 ERP의 배경은 새로운 비즈니스 환경의 변화였다. 이러한 변화와 더불어 생산 및 생산관리 업무는 물론 재무, 회계, 인사 등의 순수 관리 부문과 경영지원 기능을 포함하고 공급체계를 비롯한 회사 내의 연관 부서의 업무를 동시에 고려하지 않고서는 올바른 의사결정을 할 수 없다는 인식이 확산되면서, ERP시스템의 개념이 도입된 것이다. 현재는 ERP가 계속 확장되면서 ERP Ⅱ의 개념까지 나왔으며 ERP와 ERP II의 경계는 모호하지만, 지속적으로 확장되고 진화되는 것만은 틀림없다.

3.5 ERP II

ERP가 점차 기능이 넓어지고 정착되면서, 확장형 ERP인 ERP II의 시대가 도래하였다. 한 기업의 최적화뿐만 아니라 밸류 체인에 참여하고 있는 여러 기업들이 협력형 비즈니스를 전개할 수 있도록 협업과 융화를 강조한 것이다. 즉, 외부의 기업 데이터를 활용하고, 또한 우리 기업의 데이터를 외부 기업에 전달하여, 전체 밸류 체인을 최적화시키도록 진행되고 있는 것이다. 이를 위해

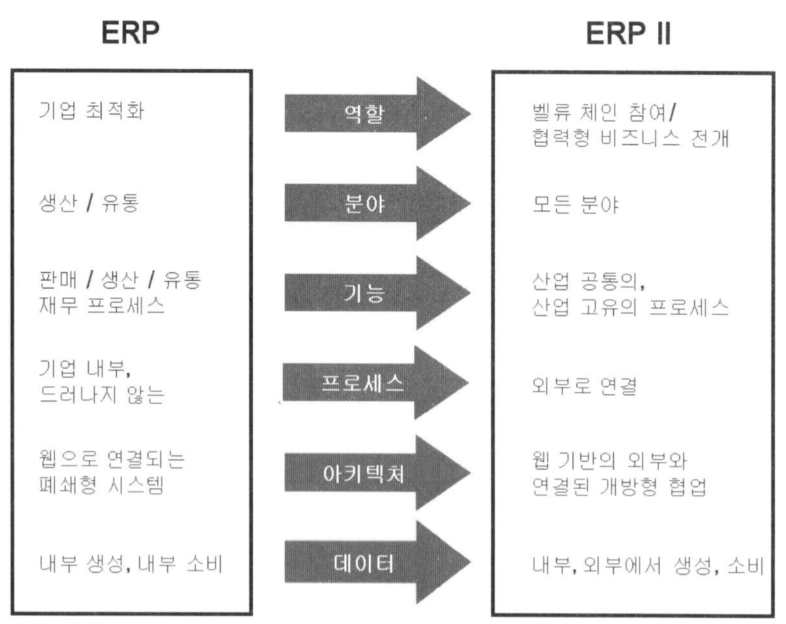

[그림 1-6] ERP II의 특성

고객 관계 관리(Customer Relationship Management), 공급 사슬관리(Supply Chain Management), 공급자 관계관리(Supplier Relationship Management), 전략적 기업경영(Strategic Enterprise Management), 제품 라이프사이클관리(Product Lifecycle Management) 등이 개념의 발전과 더불어 패키지로 출시되고, 점차 ERP와 통합되어 ERP II의 개념과 패키지가 완성되어 가고 있다.

[그림 1-6]에서 보여주고 있는 바와 같이, ERP는 주로 생산 및 유통 산업에서만 구축되고 있었으나 ERP II로 발전하면서 공공분야와 금융분야 등 전 산업으로 범위가 넓어지고 있다. 또한 산업 고유의 프로세스가 점차 강화되고, 웹 기반에서 기업 간, 비즈니스 간의 협업 및 융화가 가능해지고 있다.

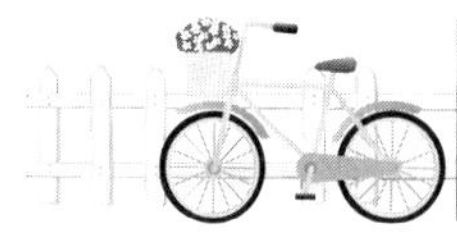

연습문제

01 ERP의 개념을 기술하고, ERP를 도입하는 타당성을 설명하시오.

02 ERP에서 자원(Resource)이란 무엇인가?

03 ERP란 무엇인가, 그리고 ERP에서의 베스트 프랙티스(Best Practices)란 무엇인가?

04 다음은 ERP의 개념에 대한 설명이다. 빈칸에 들어갈 단어를 순서대로 알맞게 짝지은 것은 무엇인가?

> "ERP 는 기업의 모든 자원에 대하여 목표이익을 달성하기 위하여 (　　　)하고 생산, 물류, 영업, 관리회계 및 재무회계 등 기간 업무 프로세스에서 (　　　)하여 그 결과에 대하여 (　　　)하고 (　　　)하는 전사적 자원 관리시스템입니다."

① 계획 - 실행 - 조정 - 분석

② 분석 - 계획 - 실행 - 조정

③ 계획 - 실행 - 분석 - 조정

④ 조정 - 계획 - 실행 - 분석

05 MRP와 MRP II에 대한 설명이다. 다음 중 틀린 것은 무엇인가?
① MRP는 외주처나 사내의 생산능력을 중요시한다.
② MRP II는 생산능력 계획과 기준 생산계획을 연계하여 처리한다.
③ MRP를 통해서 구체적인 자재조달 계획을 산출한다.
④ MRP는 자재관리 중심의 개념이며, MRP II는 생산관리 중심의 개념이다.

06 MRP를 수행하는 목적은 무엇인가?
① 출하지점 결정
② 가격 결정
③ 자재 소요량 판단
④ 최적의 배송일정 확인

07 다음은 ERP의 특징에 대한 예시로서 주문 프로세스의 실시간 통합화에 대한 설명이다. 다음 중 주문 접수 시 수행하는 절차가 아닌 것은 무엇인가?
① 여신한도 초과 여부
② 생산/조달 판단 여부
③ 이익 판단 여부
④ 고객 만족 여부

08 ERP가 필요하게 된 경영 환경의 변화 요인들을 서술하시오.

09 ERP의 등장 역사를 1970년대, 80년대, 90년대, 2000년대로 구분하여 기술하시오.

10 ERP II의 핵심에 대한 설명이다. 다음 중 틀린 것은 무엇인가?

① 밸류 체인(Value Chain) 내에서 웹 기반의 개방형 Architecture를 가지고 협력 형 비즈니스를 전개

② 산업 모든 분야에서 산업공통/산업고유의 프로세스 및 기능 지원

③ 기업 내부 최적화에 초점

④ 웹 기반의 개방형 Architecture, 데이터 공유

11 다음 중 ERP II의 요소가 잘못 연결된 것은 무엇인가?

① 역할 - 밸류 체인 참여/협력형 비즈니스 전개

② 프로세스 - 외부로 연결

③ 아키텍쳐 - 웹 기반의 개방형, 외부와 연결됨

④ 데이터 - 내부생성, 내부소비

12 ERP에서 ERP II로의 진화에 대한 설명이다. 다음 중 연결 순서가 맞는 것은 무엇인가?

① 비즈니스 프로세스의 통합 - 기업 간 협력체계 구축 - Virtual Community상의 협업 체계 구축

② 기업 간 협력체계 구축 - 비즈니스 프로세스의 통합 - Virtual Community상의 협업 체계 구축

③ 비즈니스 프로세스의 통합 - Virtual Community상의 협업 체계 구축 -기업 간 협력체계 구축

④ Virtual Community상의 협업 체계 구축 - 기업 간 협력체계 구축 - 비즈니스 프로세스의 통합

제2장 ERP의 특징

1. ERP의 장점 및 기능

ERP가 과거의 MRP I, MRP II보다 진보된 개념의 시스템이라고 할 수 있는 이유는 기존의 시스템들이 가지고 있지 못하는 특별한 기능을 가지고 있기 때문일 것이다. ERP시스템 구축의 범위와 패키지의 분류에 따라 차이가 있기는 하겠지만, 일반적으로 ERP가 장점을 가질 수 있는 기능들은 다음과 같다.

1.1 다양한 산업에 대한 복합적 지원

기존의 MRP II까지는 그 중심이 제조업이 많이 치우쳐 있었다. 그러나 빠른 속도로 변하는 기업 환경 변화에 적응하기 위해 하나의 기업이 여러 업종으로 발전하여 수직적, 수평적, 방계적 구조를 가지게 되면서, 다업종을 지원할 수 있는 시스템이 필요로 하게 되었다.

이러한 인식의 전환에 맞추어 발생한 ERP는 다양한 산업에 대한 최적의 업무 관행인 베스트 프랙티스(Best Practices)를 담고 있다. 즉, 제조업만을 지원하는 것이 아닌, 회계, 인사, 물류, 유통, 그리고 각 분야별로 특화되어 있는 기능을 조합하여, 다양한 산업 그리고 그러한 산업들이 복합적으로 얽혀 있는 현대의 기업에 맞는 새로운 기능을 꾸준히 추가하며, ERP는 그 시스템의 구축범위를 계속 확대하고 있다.

1.2 분산 · 통합적 지원을 통한 전체 업무 최적화

ERP시스템이 지원하는 분산, 통합적 지원기능의 3대 요인은 다음과 같다.

첫째, 업무적 분산 · 통합 지원이 있다. 이 개념은 회계기능, 인사기능, 물류관리, 고객관리와 영업기능, 생산지원 기능 등의 모든 기업의 업무 프로세스를 개별 부서원들이 분산처리하면서도 동시에 중앙에서 개별 기능들이 통합적으로 관리되어야 함을 의미한다.

둘째, 조직적 자율 · 통합관리 지원이 있다. 이 개념은 단위 조직의 독립적 경영을 지원하면서 동시에 전체를 결합하는 통합적 관리도 해야 함을 의미한다. 각기 다른 조직의 생산 및 재고를 보며 통합적으로 최적화된 생산 물량 및 시점을 조정하거나, 각 조직의 재무제표를 모아 통합 재무제표 발행 등의 업무 필요성이 두 번째 요인에 속한다고 볼 수 있다.

셋째, 지역적 분산 · 통합 지원이 있다. 이 개념은 현대 기업이 메머드처럼 규모가 커지면서 점차 한 곳에서 집중하여 근무를 할 수 있는 여건이 사라지는 기업 환경변화에서 시작한다. 기업 환경이 국제화되고 국내에서도 지역적으로 분리가 되는 본사와 지사의 관계, 그리고 거래처, 공급자, 협력업체 등의 관계를 통합적으로 관리하는 것을 의미한다.

1.3 파라미터 변경 방식의 시스템 설정

ERP는 경영학적인 업무 지식에 입각하여 각 기업들의 고유한 프로세스를 구현할 수 있도록 파라미터(Parameter)를 변경하여 고객화(Customization) 시킬 수 있게 구성되어 있다. 즉, 이미 경영학적인 이론과 실무가 ERP내에 내장되어 있고, 이러한 이론과 실무 프로세스가 수많은 산업의 생산 및 서비스 형태를 지원할 수 있도록, 그리고 특정 기업의 고유한 영업과 생산, 생산과 자재, 그리고 회계와 원가관리를 통합 관리할 수 있도록 파라미터를 설정하는 방식을 취함으로써 신속하게 업무 프로세스를 e-business화 할 수 있는 패키지인 것이다.

SAP ERP에서는 파라미터를 변경하는 방식을 컨피규레이션(Configuration)이라고 일컫고 있으며, 용이한 컨피규레이션을 자원하도록 이행 가이드(IMG :

Implementation Guide)와 참조모델(Reference Model)을 제공하고 있다. 따라서 파라미터 설정에 의한 시스템 구현 기간의 단축과 업무 및 기능의 업그레이드(Upgrade) 시에 버전의 변경이 용이하다는 것이 ERP시스템의 특징이다.

기업의 환경 여건이 빠르게 변하면서 기업의 업무나 조직이 변경될 수 있는 상황은 점점 더 많아진다고 할 수 있는데, 이러한 파라미터 설정을 통해 기업 스스로 변경사항에 대한 재설정 등 시스템 설정이 용이하다는 것이 ERP시스템의 큰 특징 중에 하나이다.

1.4 패키지 수정과 변경

원칙적으로 ERP패키지는 ERP시스템의 핵심적인 기능에 대해서는 프로그램의 수정을 금지하고 있다. 그러나 현대 기업의 업종과 구조가 다양해지면서 필요한 데이터는 삽입하고, 불필요한 데이터는 삭제할 필요성이 대두되었다. 동시에 프로그램에 대해서도 사용자의 요구에 맞추어 추가나 삭제가 가능해야 했다. 따라서 ERP시스템은 시스템 자체의 유연성이 절대적으로 필요하게 되었으며, 현재 ERP시스템은 메뉴, 화면, 보고서 등을 추가 또는 변경할 수 있게 하고 있다.

또 기업의 규모와 업무, 기업에서 요구하는 ERP패키지의 범위에 따라 기존의 ERP시스템에서 지원하지 못할 추가 업무가 생기기도 한다. 이러한 추가업무 발생에 대비하여 기본적인 ERP시스템과 추가적인 요구사항이 통합 가능하도록 설계, 개발되어야 한다.

리스크 관리나 자금관리, CAD, EDI, JIT 등 ERP패키지에서 지원이 되지 않거나 지원이 되더라도 전체적인 지원이 되지 못하는 부분에 있어서는 전문적인 상용화 패키지를 구입하여 ERP시스템과 연계시킬 수 있어야 한다. 이러한 면에서 우수한 ERP시스템은 이미 다른 전문 분야의 프로그램과 연계하여 사용할 수 있는 API(Application Program Interface : 인터페이스 프로그램)를 많이 확보하고 있으며, 이에 따라 별도의 인터페이스 프로그램이 없더라도 다른 전문적인 애플리케이션과의 인터페이스가 용이하다.

1.5 BPR 지원

일반적으로 ERP시스템이 구축되기 전에 기업 BPR(Business Process Reengineering : 업무재설계)이 선행되는 것이 바람직한 방법이다. 즉, 업무재설계가 선행되고 ERP가 도입되어야 구축성과가 커질 수 있다. 이 때에는 상위 프로세스 관점의 BPR이 이루어지며, ERP가 도입되는 과정 중에 매핑(Mapping : 단위 업무를 분석하고 요구사항을 받아들여 ERP와 연계하는 작업을 뜻함)단계에서 하위 프로세스 수준의 BPR이 실시된다. 이때 ERP에 내재되어 있는 경영이론 및 베스트 프랙티스들에 의해 가시적인 업무 재설계가 지원된다.

ERP가 도입되는 과정 중의 BPR과정은 새로 도입되는 ERP 프로세스가 기업의 조직, 제도, 업무와 잘 조화될 수 있도록 하는 단계이다. 성공적인 ERP구축을 위해서는 가장 슬기롭게 넘어야 할 단계라고 할 수 있다.

1.6 시뮬레이션

ERP시스템을 통하여 얻을 수 있는 시뮬레이션의 효과는 수작업과는 비교도 안 될 정도로 향상된 시간과 비용의 단축이다. ERP시스템에서는 MPS나 MRP에 의해 최적의 계획을 도출할 수 있으며, 경영분석, 원가계산 등으로 최적의 대안을 만들어 낼 수 있다.

시간과 비용의 부담이라는 짐을 벗게 된 기업은 반복적인 시뮬레이션을 통하여 가장 효과적인 의사결정을 기대할 수 있다. 그리고 부족한 시뮬레이션의 기능에 대해서는 다른 전문적인 시뮬레이션 프로그램과 인터페이스 하여 사용할 수 있도록 하고 있다.

1.7 GUI 및 멀티미디어 지원

기존의 여타 프로그램에 비해 ERP시스템이 각광을 받고 있는 이유 중의 하나는 그래픽 사용자 인터페이스(Graphic User Interface) 환경이다. ERP가 GUI 환경을 도입함으로써 기업의 관리자나 경영자 관점에서도 쉽게 접근할 수 있다는 장점을 가지게 되었다. 그리고 문자, 그래픽, 음성, 동영상 등의 정보를

이용할 수 있어 시스템의 활용가치도 높아졌으며, 시스템에 대한 친숙감이 더욱 강해졌다는 평가를 내릴 수 있다.

1.8 최신 컴퓨터 및 정보기술

앞에서 언급한 것처럼 ERP시스템은 일반적으로 C/S 구조로 구현되고 있으며, 현재 ERP는 점차 ERP의 모든 모듈이 웹에서 접속할 수 있게 되고 있다. 그리고 최근 들어 객체지향적 구조와 언어를 이용한 ERP시스템이 등장하고 있다. 또 Datawarehousing기술로 과거에 비해 경영의 중요한 자료의 산출이 용이해지고 전략적인 의사결정을 하는데 의미있는 데이터를 얻는 것이 가능해졌다.

이와 같이 변화하는 IT기술을 ERP가 계속적으로 수용하고 있기 때문에 기업은 별도의 IT환경을 고민하는데 소요되는 시간과 비용을 줄이고 ERP를 업그레이드시켜 나가면 최신 IT환경을 접목한 시스템을 지속적으로 유지해 나갈 수 있다는 장점이 있다.

2. SAP ERP의 통합성 예

SAP ERP는 모듈간의 통합성이 가장 큰 특징이다. 통합성은 직접 경험하지 않으면 이해하기 어렵지만, 다음과 같이 3가지 정도의 주요 예로 통합성을 설명하고자 한다.

2.1 FI모듈의 물류 관련 모듈과의 실시간 통합에 의한 자동 회계계정 전기

전통적 시스템에서는 모든 회계프로세스가 회계모듈에서 전표를 등록해야만 이루어졌다. 전표 등록만이 회계데이터를 생성하는 유일한 통로였다. 예를 들어 상품을 판매하였으면 판매부서에서 판매한 사실을 자신이 필요로 하는 양식에 따라 등록하고 이를 회계부서로 넘기면 회계부서에서 다시 회계전표 등록을 통해 다시 입력하면 비로소 판매 사실에 대한 회계 데이터가 생성된

것이다. 그러나 ERP 시스템 하에서는 현장회계가 이루어지기 때문에 회계모듈의 전표 등록을 직접 통하지 않고도 현장에서 곧바로 회계처리가 되어 회계 데이터를 생성하게 된다.

매출채권회계와 매입채무회계는 대표적인 현장회계라고 할 수 있다. 매출채권회계는 영업/유통 모듈(SD Module)과 연계되어 있고 매입채무회계는 자재관리 모듈(MM Module)과 연계되어 있다. 판매 활동의 결과는 매출처에 대한 매출 채권의 발생이고 매입 활동의 결과는 매입처에 대한 매입 채무의 발생이다. 매출 채권과 매입 채무의 발생은 각각 영업/유통모듈과 자재관리모듈의 활동에 따라 발생하나 이에 대한 회수 및 상환은 회계모듈의 매출채권회계와 매입채무회계에서 이루어진다.

[그림 2-1]에 나타나 있는 바와 같이 FI 모듈에서 MM 모듈과의 통합성 과정은 다음과 같이 설명할 수 있다. 예를 들어 (주)동양에서 기계 한 대에 100달러를 지불하기로 하고 구매오더를 냈다고 하자. 구매업체로부터 기계가 납품되어 (주)동양에서 창고에 입고시키게 되면 SAP ERP시스템에 입력함과 동시에 두 개의 계정이 생기는데, 차변의 재고계정에 100달러 가치의 기계가 생기고, 동시에 임시보조원장(GR/IR)에도 100달러가 생기게 된다. 그 후에 송장 검증을 하게 되면, 임시보조원장에 있던 값이 상쇄되어 사라지고, (주)동양에서 구매업체에 주어야 할 기계 가격이 외상매입금 계상으로 처리된다. 끝으로, (주)동양에서 업체로 기계 값을 지불하면 차변에 외상매입금이 계상되어 외상매입

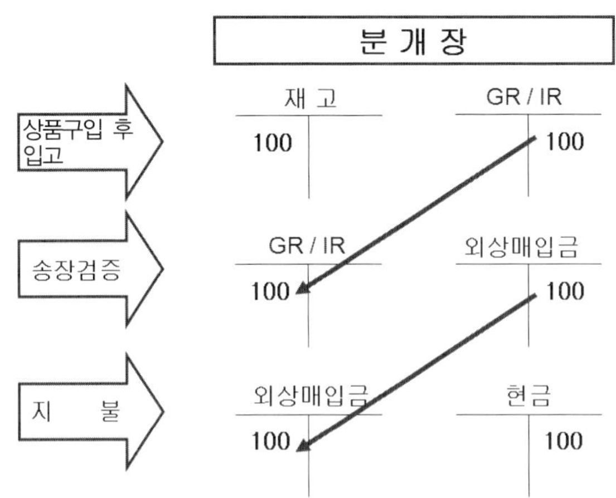

[그림 2-1] 구매업무 처리 시의 회계 원장으로의 자동분개

금이 사라지고 현금 100달러가 나가는 것으로 처리된다. 이 과정이 위에서 이야기한 매입채권과 연관된 현장회계의 대표적인 메카니즘이라고 할 수 있다.

- 물류/인사 시스템과 재무 시스템과의 통합으로 물류 시스템에서 발생하는 거래가 실시간으로 재무시스템에 반영되면서 관련된 회계 전표들이 자동으로 생성된다.
- 물류 시스템과의 통합으로 지출전표 및 매출전표에서 드릴다운 기능을 이용 하여 실제 원시 전표로 까지 추적 가능하여 업무의 투명성을 제고한다.
- 관리회계 시스템과의 통합으로 인해, 진행 중인 자산에 대한 정산처리가 신속하게 이루어지고 완성 고정자산으로의 자동전표가 자동 생성된다.

전통적 회계시스템에서는 분개장 혹은 회계전표에 분개 내용을 입력하고, 이를 다시 총계정원장과 각종 보조장부에 전기하고, 나아가 시산표와 정산표 등을 작성한 다음 재무보고서를 작성하는 절차를 거쳤다. 그러나 ERP 시스템 하에서는 사실상 회계전표의 저장으로 모든 과정이 종료된다고 볼 수 있다.

2.2 SD모듈에서의 MM/PP모듈과 통합된 가용성 점검 처리

[그림 2-2]는 판매오더 입력 시 가용성 점검(Availability Check)이 이루어지는 과정을 나타낸 것이다. SD 모듈의 가용성 점검은 현재의 재고뿐만 아니라 MM 모듈의 구매오더와 리드타임을 고려한 입고예정량 그리고 PP모듈의 생산오더와 생산리드타임을 고려한 생산현황 등을 고려하여 이루어질 수 있다.

현재 가용한 재고만을 고려한 가용성 점검을 할 지, 아니면 구매오더나 생산오더 등을 고려한 가용성 점검을 할 지를 파라미터의 변경을 통해 비교적 용이하게 설정할 수 있으므로 회사의 업무의 특성과 프로세스에 맞도록 가용성 점검 규칙을 정할 수 있다.

이와 같이 사용자가 느끼기에는 거의 동시에 수 많은 요소들을 고려한 가용성 점검을 하게 되는데, 모듈간의 통합성이 보장되지 않으면 불가능한 기능일 것이다.

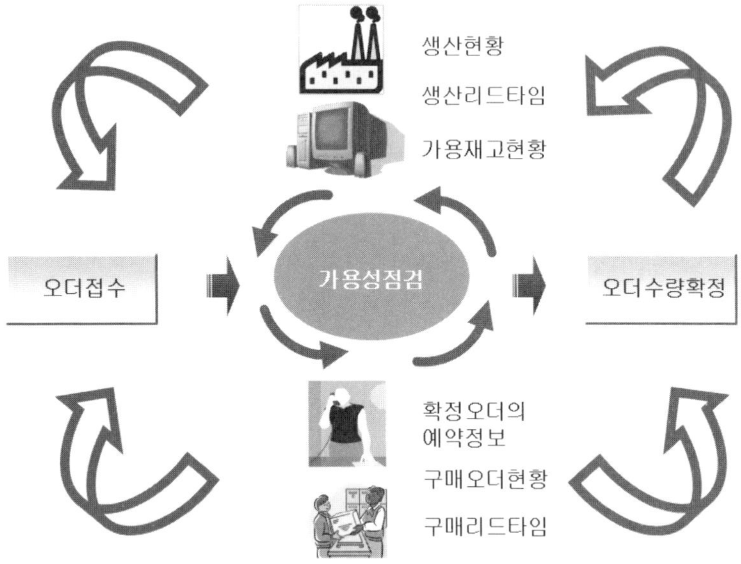

[그림 2-2] 가용성 점검

2.3 영업주문 처리 후 출하예정 리스트 및 대금청구 예정리스트의 자동생성

SD 모듈에서 영업오더를 생성하면 출하예정 리스트(Delivery Due List)에서 실시간으로 조회되므로 출고업무를 수행하는 구성원들이 어떠한 영업오더 건이 납품될 차례인지를 용이하게 알 수 있다. 또한 납품이 완료되면 대금청구 예정 리스트(Billing Due List)에서 실시간으로 조회되므로 영업관리 사원과 회계부서 사원들이 대금청구 건에 대하여 의사소통이 명확해질 수 있다는 장점이 있다.

이러한 업무 처리들도 SD 모듈에서의 영업오더 기능과 MM 모듈에서의 자재출고 기능이 통합되고, 자재출고 기능과 FI 모듈의 대금청구 기능이 통합되어 있기 때문에 가능한 것이다. 앞에서 설명한 바와 같이 대금청구 후에는 자동회계처리가 되어 외상매출금이 발생한다는 것을 명심하자. 이러한 통합성의 사례들은 2부 4장에서 SAP ERP의 화면들과 함께 자세히 소개될 것이다.

연습문제

01 ERP는 어떠한 방식으로 많은 기업의 다양한 업무에 맞추어 기업에 적합한 프로세스를 구현하는가?

02 다음 중 ERP의 특징을 알맞게 짝지어 놓은 것은 무엇인가?

① 기업 업무시스템 - 연결 업무시스템

② 프로세스 중심시스템 - 부문 최적화시스템

③ 기능중심 시스템 - 통합 시스템

④ 기간업무 시스템 - 실시간 통합시스템

03 다음은 ERP의 특징에 대한 설명이다. 다음 중 틀린 것은 무엇인가?

① ERP는 전사 기간업무를 망라한다.

② ERP는 하나의 데이터베이스를 이용한다.

③ ERP의 조직, 기능, 데이터는 클라이언트에서 분산되어 관리된다.

④ ERP는 경영진을 효율적으로 지원한다.

04 SAP ERP의 특징 중 하나인 컨피규레이션(Configuration)이란 무엇이며, 이 특징의 장점은 무엇인가?

05 ERP를 도입하기 위해서는 AS-IS 프로세스를 통해 현재 있는 그대로의 상황을 분석하고, 이를 바탕으로 기업이 앞으로 업무 프로세스를 어떻게 개선하는 것이 바람직한 가를 담은 이상적인 프로세스를 제안하여야 한다. 이렇게 AS-IS 프로세스 분석을 바탕으로 새롭게 도출한, 앞으로 지향해야 하는 이상적인 프로세스를 무엇이라고 하는가?

06 구현 가이드(IMG)와 참조모델(Reference Model)의 차이점을 설명하시오.

07 ERP 시스템을 비롯한 전산 업무 처리 시스템에 있어, 데이터베이스가 중앙의 대형 컴퓨터에 구축되어 있고, 각각의 개인용 컴퓨터 혹은 단말기와 같은 소형 컴퓨터를 통해 각자 업무를 수행하면서 결과 저장 등의 작업을 할 때 대형 컴퓨터와 긴밀하게 정보를 주고받을 수 있도록 구성되어 있는 구조를 무엇이라고 하는가?

08 ERP의 통합 개념에 대한 구체적인 예를 3가지 이상 설명하시오.

제3장 SAP ERP의 구성 및 모듈별 특성

1. SAP ERP의 모듈 구성

SAP는 1972년 독일에서 설립된 기업용 솔루션 전문업체로서, 현재 SAP ERP는 전세계 120여 개국에 25,000여 고객업체가 사용하고 있는 시장점유율 1위의 ERP이다. 최초의 ERP 제품 이름을 SAP R/1으로 정한 것은 System, Applications, Products in Data Processing Real Time/1의 약자로 모든 비지니스를 실시간으로 처리하는 시스템과 응용 프로그램을 지향했다. 이후 SAP R/2, SAP R/3 등으로 제품을 발전시켰고, 특히 클라이언트/서버 구조로 전환한 SAP R/3라는 제품을 출시하여 비약적으로 발전했다.

특히 1990년에 마이클 해머(Michael Hammer)가 하버드 비즈니스 리뷰(Harvard Business Review)에 BPR 개념을 처음으로 소개하였는데, 이때 ERP가 BPR 추진에 도움이 되는 것으로 시장에 인식이 되면서 SAP 회사가 눈부시게 성장하였다.

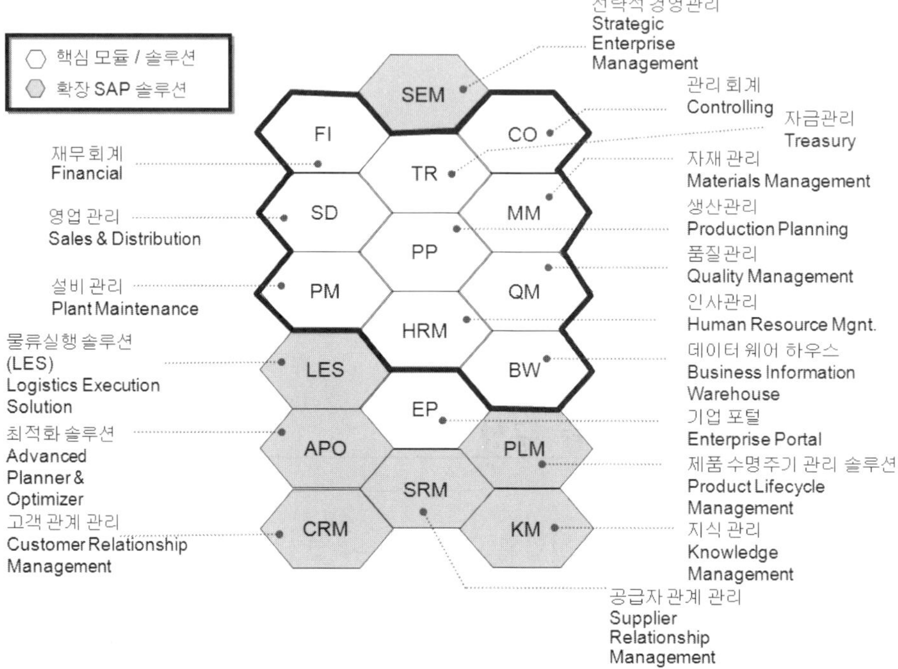

[그림 3-1] SAP ERP의 구성 : 상세 모듈

SAP ERP의 상세 모듈 구성이 [그림 3-1]에 나타나 있다. 이 그림에서 SAP ERP의 핵심 모듈과 확장 솔루션을 모두 볼 수 있다. 3장에서는 핵심 모듈 중에서도 가장 기본적인 영업/유통(SD) 모듈, 자재관리(MM) 모듈, 생산관리(PP) 모듈, 재무회계(FI) 모듈, 관리회계(CO)모듈 위주로만 특성을 소개하고자 한다.

SAP ERP의 핵심 솔루션(Core ERP)과 확장 솔루션(Extended ERP)은 기업의 내부 프로세스의 최적화와 기업 간의 외부 프로세스의 협업을 구현함으로써 SAP ERP를 통해 기업 중심의 유기적인 프로세스를 구축하도록 지원하고 있다.

[그림 3-2]에서 기업 내부 및 기간업무 관점의 핵심 솔루션과 기업 외부 및 협업 관점의 확장 솔루션간의 관계를 볼 수 있다. 예를 들어, 공급사슬관리 솔루션인 mySAP SCM은 MM 모듈과 PP 모듈이라는 핵심 솔루션을 기반으로 구성되어 있는 확장 솔루션이라는 것을 알 수 있다. 마찬가지로 협업 제품개발 솔루션인 mySAP PLM은 PM 모듈, PS 모듈, 그리고 QM 모듈이라는 핵심 솔루션에 기반을 둔 확장 솔루션이다.

HR	SCM	FCM	PLM	CRM	
mySAP HR	mySAP SCM	mySAP Financials	mySAP PLM	mySAP CRM	기업 외부, 협업 관점
온라인 채용	공급망 계획	재무 분석	협업 개발	캠페인 관리	
SAP ERP					기업 내부, 기간업무 관점
인사 행정 및 급여	공급망 이행	운영 측면의 재무 및 원가 관리회계	설계 변경 및 제품 구조 관리	주문 이행	
HRM	MM, PP	FI, TR, CO	PM, PS, QM	SD	

[그림 3-2] SAP ERP의 구성 : 협업 관점

SAP 회사에서는 이러한 핵심 솔루션과 확장 솔루션을 모두 포함하고 있는 mySAP Business Suite라는 제품을 출시해 놓고 있으며, 핵심 솔루션만을 정제시켜 만든 제품으로 mySAP ERP라는 패키지를 제공하고 있다.

2. SAP ERP의 기본 프로세스 개요

SAP ERP의 핵심 모듈들의 기본 프로세스가 [그림 3-3]에 도시화되어 있다. 각 모듈별로 기준이 되는 기준 정보가 있으며, 이러한 기준 정보를 마스터 데이터(Master Data)라고 부른다. 이러한 기준 정보를 바탕으로 영업/유통, 생산관리, 자재관리, 관리회계, 재무회계가 서로 밀접하게 연계되어 있는 모습을 볼 수 있다. 각 모듈에서 업무 프로세스가 데이터와 더불어 흘러가는 업무처리 내용을 트랜잭션(Transaction)이라고 하는데, 트랜잭션의 데이터가 분석시스템에 모여 지표관리를 비롯하여 생산정보시스템, 물류정보시스템, 회계정보시스템,

영업정보시스템 등에서 한 눈에 볼 수 있도록 제공된다.

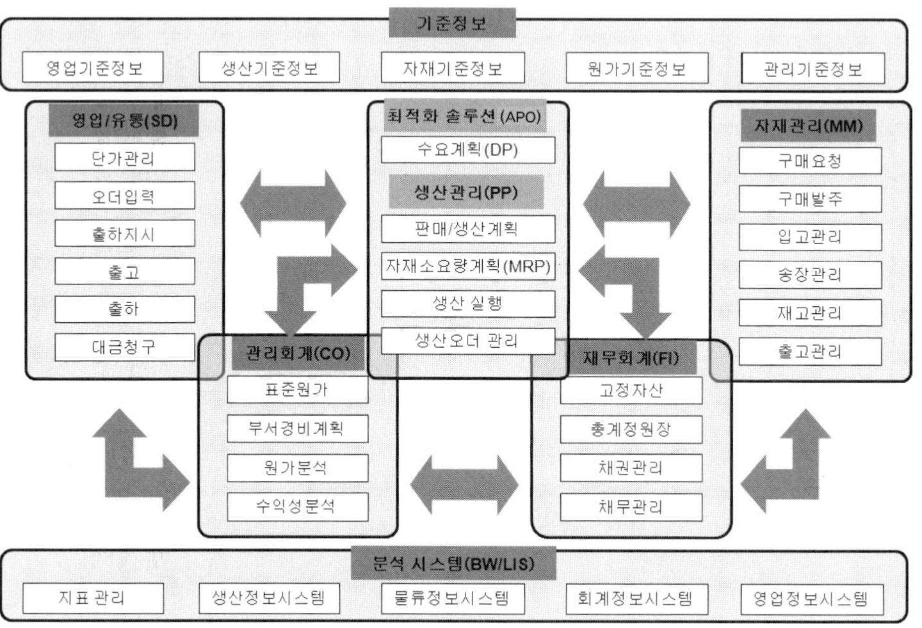

[그림 3-3] SAP ERP의 기본 프로세스 : 기준 정보 및 개괄 기능

[그림 3-4]에는 SAP ERP의 물류 부문 프로세스가 도시화되어 있다. 각 핵심 모듈들 간에 주로 어떤 정보가 어떤 방향으로 전달되는 지가 잘 나타나 있다. 예를 들어 영업/유통 모듈과 자재관리 모듈 간에는 재고 관련 정보가 흘러가고, 영업/ 유통 모듈의 주문정보가 생산관리 모듈의 자재소요량 계획에 반영이 되며, 영업/유통 모듈의 출고 및 매출정보가 재무회계 모듈에 실시간으로 반영된다. 이러한 물류 흐름 정보는 분석시스템뿐만 아니라 전략적 기업경영(SEM) 시스템에 반영되어, 전략적인 의사결정을 하는데 도움을 줄 수 있다.

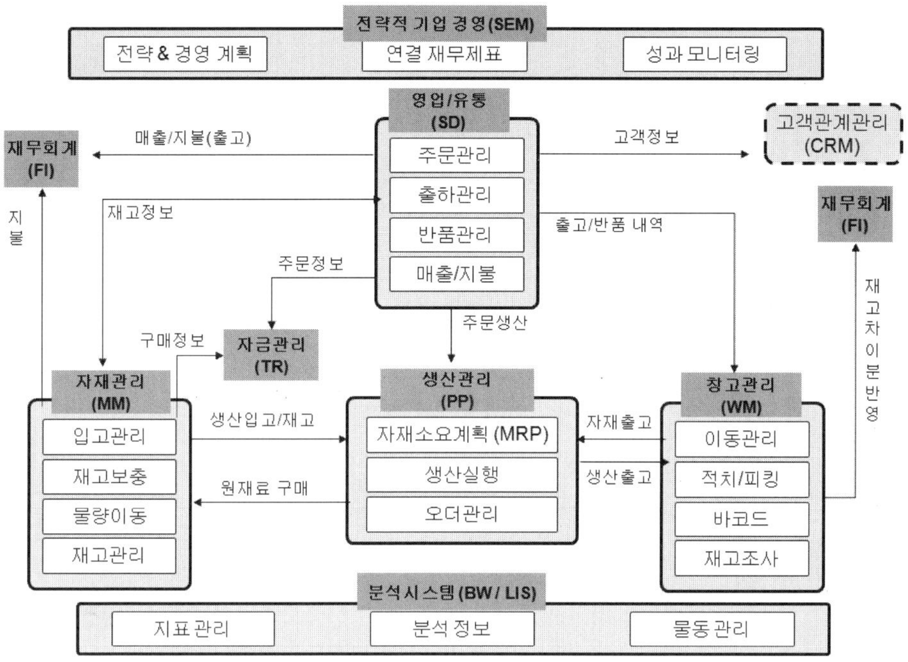

[그림 3-4] SAP ERP의 기본 프로세스 : 물류 부문 프로세스

[그림 3-5]에는 재무/회계 부문의 프로세스를 볼 수 있다. 재무회계 모듈은 영업/유통 모듈과 자재관리 모듈에서 각기 매출정보와 지불정보를 받고, 관리회계 모듈도 물류 부문으로 부터 필요 정보를 받아 제품원가분석 및 손익분석 내용을 제공한다는 것을 알 수 있다. 재무/회계의 모든 모듈들은 서로 간에 정보를 주고 받을 뿐만 아니라 물류 부문으로부터 필요정보를 받아 실시간으로 물류흐름과 자금의 흐름을 한 눈에 볼 수 있도록 지원한다. 즉, 재무회계 모듈과 관리회계 모듈 그리고 자금관리 모듈이 상호 필요 정보를 공유하면서, 동시에 재무와 관계있는 물류의 흐름이 발생하면 그 정보는 즉시 회계 부문으로 전기(Posting)되어, 실시간 기업경영 사상을 구현하게 된다. 또한 物과 財의 흐름이 정합성을 이루게 된다. 지금부터 SAP ERP의 각 핵심 모듈의 특성과 장점을 살펴보도록 하자.

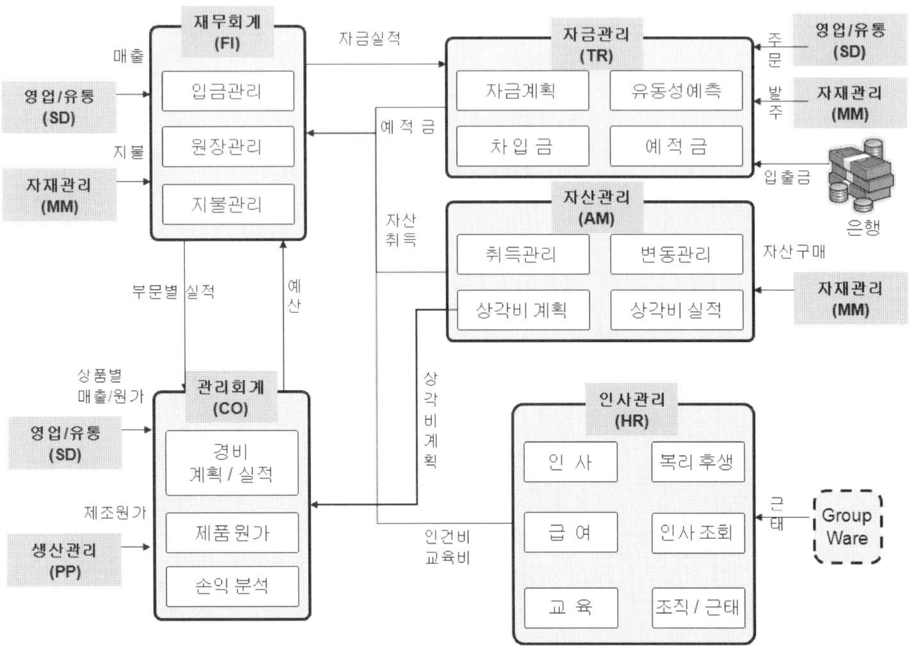

[그림 3-5] SAP ERP의 기본 프로세스 : 재무/회계 부문 프로세스

3. 영업/유통(Sales and Distribution) 모듈

영업/유통 모듈은 제품의 수요예측, 판매계획 수립, 영업지원, 판매 및 수주, 출하/배송, 대금청구, 판매분석에 이르는 영업/판매 및 물류의 전 프로세스를 지원하는 모듈이다. 그리고 이에 연관된 자재/구매, 생산, 재무/관리회계 및 데이터웨어하우스의 기능과 실시간으로 연동되어 기업 기간 업무의 유기적인 통합성과 효율성을 극대화할 수 있다. 다양한 오더 채널(Order Channel)에 적합한 유연한 주문기능을 제공하고, 수주 및 출하시점에 자동으로 여신관리가 이루어진다. 제품의 가용성 검사를 실시간으로 수행하며, 물류와 회계가 통합되어 출고 및 매출 처리 시 자동으로 회계에 반영된다. 자동차나 굴삭기와 같이 차량 번호(Serial Number)를 관리하는 경우에는 완제품 입고 또는 출하 시 차량 번호를 관리하여 애프터 서비스 모듈과 연계시키기도 한다. 오더가 진행됨

에 따라 진행정보는 데이터베이스에 실시간 반영되어 다양한 분석 및 현황 관리가 가능하다.

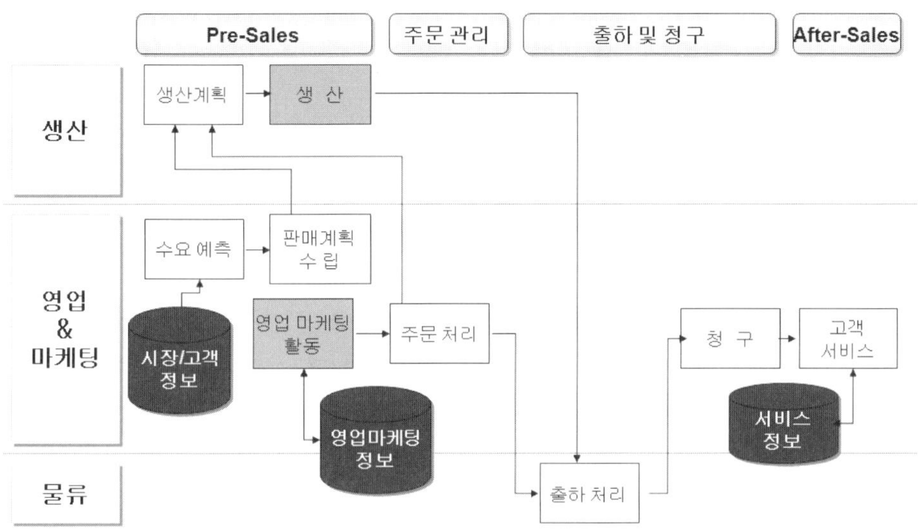

[그림 3-6] 영업/유통 모듈의 내용

3.1 주문처리

판매지원 부분에서 고객문의나 이에 대한 견적이 완료되면 이를 참조하여 영업오더를 생성한다. 고객과의 일괄계약 및 납품일정계약이 수립되어 있을 경우, 이를 참조하여 영업오더를 생성하기도 한다. 일괄계약(Contract)은 판매제품이나 서비스가 일정한 기간 내에 팔리는 경우 적용되며 마스터 계약, 금액계약, 서비스 계약의 형태를 지원한다. 이에 반해 납품일정계약(Outline Agreement)은 납품일과 납품수량을 포함한 계약의 형태로 납품일이 도래했을 때 이 계약서에서 자동으로 출하전표가 생성되는 형태의 계약이다.

영업오더는 판매의 성격에 따라 여러 가지 오더유형(Order Type)을 지원하는데, 각 오더유형에 따라 후속 프로세스가 변경되어 처리된다. 대표적인 오더유형에는 표준 오더(Standard Order), 위탁거래(Customer Consignment), 현금거래(Cash Order), 긴급오더(Rush Order), 제3자 직송오더(Third-Party Order), 반품오더(Return) 등이 있다.

표준오더의 경우, 오더가 입력되면 오더에 입력된 납품 일에 그 제품이 출하 가능한지 체크하고 가능하지 않은 경우 대체 일자를 제안한다. 필요시 해당 오더의 물량을 PP 모듈의 제품생산계획에 반영한다. 또한 고객 마스터데이터 및 트랜잭션 정보를 바탕으로 고객의 여신 상태를 체크하여 리스크 관리를 수행한다.

영업오더는 고객 마스터, 제품 마스터 및 가격 마스터 등의 각종 관련 마스터 데이터의 정보를 바탕으로 필요정보를 갱신하는데, 이는 영업사원 및 수주 입력 담당자의 수작업 입력사항을 줄여주는 역할을 함으로써 업무 편이성을 제고한다.

영업오더 생성 시 고객별, 제품별 가격정보는 조건 마스터 데이터(Condition Master Data)로부터 결정되는데 가격결정절차(Pricing Procedure)는 SD 모듈의 주요 기능 중의 하나이다. 이 기능을 통해 여러 조건별 가격 시뮬레이션이 가능하므로 변경 전후의 효과를 조회하고, 변경 전 수익률과 변경 후의 수익률을 비교, 관리한다. 또한 CO 모듈과 연동되어 제품별 판매가와 원가에 대한 이익 조회, 총투입원가 산정 등을 수행하며 신제품 출시 때 원가 평가 작업을 실행하여 사전 단가관리를 수행한다. 이 기능을 통해 고객별, 제품별, 영업조직별로 다른 가격체계를 가져갈 수 있으며 자동으로 단가 및 할인/할증율, 운임 등을 결정할 수 있다.

또한 SD 모듈에서는 FI 모듈과 연계하여 회계부문에서 관리되는 여신관리 정보를 바탕으로 주문입력과 제품출고 시점에 자동으로 여신한도 점검을 수행함으로써 부실 채권에 대한 리스크 관리를 수행한다.

신용평가 내역을 기초로 각 거래처 또는 그룹별로 여신 총액을 설정하고 관리하여 수주의 진행단계별로 자동여신 점검을 실시한다. 주문입력과 제품출고 시점에 여신한도 점검을 수행하는데 이 때 여신한도를 초과하면 후속작업의 진행을 일시적으로 수행할 수 없도록 하여 결재를 득한 후 후속 프로세스가 진행되게 한다. 또한 수주 단계가 진행됨에 따라 실시간으로 여신 한도액을 갱신함으로써 보다 정확한 데이터를 바탕으로 여신관리를 수행할 수 있도록 한다.

여신한도액은 단순히 채권 금액만으로 산정할 수도 있지만 청구서가 발행되었으나 입금이 이루어지지 않은 금액(Open Billing Value), 배송이 진행 중인 물량의 금액(Open Delivery Value), 주문이 진행 중인 물량의 금액(Open Order

Value) 등 여러 가지 유형의 물량 금액을 여신한도액에 포함시켜 관리함으로써 보다 신뢰성있는 여신관리가 가능하다.

3.2 출하/배송 및 운송관리

판매오더를 참조하여 출하지시서를 생성하고 피킹 및 포장, 출고처리를 지원하는 부분이다. 출하지시서는 장소 및 고객에 따라 여러 개의 판매오더를 묶어 발행할 수도 있고, 납품일자에 따라 하나의 오더를 분할해 생성될 수도 있다. 이 때 가용 재고일, 운송계획 리드타임, 적재일, 납품요구일 등을 계산하여 출하스케줄링을 실시하는데, 이는 가용성 점검과 동시에 수행되며 역방향 스케줄링(Backward Scheduling)과 순방향 스케줄링(Forward Scheduling)의 두 가지 방법을 지원한다.

주문입력 시 거래처 및 고객이 요청한 납기일을 기준으로 각각의 리드타임을 고려하여 역방향 스케줄링을 실시해 재고 필요일자에 재고가 없거나, 계산된 날짜가 과거인 경우 재고가 가능한 날짜, 혹은 현재일을 기준으로 순방향 스케줄링을 실시함으로써 출하 품목별 일자를 계산한다. 이는 거래처별 피킹/포장시간, 이동시간, 선적/운송시간 등을 정의하고 계획할 수 있는 환경을 제공함으로써 고객에게 보다 정확한 납기를 제안할 수 있도록 한다.

운송관리는 전체 운송 프로세스를 통제, 감독하여 여러 배송을 하나의 선적으로 그룹핑하거나 하나의 배송을 여러 개의 선적으로 나누어 관리하며 운송형태, 운송업자, 선적마감일 등을 관리하는 기능으로 LES(Logistics Execution System)와 통합 운영된다.

이 외에 출하/배송 부분에서는 피킹 및 포장관리를 지원한다. 피킹은 출하지시서를 바탕으로 재고 이전오더 (Stock Transfer Order)를 생성하기도 하고 수작업 피킹을 할 수도 있다.

3.3 대금청구 및 매출관리

대금청구(Billing)는 고객의 주문이나 이에 따른 배송에 입각하여 고객에게 지급을 요청하는 과정이다. 대금청구는 영업부서 또는 영업관리부서에서 하기

도 하고, 기업에 따라 회계부서에서 하기도 한다.

SD 모듈의 매출관리는 FI 모듈의 기능과 완벽히 통합되어 거래처별 매출채권을 보조원장으로 실시간 관리하며 이어지는 입금 프로세스를 지원하고 실시간으로 총계정원장에 반영한다. 세부적인 기능은 아래와 같다.

- 자금관리 부문에 자동 정보 제공
- 고객 마스터의 회계 관련 정보관리를 통해 회계모듈과의 통합기반 제공
- 외상매출금 및 미수금의 고객별 개별항목/잔액 관리
- 외상매출금 및 미수금의 고객별 미결/입금 관리
- 고객별 받을 어음 및 선수금 관련 처리 지원
- 고객별 여신관리
- 매출채권의 기간별 구분 및 이력(Aging) 관리

청구문서도 영업오더와 마찬가지로 판매문서 유형(Sales Document Type)에 의해 관리되며 후속 프로세스가 결정된다. 청구문서의 판매문서 유형에는 일반청구, 현금오더에 대한 청구, 대변/차변메모에 대한 청구 등이 있다. 또한 업무 편이상 하나의 판매오더에 대해 여러 개의 청구문서를 분할하여 발행할 수도 있고 송장 리스트(Invoice List)의 형태로 여러 개의 청구문서를 통합해 하나의 청구서를 발행할 수도 있다.

특별한 청구 형태에 대한 지원도 이루어지는데 여기에는 청구계획에 의한 청구, 선수금 청구, 할부 청구 등이 포함된다. 이중에서 청구계획은 건설 등의 장기간 프로젝트를 수주한 경우, 이에 대한 청구계획을 수립하고 각 기간별 혹은 공정진행 현황별로 대금을 청구하는 형태이다. 주기별 청구(Periodic Billing)와 마일스톤 청구(Milestone Billing)가 있는데 후자의 경우 앞서 언급한 건설현장 등에서 프로젝트가 진행되는 과정을 마일스톤으로 설정하고 각 단계가 완료되는 시점에 대금청구를 실시하는 형태이다. 이에 반해 주기별 청구는 특정한 서비스나 제품을 주기별로 공급하는 형태의 계약에서 주로 이루어지는 청구 방식으로 계약상에 합의된 기간을 근거로 대금을 청구하는 형태이다.

3.4 SD 모듈의 일반적인 장점

영업/유통(SD) 모듈의 특장점은 다음과 같다.

(1) 개선된 영업지원 관리

영업지원 컴포넌트는 판매 결과, 고객 문의, 견적, 판촉 활동, 경쟁사 및 경쟁 제품에 관련된 정보를 관리할 수 있는 도구를 제공한다. 그러므로 영업 및 마케팅 담당자는 판매결과, 고객문의, 견적, 판촉활동 등을 꾸준히 관리함으로써 다른 영업활동을 수행하기 위해 이러한 정보들을 언제든지 활용할 수 있다. 또한 영업지원은 영업업무를 효율적으로 하고 기존 고객에 대한 서비스를 향상시키는 것뿐만 아니라 시장조사 등의 전략적인 업무에 도움을 줌으로써 새로운 사업의 아이디어를 얻는데도 이용된다.

(2) 신속하고 효율적인 주문처리

시스템에서는 간단한 사용자 인터페이스를 통해 입력된 정보들을 기준으로 판매주문에 필요한 정보들이 자동으로 결정, 제시된다. 예를 들어, 인도기준이나 지급기준을 고객의 요구에 맞게 변경함으로써 쉽게 가격이 자동으로 결정된다. 또한 사용자는 제품을 수작업으로 입력하거나 고객에 맞게 제시된 제품특성을 선택해서 입력하거나 또는 고객의 요구에 맞게 선택부품에 대한 제품변형구성(Configuration)을 통해 입력할 수도 있다.

(3) 유연한 가격결정 기능

판매주문 시 자동으로 가격결정을 수행한다. 관련된 가격결정 요소를 결정하기 위해 시스템은 가격 리스트, 고객과의 계약관계를 고려하고, 제품군이나 제품원가에 따라 가격을 결정할 수 있다. 또한 유연한 가격결정 기능에 의해 아주 복잡한 가격구조의 처리가 가능하다.

(4) 시장추세에 대한 의사결정 지원

SAP ERP는 판매정보시스템(Sales Information System)으로 의사결정자에게 가시성이 높은 정보를 제공할 수 있다. 영업유통문서를 입력하는 순간, 시스템에서는 실시간으로 판매정보시스템에 있는 관련된 정보를 수정하게 된다. 판매정보시스템을 이용함으로써 시장추이와 변화를 감지하고 이에 대응하는 의사결정을 통해 경쟁우위를 점하게 될 것이다.

(5) 회계모듈과 유기적 통합

재무/관리회계 모듈과 긴밀하게 통합되어 주문처리 시 자동적으로 고객에 대한 여신한도에 대한 점검을 수행한다. 이 때 주문이 여신점검에서 부적합할 경우 관련 담당자에게 자동적으로 경고 메일을 발송할 수 있도록 시스템을 설정할 수 있다. 또한 판매주문과 납품에 근거하여 자동으로 모든 해당 항목에 대한 대금청구를 수행하게 된다.

시스템은 항목들에 대한 송장, 대차메모를 개별적 또는 일괄적으로 생성하여 청구서를 우편이나 팩스 또는 전자문서교환(EDI)를 통해 바로 보낼 수 있다. 이와 동시에 시스템은 재무회계와 관리회계 모듈에서 볼 수 있는 외상매출금과 수익을 즉각적으로 생성하며, 고객의 구매 수량에 따라 리베이트도 처리할 수 있다.

(6) 생산/물류 모듈과의 유기적 통합

자재관리 및 생산계획 모듈과 연동되어 이루어지는 가용성 점검(Availability Check)은 판매주문을 만족시키기 위해 요청한 납기에 충분한 수량을 보유하고 있는지를 확인하고, 요청한 납기를 맞추지 못할 경우 시스템은 즉각 가용한 날짜를 계산하고 결정하여 새로운 납기를 고객에게 제안할 수 있도록 한다. 자세한 내용은 7장의 기능 설명을 참조하기 바란다. 또한 여러 저장 위치에 있는 제품의 가용성을 점검할 수도 있으며, 고객이 특정한 수량의 제품을 필요로 할 경우 주문생산 방식의 기능을 이용할 수도 있다.

(7) 적시 배송을 위한 출하/배송 관리 지원

출하관리에서는 피킹, 포장, 적하 업무를 관리하고 납기마감을 감시하는데 유용한 기능을 제공한다. 시스템은 납품해야 할 모든 주문 리스트를 제공하고, 주문을 전체적 또는 부분적으로 납품할 것인지, 개별적 또는 일괄적으로 납품할 것인지에 대한 옵션을 주게 된다.

4. 자재관리(Material Management) 모듈

자재관리 모듈은 구매계획 수립, 구매요청 및 구매발주, 검수 및 입고, 재고관리, 송장검증, 업체평가, 구매분석에 이르는 구매 및 재고관리 프로세스를 지원하는 모듈이다.

전체적인 구조는 [그림 3-7]과 같다. MM 모듈은 주로 생산부문과 연계된 구매 계획 부분, 구매계획에 의거하여 구매요청 및 구매오더를 생성하는 발주(Purchasing) 부분, 공급업체로부터 입고된 자재의 검수, 입고처리, 재고실사, 생산으로의 출고 등을 담당하는 재고관리(Inventory Management) 부분, 공급업체로부터 접수된 송장의 검증을 통해 입고된 제품과 송장의 금액을 비교하는 송장검증(Invoice Verification) 부분 및 각종 구매관련 정보를 관리하는 구매정보시스템(PIS : Purchasing Information System) 부분으로 구성된다.

MM 모듈은 특히 확장 솔루션인 mySAP SRM(Supplier Relationship Management) 부분과 유기적으로 연계되어 전자입찰, 경매 등 인터넷 환경을 바탕으로 한 공급자관계관리를 지원하기도 한다. 입고 및 검수 부분에서는 품질관리(QM : Quality

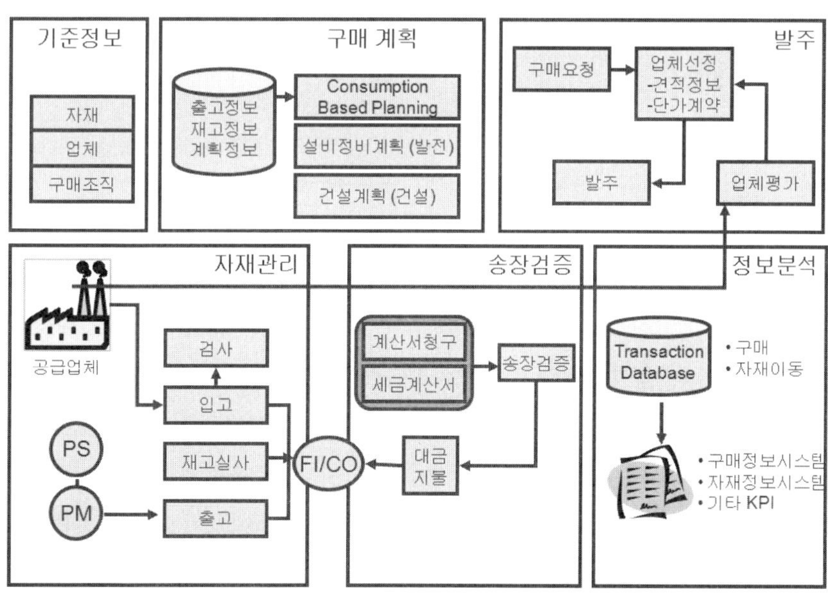

[그림 3-7] MM 모듈의 전체구조

Management) 모듈과 연계되어 입고시 제품/자재의 품질을 검사하고, 각 등급에 따라 후속처리를 다르게하도록 구성할 수 있다.

자재관리 모듈은 구매계획으로부터 구매견적, 구매요청, 발주, 입고, 출고 및 대금 지불까지 일련의 구매자재 관리 업무를 최적화·효율화 할 수 있도록 베스트 프랙티스(Best Practices)를 기본으로 한 다양한 기능을 제공한다. 정확한 재무회계 및 원가관리를 위한 기초적인 물류관리로서 재무, 관리, 예산, 프로젝트 등의 회계 관리 및 생산, 설비, 품질, 창고 등의 물류관리 기능과 실시간 통합성을 제공한다.

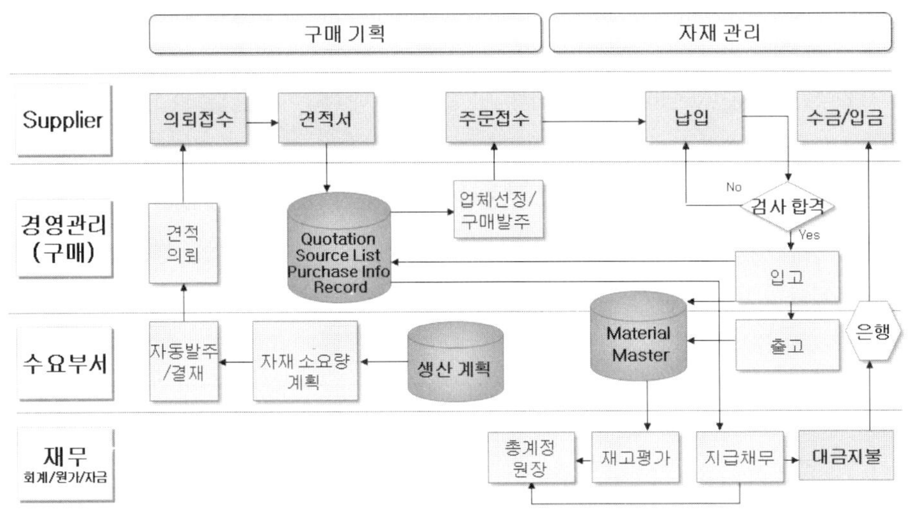

[그림 3-8] 자재관리 모듈의 내용

4.1 구매량 결정

생산시스템과의 통합으로 기준생산계획(MPS) 및 자재소요량계획(MRP)에 따른 자재 요구량 및 자재 요구시점을 계산해 구매량을 결정하는 기능을 지원한다. MM 모듈에서는 생산부분에서 넘어온 자재 요구량 계산 외에 비품 및 소모성 자재 등을 대상으로 소비 기준 계획(CBP : Consumption Based Planning)을 실행하여 이에 대한 소요량을 결정하는 기능도 제공한다. CBP는 재고량이 재주문점에 도달하면서 자동으로 구매요청이 생성되는 재주문점 계획(Reorder Point

Planning)과 수요예측기반 계획(Forecast Based Planning) 등의 기능으로 구성되며, 재주문점 계획은 다시 수작업 재주문점 계획과 자동 재주문점 계획으로 나뉜다.

4.2 구매발주 관리

생산계획(MPS) 및 자재소요량계획에 의거하여 필요한 구매량과 구매시점이 결정되면 실제 구매발주를 실행하는 부분이다. 생산계획에서는 구매에 대한 소요량이 계획오더(PL : Planned Order)나 구매요청(PR : Purchase Requisition)의 형태로 산출된다. MRP를 수행하고 난 후의 결과에 대해 검토를 실시한 후 전체 리스트를 보고 구매오더를 하나씩 생성할 수 있고, 단가계약이 존재하는 경우에는 자동으로 릴리즈 구매오더(Release PO)가 생성되도록 할 수도 있다.

또한 생성된 구매요청에 대해서는 대량 전환(Mass Conversion) 기능을 사용하여 계약(Contract)에 대한 릴리즈 구매오더로 연결되게 할 수 있다. 각 구매요청은 업체별 발주율, 생산능력(Capacity), 거래 기간 등의 각종 요소를 고려하여 업체가 자동으로 할당되게 하는 기능을 지원한다.

이전 오더(Transfer Order)는 공장 간, 저장창고 간의 이동 등 물리적인 이동을 나타내는 재고이전(Stock Transfer)과 자재의 특성 및 상태의 변화로 인한 논리적인(Logical) 이동을 나타내는 이전전기(Transfer Posting)로 구분된다. 공장 간 이동의 경우 1단계, 2단계 이동을 지원하며 모든 재고의 이동은 이동 유형(Movement Type)을 통해 관리된다. 이동 유형은 각각의 자재가 어떤 형태로 이동되는지를 나타내는 동시에 회계로의 전기 시 계정을 결정하는 역할을 담당한다.

이전전기는 자재의 특성 변화로 인한 자재 자체의 변경을 나타내는 자재 간 이동(Material to Material), 품질상의 특성 변화로 인한 품질 특성 간 이동, 위탁재고를 자체 재고로 이전하는 위탁재고 이동 등을 포함하며 그 구분은 [그림 3-9]와 같다.

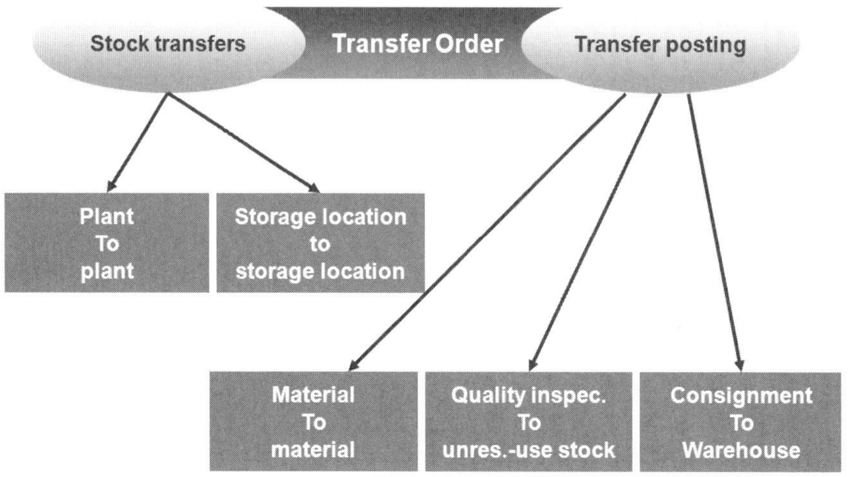

[그림 3-9] 재고 이동의 구분

서비스 오더는 제품 및 원부자재의 구매가 아닌 용역 구매에 대한 처리를 지원하는 프로세스이다. 용역 구매의 특성상 구매발주 시 체결된 용역의 투입량과 실제 투입량이 다를 수 있으므로 이에 대한 처리를 지원한다. 단, 구매오더에는 용역의 한도량을 정하고 서비스 입력시점(자재 입고에 해당)에 지불 금액이 확정된다. 서비스 입력에 대한 결제처리를 지원하며 용역의 투입량을 결재자가 확정처리하면 송장검증 단계로 넘어갈 수 있다. 용역에 대한 마스터 데이터 관리가 가능하며 구매오더 생성 시점에 해당 마스터 데이터를 사용한다. 프로젝트 시스템(PS : Project System) 및 설비보전(PM : Plant Maintenance) 모듈과 연계되어 사용되는 경우가 많다.

4.3 송장검증

송장검증은 구매오더 내용 및 공급업체가 납품한 물량과 발송된 송장의 금액을 비교, 검증하여 회계부문으로 지급 요청을 생성하는 과정으로 전체 프로세스는 [그림 3-10]과 같다. 송장검증은 구매발주를 낸 구매 부서에서 하기도 하고, 회계 부서에서 할 수도 있다.

주기적 구매가 일어나지 않거나 계약 금액이 큰 경우 개별 송장검증을 실시하고 그 외의 주기적 구매에 대해서는 자동 송장검증(ERS : Evaluated Receipt

Settlement) 기능을 이용하여, 일일이 송장검증 처리를 하는 것이 아니라 입고 문서를 기준으로 송장을 자동으로 생성한 후 해당 정보를 공급업체에 전송하여 확인하게 한다.

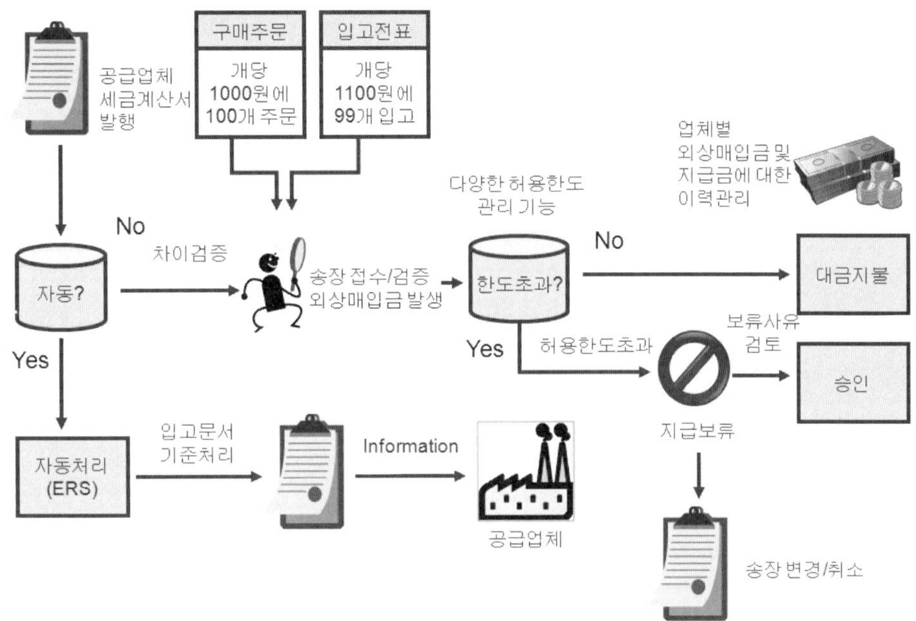

[그림 3-10] 송장검증 프로세스 개요

4.4 MM 모듈의 일반적인 장점

자재관리 모듈의 특장점은 다음과 같다.

(1) 타 모듈과 밀접한 통합

타 모듈(SD, PP, PM, CO/FI)과 밀접한 통합화가 이루어져 있고, 제품과 상품의 입·출고, 이동 시 재고 계정과 관련 계정에 그 정보가 실시간으로 연동되고 있다. 그리하여 정보를 전달하는 시간차에 따른 비즈니스 손실을 막고 정보 탐색을 위한 시간을 좀 더 효율적인 구매업무와 재고관리에 투자함으로써 비즈니스의 부가가치를 창출할 수 있다.

(2) 다양한 정책에 대한 구매계획 수립 지원

생산, 판매계획을 고려하며 과거 실적 데이터를 이용한 소비 기준 계획(Consumption Based Planning), MRP(Material Requirement Planning) 등을 이용한 계획 수립으로 자재별 적정 수준 관리로 재고관리 비용의 절감, 생산/판매와의 통합에 따른 관리비용 절감, 필요 자재를 적시, 적소(Right Time, Right Place)에 공급함으로써 생산을 원활히 하고 고객의 만족을 높이는데 기여할 수 있다.

(3) 전략적 공급정책에 비용과 시간투자 절감

자동발주 기능, 업체 평가, 통합 발주, 다양한 구매형태 지원, 발주율 관리 등의 기능을 시스템에서 지원함으로써 구매 처리 시간과 비용을 감소시키고, 지식작업자들이 보다 더 전략적인 조달(Strategic Sourcing) 방법과 정책에 대해 몰두할 수 있게 된다.

재고관리 측면에서는 회계와 관련된 문서가 구매/자재 업무처리(Transaction) 만으로도 자동발생 함으로써 이중 작업을 제거하고 정보공유에 따른 소요시간(Lead Time) 및 비용을 절감하게 된다.

(4) 공급사슬의 효율적인 관리를 위한 대응력 확보

공급사슬 관리는 상품, 정보, 자금의 흐름까지 공유하여, 협업의 효율성을 추구한다. 공급업체의 공급업체, 고객의 고객에까지 일체화시키는 전략을 실현시키려면 회사의 자원과 정보가 우선적으로 관리되어야 하는 전제조건이 해결되어야 한다. 이러한 전제조건은 자재관리 모듈의 기본 정보와 통합성을 통해 해결될 수 있다.

5. 생산관리(Production Planning) 모듈

PP 모듈은 장기 생산계획, 주단위 생산계획, 자재소요량계획, 생산능력계획, 생산오더 관리 및 생산원가 관리에 이르기까지 전체 생산관리 업무를 지원하는 모듈이다.

PP 모듈은 크게 마스터데이터 관리 부문, 생산 계획 수립 부문, 생산 실행

및 분석 부문 등으로 구성되어있으며, 다양한 산업에서 필요로 하는 생산관리 업무 프로세스를 모두 지원한다. 또한 원가(CO), 영업 및 유통(SD), 구매 및 자재(MM), 품질 관리(QM) 등 SAP의 다른 모듈들과 통합되어 있으며, 공급망 관리(SCM)솔루션과는 표준 인터페이스를 보유하고 있고, 기타 응용프로그램들(예 : MES, PCS 등)과 인터페이스를 지원하고 있어 다른 부문의 다양한 정보들을 활용할 수 있다.

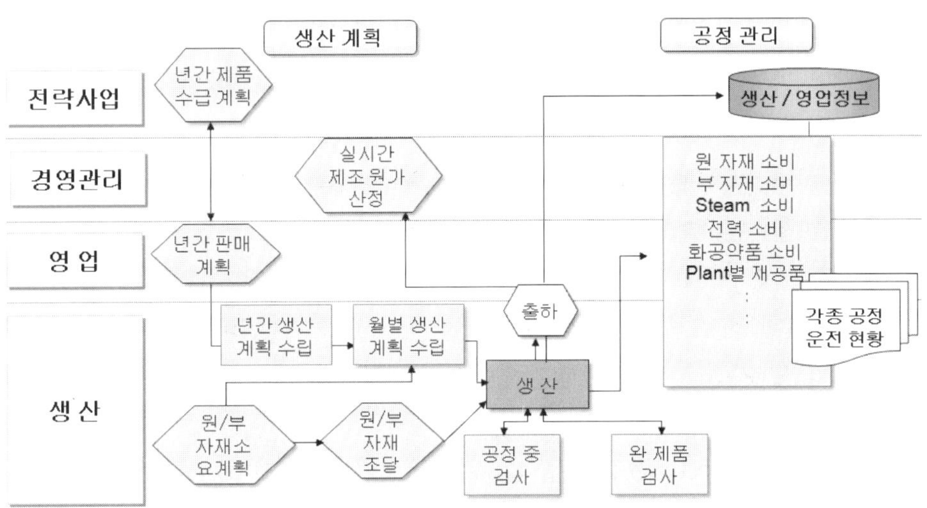

[그림 3-11] 생산관리 업무의 내용

5.1 생산계획

영업/생산 운영계획(SOP : Sales and Operation Planning)은 제품에 대한 생산계획의 수립을 유연하게 할 수 있도록 지원하는 도구로서 기업에 따라 총괄생산계획(Aggregate production planning)을 수립하거나 기준생산계획(Master Production Schedule)을 수립하는데 이용될 수도 있다.

결국 영업/생산 운영계획(SOP)은 기준생산계획이나 자재소요량 계획을 정확하게 운영하는 데 사용된다. 영업의 판매계획으로부터 생산계획을 수립하는 과정에서 과거의 판매실적, 현재의 재고상태, 미래에 대한 예측 등 물류의 흐름에 대한 수요와 공급계획을 수립한다. PP 모듈에서는 기본적으로 상수(Constant)

모델, 추세(Trend) 모델, 추세계절성(Seasonal Trend) 모델 등을 예측관련 모델로서 제공하며 이러한 영업/생산 운영계획(SOP) 기능은 APO의 DP(Demand Planning) 모듈에서 보다 확장된 기능을 제공한다.

기준생산계획(MPS : Master Prodcution Schedule)은 SOP의 예측 수요와 고객의 주문에 의한 실수요 또는 다른 제품의 생산원료로 사용되는 종속 수요의 상호관계를 관리한다. MPS는 회사의 매출이나 이익에 영향이 큰 주요 생산제품에 대한 공급계획을 구성하므로 수요 및 공급에 대한 평가가 가능하다.

자재소요량계획(MRP : Material Requirement Planning)은 기업이 내부의 목적 또는 판매 목적으로 자체 생산 하거나 외부 조달하는 모든 자재를 적기에 공급하도록 지원하는 기능이다. MRP의 3대 요소는 기준생산계획(MPS), 자재명세서(BOM : Bill of Material), 그리고 자재에 대한 정확한 재고정보이다. MRP에서는 가용 재고의 확인을 통해 소요량을 파악하고 적정한 생산 및 구매 수량을 결정한다. 또한 이에 대한 공급 방법을 결정하고 공급 일정계획을 수립하며, 생산에 필요한 하위 원부자재의 소요량을 산출하기 위한 BOM 전개의 과정을 거쳐 원가 및 자산을 적절하게 운영하고, 고객 서비스 수준에 균형이 유지될 수 있도록 조정한다.

분배량 계획(DRP : Distribution Requirement Planning)은 대리점이나 총판 등의 물류센터(Distribution Center)관점에서 고객의 수요를 파악하고, 고객의 수요가 생기는 지점에 제품을 공급하도록 하는 기능이다. 배치(Deployment)를 통해 수요에 비해 생산이 부족한 경우 또는 초과 생산한 경우 재고를 최적화하여 분배하도록 지원한다.

5.2 생산실행

장기 생산계획부터 생산원가관리에 이르기까지 전 생산관리 프로세스 중 생산실행이 차지하는 위치는 [그림 3-12]와 같다. PP의 생산계획 부분이나 APO의 상세 계획 부분에서 넘어온 계획을 대상으로 생산실행을 실시하며, 이후 실적보정 및 생산마감을 거쳐 생산원가 계산 및 분석을 위한 프로세스로 넘어가게 된다.

생산실행의 방법은 크게 생산방식이 단속적(Discrete)이냐, 반복적(Repetitive)이냐에 따라 달라진다. 일반적인 제조 기업에서 많이 채택하고 있는 단속적 생산

방식의 경우 생산계획의 결과로 계획오더가 발행되면 이에 대한 생산오더가 릴리즈 되고 작업지시가 이루어지는데 실적처리는 개별 자재출고 방식으로 할 수도 있고 이론출고(Backflush)방법으로 할 수도 있다. 또한 반복적 생산방식의 경우는 계획오더의 확정에 의해 작업지시가 이루어지고 완제품이 입고되면 이론출고(Backflush)의 방법으로 실적이 처리된다.

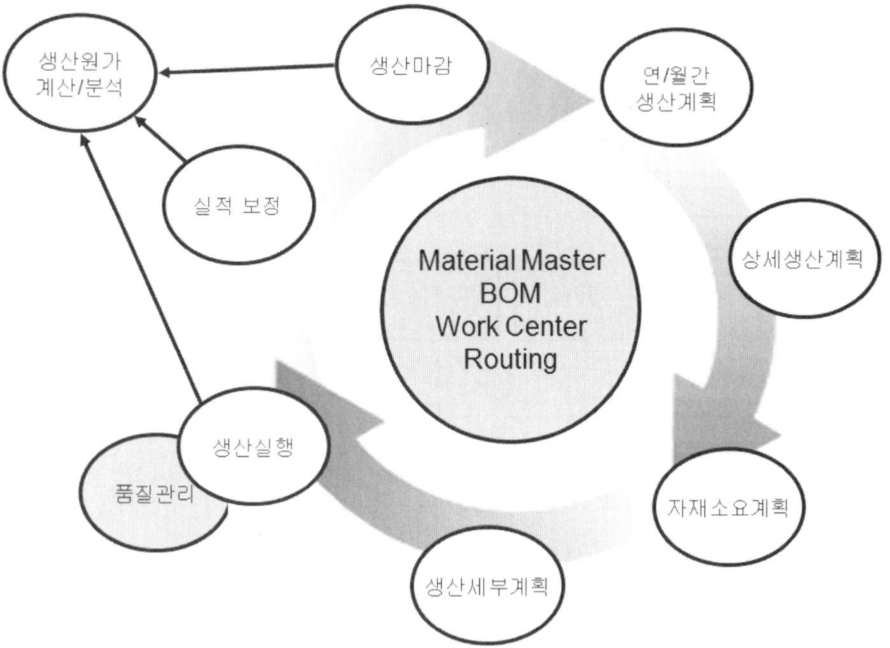

[그림 3-12] 생산관리 프로세스에서의 생산실행의 위치

여기서 작업지시란 계획된 오더가 갖는 정보대로 생산작업이 실행될 수 있도록 필요 정보를 작업 주체에게 전달하는 행위를 말한다.

단속적 생산방식에서는 생산오더의 발행 및 관리를 바탕으로 작업지시 및 실적처리가 이루어진다. [그림 3-13]는 생산오더 관리 프로세스 전반을 보여준다. 판매 오더 및 기타 독립수요의 정보를 바탕으로 생성된 생산오더는 이후 생산단위별로 자재가용성 점검, 생산능력 점검 등이 이루어지며 해당 오더에 대한 승인 과정을 거쳐 자재출고, 생산실행, 실적집계 및 오더정산이 수행된다.

생산오더는 어떤 제품을 언제까지 생산해서 판매할 것인지의 정보를 보유하

는 SD 모듈의 판매 부분, 어떤 원부자재를 이용하여 자재별로 얼마의 가용재고를 보유하고 있고 언제 추가 공급이 이루어져서 생산에 지장을 주지 않는지를 판단하는 MM의 재고관리 부분, 그리고 생산 활동(Activity)에 대한 제반 비용의 정산을 처리하는 CO 모듈의 원가계산 부분과 통합적으로 연계되어 운영되는 생산계획 및 실행의 주요 정보를 담고 있다.

이러한 생산오더는 계획오더를 선택하여 일괄적으로 생성할 수도 있고, 개별적으로 생성할 수도 있다.

완제품에 대한 실적이 확정되면 투입된 원자재 및 활동에 대한 생산진척 정도에 따라 실적이 확정된다.

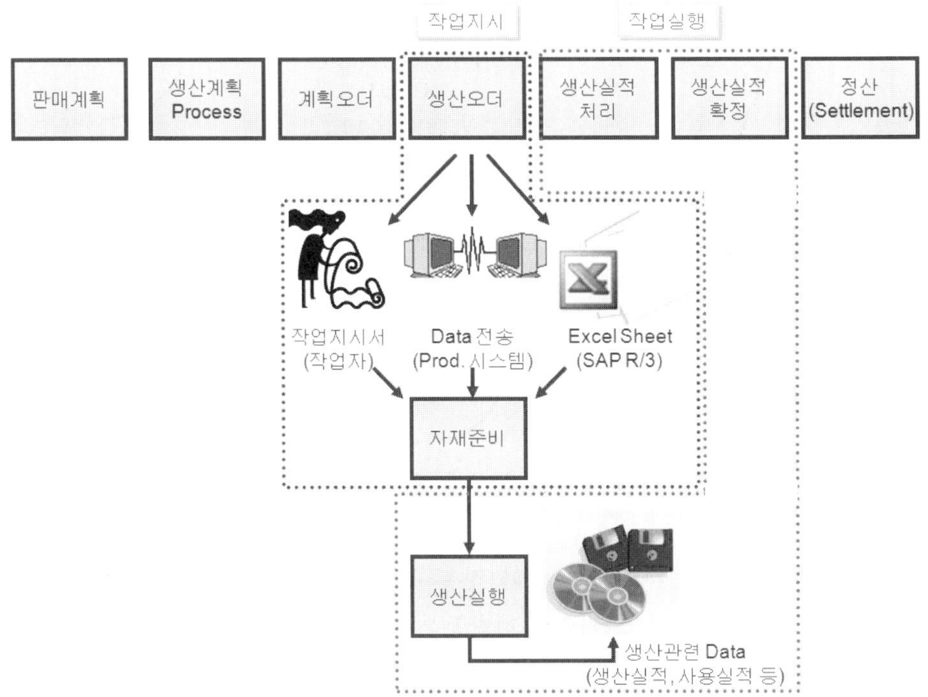

[그림 3-13] 생산오더 관리 프로세스

5.3 PP 모듈의 일반적인 장점

생산관리 모듈의 특징과 장점은 다음과 같다.

(1) 산업별 다양한 기준정보의 관리

물류관리 전반에 걸쳐 사용이 가능한 기준정보로 자재(Material), 분류(Classification), 배치(Batch), 설계 변경, 쿼터(Quota) 등 여러 가지 종류가 있다. 또한 생산관리 전반에 걸쳐 정의가 가능한 기준정보로는 생산 치/공구(Production Resources & Tools), 기준 달력 등 여러 가지 종류가 있다. 그리고 각 산업 및 분야에 필요한 기준정보는 아래와 같은 종류들이 있다.

① 조립산업에 필요한 기준정보는 자재명세서(Bill of Material), 작업장(Workcenter), 작업장 계층구조, 공정순서도(Routing) 및 참조공정 세트(Ref. Operation Set) 등이 있다.

② 장치산업을 위한 기준정보는 표준조리법(Master Recipe), 자원, 자원 네트워크, 공정지침(Process Instruction) 등의 종류가 있다.

③ 간판 방식을 위한 기준정보는 간판 사이클(Cycle), 자재 사용처, 자재 공급처, 공급 지역 등이 있다.

④ 생산 계획의 수립을 자원하는 기준정보로는 BOM유효성, 계획 계층구조, 제품그룹 등 여러 가지가 있다.

위와 같이 산업별로 생산 관리 방식에 적합한 다양한 종류의 기준정보를 관리할 수 있다.

(2) 기준정보를 통합적으로 활용하도록 설계

생산계획의 수립, 작업지시서의 발행, 생산 실적의 입력, 원자재의 출고, 제품의 입고, 제조원가의 계산, 구매요청서의 발행, 생산 일정의 계산 등 생산관리의 다양한 업무 영역에서 기준정보가 활용된다. 이와 같이 SAP ERP에서는 기준정보를 업무 영역 하나에서만 활용할 수 있는 것이 아니라 여러 영역에 걸쳐 통합적으로 사용할 수 있다.

(3) 제품 특성에 맞는 생산 계획 수립 가능

영업/생산 운영계획(SOP)은 제품의 특성에 맞추어 사용자가 직접 데이터를 입력하고 생성할 수 있는 정보 구조를 설계하고, 제품의 특성에 맞는 작업 화면 및 계산 공식 등을 작성할 수 있다. 재고 생산(MTS), 주문 생산(MTO), 조립 생산(ATO) 및 설계 생산(ETO)등 제품의 조달 및 판매를 제어하는 생산전략을 제품별로 다르게 지정할 수 있다.

(4) 다른 모듈에서 관리하는 자료의 활용

경영계획 자료, 창고의 재고현황, 구매요청이나 주문 현황 등 다른 업무부서나 모듈 등에서 관리하고 있는 자료들을 생산계획의 수립에 참고 자료로 활용할 수 있다. 재고 생산(MTS)하는 제품의 경우에 영업의 주문접수 시 창고에 있는 재고 현황뿐만 아니라 생산이 예정된 작업지시서의 일정까지도 점검하여 납품여부를 판단할 수 있도록 지원하며, 주문 생산(MTO)의 제품의 경우에 영업의 주문접수 시 생산계획의 수요로 포함될 수 있는지 여부를 판단하여 납품의 가능성을 점검할 수 있도록 지원하고 있다.

자재 소요량 계획 등을 통하여 구매 부서에 원자재의 구매요청이나 주문서의 발행 및 납품지시 등의 후속 기능을 지원할 수 있다. 생산오더는 생산 품목, 일정, 원자재 불출, 공수 투입 등 생산현장에서 발생하는 실적자료를 입력하고 집계하는 문서이다. SAP ERP상에서 생산오더는 생산 실적정보를 실시간으로 저장하게 되어 결과분석의 자료로 사용되며, 또 원가를 집계/분석하는 데이터로도 사용된다.

(5) 시뮬레이션을 통한 분석

미래에 발생할 수 있는 다양한 상황 변화를 반영하여 생산 계획을 수립할 수 있는 시뮬레이션 모드(Simulation Mode)의 지원은 생산계획자들에게는 필수적인 도구라고 할 수 있다. SAP ERP의 중/장기 계획(LTP[1])은 실제로 발생하는 운영환경(Live Operation)에 영향을 주지 않고 장기적인 관점에서 원자재

---

1) LTP : Long Term Planning의 약자로 시뮬레이션을 위한 시나리오를 구성하여 미래에 발생 가능한 여러 가지 상황 변화를 시뮬레이션을 통하여 미리 분석해 볼 수 있도록 지원하는 하위 모듈.

소요량 분석, 생산 능력 소요량의 분석 등 자재 소요량 계획(MPS[2]/MRP[3]) 등에서 수행하는 모든 기능을 시뮬레이션할 수 있도록 지원한다.

(6) 공급 사슬 관리(SCM) 모듈과 인터페이스 지원

생산관리 모듈에서 관리하는 자재명세서(Bill of Material), 공정순서도(Routing), 계획 오더, 작업지시서 등 여러 가지 기준정보나 업무처리 정보를 공급 사슬 관리 프로그램(APO[4])으로 보내고 받을 수 있다. 또 자재관리 모듈에서 관리하는 거래처, 각종 계약, 재고, 구매요청, 구매발주 및 영업관리 모듈에서 관리하는 고객, 가용성 점검 요청, 주문 현황 등 여러 가지 기준정보나 업무처리 정보도 공급 사슬 관리 프로그램(APO)과 용이하게 주고 받을 수 있다.

(7) 제품 특성에 맞는 생산 방식의 지원

조립산업, 장치산업, 반복생산, 프로젝트 위주 생산 및 간판 등 다양한 산업에서 필요로 하는 생산 방식을 자재 마스터데이터에 정의하여 사용할 수 있다. 작업지시서의 형태도 산업의 특성을 반영하여 Production Order, Process, Order, Run-Schedule 등 해당 산업에서 요구하는 형태로 세분화되어 있다. 장치산업의 공정 조건, 작업 지침 등 작업관리를 위한 상세 작업지시서(PI-Sheet)를 SAP-GUI환경이나 Web환경으로 만들어 사용할 수 있다.

(8) 공정 제어 시스템 및 현장 시스템과의 인터페이스 지원

장치산업 쪽에서 많이 사용하고 있는 각종 공정이나 설비의 관리를 위한 공정 제어 시스템(PCS/DCS[5])과 작업지시서, 작업 지침 및 공정 변수 등을 다

---

2) MPS : 앞에서 학습한 바와 같이 Master Production Schedule의 약자인데, 여기서는 기업의 매출이나 이익 등에 영향이 큰 주요 품목에 대하여 소요량 계획을 수립하는 SAP ERP의 하위 모듈을 의미한다.

3) MRP : Material Requirement Planning 또는 Manufacturing Resource Planning의 약자인데, 여기서는 원자재 소요량 계획 또는 생산에 필요한 생산 자원을 계획할 수 있도록 지원하는 SAP ERP의 하위 모듈이다.

4) APO : Advanced Planning & Optimization의 약자로 SAP에서 개발한 공급 사슬 관리(Supply Chain Management) 시스템.

5) PCS/DCS : Process Control System/Distributed Control System의 약자로 공정 설비를 제어하는 시스템.

운로드(Download)할 수 있으며, 또한 공정제어 시스템에서 관리하는 데이터를 다시 ERP시스템으로 업로드(Upload)하여 작업지시서와 함께 생산실적 및 공정변수들을 통합하여 관리할 수 있도록 공정 관리 기능을 지원하고 있다.

다양한 산업에서 운영되고 있는 생산 실행 시스템(MES[6]))과도 BAPI[7])프로그램을 통하여 인터페이스할 수 있다.

(9) 유연한 실적 분석 기능을 지원

생산실적을 요약하여 다양한 분석이 가능하도록 지원하는 물류 정보시스템(Logistics Information System)은 사용자가 데이터를 저장할 수 있는 테이블, 데이터의 Update를 통제하는 규칙, 조기경보 등을 자신의 요구에 맞게 만들어 쓸 수 있다.

SAP에서 기본적으로 제공하는 표준 분석에서는 막대그래프, 분류, 파이 분석, 상관관계, 전략 분석 등 각종 그래픽 툴을 통하여 데이터를 쉽게 분석하도록 지원하고 있다. 사용자가 정의할 수 있는 유연분석에서는 다른 기준정보 테이블 및 정보구조의 데이터 등과 결합하여 더욱 확장된 정보의 분석이 가능하도록 지원하고 있다.

(10) 데이터 웨어하우스 시스템으로 정보 제공

자료의 추출, 특히 변경된 자료만을 추출하는 기능은 D/W구현의 필수적인 요소라고 할 수 있다. SAP ERP에서는 ERP에서 발생한 각종 데이터를 간이 D/W기능인 물류정보 시스템에 저장하고, 파라미터를 설정하는 방식으로 간단한 변수 값의 정의로 변경된 자료만을 추출할 수 있다는 장점을 누릴 수 있다. 따라서 사용자는 쉽게 ERP시스템의 자료를 추출하여 D/W를 구현할 수 있다. 자재관리, 영업관리, 설비관리, 품질관리 등 SAP ERP시스템은 동일한 방법의 D/W인터페이스를 지원하고 있어 D/W의 구현 시 많은 자료의 추출에 장점이 있다.

---

6) MES : Manufacturing Execution System의 약자로 생산 실적 및 조건 등의 정보를 집계/분석하는 시스템.

7) BAPI : Business Application Program Interface의 약자로 다른 S/W들과 인터페이스 작업을 할 수 있도록 개발된 프로그램.

6. 재무회계(Finance) 모듈

6.1 판매사이클과 외상매출금

주지하다시피 ERP 시스템의 회계는 현장회계가 구현된다. 예를들어, 판매사이클이 판매현장에서 실행되는 가운데 회계처리가 자동적으로 이루어져 총계정원장 및 보조원장이 업데이트된다. 판매사이클은 주문접수, 상품발송 그리고 대금청구로 이루어지는 일련의 판매과정이며 이는 SD 모듈에서 처리된다.

회계 관점에서 볼 때 판매사이클의 최종 결과는 매출과 매출채권 그리고 매출원가의 발생이다. 회계모듈에서 판매사이클을 다루는 이유는 이러한 판매사이클이 실행되는 가운데 판매사이클의 어떠한 데이터가 어떤 시점에서 회계데

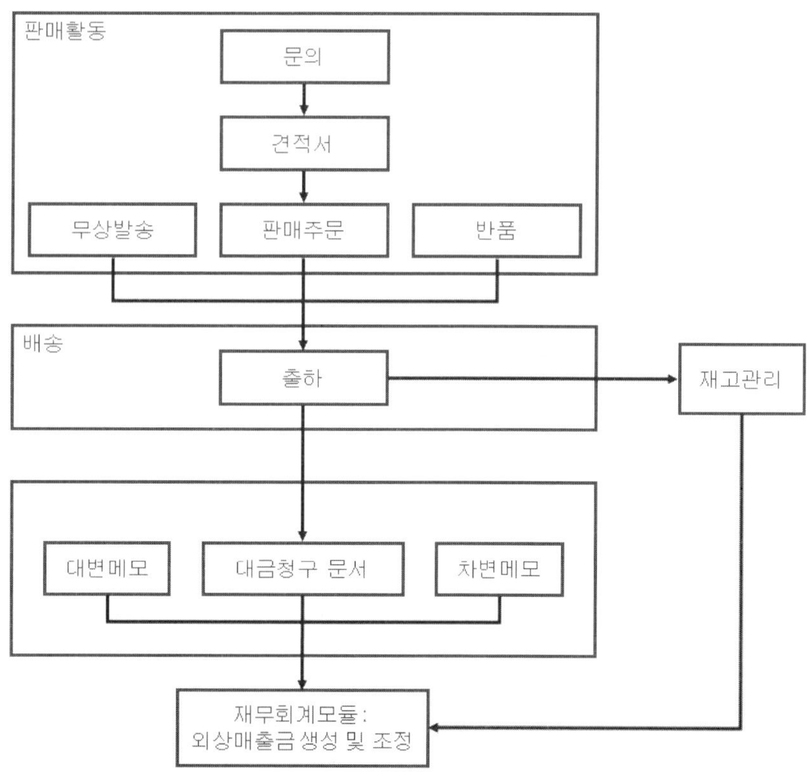

[그림 3-14] 판매사이클과 외상매출금

이터로 흘러들어 오는 가를 살펴볼 필요가 있기 때문이다. 이러한 과정을 잘 알고 있어야 회계담당자가 판매사이클 전반에 대한 관리를 할 수 있다.

[그림 3-14]는 판매사이클과 회계모듈과의 관계를 나타낸 것이다. 고객의 문의가 접수되면 해당 제품에 대한 견적을 작성하여 발송하고, 고객이 이에 대한 주문을 내면 이 때부터 판매 프로세스에 들어간다. 재고 및 기타 상황을 고려하여 영업오더를 작성하면 이 문서를 기초로 해서 차후의 문서가 작성된다. 영업오더는 판매할 상품, 인도날짜, 가격조건, 거래조건 등의 내용을 담고 있으며 기본적인 내용만 입력하면 대부분 관련 마스터데이터를 끌어와 자동으로 생성된다. 인도될 날짜가 도래하면 출하지시서가 발생되고 그에 따라 물량을 확보하고 마지막으로 상품이 물리적으로 배송된다. 상품이 배송되면 상품이 이동되었다는 자재전표(Material Document)가 작성되고 이를 바탕으로 매출원가를 인식하는 회계전표가 자동적으로 생성된다. 고객에게 대금청구를 하여 승인을 받으면 비로소 매출과 매출채권이 발생한다. 이때 작성된 송장을 바탕으로 매출 및 외상매출금을 인식하는 회계전표(Accounting Document)가 자동적으로 생성된다.

일반적인 대금청구뿐만 아니라 대변메모와 차변메모를 통하여 대금청구 금액을 조정할 수 있으며, 이때 회계상으로는 외상매출금이 자동으로 조정된다. 이와 같이 영업 현장의 모든 활동이 회계 업무와 실시간으로 연계되고, 여기에서 SAP ERP의 통합성을 재차 인식할 수 있다.

6.2 구매사이클과 외상매입금

구매사이클은 구매요청, 구매주문, 입고 그리고 송장접수로 이어지는 일련의 구매 과정이며 이러한 과정은 MM 모듈에서 처리된다. 판매사이클과 마찬가지로 구매사이클 역시 현장회계가 구현된다. 즉, 구매사이클 이 발생하는 가운데 회계가 자동으로 처리되어 총계정원장으로 전기된다.

화계 관점에서 볼 때, 구매사이클의 결과는 구매로 인한 재고 자산의 증가와 매입채무의 발생이다. [그림 3-12]은 구매사이클과 그로 인한 회계 처리의 과정을 나타낸 것이다. 구매요청은 내부에서 구매부로 구매를 요청하는 것이고, 구매주문은 외부 공급자에 대해 주문하는 것이다. 구매요청에서 작성된 구매

데이터는 구매주문 검수 그리고 송장검증에 이르기까지 그대로 이어진다. 구매주문은 구매부서에서 하는 구매와 관련된 문서를 작성하는 것인데 이 문서를 작성할 때, 주변의 많은 마스터 자료를 끌어와서 작성하게 된다. 예를 들면, 자재 마스터데이터, 공급업체 마스터데이터, 과거 구매데이터 등의 데이터를 자동적으로 끌어와서 구매문서를 작성하게 된다.

입고는 구매한 물품을 공급업체로부터 인수하는 절차이다. 이 과정에서 일단 재고 자산의 발생을 회계적으로 인식하고, 차후 공급자로부터 송장을 접수한 후 송장검증을 하면 비로소 매입채무가 발생한다. 입고 시 잠정적으로 외상매입금을 인식하고, 차후 송장을 접수한 후 입고 시 가계정에서 인식한 외상매입금을 상계하고 정식으로 매입채무를 인식하게 된다.

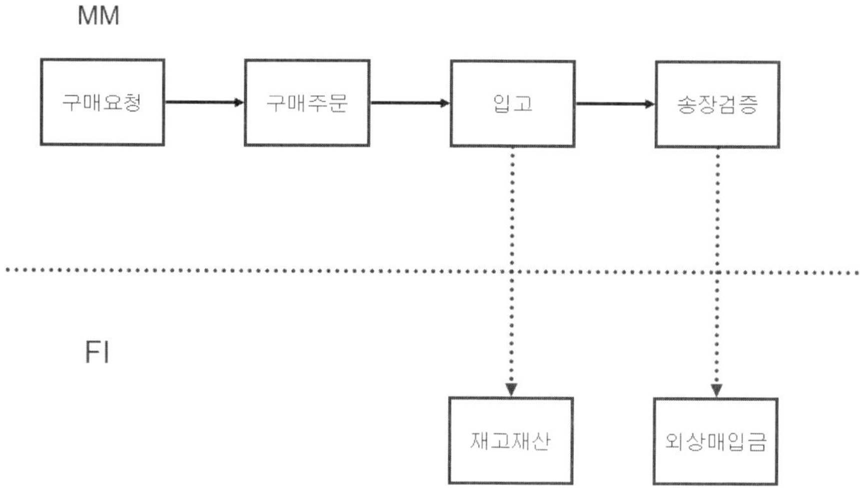

[그림 3-15] 구매사이클과 매입채무회계

재무회계 모듈에서는 지금까지 설명한 매출채권과 매입채무뿐만 아니라 고정자산 관리와 자금관리가 이루어지며, [그림 3-16]에서 나타나듯이 총계정 원장의 제반 처리를 통해 대차대조표와 손익계산서가 만들어 진다.

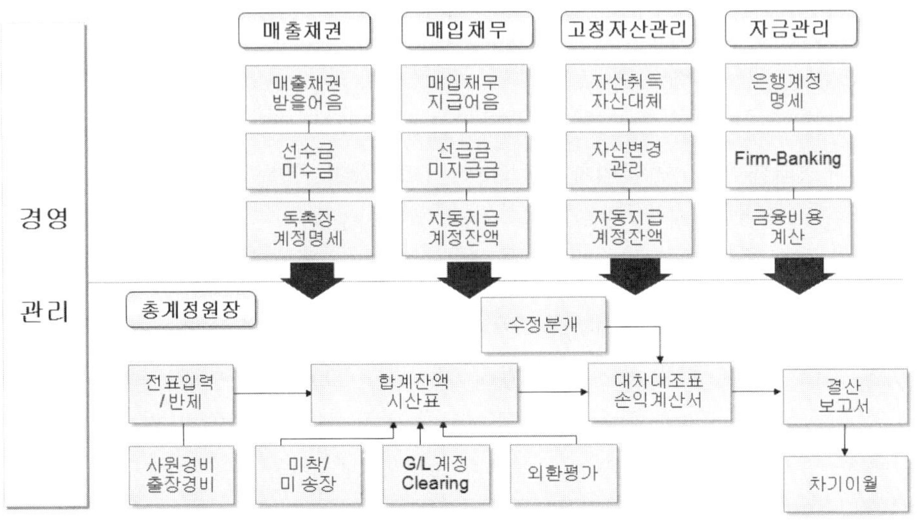

[그림 3-16] 재무회계 모듈의 흐름

6.3 FI 모듈의 특징과 장점

재무회계 모듈은 GAAP 등 국제적으로 통용되고 있는 회계 기준을 적용함으로써 회계 전 영역을 포괄하는 기능에 사용자 위주의 융통성을 접목시킨 통합 비즈니스 관리 시스템이다. 비즈니스 거래 발생 시 실시간으로 데이터를 자동 갱신하므로 계정명세서, 잔액확인서, 재무제표 등 각종 보고서를 신속하게 작성하며, 재무정보시스템을 통해 고객과 구매처에 대하여 미결제된 채권/채무 분석 및 조회를 실시간으로 지원한다. 재무회계 모듈의 특장점은 다음과 같다.

(1) 국제적 요구조건의 충족

재무회계 시스템은 국제적 요구조건뿐만 아니라 법적인 요구사항을 충족시켜야 한다. 재무회계 모듈은 40개국 이상의 기업 회계 기준 요건을 수용하고 있기 때문에 재무회계 시스템의 국제적 사용에 대한 필수적인 요구조건을 충족시킨다. 또한 다국적 통화를 지원함으로써 거래발생 시점에 기표된 외화는 별도로 원화로 환산할 필요 없이 자동으로 환산을 지원하고 원화, 달러화 및 유로화 등 다국적 통화로의 재무제표 수립을 가능케 하며, 외화 자산/부채에 대한 평가 및 환차 손익을 자동으로 관리한다.

(2) 타 모듈과의 실시간 통합

앞에서 설명한 데로 물류 시스템과 재무 시스템이 통합되어 있어 물류 시스템에서 발생하는 거래가 실시간으로 재무시스템에 반영되는 동시에 이와 관련된 회계 전표들이 자동으로 생성된다. 그리고 물류 시스템과의 통합으로 지출 전표 및 매출 전표에서 드릴다운 기능을 이용하여 실제 원시 전표로 까지 추적이 가능하여 업무의 투명성을 제고한다. 또한 관리회계시스템과의 통합으로 인해 건설 중인 자산에 대한 정산처리가 신속하게 이루어지고 완성 고정자산으로의 전표가 자동으로 생성된다.

(3) 유연한 계정과목표(COA : Chart of Accounts)

재무회계 모듈에서 제공하는 계정과목표는 사용 기업의 요구에 맞게 다양하게 관리할 수 있어 기업에서 발생하는 회계 정보를 효과적으로 관리한다. 시스템이 다국적 기업과 특정 국가의 요구조건을 둘 다 만족시키려면 재무회계 모듈에서는 이에 맞도록 계정과목표를 쉽게 만들어 사용할 수 있어야 한다.

(4) 보조원장의 실시간 관리

총계정원장과 함께 보조원장을 연계하여 관리하는 것이 필수이다. 채권, 채무, 고정자산에 대한 모든 변동 사항들은 총계정원장의 할당된 계정으로 실시간 관리된다. 따라서 모든 보조원장은 항상 총계정원장과 함께 조정(Reconciliation) 된다.

(5) 채권관리

계정분석, 알람 리포트, 만기별 리스트 및 유연한 지급 독촉 기능 등에 의해 미결 항목을 보다 효과적으로 관리할 수 있다. 고객의 여신관리 정보를 바탕으로 주문입력과 제품출고 시점에서 자동으로 여신한도 점검을 수행하여 채권에 대한 리스크 관리를 지원한다.

(6) 채무관리

선금 요청 및 처리, 어음/수표 발행 관리, 신용카드, 펌 뱅킹 등 다양한 채무 형태별로 관리를 지원하며 사용자의 다양한 요구에 맞는 지급 방법 지원 등 채무관리에

필요한 모든 기능들을 채무관리(FI-AP)모듈에서 지원한다. MM 모듈과의 통합으로 공급업체 마스터데이터의 통합관리를 지원하며 공급업체에 대한 지급 여력을 효과적으로 관리한다.

(7) 고정자산 관리

다양한 방법으로 투자 타당성 분석을 지원하고, 신규 고정자산 투자 건에 대한 예산 책정을 지원한다. 관리회계 시스템과의 통합으로 인해 건설 중인 자산에 대한 정산처리가 신속하게 이루어지고 완성 고정자산으로의 전표가 자동생성 된다. 고정자산 신규 취득/자본적 지출/매각/폐기 및 고정자산에 대한 감가상각법/내용연수 변경 등에 대한 계획을 반영하고, 감가상각 시뮬레이션을 수행하여 의사결정에 필요한 정보를 지원한다. 설비관리(PM)모듈과의 통합으로 유지보수에 의한 자본적 지출에 대한 회계 전표를 자동으로 생성하고 고정자산 잔존가에 자동으로 반영한다.

(8) 특별원장

특별원장은 계정 할당 기능으로부터 다양한 디멘젼을 포함한 확장된 원장이다. 따라서 재무회계 모듈에서 표준으로 지원하지 못하는 부분을 사용 기업의 필요에 맞게 원장을 만들어 관리하도록 지원한다.

(9) 연결 재무제표

재무회계 및 고정자산 시스템과의 통합으로 인해 개별 재무제표로부터 데이터가 직접 이동된다. 이러한 기능으로 연결 재무제표 작성업무를 단순하게 해줄 뿐만 아니라 결합 작업에서 발생하는 오류를 최소화 한다.

(10) 한국화(Localization) 지원

SAP ERP는 10년 넘게 한국에서 여러 업체들을 구현하며 요구사항에 맞게 수정되어, 한국화 지원이 잘 되어 있다. 재무회계 모듈에서 중요한 부가세, 원천세, 법인세에 대한 신고 자료를 용이하게 작성하도록 지원한다. 인사관리 모듈과의 실시간 통합으로 인사관리 모듈에서 정의한 인사 테이블에 의해서 소득세와 주민세 등이 자동으로 산출되고 이와 관련된 회계 전표가 생성될 수 있다.

7. 관리회계(Controlling) 모듈

7.1 관리회계 모듈 개요

관리회계 모듈은 경영자의 의사결정에 필요한 회계정보를 제공하는 모듈이다. 경영자가 필요로 하는 회계정보의 기본은 원가정보이다. ERP를 구축하고자 하는 많은 기업들이 제품 원가를 정확히 산정하려는 목적을 가지고 시작한다. 이러한 원가 정보는 수익성 분석의 기반이 된다. 따라서 관리회계 모듈의 많은 부분은 각각의 원가대상에 대한 원가정보를 생성하는 기능을 한다. 즉, 원가중심점(Cost Center), 내부 오더(Internal Order), 활동(Activity), 제품, 서비스, 마켓세그먼트(Market Segment), 이익중심점(Profit Center) 등에 대한 원가정보를 계획하고 또한 실제원가를 생성하는 기능을 한다.

원가정보의 생성은 1차적으로 재무회계에서 발생한 원가를 받아들이고 2차적으로 이들 원가를 각각의 원가대상에 배분하는 절차로 이루어지는데, 전자를 1차원가라 하고 후자를 2차원가라 한다. 따라서 관리회계 모듈은 재무회계 모듈에서 흘러 들어온 1차원가를 의사결정 목적에 따라 가공하는 절차라고 정의할 수 있다.

예를 들어 어떤 인건비가 발생했다고 가정하자. 인건비의 처리는 인사관리모듈에서 처리되지만 이렇게 처리되는 가운데 재무회계 모듈을 통해 재무회계 전표가 자동으로 생성된다. 재무회계 전표에는 이 인건비가 어떤 원가중심점 또는 내부주문에서 발생했는가를 입력하도록 되어 있다. 비용을 처리하는 재무회계 전표가 자동적으로 생성된다. 비용을 처리하는 재무회계 전표에서 원가의 발생 장소를 입력함으로써 관리회계 모듈과 연결이 되며, 이를 통해 이 비용은 관리회계 모듈 영역으로 들어오는데 이를 1차원가라 한다. 관리회계 모듈 영역에서는 이렇게 들어온 1차원가를 원가배분절차를 통해 다른 원가발생 장소로 배분하기도 하고, 궁극적으로 제품원가에 배분하여 제품원가를 계산한다.

또한 SD 모듈에서 판매 활동을 처리하는 가운데 FI 모듈을 통해 재무회계 전표가 자동으로 생성되며, 이때 제품, 고객, 지역 등이 입력되어 이들 수익과 판매원가가 마켓 세그먼트로 이동된다. 관리회계 모듈에서는 이를 통해 마켓 세그먼트의 수익성분석 정보를 생성한다.

이와 같은 정보 흐름을 가지는 관리회계 모듈은 원가요소회계, 비용중심점(Cost Center)별 비용관리, 내부오더 관리, 활동원가, 제조원가 진행관리, 실적원가관리, 수익성 분석, 손익센터 분석 부분으로 나누어진다.

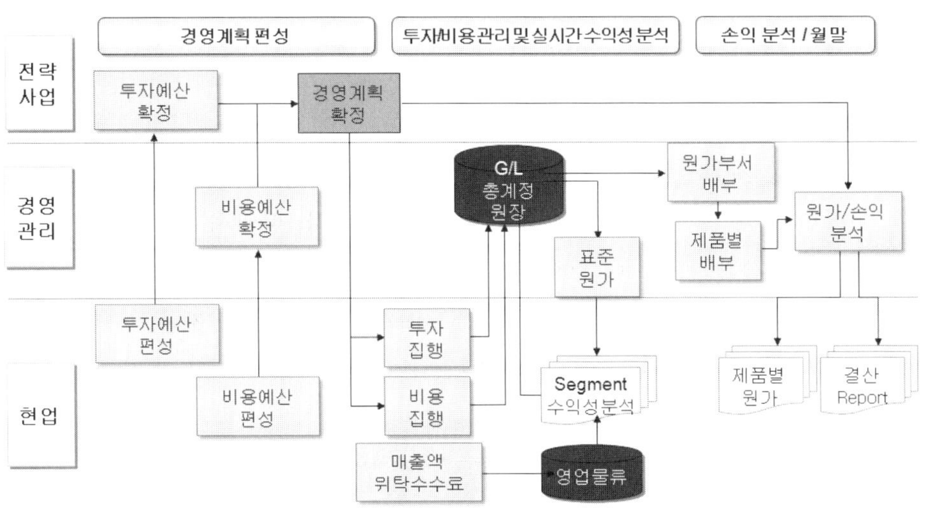

[그림 3-17] 관리회계 모듈내의 정보 흐름

7.2 CO 모듈의 특징 및 장점

재무회계를 포함한 타 물류 부문과의 통합성을 기반으로 실시간 경영성과 및 비용/수익 추적이 가능하여 전략적 계획과 의사결정에 필요한 정보를 적시에 제공한다. 관리회계 모듈의 특장점은 다음과 같다.

(1) 실시간 정보 통합

SAP ERP의 다른 FCM 부문, 그리고 SCM, HCM 부문과 완벽히 통합되어, 기업 활동으로 인한 물류 정보, 인사 정보 또는 재무 정보가 데이터 발생 시점에 즉시 관리회계에 자동으로 반영되므로 실시간으로 다양한 정보 분석이 가능하여 경영자의 전략적 의사 결정을 위한 정보를 적시에 제공할 수 있다. 또한 원가 대상에 관련된 금액 정보뿐만 아니라 수량 정보도 동시에 관리할 수 있어 물류부문과 회계부문의 계획을 통합, 조정 할 수 있다. 이는 수익, 판매,

생산, 비용 및 인원 계획으로 연결되는 기업의 경영 계획 프로세스를 지원할 수 있어 기업의 효율성을 극대화시킬 수 있다.

(2) 정보의 투명성 보장

비용 및 수익 정보를 취합, 분석하기 위해 모듈별 각 마스터데이터 레벨에서의 연결이 가능하고, 분석 룰(Rule)에 의한 데이터 가공이 가능하므로 제공되는 정보의 투명성이 보장된다. 재무회계의 계정과목과 관리회계의 원가항목의 통합으로 관리회계 시스템과 재무회계 시스템이 동일한 데이터를 근거로 운영되고 조정된다. 관리 회계 목적상 발생하는 비용 배부 등 정보의 재가공은 관리회계 전용의 2차 비용계정으로 관리하므로 재무회계 데이터의 일관성을 없애지 않고도 상세한 원가 관리가 가능하다.

(3) 유연한 데이터 및 정보 관리

버전 별로 정보 관리가 가능하여 다양한 목적별 데이터를 생성할 수 있고, 이렇게 생성된 정보를 비교, 분석할 수 있다. 관리회계를 구성하는 여러 하위 모듈은 사용 범위에 따라 유연하게 구성할 수 있다. 예를 들어, 제조가 없는 회사의 경우 간접비 회계와 수익성 회계만을 사용할 수 있고, 간접비 회계 중에서도 비용센터 회계, 내부오더관리, 활동기준원가 등 필요한 부분만 선택하여 사용할 수 있다.

(4) 다양한 관리 계층 및 계층구조 별 분석 지원

각 회사에 따라 달라질 수 있는 관리 계층 및 조직에 대한 정의가 각 회사의 관점에 맞게 설정될 수 있으며, 각 단위 레벨 및 조직은 상위 레벨 및 조직과 연결되어 있어 다양한 계층에서 요구하는 정보의 생성 및 분석이 가능하다. 수익성 분석도 제품 측면, 고객 측면, 조직 측면 등 다양한 관점으로 계층구조의 정의가 가능하고, 계층구조별 수익성 분석을 지원한다.

(5) 산업 및 생산방식에 따른 유연한 제조원가 관리

제조업체의 경우 산업의 특성에 따라 다양한 제조 방식이 있을 수 있는데, 이에 대응하는 유연한 원가관리를 지원한다. 각 회사가 수행하는 사업에 따라 프로젝트 생산, 주문 생산, 계획재고 생산, 반복 생산 등의 다양한 생산 방식이

존재하는데, 이에 대응할 수 있는 제조원가 계획 및 진행관리, 실적관리를 지원하기 때문에 기업이 가진 고유의 특징을 반영한 원가관리가 가능하다. 제조원가의 관리 수준은 가장 상세한 수준부터 상위 레벨로의 데이터 및 정보 취합을 사용자가 지정할 수 있어 다양한 수준에서 별도의 작업없이 데이터와 정보가 동시에 제공된다. 수불표에서 구매, 생산, 판매에 대한 수량, 금액, 단가, 차이 정보를 실시간으로 조회할 수 있으며, 차이의 배부 방식이 아닌 수불 내역을 기반으로 제조원가의 차이 분석이나 수익성 분석을 상세한 수준에서 수행할 수 있다.

(6) 강력한 데이터 추적 및 정보 분석

SAP ERP는 발생하는 모든 정보를 개별 라인 품목(Line Item)으로 처리하므로 저장된 정보는 가장 세부적인 단위까지 분석이 가능하게 된다. 다양한 표준 리포팅 툴이 지원되며, 분석 보고서에서 추가적인 정보가 필요할 경우 관련 데이터를 더블 클릭하는 방법을 통해 계속 드릴다운(Drill-Down) 해 가면, 해당 정보의 원시 전표와 그 상세 내력, 그리고 관련 마스터 정보까지 추적할 수 있다. 이외에도 비쥬얼 리포팅 툴을 이용하면 사용자의 목적과 부합하는 추가적인 보고서를 간단하게 정의하여 사용할 수 있다.

SAP 정보시스템에서 제공하는 보고서 기능은 보고서 간의 계층구조와 보고서 간의 연결을 가능하게 하며, 특정 정보를 얻기 위해 굳이 해당 기능을 가진 재무회계 모듈이나 기타 물류 모듈로 이동하지 않고도, 리포트 간의 연결을 통하여 해당 정보를 검색하거나 분석할 수 있다.

(7) 다차원적 수익성 분석

수익성 분석 모듈에서는 용도에 맞는 다차원적인 수익성 분석을 할 수 있다. 다차원적인 수익성 분석을 위해 사용자가 정의한 분석 레벨을 조합하여 거기에 해당되는 정보만을 선택하여 분석할 수도 있다.

수익성 분석의 레벨은 최고경영층, 중간관리층, 실무자 등 다양한 계층의 요구사항을 반영하여 생성될 수 있으며, 제공되는 정보 또한 각 계층에 맞게 구성할 수 있다. 전략적 경영관리와의 통합으로 중장기 계획, 경영 계획, 실행 계획, 실적 등의 데이터 및 정보를 관리회계와 연동할 수 있다.

계획 시 다양한 전략적 목표가 반영된 시나리오 (Top-Down Planning)와 현장의 상황 및 사실을 반영한 시나리오(Bottom-Up Planning)를 동시에 수용하고 분석할 수 있다. 그리고 Top-Down Planning을 구체화시키고 부문별 실행과 연계시키기 위해 영업계획 및 생산계획과도 연동할 수 있다.

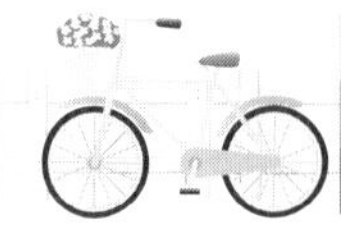

연습문제

01 SAP회사의 발전 단계와 비약적인 성장의 동기에 대해 설명하시오.

02 다음이 설명하는 알맞은 용어를 쓰시오.

"기업 경영 내용이나 경영 과정 전반을 분석하여 경영 목표 달성에 가장 적합하도록 재설계하고, 그 설계에 따라 기업 형태, 사업 내용, 조직, 사업 분야 등을 재구성하는 것으로 프로세스 중심으로 업무를 재구성하는 것을 의미함"

03 다음 중 확장 SAP 솔루션(Extended ERP)으로만 짝지어져 있는 것은 무엇인가?

① APO - CRM ② PM - CRM
③ PP - QM ④ PLM - PM

04 다음은 SAP ERP의 MM 모듈에서 처리하는 기능에 대해 설명한 것이다. 다음 중 틀린 것은 무엇인가?

① 구매요청 ② 입고관리
③ 재고관리 ④ 적치/피킹

05 SAP ERP의 SD 모듈 중 판매관리 및 영업오더(Sales Order)에서 수행하는 세부 기능을 설명하시오.

06 SAP ERP의 MM 모듈 업무 프로세스를 기술하시오.

07 SAP ERP의 PP 모듈의 주요 역할 및 기능을 설명하시오.

08 제품의 생산 원가를 줄이고 고객 인도 시간을 최소화하기 위하여, 수요 예측을 통하여 고객의 수요를 파악하여 많은 제품을 생산하고, 완성품 재고를 쌓아 놓고 판매하도록 하는 생산 방식을 무엇이라고 하는가?

09 다음은 ERP에서 사용하는 용어에 대한 설명이다. 다음이 설명하는 공통적인 용어를 쓰시오.

- 제품이나 어셈블리(Assembly)를 이루는 구성부품(Component)들의 구조화된 리스트
- 특정 제품 또는 조립부품의 구성 품목을 일목요연하게 보여주는 목록

10 FI 모듈의 현장 회계를 이해하고 판매 사이클과 매출채권회계의 과정을 설명하시오.

11 다음은 SAP의 재무회계(FI) 모듈에서 처리하는 기능에 대해 설명한 것이다. 다음 중 틀린 것은 무엇인가?

① 입금관리 ② 손익관리

③ 원장관리 ④ 지불관리

12 SAP 솔루션의 회계 모듈 중에서 간접비를 배부하고, 제조원가를 계산하며, 상품별 원가와 매출을 근거로 수익성을 분석하는 모듈은 어떤 모듈인가?

13 다음은 관리회계(CO) 조직 중의 하나인 이익중심점(Profit Center)에 대한 설명이다. 다음의 설명 중 바르지 않은 것은 무엇인가?

① 각각의 비용중심점(Cost Center)은 이익중심점(Profit Center)에 Assign됨

② 회사의 목적에 따라 지역, 기능, 제품 등을 기준으로 설정할 수 있다.

③ 부서 예산 및 비용실적의 관리단위

④ 손익 및 자산/부채의 집계, 관리단위

14 다음의 3가지가 공통적으로 의미하는 조직단위를 기술하시오.

- 부서 예산 및 비용실적의 관리단위
- Input(비용)/Output(활동) 계획 수행 및 실적집계와 성과분석의 단위
- 제조부서의 경우 이 조직 단위별로 계획 및 실적 임률(Activity Price)이 결정됨

15 CO 모듈의 1차 원가와 2차원가의 개념을 기술하시오.

16 MM 모듈과 FI 모듈, SD 모듈과 FI 모듈, PP 모듈과 CO 모듈 등 ERP의 통합 개념에 대한 예를 2가지 이상 기술하시오.

제4장 ERP도입의 필요성과 효과

1. ERP도입의 필요성

오랫동안 기업들은 데이터의 정합성이 확보된 통합관리를 실현하기 위하여 악전고투해 왔다. 가장 대표적인 문제가 이중 입력이었으며, 이 문제를 해결하려면 복수의 시스템간의 데이터 정합성을 유지해야 하므로 인터페이스 개발과 운용에 방대한 인원, 비용 및 시간을 들여왔다. 많은 거래 데이터를 야간에 일괄적으로 주고 받는 등 복잡한 설계와 운용 스케쥴이 필요했다.

이러한 문제를 해소시키는 것이 통합 데이터베이스이다. 예를 들어 상품 출하를 처리할 때 해당 품목의 재고 평가액 감소, 출하 가능재고 수의 감소, 해당 고객에 대한 외상매출금 가계정 생성을 동시에 반영시킨다. 과거에는 각각의 단위시스템인 배송시스템에서 상품 출하를 시키고, 재고관리시스템에서 출하 가능 재고 수를 감소시키며, 회계시스템에서 재고 평가액을 감소시키고 외상매출금 가계정을 생성시켜야 했었다. 이로 인해 각 단위시스템 간에 데이터의 정합성이 떨어지고, 입력 시간도 서로 달랐었다. 이제는 통합시스템인 ERP에서 상품출하를 시키면 관련 업무가 모두 실시간으로 처리됨으로써 데이터의 이중 입력이 방지되고, 데이터의 정합성이 맞아 정보의 불일치로 야기되는 부서 간 갈등이 줄어들고, 부서 간 지속적인 업무 혁신이 가능해진 것이다.

마찬가지로 고객으로부터 반품을 받았을 경우에도 반품된 재고 평가액의 증가, 출하 가능재고의 증가, 거래처에 대한 외상매출금의 감소, 매출 감소 처리를 실시간으로 일괄 수행한다. 과거에는 판매관리, 재고관리, 회계, 판매실적 분석 등 네 가지 단위 시스템에서 별도로 기록했던 것을 일원화함으로써 업무

절차의 간소화, 시간 단축, 처리의 정확성 향상이라는 효과를 얻는다.

이와 같은 통합성에 힘입어 SAP ERP와 같은 기업용 솔루션은 크게 다음과 같은 세가지 방향으로 발전하고 있다.

첫째는, 기업 내부의 업무를 처리하는 트랜잭션 위주의 시스템에서 전략 경영 등의 분석 툴을 추가하게 되어 상위계층의 의사결정을 지원하는 시스템으로 발전하고 있다.

둘째는 단순 업무 처리에서 공급 사슬관리(SCM), 고객 관계관리(CRM), 공급업체 관계관리(SRM), 제품 라이프 사이클관리(PLM) 등으로 확장되며, 기업 간 협업을 강조하는 시스템으로 발전하고 있다.

셋째는, 더 나아가 사용자도 모르는 사이에 축적된 다양한 정보를 활용하여, 어떤 제품 시장과 고객을 대상으로 비지니스를 하는 것이 가장 기업의 수익성을 향상시키는지를 분석할 수 있으므로 자연스럽게 시장 조사에 도움이 된다. 이에 따라 신제품 개발과 새로운 세분시장 영역을 파악함으로써 기업의 신 시장 개척과 마케팅 계획에 큰 도움을 줄 수 있다. 즉, 기업의 업무에 ERP가 활용될 뿐만 아니라, ERP에 의해 기업의 새로운 업무 개척이 가능해지고, 비즈니스 간 융화를 지원하는 시스템으로 확대되어 가고 있다.

이와 같이 발전되고 있는 ERP는 단순히 효율성 측면뿐만 아니라 기업 성과 측면에서 여러 가지 효과가 있는 것으로 조사된 바 있다. 기업의 이익율 개선, 구매 비용의 감소, 재고 감소, 수주/ 출하 리드타임 감소, 납기 응답 및 납기준수율 향상 등 기업의 성과 증대에 도움이 된다. 이는 성공적으로 구현된 ERP는 단지 정보시스템 하부구조(Infrastructure)를 바꾸는 것이 아니라, 일하는 패턴과 업무 프로세스를 변화시키고, 기업의 의사 결정에 필요한 정보를 제공함으로써 경영 성과와 결과에 실질적인 도움이 된다는 것을 의미한다. 이와 같은 업무 형태의 변화 관점에서의 효과를 좀 더 자세히 살펴보도록 하자.

2. ERP도입에 의한 업무 형태의 변화

많은 기업들이 단순 업무처리에 시간을 보내면서 분석 업무를 위한 정보를 요구하면 담당자가 밤샘 작업을 하고 수작업으로 데이터를 가공하면서 조직에 큰 기여를 하는 것으로 착각을 하는 경우가 많다.

[그림 4-1]에 나타난 바와 같이 ERP 추진으로 인한 업무 형태 변화 관점의 기대 효과는 사람 중심에서 시스템 중심으로 옮겨 졌다는 것이다. 이로 인해 기존의 정형화된 업무가 단지 5%, 그리고 비정형화된 업무가 95%에 달했던 일하는 방법에서 잘못된 관행 제거, 비부가 가치 업무 제거, 단순화와 표준화를 통해 정형화된 업무가 95%, 예외 사항이 5%인 정보 인프라를 구축하는 것이다. 이로써 사람은 꼭 필요한 분석 업무 위주로 일할 수 있게 되고 좋은 품질, 저렴한 가격, 빠른 리드 타임을 얻을 수 있어, 고객을 만족시키는 것이 가능하다.

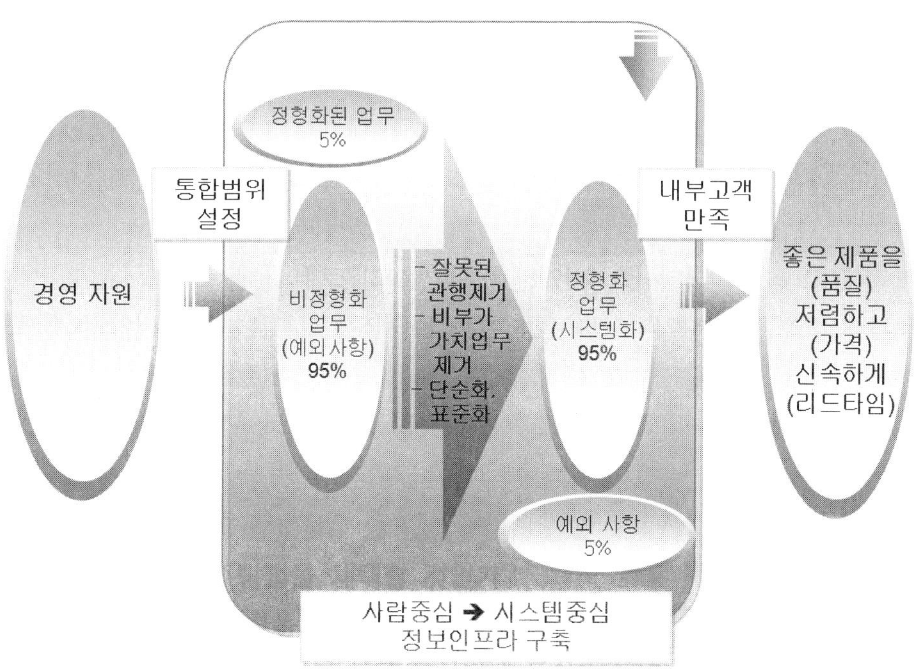

[그림 4-1] ERP의 추진으로 인한 업무 형태의 변화

마찬가지로 ERP를 도입하여 표준, 통합, 민첩한 대응을 얻음으로써 [그림 4-2]와 같이 정보 공유, 자원의 최적화, 비용 절감 및 생산성 향상, 업무의 투명성, 협조 및 신뢰회복, 창조적 기업 문화를 이끌어냄으로써 글로벌 선도 기업으로 나아가는 것이 ERP의 기대 효과라고 할 수 있겠다. 그리고 시스템 개발시간과 비용 단축, 선진 업무 도입, 통합성, 안정성, 최신 정보 기술 도입, 유지/보수, 시스템 기능 및 첨단 기술 업그레이드(Upgrade) 등도 ERP의 기대 효과이다.

또한 단순 업무의 자동화나 인프라스트럭춰로서의 정보시스템에 대한 인식을 전환하고, ERP를 현행 업무의 재설계와 업무 혁신의 도구로 활용함으로써 일하는 방식을 변환시키고 진정한 업무혁신을 유도할 수 있다. 이에 따라 부문최적화에서 벗어나 전사최적화, 즉 기업 내/외를 망라한 전체적 시각을 확보할 수 있으며, 업무 및 기술적 적체(Application Backlog / Technological Backlog) 등 조직 전체에 쌓여있는 시스템 적체를 모두 해결할 수 있다.

그러면 ERP가 **E**nterprise **R**esource **P**lanning에서 더 나아가 **E**nterprise **R**esult & **P**erformance가 나타나도록 도입 효과를 높일 수 있는 ERP 구축전략을 실행해야 할 것이다. 5장에서는 이러한 ERP 구축전략에 대하여 살펴보도록 하자.

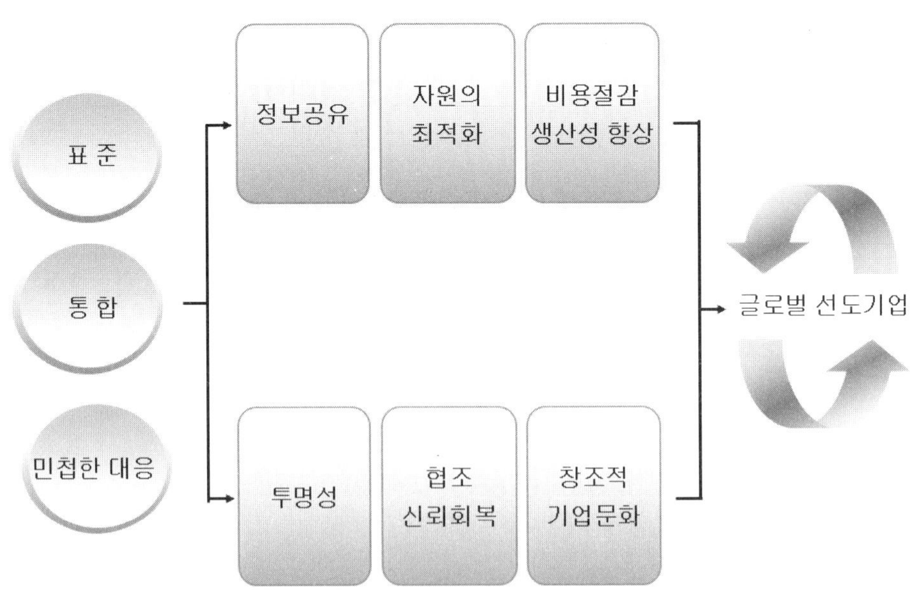

[그림 4-2] 정보공유 및 창조적 기업문화 측면의 ERP도입 효과

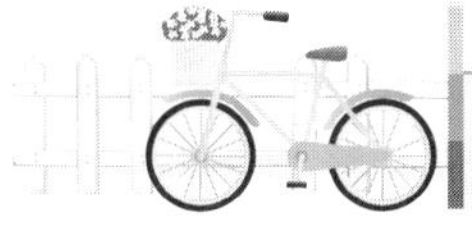

연습문제

01 ERP에서 BPR은 어떤 의미를 갖고 있는지 기술하시오.

02 다음은 기업의 정보 시스템 측면에서 ERP 도입의 필요성에 대해서 설명한 것이다. 다음 중 틀린 것은 무엇인가?

① 기존 시스템은 단위 시스템 간 연결성이 부족하였다.

② ERP 도입 시 업무 혁신보다는 정보 인프라를 개선하는 것이 목적이다.

③ ERP 적용 시 정보시스템의 중복 개발을 최소화할 수 있다.

④ 기존 시스템은 유동성/확장성을 반영하지 못하므로 개발요구에 대해 지체 현상이 발생할 수 있다.

03 ERP의 도입 목적에 대한 설명이다. 다음 중 틀린 것은 무엇인가?

① ERP는 비정형화된 업무 형태로 정보 인프라를 구축하도록 한다.

② ERP는 회사 업무를 통합시켜 업무효율을 극대화한다.

③ ERP를 통해 업무를 표준화시켜 궁극적으로 일하는 방식을 변화시킨다.

④ ERP는 변화에 민첩하게 대응하도록 함으로써 글로벌 선도 기업으로 성장하도록 지원한다.

04 ERP는 계속 진화해 나가고 있다. 주요 세 가지 발전 방향을 설명하시오.

05 ERP 도입으로 인한 업무 형태의 변화를 설명하시오.

06 기존의 단위 시스템과 비교하여 ERP 도입의 효과에 대해 기술하시오.

제5장 ERP 구축 전략

1. ERP 시스템 구축 단계

ERP시스템은 기존의 자체 개발 MIS시스템을 구축하는 방법과 비슷한 경로인 착수(Preparation), 분석(Analysis), 설계(Design), 구축(Construction), 구현(Implementation) 등 5단계의 과정을 거쳐 구축 한다. 이러한 5단계의 내용을 주요 활동 관점에서 [그림 5-1]과 같이 나누어 볼 수도 있다. 그런데 ERP는 이와 같이 과정은 비슷하지만 각 단계에서 수행해야 할 일은 큰 차이를 보이고 있다. 즉, MIS와 ERP시스템과의 차이가 큰 것과 마찬가지로 구축하는 데 있어서도 본질적인 접근 방법이 다르다고 볼 수 있다.

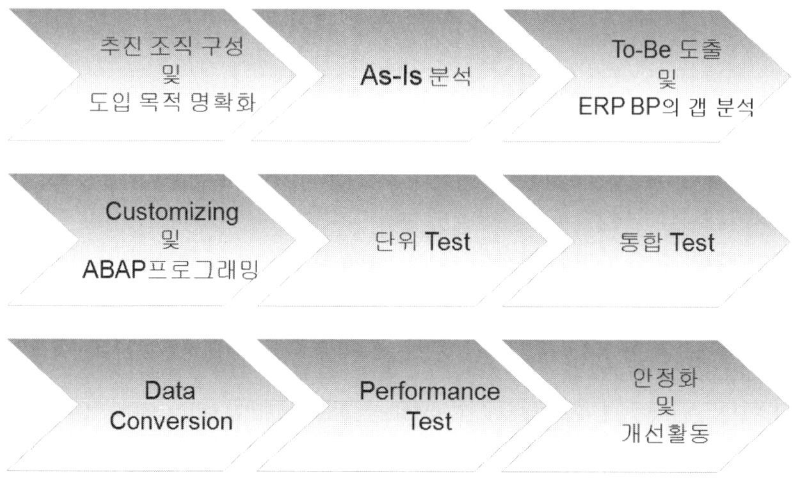

[그림 5-1] ERP 구축을 위한 주요 활동

예컨대 MIS시스템은 회사의 바람직한 업무 프로세스를 구상하고 이에 맞추어 프로그램을 만들더라도 기존의 업무프로세스를 크게 벗어나지 못하는 경우가 많다. 반면 ERP시스템에서는 ERP패키지 내에 있는 우수 업무 관행인 베스트 프랙티스(Best Practices) 자체를 지향해야 될 방향(To-Be Process) 및 목표로 정하고 시스템을 구축하게 된다. 경영혁신(Process Innovation) 사상에 입각하여 ERP패키지에서 구현된 업무 프로세스에 맞추어 현행 업무와 조직을 바꿔야 한다.

이러한 이유로 ERP시스템은 구축이 시작되면서부터 끝날 때까지 내부에서의 많은 저항에 부딪치고 이를 극복해 나가야 하는 과정을 지속적으로 되풀이해 나가야 하기 때문에 전문적인 컨설팅을 요구하게 된다. 조직이 크면 클수록 경영진부터 일반 사원에 이르기까지 변화에 대한 관리(Change Management)를 잘 해야 ERP시스템을 구축할 수 있게 된다.

ERP시스템을 구축하는데 사용되는 방법론(Methodology)은 ERP공급업체나 컨설팅 회사가 자체적으로 개발하여 보유하고 있는 것을 활용한다. ERP공급업체는 자사의 ERP제품을 구축하기에 적합한 방법론을 보유하고 있으며, 컨설팅 회사도 자체적으로 기업의 경영혁신 및 시스템 구축에 범용적으로 사용이 가능한 방법론을 개발하여 사용한다.

1.1 착수단계

착수단계는 ERP 도입의 목적을 명확히 결정하고 추진조직을 확정하며, 패키지 선정이나 외부 컨설턴트를 선정하는 단계이다.

(1) 추진 조직 구성

ERP를 도입하려면 먼저 도입에 대해 관련 업무를 맡고 지원 업무를 담당할 조직을 구성해야 한다. 이 조직에는 전체적인 프로젝트를 관리할 관리자부터 각각의 세부 모듈에 대한 업무 및 책임을 맡을 소그룹의 담당자까지 모두 포함된다. ERP시스템이 도입되면서 프로젝트 관리, BPR, 하드웨어/소프트웨어/네트워크 등의 기술적 문제, 시스템 교육과 문서화, 프로젝트 지원 등의 많은 과제들이 동시에 발생하기 때문에 이러한 전체적인 조직을 구성하여 운영하는

것이 매우 바람직하다. 그러나 가장 중요한 것은, 이러한 조직이 구성되는 것으로 끝나는 것이 아닌 각자의 역할과 책임까지 명확하게 정의되어야 한다는 것이다.

[그림 5-2]는 표준적인 ERP 추진 조직을 보여주고 있다. 물론 이 조직의 구성과 책임 및 역할은 ERP시스템의 구축 특성과 기업의 규모에 따라 달라질 수 있다.

어떠한 프로젝트를 하는 경우에라도 성공적으로 프로젝트를 수행하기 위한 추진 조직을 구성해야 함은 당연하다. ERP프로젝트는 특히 기업의 성공에 매우 중요한 역할을 하는 대규모 프로젝트이므로 이에 필요한 인적·물적 자원은 막대하다고 볼 수 있다.

보통 ERP프로젝트 팀을 ERP추진 TFT(Task Force Team)라고 하는데 구성원은 회사 내부에서 차출된 정예 요원(CIO, 기획, 전산, 업무별 현업)과 ERP패키지 설치와 교육을 담당하게 될 ERP 공급업체 직원 및 방법론에 맞추어 프로젝트를 주도적으로 추진하게 될 요원인 컨설팅회사 직원 등이 프로젝트 추진 요원으로 참가한다.

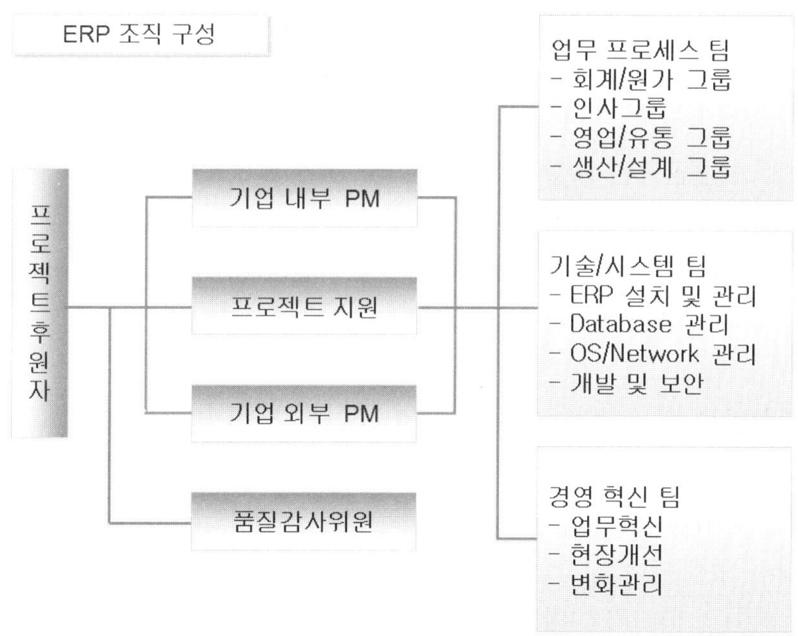

[그림 5-2] ERP 조직 구성의 대표적 사례

(2) 세부 추진일정 수립

프로젝트팀의 구성이 끝나면 Kick off 미팅을 하고 본격적으로 프로젝트가 개시되는데 TFT는 우선 세부적으로 프로젝트 추진 일정을 수립하게 된다. 분석, 설계, 구축, 구현 등 각 단계별 추진사항 및 산출물, 점검사항 등을 자세히 명시할 뿐만 아니라 각 분야별로 담당을 지정하여 담당자의 책임하에 일정에 맞게 업무를 수행하게 된다.

(3) 경영전략 및 비전수립

ERP프로젝트를 진행시킬 때 회사의 이념이나 경영전략뿐만 아니라 최고경영자들이 요구하고 있는 사항이나 향후에 나아가고자 하는 방향 등이 사전에 파악되고, 이러한 부분이 ERP프로젝트에 반드시 반영되어야 한다.

비전 수립 단계에서는 미래 사업 및 업무에 대한 구상, 애플리케이션 및 DB에 대한 개념 설계들이 포함된다. 미래 업무 청사진은 현업의 요구사항과 기업의 향후를 대비한 유연한 시스템 구축을 위한 구상이어야 한다. 그리고 BPR 등의 업무 개선방법을 활용하여 불합리한 업무나 프로세스가 최소화된 상위 수준에서 미래의 업무 이미지를 작성해야 한다.

(4) 주요 성공요인 도출

경영전략 및 비전이 수립되고 나면 이러한 전략과 비전이 현실로 다가오기 위한 조건을 도출해내야 한다. 보통 주요 성공요인(CSF : Critical Success Factor)이라고 부르는 데 전략을 달성하기 위한 세부 추진 사항이라고 볼 수 있다.

1.2 분석단계

(1) 현황파악(AS - IS분석)

기업의 현재 업무의 흐름을 파악하고 이에 대한 문제점을 발견하는 과정이다. 어떤 기업이나 기업 나름대로의 독특한 문화와 관행 및 업무처리 방식 등이 있는데 ERP프로젝트에서는 좋지 않은 관행이나 업무처리 방식을 무시하고 백지에서 다시 그리는 것이 기본 사상이라고 이해할 수 있다. ERP를 도입하는 가장 큰 목적이 ERP패키지에 구현된 선진업무프로세스를 택하는 것이기

때문에 우선순위는 ERP패키지대로 하되 본질을 해하지 않는 범위 내에서 기업의 요구사항을 수용하는 것이 최상의 프로젝트 진행 방법이다.

분석단계에서 핵심은 현황파악 과정인 As-Is 분석이다. 성공적인 시스템을 구축하기 위해서는 무엇보다 회사의 현주소를 명확히 알아야 하기 때문이다. ERP패키지내에서는 방대한 비즈니스 프로세스가 구현되어 있기 때문에 어느 기업에서나 ERP패키지를 도입하게 되면 반드시 자기 몸, 자기 체질에 맞도록 패키지내의 모듈과 기능을 취사선택해야 한다. 이 분석단계에서는 다시 말해 기업을 진단하는 과정으로 세심하게 문제점을 파악해야 한다. 의사가 정확한 진단을 통해 처방을 내리듯이 기업도 가장 아픈 문제점(Pain Points)을 밝혀내야 훌륭한 개선 방향을 도출할 수 있기 때문이다. 분석과정을 통한 결과물은 바로 다음 단계인 설계에 반영하도록 되어있다.

(2) 목표와 범위 설정

ERP프로젝트는 규모가 크기 때문에 대상 범위를 명확히 하고 관리하는 것이 정해진 기간과 인력 내에서 프로젝트를 성공으로 이끄는 주요 요인이다. 특히 대상 조직, 업무, 패키지 모듈의 범위를 명확히 설정해야 한다. 주로 예산상의 이유 때문에 일시에 투자를 하지 못하는 경우가 많아 단계적으로 프로젝트를 수행하는 경우가 많다. 사업장 별로 또는 각 사업부문 별로 시스템을 구축할 수 있다.

ERP시스템이 영업, 생산, 구매, 자재, 회계 인사급여 등 각 모듈 별로 독립적으로 업무를 수행할 수 있기 때문에 모듈 별로 도입하는 경우도 있다. 특히 글로벌 패키지의 경우 각 단위 모듈 별로 구축하는 경우가 많지만 모듈 별로 구축하면 향후 통합성에 문제가 생길 수 있기 때문에 이를 감안하여 결정하여야 한다. 즉, 이러한 단계적 이행방식(Phased Approach)의 단점은 향후에 다른 모듈을 구축할 때에, 통합성 차원에서 기존 모듈을 대폭 수정하는 중복투자가 발생한다는 점이다. 통합성 차원에서는 모든 모듈을 동시에 빅뱅(Big Bang)방식으로 구축하는 것이 좋지만, 추진 팀이 통제 가능한(Controllable) 범위 내에서 모듈 범위를 선정해야 한다. 즉, 한 모듈을 더 추가함으로써 통합성 차원에서 수행해야 하는 구축업무가 기하급수적으로 늘어나며, 사용자들에 대한 변화관리 업무도 매우 늘어나기 때문이다. 그러나 그만큼 기대효과도 증대한다는 점을 명심해야 한다.

(3) 시스템 설치

소프트웨어 및 하드웨어의 설치는 사전에 정한 사양에 맞게 준비가 되어야 시스템의 성능이 제대로 발휘될 수 있다. PC는 서버 급과 클라이언트 급으로 나누어지며, ERP시스템에서 일을 하게 되면 자신의 PC에서 자신의 업무뿐만 아니라 연관된 다른 업무까지도 모니터링 할 수 있도록 설계되어 있기 때문에 거의 모든 업무가 네트워크상에서 이루어지게 된다.

한편 OS나 DB의 경우, 대부분의 글로벌 ERP는 어떠한 OS나 DB도 수용하는 개방형 구조로 되어 있으나, 국산 ERP패키지의 경우 특정 OS와 DB만을 사용하는 경우가 있기 때문에 사전에 주의를 하여 ERP패키지에 맞는 OS와 DB를 설치하여야 한다.

1.3 설계단계

설계단계는 분석한 결과를 바탕으로 문제점을 해결할 수 있는 업무프로세스를 수립하여 구축을 준비하는 과정이라고 볼 수 있다. 이 단계에서 가장 중요한 것은 ERP프로젝트의 핵심인 향후의 업무 프로세스(TO-BE 프로세스)의 도출이다. 현재의 회사 업무 프로세스와 회사나 경영진 및 현업에서 요청한 사항을 고려하여 ERP패키지에 구현된 프로세스와 잘 조화시켜서 TO-BE 프로세스를 도출하는 것이 가장 큰 과제라 할 수 있다. ERP사상에 비추어 보면 ERP패키지에 내재되어 있는 프로세스 자체를 TO-BE로 정해서 모든 것을 이에 맞추면 된다. 그러나 현실적으로 ERP패키지가 천차만별의 기업에 똑같이 적용되는 것은 불가능하므로, 이 단계에서 TO-BE 프로세스와 ERP내의 프로세스와 비교하여 차이점을 발견하는 과정인 갭(Gap) 분석이 이루어진다.

(1) 향후의 업무 프로세스 도출

새로운 업무 프로세스를 정립할 때에는 새로운 업무 전체의 연관성을 표시하는 전체 개요도를 작성한다. 또한 새로 도입하는 ERP패키지의 기능을 상정하면서 업무 프로세스를 재설계해야 한다. TO-BE 프로세스를 도출해내기 위해서는 경영전략 및 비전도출, AS-IS파악, 주요 성공요인 등의 결과물과 ERP 패키지 프로세스와의 차이를 분석해야 한다. 즉, ERP패키지의 프로세스를 완

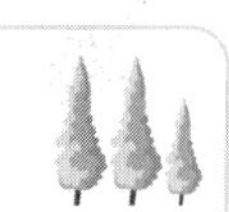

전히 무시하고 TO-BE 프로세스를 도출하는 것은 베스트 프랙티스를 놓칠 수 있으며, 다음 단계인 구축과정에서 ERP를 대폭 수정하는 어려움을 겪어야 할 수도 있다.

(2) 차이 분석(Gap Analysis)

회사에서 정립한 TO-BE 프로세스와 ERP패키지의 프로세스를 하나하나 대조하면서(Mapping) 그 차이를 발견하는 것을 차이 분석 또는 갭 분석이라고 한다. 이러한 갭을 해결하는 방법으로는 우선 가능하면 ERP패키지 내에서 소화시키는 방안을 찾게 되고 ERP패키지 내에서 수용이 되지 않는 부분에 대해서는 수정 또는 추가개발을 하는 과정을 거친다.

(3) 패키지 설치 및 파라미터 설정

ERP운용환경에 맞게 하드웨어 및 소프트웨어가 설치되면 바로 ERP패키지 설치에 들어가게 되는데 기본적으로 ERP패키지가 가지고 있는 거의 모든 기능들이 포함되어 있다. ERP패키지들은 예상할 수 있는 거의 모든 프로세스를 내재되어 있으며 구축하는 과정에서 도입 회사 여건에 맞게 파라미터 설정(Parameter Setting)을 시켜 줄 수 있도록 되어 있다. 따라서 갭 분석이 끝나 TO-BE 프로세스가 도출 되면 TO-BE 프로세스를 검증할 수 있도록 파라미터를 설정해 주어야 한다.

ERP 구축 방법론의 특징은 프로토타이핑(Prototyping)을 반복적으로 실시한다는 것인데, 이는 파라미터를 설정하여 새로운 업무프로세스를 테스트하고, 지속적으로 설계까지도 수정・보완한다는 것이다. 따라서 다음 단계인 구축단계나 구현단계에서 다시 설계단계로, 설계단계에서 구축단계 또는 구현단계로의 작업이 용이하게 반복된다.

(4) 추가개발 설계

설계단계에서 도출된 TO-BE 프로세스가 ERP패키지 내에서 수용이 가능하다면 별도의 추가개발이나 수정 보완이 필요가 없겠지만, 대부분의 경우에는 자기 회사의 독특한 업무 및 거래 관행, 현업 및 경영자 요구 등에 의해 수정 보완이나 추가개발을 한다. 이런 경우에 추가개발을 위한 설계가 필요하다.

(5) 인터페이스(Interface) 설계

많은 회사들이 경영자 정보나 영업 및 서비스 정보 등에 대해서는 별도의 독립된 어플리케이션(Applications)을 사용하고 있다. 이처럼 대부분의 기업들은 자사 업무를 효과적으로 수행하기 위하여 자체 개발 또는 외부에서 패키지를 도입하여 사용하는 실정이다. ERP를 도입해서 사용할 때 전체 시스템 범위를 구축하는 경우도 있지만, 다른 시스템과 연결해서 상호 보완적으로 사용하는 경우도 있다. 이런 상황을 위해 대부분 인터페이스 설계가 필요하다.

1.4 구축단계

분석과 설계 과정에서 도출된 결과를 시스템적으로 구축하여 검증을 하는 과정이다. 분석, 설계과정을 통해 영업, 생산, 구매, 자재, 회계, 인사급여 등 회사의 모든 업무에 대해 재설계를 한 결과를 갖고 ERP패키지의 세부 모듈과 비교하여 꼭 필요한 모듈의 파라미터들을 조합(Configuration)하여 기능을 구성하고, 테스트를 한다.

이 단계에서는 개발 및 테스트 일정 수립, 개발 환경의 정의, 테스트 환경 구축, 데이터베이스 확장의 업무가 병행하여 수행된다.

(1) 파라미터 조합화(Configuration)

분석, 설계과정에서 도출된 TO-BE 프로세스를 ERP패키지 내에서 구축하게 된다. 이 단계는 많은 모듈과 파라미터들을 조합하여 TO-BE 프로세스를 시스템적으로 구현시켜 나가는 과정이다. 이를 위해 관련된 파라미터를 세부적으로 세팅하는 과정을 거친다.

ERP의 가장 큰 특징인 파라미터 조합화는 파라미터를 세부적으로 세팅함으로써 내장되어 있는 프로그램들을 연결하는 방식으로 기업 고유의 업무 프로세스가 흘러갈 수 있도록 만들어 준다. 따라서 파라미터들이 각기 어떠한 이론을 바탕으로 어떠한 기능을 수행하는 지를 잘 아는 것이 중요하다. 실제로 많은 기업들이 TO-BE 프로세스를 구현할 때 ERP의 기본 기능에 있는데 각 파라미터의 기능을 충분히 이해하지 못하기 때문에 필요하지 않은 프로그램을 개발하는 경우가 많다.

(2) 단위 테스트(Unit Test)

우선 각 단위 모듈별로 새로운 업무 프로세스를 구현하고 모듈 단위테스트를 하고, 이상이 없으면 부문간, 전체의 모듈을 관통하는 통합테스트를 하게 된다. 일단 모듈 내에서 파라미터를 조합하여 테스트하고 문제가 발생하면 다시 조합하여 테스트하는 과정을 반복적으로 되풀이하게 된다.

(3) 수정/보완 프로그램 개발

기업의 요구사항을 충족시키기 위하여 ERP패키지의 핵심 프로그램이나 프로세스를 변경하지 않는 선에서 수정/보완 프로그램을 개발한다. 핵심 프로그램이나 프로세스를 변경하면 향후에 약간의 기능을 수정하려고 해도 추가 프로그램을 개발하여야 하며, 또한 ERP의 버전이 올라가 좋은 기능이 있을 때 Upgrade를 하려고 해도 어려움을 겪는 경우가 많이 발생할 수 있다. 가급적 수정/보완 프로그램을 개발할 때는 이 프로그램이 반드시 없으면 안되는 것인지를 확인하는 과정을 거쳐야 한다. ERP 내에 있는 기능인데 사용자가 예전의 시스템과 친숙해서 요구하는 사항이라면, 교육과 변화관리를 통해서 해결하도록 한다. 따라서 추가로 수정/보완되는 것은 주로 사용자용 입력 화면, 보고서, 추가 정보관리 등에 관련된 프로그램이다.

(4) 추가 시스템(Add - on) 개발

추가 시스템 개발은 ERP에 추가시키는 프로그램 설계에 대한 사항에 대해 실시된다. 추가 시스템을 개발하여 ERP패키지에 적용할 경우에는 향후 ERP 공급자로부터 지속적인 업그레이드 지원을 원만히 받기 위해 공급자가 제시하는 개발 도구와 방법론에 따라 진행하는 것이 바람직하다.

(5) 통합테스트

위의 단위테스트와는 다른 개념을 가진다. 우선 통합테스트에서는 ERP패키지가 제공하는 기본 기능뿐만 아니라, 수정/보완의 결과, 추가 개발 등 모든 사항이 집결된 기업의 통합시스템으로서의 ERP시스템이 제대로 작동하는지를 점검한다. 이를 위해 통합 테스트 시나리오를 면밀하게 작성하고 A모듈에서 B모듈, B모듈에서 C모듈로 제대로 정보가 흘러가는 것을 확인해야 한다. 또한 예상한 시스템

성능 시간 내에 기능이 구현되는지를 알 수 있도록 시스템 성능시간(Performance) 테스트도 수행해야 한다.

(6) 사용자 교육

ERP를 구축하는 과정에서, 그리고 구축이 완료된 후에 현업에서 사용자들이 잘 사용할 수 있도록 관련된 교육을 실시하는 것이 매우 중요하다. 교육에 성공해야 현업의 사용자가 불만 없이 시스템을 받아들이고, 충실하게 활용하여 소기의 목적을 달성할 수 있기 때문이다. 많은 경우에 ERP에 대한 사용자 교육에 소홀하여 잘 구축된 시스템이 제대로 활용되지 않는다. 또한 향후에 ERP를 사용하는 수준에서 분석하여 발전시킬 수 있는 수준까지 향상시키려면 시스템을 충분히 이해하고 숙련될 때까지 반복 교육을 하는 것이 필요하다.

특히 ERP의 사용자교육은 구축 시부터 이루어지는 것이 중요하다. 구현단계에도 사용자 교육이 이루어지지만 ERP는 사용방법만 간단히 교육시키는 것이 아니라 시스템에 담겨 있는 사상까지도 구축하면서 학습시키는 것이 필요하기 때문이다.

1.5 구현단계

시스템 구축이 끝나면 실제 시스템을 운영시켜 본다. 본격적인 시스템 가동에 앞서 시험적으로 운영하는 과정이 구현단계이다. 구축된 시스템에 실제 데이터를 입력시켜서 시스템을 시험적으로 운영하는 과정이 구현단계의 프로토타이핑(Prototyping)이라고 볼 수 있다. 프로토타이핑의 과정을 통해 문제점이 발견되면 다시 개선점(TO-BE 프로세스)을 찾아 구축을 하게 된다. 앞에서 설명한 바와 같이 프로토타이핑을 통해 구축단계와 설계단계를 반복하여 시스템을 구축하고 다시 구현단계에서도 이 프로토타이핑을 반복하면서 완성시켜나간다. 구현단계에서는 좀 더 완성된 프로토타이핑을 수행하게 되는 것이다.

또 구현단계에서는 기존 데이터의 전환(Data Conversion) 작업이 이루어지게 된다. 기존 시스템에서 필요한 데이터를 ERP시스템으로 옮기는 과정이 데이터 컨버전이다.

(1) 실제 상황 프로토타이핑(Prototyping)

프로토타이핑은 본격적인 시스템 가동에 앞서 시험적으로 시스템을 운영하는 과정이다. 구현단계에서 프로토타이핑을 할 때에는 기업의 실제 데이터를 입력시켜 거의 실제 상황과 같은 조건으로 시스템을 운영해보게 된다.

(2) 데이터 전환(Data Conversion)

분석, 설계, 구축과정에 데이터 전환에 대한 범위나 방법 등에 대해 논의한 결과에 따라 폐기할 데이터와 시스템에서 보유할 데이터를 결정한 후, 과거시스템에 있거나 수작업 관리하던 데이터를 옮겨 주면 된다. 실제 가동이 이루어지기 전에 품목, 고객, 공급업체 등의 마스터 데이터나 수주 및 발주 등의 업무처리 데이터(Transaction Data)를 이행한다. 데이터를 전환하기 전에 중복된 레코드나 부정확한 데이터를 정리하여 데이터 정확성을 높인 후에 실제 데이터 전환을 해주어야 한다.

특히 현재 진행 중인 구매 오더, 생산 오더, 판매 오더 등의 업무처리 데이터에 대해서는 주의를 기울여야 한다. 즉, 진행 중인 상태와 순서에 맞추어 ERP 기능을 같이 수행해야 통합성을 유지하는 진행 중 데이터로서 의미를 가지고 시스템에 잘못된 정보를 주지 않게 된다.

(3) 시스템 평가

프로토타이핑을 통해서 구축된 시스템이 본 가동에 들어가면 시스템 평가를 하게 된다. 이때 문서화(Documentation)를 철저히 점검하고, 부족한 문서화는 보완하여 향후 ERP개선 프로젝트나 업그레이드 프로젝트에 대비하여야 한다.

평가 과정에서 제기된 문제점이나 새로운 요구가 생기면 이러한 부분을 반영한 새로운 개선 방향과 TO-BE 프로세스가 도출되게 된다. 운영과정에서 도출된 TO-BE 프로세스는 다시 개선 프로젝트로 정의하여 개선 프로젝트의 설계단계에서 설계를 하게 되고, 설계가 끝나면 구축 과정으로 들어간다. 또 구축이 끝나면 다시 구현단계로 되돌아오게 된다. 이와 같이 구현-설계-구축-구현의 순서가 반복되면서 안정화 단계에서 시스템이 완성되게 된다.

2. 구축 시 주요 이슈 및 유의사항

2.1 ERP도입 시에 고려할 점

많은 기업이 ERP시스템을 도입하면서 눈에 보이는 실질적인 효과를 바라는 것은 그만큼의 투자에 따른 당연한 요구라고 할 수 있다. 이러한 소기의 목적을 달성하기 위하여 ERP를 구축하는 기업에서는 여러 측면에서 많은 검토와 신중한 판단이 필요하다고 하겠다. 이번 장에는 ERP 도입시의 고려 요인들과 ERP구축에 성공하기 위한 기본 전략들을 살펴보겠다.

(1) ERP를 도입하려는 이유는 무엇인가?

ERP시스템을 도입하기 이전에 이러한 의문을 가져야 한다. 왜 ERP를 도입하려고 하는지, ERP를 도입함으로써 기업이 얻는 효익은 무엇인지, 현재 기업이 가지는 시스템에서의 문제점과 그러한 문제점이 ERP시스템을 구축함으로써 해결될 수 있는 가를 질문해야 한다. ERP를 구축하는 초기 단계에서 이러한 의문에 대한 확실한 해답을 갖지 못한다면 장차 기업이 얻고자 하는 목표를 달성하지 못하는 결과를 낳을 소지가 있다.

(2) 어떤 효과를 기대하면서 도입하려 하는가?

ERP는 상당한 금액과 인력이 투자된다는 점에서 기업에서 기대하는 효과가 크다. 그러나 ERP는 뚝딱하면 나오는 도깨비 방망이가 아니다. ERP로 인해 얻고자 하는 구체적이고 세부적인 성과지표를 설정해야 한다.

기업이 원하는 효과를 달성하기 위해 이러한 효과에 대한 지표는 구축 초기부터 설정되어 있어야 한다. 단순히 포괄적이고 일반적인 효과들, 예를 들어 매출증대나 이익증대, 인원절감이나 재고 감축 등의 효과가 아닌, 좀 더 세부적인 기대치가 설정되어 있어야 한다. 어떤 자재의 재고를 어느 정도 감축시킬 것인가, 그리고 수주부터 출하까지의 소요시간, 고객문의에 대한 응답시간 등의 세부적인 기대치가 설정되어 있을 때 이것과 연관된 좀 더 포괄적인 목표도 기대할 수 있다.

(3) 도입하는 시점에서 마음가짐은 어떤가?

ERP시스템을 구축한다는 것은 단순히 전산시스템을 구축하는 것이 아니다. ERP라는 이름에서도 보이듯이 관련 자원을 연계하여 기업 전반의 프로세스를 다시 재구축하는 것이다. 그러므로 ERP시스템을 자신의 프로세스에 맞추는 것에만 급급하지 말고 ERP시스템이 가지는 장점을 적극적으로 도입하여야 한다. 즉, ERP시스템에서의 기능과 현재 기존의 업무 프로세스가 상충되었을 때 만약 기업의 업무 프로세스가 불합리하다는 판단이 선 경우에는 미련 없이 기존의 업무 프로세스를 없애고 ERP에 있는 베스트 프랙티스(Best Practices)를 채택하겠다는 단호한 결단이 필요하다. ERP시스템은 이러한 결단 안에서 더 좋은 결과를 도출해 낼 수 있다. 많은 경우에 있어 자신의 업무 변화에 대한 소극성, 지금까지 수행해 온 자기 부서 업무의 고집 등으로 인하여 전체 업무 프로세스의 효과를 떨어뜨리거나, ERP제품이 가지고 있는 최적의 프로세스를 수정하는 오류를 범해오고 있었다.

결국 ERP시스템을 도입하는 목적은 기존의 업무를 전산으로 편하게 하기 위한 프로젝트가 아님을 명심하여야 하며 ERP에 내재되어 있는 이론과 사상을 학습하고 스스로 변화할 수 있는 자세를 갖추어야 한다.

(4) 추진 범위는 어디까지인가?

ERP시스템을 도입하는 초기에 ERP가 과연 어느 범위까지 영향을 미쳐야 하는가에 대해 고려해야 한다. 즉, 어느 업무까지 ERP를 도입할 것인지, 어떠한 하드웨어나 소프트웨어, 네트워크를 적용할 것인지, 회사가 서울 및 지방 그리고 해외법인 등 지리적으로 분산되어 있는 경우 어느 지역까지 통합할 것인지 등의 문제가 이에 속한다. 추진 범위는 회사의 상황과 성공 가능성 그리고 기대효과 등을 모두 고려하여 결정해야 한다. 또한 이러한 추진 범위 결정에 따라 프로젝트 팀원의 선발에 영향을 미치게 된다.

(5) 어떠한 구축 방법을 채택할 것인가?

ERP시스템을 구축하는 방법에는 크게 두 가지가 있다. 먼저 영업, 생산, 자재, 물류, 회계, 인사 등 여러 부문을 한번에 통일된 ERP제품으로 구축하는 총괄적 접근(Big Bang Approach)이 있다. 가장 큰 효과를 가질 수 있는 방법이나

그에 따른 위험 부담도 당연히 크다. 이와는 다르게 단계적으로 도입하는 방법도 있는데 이를 단계적 접근(Phased Approach)이라고 한다. 먼저 한 부문을 구축한 후 단계적으로 다른 업무에도 진출하는 방식인데 주로 회계분야로부터 시작하여 ERP를 구현하는 경우가 많다. 인사의 경우는 독립적인 구축도 가능하나 대체로 회계모듈과 동시에 구축하거나 바로 다음 단계에 이루어진다.

(6) 최고경영자와 의지가 강하고 합리적인 PM이 몰입할 수 있는가?

최고경영자의 지속적인 관심과 ERP에 대한 적극적인 의지는 매우 중요하다. 최고 경영자가 ERP에 대한 적극적인 의지를 보임으로써 조직구성원들의 무관심을 없애고 ERP를 경영혁신의 수단으로 취급하게 만들 수 있다. 최고경영자의 위치에서 가장 중요한 역할은 각각의 부서에서 발생할 수 있는 잡음을 제거하는 것이다. ERP시스템을 도입하면서 부서들간에 많은 의견 차이나 업무 추진에 따른 불만이 생기기 마련인데 이러한 문제를 중간에서 가장 빠르게 해결할 수 있는 존재로서 최고경영자의 깊은 관여는 매우 중요하다.

프로젝트를 맡고 있는 프로젝트 매니저(PM : Project Manager)의 역할도 매우 중요하다. 우수한 프로젝트 매니저를 선임함으로써 ERP시스템을 구축하는 과정에서 발생할 수 있는 많은 갈등과 문제를 최소화시켜 ERP시스템을 성공적으로 구축하는 중요한 열쇠가 된다. 프로젝트 매니저는 팀원들 간의 갈등, 사용자들의 불만, 컨설팅 회사와의 문제 발생 등 크고 작은 많은 문제점들을 해결하며 추진 일정에 맞추어 반드시 프로젝트를 성공시키겠다는 의지로 전념해야 한다.

(7) 구성원들은 ERP를 잘 이해하고 있는가?

ERP구현은 이미 만들어진 패키지를 구매하고, 외부 컨설팅 인력을 활용하여 자기 기업에서 현업들을 선발하여 구성한 프로젝트 팀과 합작하여 진행된다. 그러나 기업의 구성원들의 협조와 관심 없이는 성공적인 시스템 구현은 거의 불가능하다고 할 수 있다.

프로젝트를 진행하면서 때로는 부서별로 ERP에 필요한 정보를 다시 정립할 필요도 있을 것이고, 심지어는 지신이 지금까지 관습적으로 해왔던 업무처리 방식도 바꾸어야 하는 경우도 생길 수 있다. 이렇게 실무자들은 자신의 업무와

새로운 ERP시스템 추진 과정의 업무사이에서 많은 부담을 안게 된다. 이러한 업무의 과중에 대한 불만은 실제로 구성원들이 ERP를 제대로 이해하고 있는가에 따라 달라진다. ERP에 대한 충분한 이해가 뒷받침되지 않은 구성원은 ERP시스템의 도입을 단순히 일거리로만 생각하게 되고, 그러한 경우 ERP추진에 대한 협조에 소홀히 하게 되고 심지어는 거부감을 느끼며 ERP시스템에 대해 좋지 않은 감정을 가질 수 있다. 이러한 현상이 가져오는 문제점은 실제 ERP시스템 사용단계에서 많은 문제를 야기시킨다.

[그림 5-3] ERP 도입 시 고려사항

또 하나 ERP시스템에 대한 그릇된 시각은, ERP시스템이 도입되는 것이 즉각적인 감원으로 이어진다는 잘못된 편견이다. ERP시스템의 궁극적인 구현 목표는 지금까지 관리해 오던 수준을 보다 세부 수준으로 관리의 정도를 높이고, 계획적인 실적관리를 유도하여 시간과 비용을 절감하고 이익을 극대화하자는 것이다. ERP시스템을 도입하면서 비용이 절감되고 이익이 극대화되는 것은 인원감축에 의한 것이 절대 아니다.

ERP 시스템의 적극적인 활용을 통해 생산성이 향상되고 수주부터 출하 그리고 수금과 결산에 이르기까지 모든 업무 프로세스의 혁신을 이룸으로써 이

와 연관된 업무 지표가 향상될 수 있다.

2.2 단계별 ERP 구축 전략

기업에서 ERP를 구축하고자 할 때 시간이나 노력, 금전적으로 많은 투자가 병행되어야 한다는 것은 앞에서 이야기한 바와 같다. 이렇게 많은 투자를 들여 구축하는 ERP 시스템이 제 기능을 다하지 못하는 실패 사례를 주위에서 종종 볼 수 있다.

그렇다면 어떻게 해야 성공적으로 ERP시스템을 구축할 수 있는가? 어떠한 요인이 ERP시스템을 실패로 몰고 가는지를 알면 그 요인들을 제거하면 될 것이다. 그리고 성공요인을 안다면 성공요인과 상반되는 제반 저해 요인들은 과감히 제거하며 시스템을 구축하여야 할 것이다.

(1) ERP 도입검토 단계에서의 전략

여기서 이야기하는 도입검토 단계란, 기업이 ERP시스템을 도입하고자 하는 욕구를 느끼는 단계부터 ERP제품 및 서비스의 공급자 선정을 마치는 단계까지를 말한다. 이 도입 검토 단계는 앞으로의 ERP구축의 방향을 잡는 가장 중요하고도 기초적인 단계이므로 간과할 수 없는 단계라 하겠다.

① 위기의식을 공유하라

ERP시스템은 현장에서 매끄럽게 받아들여지는 시스템이 아니다. 대부분의 사람들은 과거의 타성에 젖어 현재를 과거의 연장에서 처리하려는 경향이 강하고, 그렇게 때문에 개혁적인 성격을 가진 ERP시스템이 현장에서 모두 달갑게 받아들여 지도록 하는 것은 달성하기 힘든 목표일 수도 있다. 이러한 현장의 저항을 제거하기 위해서는 ERP시스템을 도입하려는 목적을 현장의 인원들과 함께 공유해야 한다는 것이다. 이에 가장 설득력 있는 자료 중의 하나가 바로 이 회사에 대한 미래의 위기의식과 현재 업무 프로세스에 대한 큰 문제점(Pain Points)이다. 많은 경우에서 이러한 전략을 사용하겠지만, ERP시스템의 구축에서도 마찬가지로 이러한 전략은 기업 집단 구성원의 결속력을 강화시켜주는 하나의 구심점이 된다는 점에서 효과적인 전략이라고 할 수 있다.

② 최고경영자의 관심과 우수한 PM

앞에서 이야기한 것처럼 최고경영자의 결단이 ERP 성공의 열쇠가 되는 경우가 많다. 그렇게 때문에 항상 최고경영자가 프로젝트에 관심을 가질 수 있게 하는 여건이 중요하다. 최고경영자의 관심을 불러일으키기 위해서는 먼저 상세한 프로젝트의 상황과 현장의 저항 등에 대한 빠른 보고, ERP시스템 구축 중의 여러 행사시에 반드시 최고경영자가 참석하게 하는 것, 최고경영자의 의지를 공표할 수 있는 과정 등을 미리 염두에 두고 모양을 갖추어 가는 것이 바람직하다.

프로젝트를 진두지휘하는 PM과 ERP컨설턴트를 선정 할 때에도 능력과 경험을 충분히 고려하고, 프로젝트를 진행함에 있어 실행력이 있으면서도 주위와 마찰이 생기지 않을 관리자 및 외부 컨설턴트를 임명하는 것이 중요하다.

③ 도입 예정 ERP 제품의 품질과 성능 검토

ERP의 도입 시에는 실제로 사용할 ERP패키지의 선정 작업도 중요하다. 그러나 패키지 소프트웨어를 선정할 때에는 [그림 5-4]와 같이 많은 고려사항이 있으며 이것은 실제로 해보면 상당히 어려운 작업이다. 더욱이 프로젝트의 성패에 따라서 기업의 미래에 큰 영향을 미치기 때문에 신중해야 한다.

ERP 패키지를 선정할 때에는 우리 회사의 업무를 ERP 패키지에서 잘 수용할 수 있는 정도와 ERP 패키지의 향후 발전가능성 등을 면밀하게 검토해야 한다.

[그림 5-4] ERP패키지 선정 시에 고려 사항

(2) 착수 및 분석/설계 단계에서의 전략

여기에서 말하는 착수 및 분석/설계 단계는 ERP시스템을 구축하기 위해 제품이나 서비스의 공급사와 계약을 체결한 후부터 시작되는 단계이다. 이 단계는 ERP시스템 구축을 위한 전략적 계획을 수립하고 기업의 업무 프로세스 및 시스템에 대한 문제점을 분석하며, 제반 환경을 표준화하는 과정에 해당한다.

구성원은 현업 주체로, 핵심인재를 선발하여 프로젝트에 투입시켜야 한다. 일반적으로 자체 개발 MIS 구축 시에는 정보시스템 부서를 중심으로 현장에서 몇 사람 선발하는 것이 일반적인 방식이다. 이러한 이유는 무경험자에게 있어서 컴퓨터 그 자체가 너무 어려워 이해하기 쉽지 않기 때문이다.

그러나 ERP패키지에는 처음부터 모델이 되는 업무처리 순서가 들어있어 컴퓨터 전문가보다는 업무 경험과 혁신 의지를 가진 구성원이 더욱 적합하다. ERP에 내재되어 있는 모델을 참고하여 파라미터 설정을 해나가는 방식을 컨피규레이션이라고 하는데 ERP패키지가 그 기능을 구비하고 있다. 이러한 ERP 패키지를 통한 업무 혁신을 위해서는 기업의 경영과제와 현장업무의 이해가 전제조건이 되고, 또한 현장의 저항을 제거하는 것이 중요하기 때문에 충분한 업무 경험을 통해 업무에 능통한 현장 중심의 전문가를 프로젝트에 포함시키는 것이 매우 중요하다.

먼저 기업의 문제점을 정확히 진단하고, ERP시스템 안에서 구현할 수 있는 기업 업무 프로세스를 파악하고, 그러한 프로세스에서 너무 동떨어지지 않은 실현 가능한 계획을 세우는 것이 중요하다. 그리고 프로젝트 감사계획을 세워 프로젝트 추진의 효율과 투명성을 높이는 것 역시 중요하다.

이 외에도 많은 고려 사항 및 성공 전략이 있다. 예를 들어 모듈별 자발적인 목표관리 실시, 문서화 및 개발 절차 등 프로젝트 환경의 표준화, PM 및 모듈 관리자의 프로젝트 통제 등이 이 단계의 중요한 성공요인이라고 할 수 있다.

(3) ERP구축/구현 단계의 전략

앞에서 살펴본 바와 같이 구축/구현 단계란, ERP시스템을 모듈 별로 세팅하고 관련 데이터나 정보를 입력하며, 시나리오별 테스트를 통해 시스템을 통합하고, 현업 사용자가 사용할 수 있게 최종 시험을 거쳐 개통하는 과정을 말한다.

이 단계에서의 주요 성공요인들을 아래의 그림으로 간략히 요약하도록 하겠다.

철저한 사용자 교육 및 ERP사상에 대한 이해	프로토타이핑을 통한 시행착오 최소화
시나리오에 기초한 반복적 테스트	미결 이슈사항의 신속한 해결
대안에 대한 신속한 의사결정	비상시를 대비한 백업, 복구 절차 준비와 실행
모든 과정의 문서화	ERP 사상과 부합되는 업무재설계와 조직별 업무 역할 정립
현장 저항을 최소화하기 위한 주요 현업에 의한 자체 사용자 교육 마련	신뢰할 수 있는 데이터 전환 및 철저한 사전 검증

[그림 5-5] ERP 구축/구현 단계의 성공요인

2.3 ERP의 실패 요인

ERP 패키지가 실패하는 경우는 앞에서의 단계별 성공요인을 제대로 실행하지 못하여 발생한다고 생각한다. 이와 별도로 고려하여야 할 문제는 ERP 패키지 기능이 기업의 요구에 얼마나 부응했는지를 판단하여야 한다. 그러나 전적으로 ERP 패키지 기능으로 인해 실패하였다고 판단하기 어려운 경우가 많다. 상용화된 패키지가 가지고 있는 기능을 제대로 이해하지 못하고 수정/보완된 사항이 애초에 기대했던 것과 미치지 못하여 일부 기능의 미비가 있는 경우가 많다. 이와 같이 패키지 또는 컨설팅 제공 회사와 도입 기업 양측에 모두 문제가 있어 실패 요인으로 작용할 수도 있다. ERP시스템의 실패는 어느 한 쪽의 잘못이라고 쉽게 판단 내릴 수는 없다. 주로 발생할 수 있는 실패 요인을 정리하여 보면 아래와 같다.

(1) 프로세스 구현 기능의 부족

ERP 패키지의 프로세스 관련 지원 기능이 부족한 경우 일부분의 활용이 어려울 수 있다. 그리고 만약 이러한 기능을 수정/보완하는 경우 생각보다 더 많은 시간과 비용이 추가로 발생하는 경우가 있다.

(2) 사용자 능력 및 교육의 부족

사용자의 패키지 운용 능력이나 이해 부족으로 제 기능을 다하지 못하는 경우가 발생할 수 있다. ERP에 내장되어 있는 베스트 프랙티스들을 해당 기업의 업무와 연관시켜 이해하고, 이러한 베스트 프랙티스가 존재하는 바탕인 경영이론과 사상까지도 교육하는 것이 필요하다.

(3) 자질 및 몰입 부족

프로젝트 참여 인원의 자질 부족으로 착수단계에 설정해 놓은 목표로 이끄는 데 실패하는 경우가 있다. 마찬가지로 프로젝트 추진에 대한 동기부여가 제대로 되지 않아 프로젝트에 대한 전념도(Commitment)가 떨어지고 몰입을 하지 않아서 실패하는 경우도 보게 된다.

(4) 기업의 관심 부족

시스템 구축 후에 사용에 대한 거부감이나 기존 프로세스의 고집 등으로 ERP 시스템 사용을 꺼리는 경우가 발생할 수 있다. 프로젝트를 추진하면서 관련 현업들과 커뮤니케이션이 부족하거나, 최고 경영자의 후원(Sponsorship)을 얻지 못해 생기는 실패 요인이다.

이러한 실패 요인을 미리 방지하고, 발견되는 즉시 적절한 조치를 취하는 것이 바로 ERP시스템의 성공적인 구축에 대한 바른 길이라고 할 수 있다. 물론 위에 요약한 고려 사항이나 실패 요인 이외의 많은 사항들이 개별 기업의 업무 특성과 연관되어 다양하게 발생할 수 있다. 그러나 성공하겠다는 마음가짐과 ERP도입에 대한 세심한 배려, 지속적인 관심 등으로 성공적인 ERP시스템을 구축할 수 있다.

결국 ERP시스템을 구축하면서 경영자의 관심, ERP 추진팀뿐만 아니라 여타

구성원 전원이 참여하는 공조된 분위기, 현업 경험이 풍부한 핵심 인력 중심의 ERP패키지 도입, 지속적인 교육과 훈련 등을 병행한다면 성공적으로 ERP시스템을 구축할 가능성이 높아진다고 볼 수 있다.

연습문제

01 ERP 구축 방법은 착수, 분석, 설계, 구축, 구현 단계로 구분할 수 있다. 이 중 설계 단계와 구축 단계의 활동을 각기 나열하시오.

02 귀사에서는 ERP를 구현하는 일정계획을 수립하고자 한다. ERP 추진을 위한 5 단계를 기술하고 간단히 설명하시오.

03 ERP를 도입하기 위하여 현재 있는 그대로의 상황을 분석하고, 이를 바탕으로 기업이 앞으로 업무 프로세스를 어떻게 개선하는 것이 바람직한 가를 담은 이상적인 TO-BE 프로세스를 제안하여야 한다. 이렇게 기업 업무가 앞으로 지향해야 하는 TO-BE 프로세스를 도출하기 위하여, 사전에 기업의 현재 상황을 있는 그대로 표현한 프로세스를 무엇이라고 하는가?

04 기업이 ERP 시스템을 도입하는 과정에서 주로 이루어지는 차이 분석(Gap Analysis)에 대해 설명하시오.

05 통합 테스트(Integration Test)와 데이터 변환(Data Conversion)의 개념과 유의점에 대해서 기술하시오.

06 어떠한 시스템 개발도 사용자 교육은 매우 중요하다. 특히 ERP 구축 단계의 사용자 교육이 자체 개발 MIS에 비해 중요한 이유를 설명하시오.

07 프로토타이핑(Prototyping) 구현 방식의 특징을 기술하시오.

08 통합테스트(Integration Test)에서 중시해야 하는 내용을 설명하고, ERP 구축이 자체개발 MIS구축보다 사용자교육이 더욱 중요한 이유를 설명하시오.

09 ERP 프로젝트를 진행함에 있어, 다른 기업들의 ERP 도입 사례를 참고하면 큰 도움이 될 수 있다. 이렇게 벤치마킹을 통해 시행착오를 학습할 수 있는 이전의 ERP 프로젝트 사례, 혹은 시사점이 있는 우수한 ERP 프로젝트를 수행한 기업을 일컬어 무엇이라고 하는가?

10 프로젝트 관리자로서 범위관리(Scope Management)와 시간관리(Time Management)의 중요성에 대해서 설명하시오.

11 ERP 도입이나 특별한 중요 프로젝트를 위하여 구성하는 팀을 TFT(Task Force Team)이라고 한다. 특히 성공적인 ERP 프로젝트를 수행하기 위하여서 TFT를 구성할 때에는, 각 분야의 업무 프로세스를 정확히 파악할 수 있도록 배려하는 것이 중요하다. 따라서 어떠한 사람들로 TFT가 구성되는 것이 바람직한 지 기술하시오.

12 귀하가 ERP 프로젝트 관리자 업무를 맡게 되었다. 프로젝트 관리자의 7가지 과업을 나열하고 그 중 범위관리(Scope Management)와 위험관리(Risk Management)의 중요성에 대해서 설명하시오.

13 ERP를 도입하고자 하는 기업의 CEO, PM, 그 밖의 모든 구성원들이 어떠한 마음가짐과 태도를 갖는 것이 중요한가, 그리고 어떠한 노력을 기울여야 하는지에 대해 서술하시오

14 ERP를 성공적으로 추진하기 위해 도입 검토 단계에서 중요하다고 생각되는 점은 무엇인가?

15 어떤 기업에서 ERP 프로젝트를 진행하였지만, ERP를 도입한 이후 제대로 활용하지 못하고 있다. 이럴 경우 어떠한 실패 요인이 있을 수 있는지 설명하고, 실패를 예방하기 위해서는 어떤 방법이 있는지 기술하시오.

제6장 자재관리 모듈의 주요 기능

1. 조직 구조

SAP ERP의 조직 구조(Enterprise Structure)는 기업의 물리적인 구조와는 다르게 ERP시스템 상의 논리적인 구조이다. 물론 이러한 논리적인 구조로 기업의 실제 물리적인 조직 구조의 비즈니스 프로세스를 가장 잘 처리하도록 구성하여야 한다. 또한 법적인 조직 단위에 맞는 제반 보고서를 산출해야 하고, 실제 조직의 계획 및 실적 집계가 원활히 이루어지도록 논리적인 구성을 하여야 한다. 따라서 조직 구조는 SAP ERP의 개념을 잘 구현할 수 있도록 구성하는 동시에 물리적인 조직 구조를 잘 표현해야 한다.

조직 구조는 관리적인 측면과 재무회계적인 측면 그리고 영업과 유통, 구매와 생산관리 등으로 구분하며 이들은 모두 밀접하게 연계되어 있는데, 처음에 제대로 구성하지 못하면 시스템을 모두 구현한 후에 다시 시스템 구성을 변경시켜 중복 작업을 해야 할 수도 있다. 따라서 SAP ERP의 조직의 의미를 잘 이해하고 기업의 최적 프로세스를 구현할 수 있는 논리적인 구성을 하는 것이 필요하다.

1.1 그룹회사(Company)

외부 공표용 재무 제표를 산출하는 독립적인 법적 실체이며, 기업의 규모에 따라 법적 단위인 회사의 상위 조직으로 여러 회사가 하나의 그룹 회사에 소속될 수 있다. 경우에 따라서는 회사의 내부 조직(사업본부 등)을 회사코드

(Company Code)로 설정할 수도 있다. 이는 다음과 같은 모듈의 조직 구조와 모두 연결된다.

- Financial Management Area(TR)
- Controlling Area(CO)
- Plant(MM)
- Sales Organization(SD)
- Credit Control Area(FI, SD)

1.2 공장(Plant)

회사(Company) 안에서 제품을 생산, 조달, 공급하는 기능을 수행하는 조직 단위이다. 공장의 정의 기준은 다음과 같다.

- 제조 시설(Manufacturing Facility)
- 물류 센터(Warehouse Distribution Center)
- 지역별 영업 법인이나 사무소(Regional Sales Office)

1.3 저장창고(Storage Location)

공장안에서 자재의 재고 수량을 관리하는 조직 단위이다. 저장창고(Storage Location)에서 재고실사, 재고관리, 자재입고·출고·이전 등을 수행할 수 있다.

1.4 구매조직/구매그룹(Purchasing Organization/Purchasing Group)

구매조직은 하나 또는 그 이상의 공장(Plant)이나 회사(Company) 내에서 부품과 원재료의 소싱(Sourcing)과 협상을 책임지는 조직단위를 말하며, 구매그룹은 구매조직 내 조직원 또는 업무 팀을 뜻한다.

[그림 6-1]과 같이 구매조직은 다음과 같은 관계성을 가진다.

- 회사와 구매조직(Company to Pur. Organization) → 1 : M
- 구매조직과 공장(Pur. Organization. to Plant) → N : M

예를 들면, 하나의 회사는 두 개의 구매조직을 가질 수 있고, 한 개의 구매조직이 세 개의 공장과 연결될 수 있으며, 또한 두 개의 구매조직이 한 개의 공장과 연결될 수도 있다.

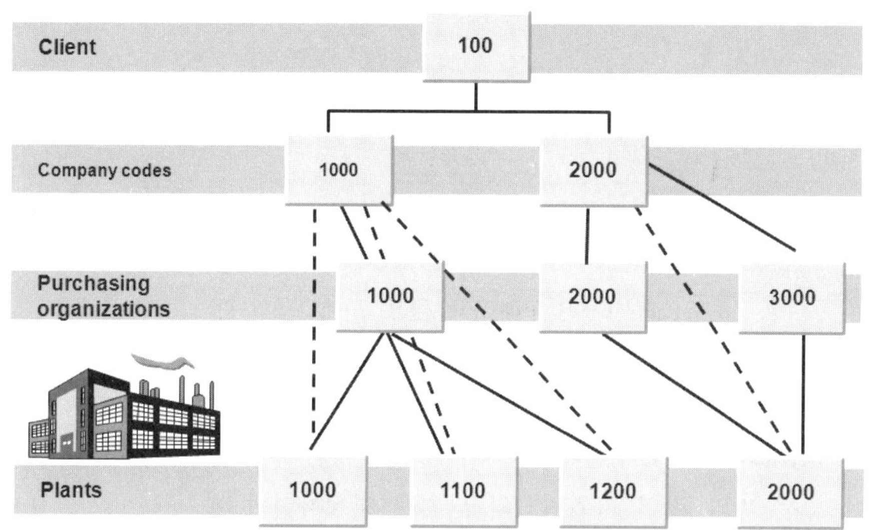

[그림 6-1] 회사코드, 구매조직, 공장의 관계

[그림 6-2]에 있는 사례는 한 개의 구매조직이 세 개의 공장의 구매를 책임지고 있으면서 각 공장을 맡고 있는 세 개의 구매그룹이 존재하고 있는 모습이다. 이러한 구매조직은 집중 구매정책을 채택하고 있는 회사에서 볼 수 있다. 반면 분산 구매정책을 채택하고 있는 회사는 각 공장별로 구매조직을 두어 스피드있는 공장별 구매가 이루어지도록 할 것이다. 요즘에는 수입 원자재나 물량소비가 많은 부품은 서울의 구매조직에서 소싱(Sourcing)하는 집중구매 정책을 활용하고, 각 공장의 상황에 맞는 부품의 구매는 공장별로 구매조직을 두어 분산구매를 하는 혼합형 구매정책도 많이 활용되고 있다.

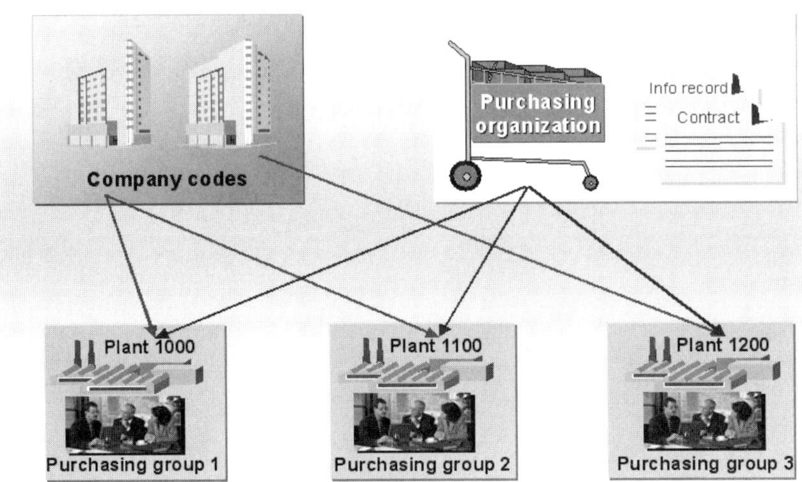

[그림 6-2] 구매조직, 공장, 구매그룹의 관계

제품이나 부품의 가치평가(Valuation)는 회사(Company Code)별로 이루어질 수도 있고 각 공장(Plant)단위로 이루어지게 설정할 수도 있다. [그림 6-3]에 나타나 있는 바와 같이 가치평가의 단위를 결정하려면 가치평가를 설정하는 Valuation Area를 회사로 두느냐, 개별 공장으로 두느냐에 따라 결정된다. 즉, 한 회사의 모든 공장의 가치평가 방식을 같게 하려면 Valuation Area를 회사로 설정하고, 각 공장별로 가치평가 방식을 다르게 하기를 원하는 경우에는 Valuation Area를 공장으로 설정해 놓으면 될 것이다.

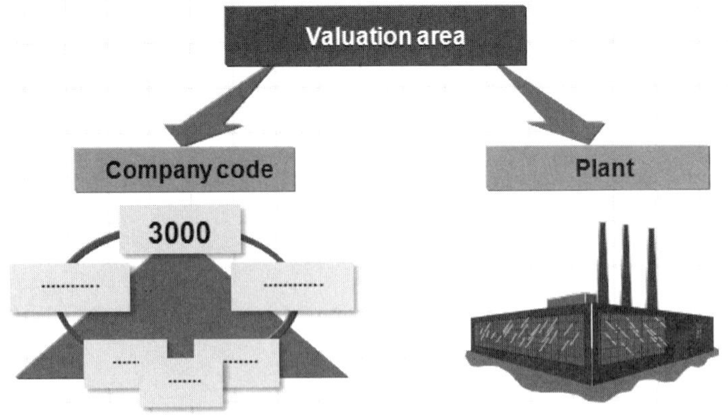

[그림 6-3] 가치평가 설정단위

2. 마스터데이터 개요

프로세스에 의해 변화하지 않으며 경영 전반에 걸친 관리 활동을 지원하기 위해 구성되는 모든 기준 정보를 마스터데이터(Master Data)라고 한다. 마스터데이터를 우리말로 표현하면 기준 정보라 할 수 있다. 즉, 회사나 공장의 기준이 되는 정보라는 의미이다.

[그림 6-4]에 SAP ERP의 주요 마스터데이터의 종류가 나타나 있다. 가장 중요하면서도 많이 사용되는 마스터데이터로는 자재 마스터데이터(Material Master Data), 고객 마스터데이터(Customer Master Data), 그리고 공급업체 마스터데이터(Vendor Master Data)가 있으며, 이와 더불어 각 모듈내에서 중요하게 사용되는 마스터데이터들이 예시되고 있다.

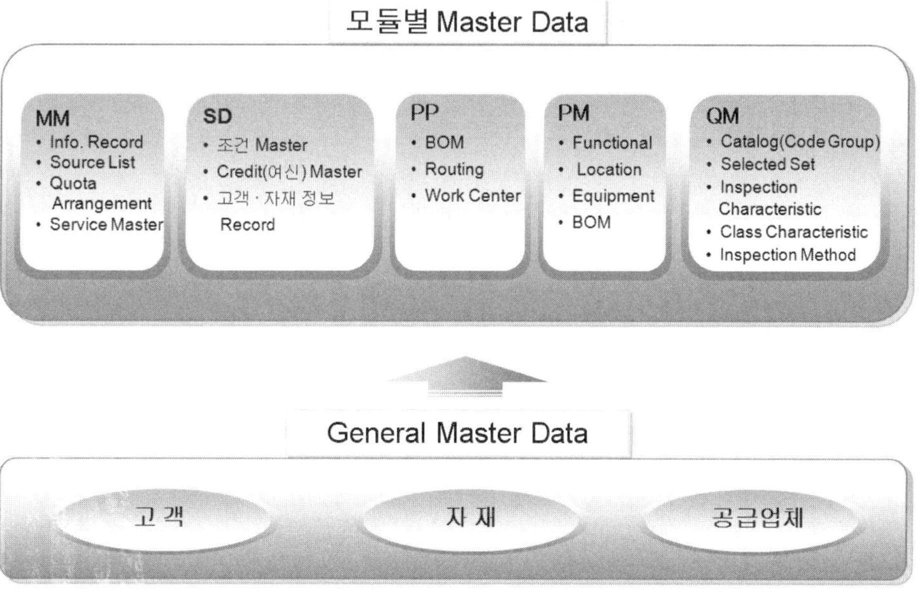

[그림 6-4] 주요 마스터데이터의 종류

자재관리 모듈의 기준정보에는 자재 마스터데이터, 공급업체 마스터데이터와 더불어 공급업체별 자재 단가를 관리하는 정보레코드(Info Record), 계약(Contract),

납품일정 계약, 그리고 공급업체를 관리하는 소스리스트(Source List), 쿼타 조정(Quota Arrangement) 등이 있다. 각각의 역할은 뒤에 설명하도록 한다.

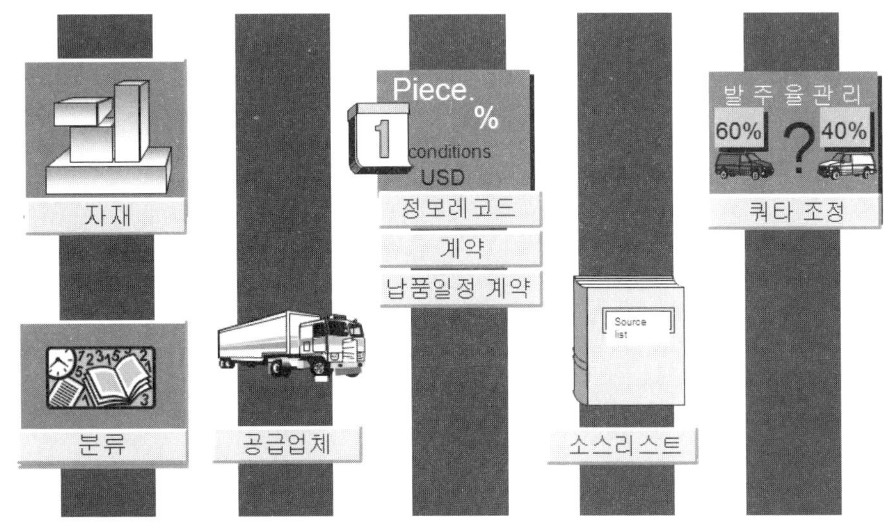

[그림 6-5] 자재관리 모듈에 필요한 기준정보

2.1 마스터데이터의 필요성과 이용 효과

앞에서 마스터데이터는 회사나 공장의 기준이 되는 정보라고 설명한 바 있다. [그림 6-6]에서 마스터데이터를 사용하지 않는 경우와 사용하는 경우를 비교해 보도록 하자. 마스터데이터를 사용하지 않는 경우에는 각 업무 처리마다 고객 정보와 제품 정보를 시스템에 만들면서 업무처리를 하는 번거로움을 겪을 것이다. 또한 담당자마다 고객명과 제품명을 각기 다르게 만들어서 커뮤니케이션에 어려움을 겪고, 최종 분석단계에서 혼란을 겪을 것이다.

반면에 고객마스터와 자재마스터 등의 마스터데이터를 이용하여 영업오더와 그 후속작업을 하면 일관성 있는 작업처리가 되어, 같은 고객 그리고 같은 자재에 대한 정보를 손쉽게 얻을 수 있다. 예를 들어 9월 한 달간의 Becker고객에게 판매한 실적 또는 바게트 빵 제품에 대한 1년간의 총 판매량 및 수익성 분석 등을 용이하게 할 수 있는 장점이 있다.

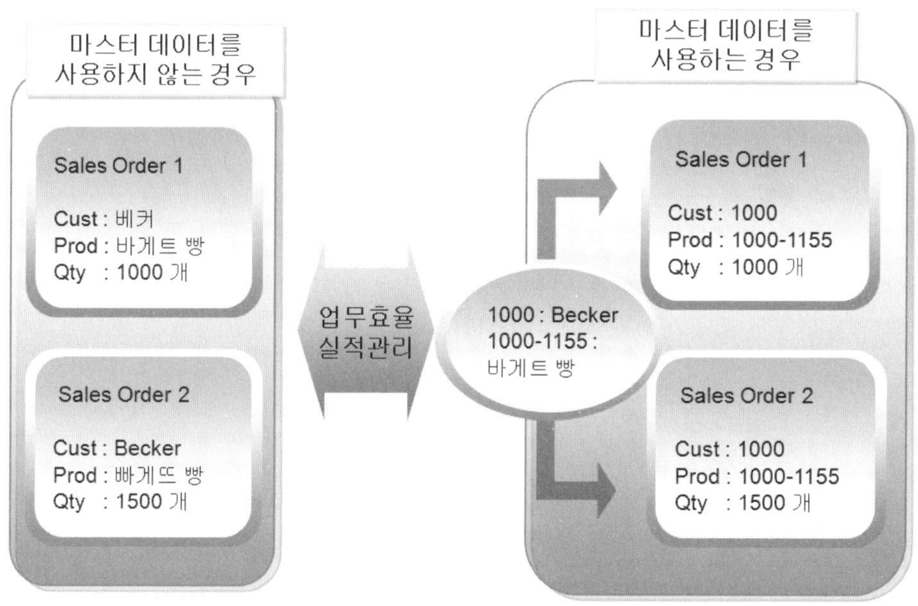

[그림 6-6] 마스터데이터의 필요성

이와 같이 마스터데이터를 이용하면 업무처리의 양이 감소되고 의사소통이 왜곡되는 것을 방지할 수 있으며, 정보공유가 더욱 용이해질 것이다. 이에 따라 신속 정확한 정보분석이 가능해지고 결과적으로 의사결정이 신속해지며, 적기 시장 대응에 도움을 줄 수 있다.

2.2 자재 마스터데이터 개요

자재 마스터는 기업에서 구매, 생산, 저장 또는 판매하는 유・무형의 제품, 반제품 또는 원자재 등을 관리하는 기업의 기준 정보이다. 또한, 물류의 자재명세서(BOM), 공정순서도(Routing), 생산오더, 제품입고, 원가계산 등 일련의 생산 활동의 근간이 되는 데이터이다.

MM모듈 입장에서 보면 자재 마스터는 생산계획 및 구매, 재고관리 및 회계상의 관리에 기초가 되는 중요한 기본적인 정보이다. 따라서 정확한 관리가 요구 된다.

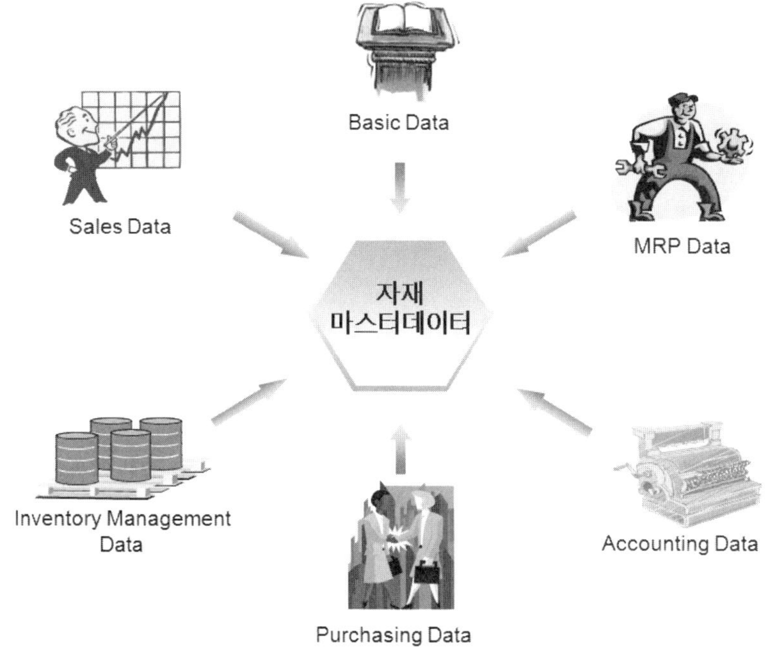

[그림 6-7] 자재 마스터데이터의 주요 데이터

자재가 생산 과정을 거치거나 구매될 때 그리고 재고관리 및 이에 따른 회계정보가 변경될 때 항상 자재 마스터레코드에 있는 정보들을 참조하여 통합성을 유지하게 된다.

ERP 내의 모든 모듈과 연관을 갖게 되는 자재 마스터는 24개의 뷰(View)로 구성되어 있으며, 각 모듈의 업무특성에 맞는 필드(Field) 값을 유지・보수한다.

(1) 자재 마스터데이터의 뷰 구성

자재 마스터는 완성품, 반제품, 원재료 등의 자재 유형(Material Type)별로 필요한 내용이 매우 다르며, 산업별로도 필요한 내용이 매우 다르다. 또한 판매가 되는 제품인지, 생산에 필요한 원자재나 반제품인지에 따라서도 필요한 내용이 다르며, 영업부서, 생산부서, 자재부서, 회계부서, 원가부서 등에서 요구되는 내용이 상이하다. 따라서 매우 많은 필드가 존재하는데, 이를 필요시마다 비교적 용이하게 접근할 수 있도록 뷰를 달리하여 구분하여 사용한다.

자재 마스터데이터의 기본 뷰는 자재 유형(Material Type)과 산업(Industry)에

따라 약간의 차이가 있지만 [그림 6-8]에 나타나 있는 것이 일반적인 기본 형태이다. 자재마다 모든 뷰들을 관리하면 관리할 양이 너무 많고 복잡하므로, 자재 유형별로 필요한 뷰들만 취사선택하여 관리하게 된다. 예를 들어, 자체 생산하여 판매되는 완제품은 구매 뷰가 필요 없을 것이다.

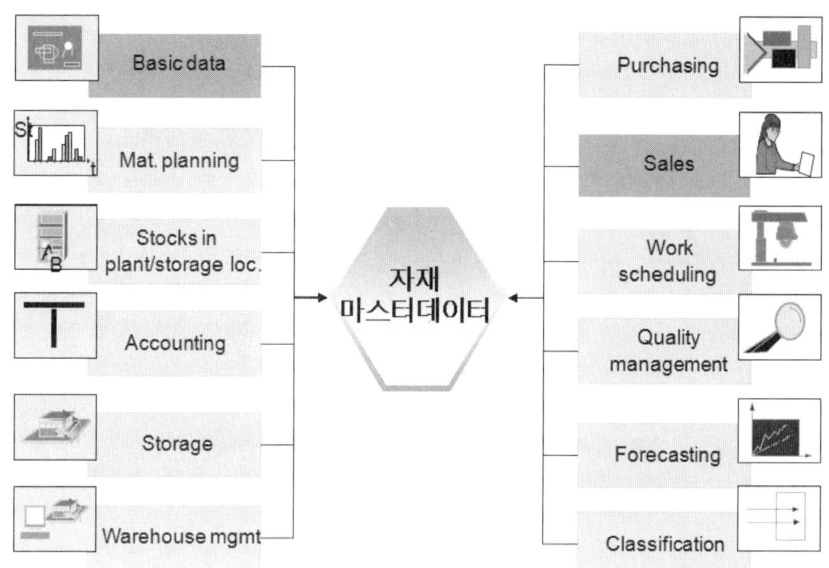

[그림 6-8] 자재 마스터데이터의 주요 뷰

[그림 6-9]부터 [그림 6-13]에 자재 마스터의 기본데이터, 영업데이터, MRP 데이터, 회계 데이터, 원가데이터의 기본 화면과 주요 필드들에 대한 설명을 예시하고 있다.

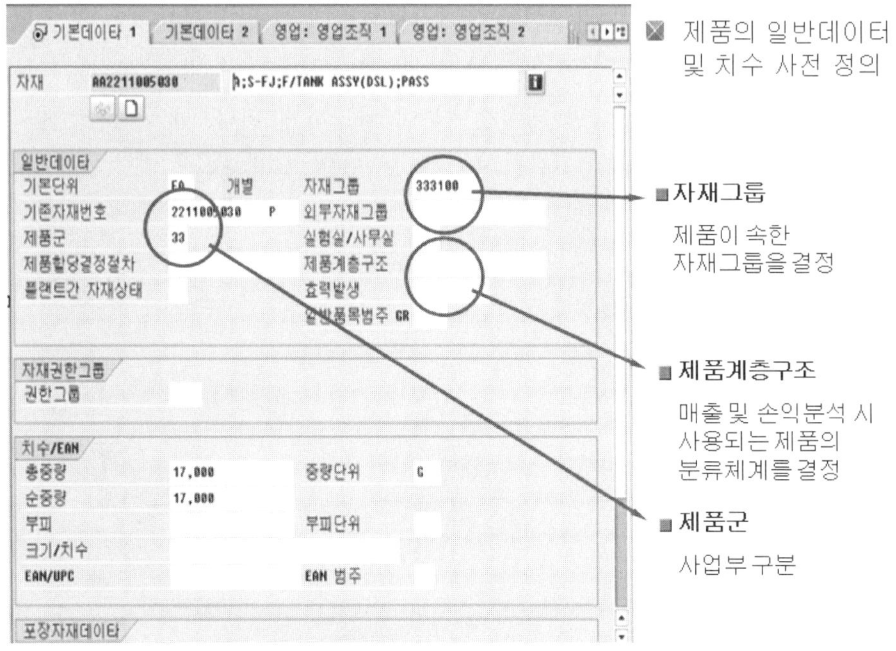

[그림 6-9] 자재 마스터(기본데이터 1 View 정보)

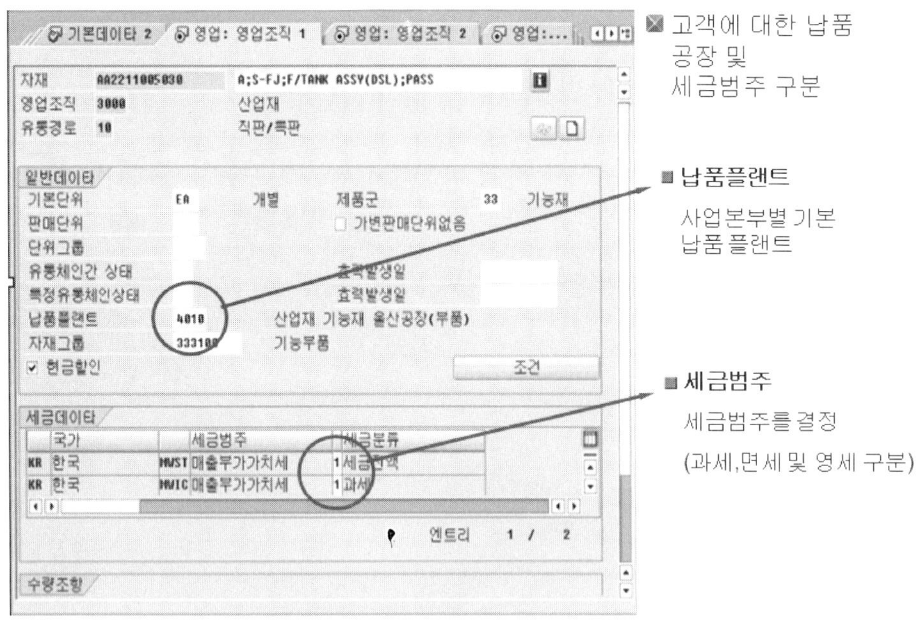

[그림 6-10] 자재 마스터(영업 : 영업조직 1 View 정보)

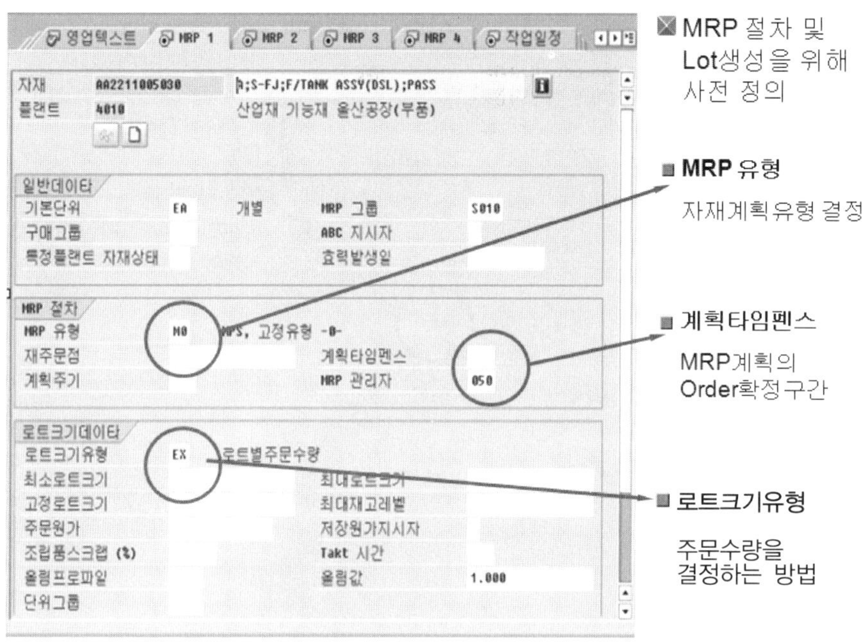

[그림 6-11] 자재 Master(MRP 1 View 정보)

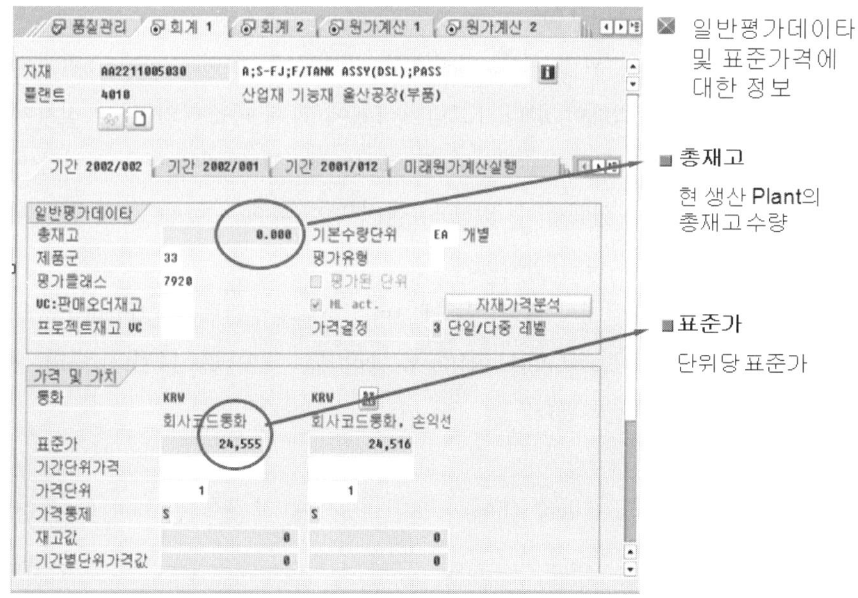

[그림 6-12] 자재 마스터(회계 1 View 정보)

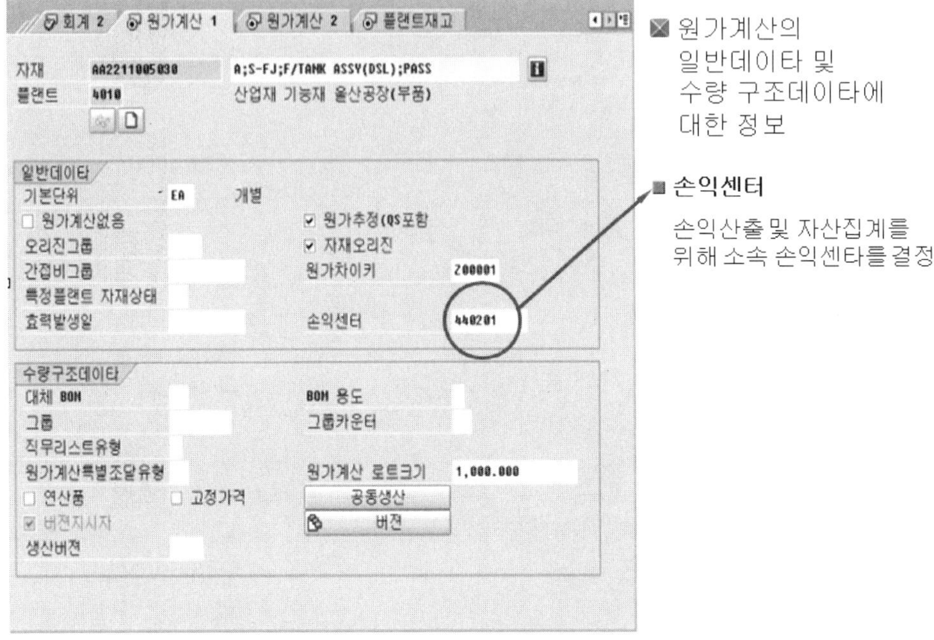

[그림 6-13] 자재 마스터(원가계산 1 View 정보)

(2) 자재 마스터의 조직 구성

자재 마스터 생성 시에는 관련 회사, 영업조직, 플랜트 등 어떤 조직에서 관리되는 자재 마스터인지를 입력해야 한다. [그림 6-14]에 자재 마스터의 생성 절차가 자세히 나타나 있다. 자재 코드를 부여하고 해당되는 산업과 자재 유형을 입력하면, 어떠한 뷰들이 필요한지를 선택할 수 있고, 뷰를 선택한 후에는 플랜트, 저장 위치 등 필요한 조직을 구체화시켜야 한다.

자재 마스터는 Client 레벨에서 관리되는 데이터, 그리고 플랜트 레벨(Plant Level)과 저장 위치 레벨(Storage Location Level)에서 관리되는 데이터로 나뉜다. 도면 정보 등은 Client 레벨에서 관리된다.

- 제공 자료
  - Client 레벨 : 하나의 Client 내에서 모든 조직에 적용 되는 데이터(품명, 단위, 규격 등)
  - 영업조직 레벨 : 하나의 영업 조직과 유통 채널에 적용 되는 데이터(판매 단위, 제품그룹 등)

- 영업조직+공장 레벨 : 하나의 영업조직과 유통 채널 그리고 플랜트에 적용되는 데이터(운송 그룹, 적하 그룹, 원산지 등)
- 공장 레벨 : 하나의 공장에 적용되는 데이터(구매, 수급, 회계, 원가 관련 데이터 등)

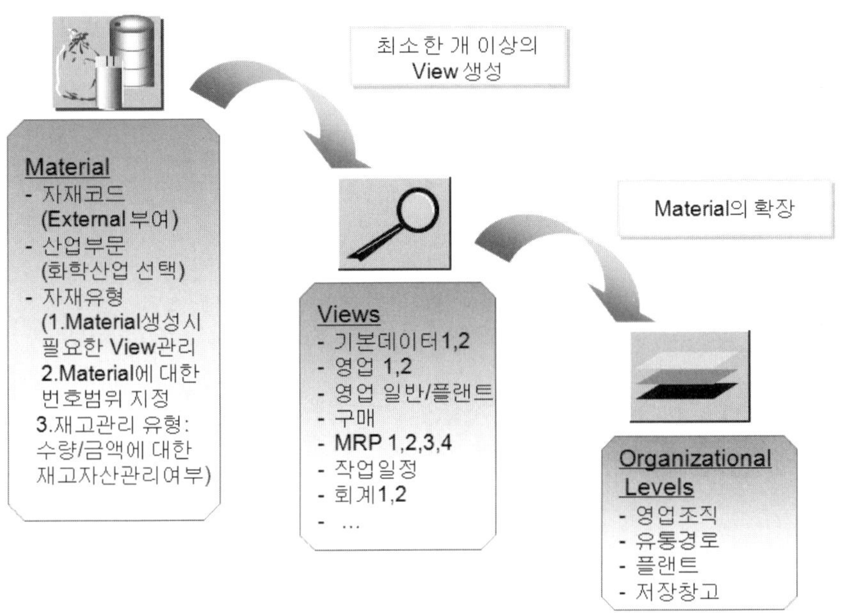

[그림 6-14] 자재 마스터데이터의 생성 절차

(3) 자재 마스터데이터의 역할

자재 마스터데이터는 자재가 포함되는 모든 업무 처리(Transaction)에 영향을 미친다. 가장 쉽게는 이 자재가 무엇인지를 기술하고 기본단위가 갯수인지 kg인지를 나타내주며, 기본적으로 어떤 플랜트에서 관리되는 자재인지를 나타내준다. 특히 SAP ERP에서는 자재 마스터의 역할이 매우 큰데, 각종 통합성이 필요한 업무 처리의 연결고리 역할을 해준다. 기본적인 역할만 몇 가지 예시하면 아래와 같다.

- 자동 Display : 자재 내역, 기본 단위, 제품군, 총/순 중량, 제품 계층구조, 손익센터, 플랜트 등.
- 업무 처리(Transaction)에 영향을 미침 : 품목 범주(Item Category) 결정, 가

용성 점검규칙 제어, 세금 데이터 등.

- 생산전략 결정 : MRP Type, Time Fence, MRP Group, 안전재고 설정 등.

자재유형(Material Type)은 MM 모듈에서 중요한 통제(Control)역할을 하는데, [그림 6-15]에 나타난 바와 같이 내부 자재번호 배정, 자재 마스터의 필드 선정, 입출고에 따른 회계계정의 결정 등이 자재유형에 따라 달라진다.

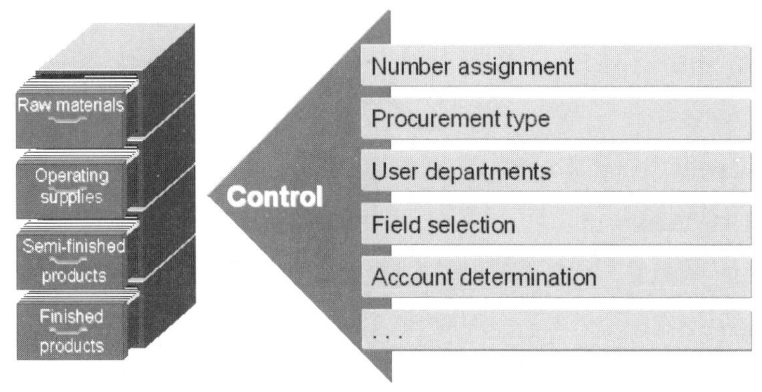

[그림 6-15] 자재유형(Material Type)의 역할

일반적으로 자재유형에 따라 이를 관리하는 회계계정이 다르다. [그림 6-16]에서 볼 수 있는 바와 같이 자재마스터의 회계 뷰에 있는 Valuation Class는 자재유형 정보와 더불어 더욱 세분화된 자동 회계계정 전기(Automatic Account Posting)를 가능하게 해준다. 예를 들어 같은 부품을 구매하더라도 해외에서 구매하는 부품과 국내에서 구매하는 부품을 다른 계정에서 관리할 필요가 있거나, 자체 생산하는 완제품을 판매할 때와 위탁생산하는 완제품을 판매할 때 각기 상이한 계정을 사용할 필요가 있는데, 이때 Valuation Class를 통해서 회계계정을 다르게 할 수 있다.

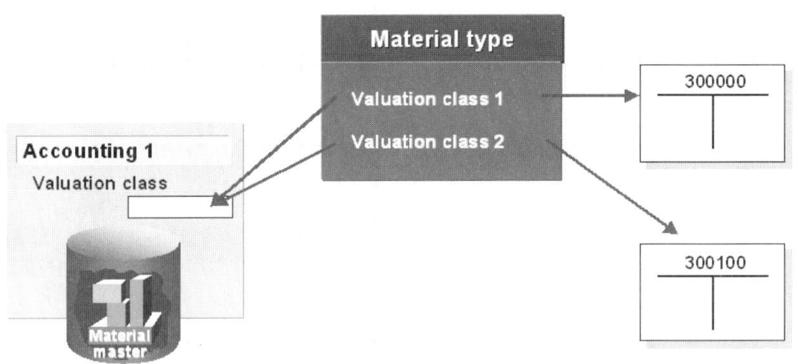

[그림 6-16] 자동계정전기를 위한 자재유형과 Valuation Class의 역할

또한 자재마스터에 있는 가격 지정(Price Control) 필드에서 표준가와 이동평균가를 지정할 수 있도록 되어 있다. 이 필드에 지정된 값에 의해 회사의 재고를 평가할 때 표준가를 사용할 것인지, 아니면 이동평균가를 사용할 것인지를 결정한다.

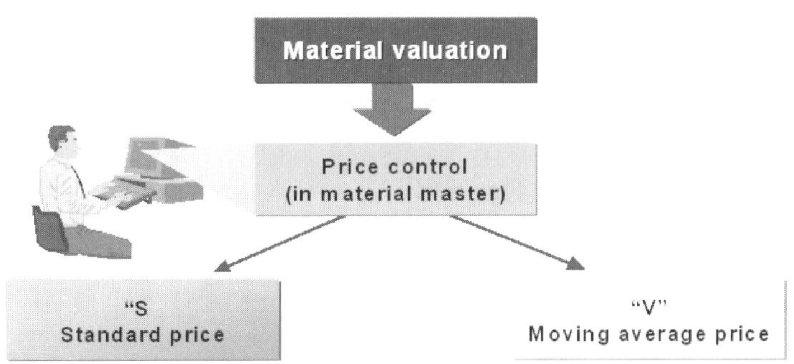

[그림 6-17] 자재 마스터데이터에 있는 Price Control의 역할

2.3 공급업체 마스터데이터

공급업체 마스터데이터는 자재 마스터와 더불어 MM 모듈에서 매우 중요한 기준정보이다. 기업에서 구매 오더를 내고, 입고 처리를 하고 송장검증을 하는 기본 프로세스에 공급업체 마스터데이터가 계속해서 관련되어 있을 수 밖에 없다.

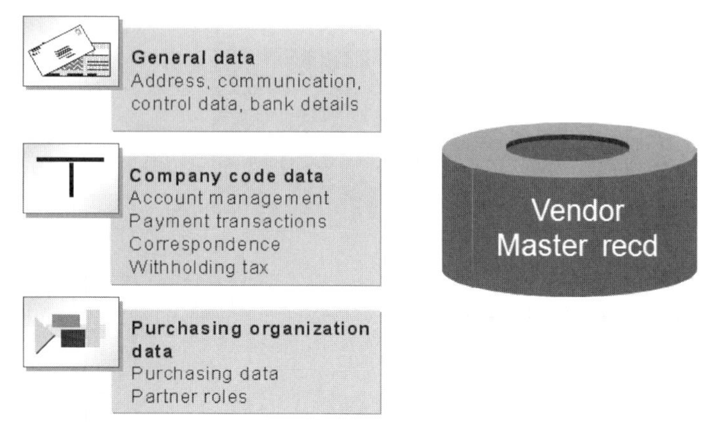

[그림 6-18] 공급업체 마스터데이터의 구조

[그림 6-18]은 공급업체 마스터의 기본 구조를 보여준다. 공급업체 마스터데이터는 일반 데이터와 회사코드 데이터 그리고 구매조직 데이터로 구분되어 있다. 일반 데이터에는 공급업체의 이름, 주소, 통신 방법 등에 관한 데이터를 입력하고, 회사코드 데이터에서는 회계관리, 세금 관련 데이터, 그리고 구매조직 데이터에는 공급업체와 거래할 때 사용하는 화폐 단위, 입고기준 송장 검증만 허용할 지 여부 등 구매 관련된 데이터를 관리한다.

2.4 구매 정보레코드(Info Record)

구매 정보레코드(Info record)는 특정 공급업체가 특정 자재를 얼마에 공급하겠다는 가격정보를 관리하는 마스터데이터이다.

구매오더를 생성하는 과정에서 자재마스터 기록과 공급업체 마스터의 정보들이 활용되는데, 구매가격을 결정할 때 정보레코드(Info Record)로부터 공급업체와 자재에 대해 연결해 놓은 가격정보가 자동으로 입력되도록 할 수도 있다. 또한 표준구매오더, 외주가공오더, 위탁구매오더 등 다양한 구매오더 유형에 대하여 구매정보레코드를 관리할 수도 있다. 구매 정보레코드는 공급업체 및 자재별로 수작업 생성할 수 있다. 경우에 따라서는 견적, 계약, 구매오더의 가격정보를 가지고 구매정보레코드의 가격정보를 자동으로 갱신(Update)시킬 수도 있다. 예를 들어 구매오더의 정보갱신 파라미터를 체크해 놓으면 정보 레코드의 가격정보를 갱신한다.

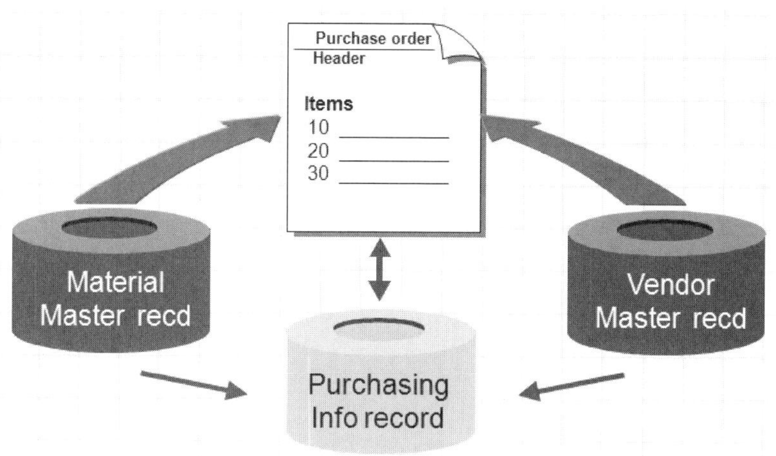

[그림 6-19] 구매오더를 만드는 과정에서 구매 정보레코드의 역할

2.5 소스 리스트(Source List)

특정 공장(Plant)의 특정 자재에 대하여 자재를 조달할 수 있는 공급업체의 목록을 시기별로 관리한다. 특정 시기에 구매를 허용하지 않는 공급업체를 지정할 수도 있으며, 특정 시기에는 하나의 공급업체에서만 구매하도록 공급업체를 고정시켜 표시할 수도 있다. 또한 MRP가동 시 계획오더나 구매요청에 공급업체가 자동으로 지정되도록 정의할 수도 있다.

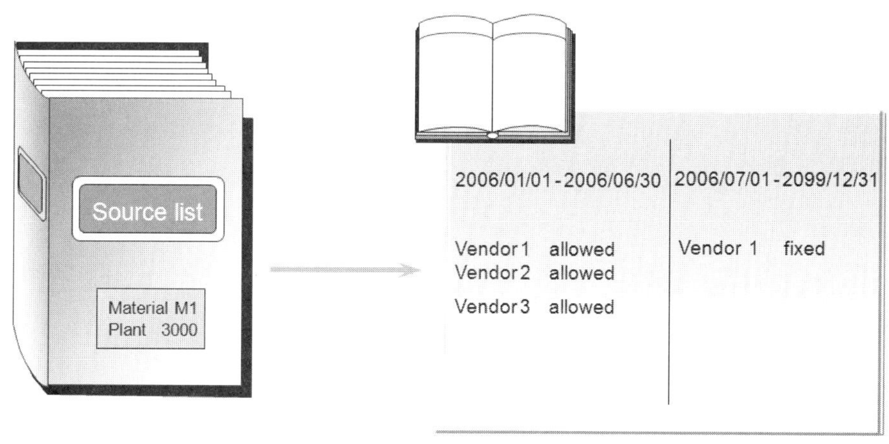

[그림 6-20] 소스 리스트의 형태

소스 리스트는 자재 및 공장별로 수작업으로 생성할 수 있다. 즉 시기별로 특정 공급업체를 고정시키거나, 공급을 허용하거나, 허용하지 않는 등의 정보를 수작업으로 입력할 수 있다. 또한 [그림 6-21]에서 볼 수 있는 바와 같이 납품일정계약(Outline Agreement)과 구매 정보레코드(Info Record)를 생성함으로써 소스 리스트가 갱신되도록 할 수도 있다.

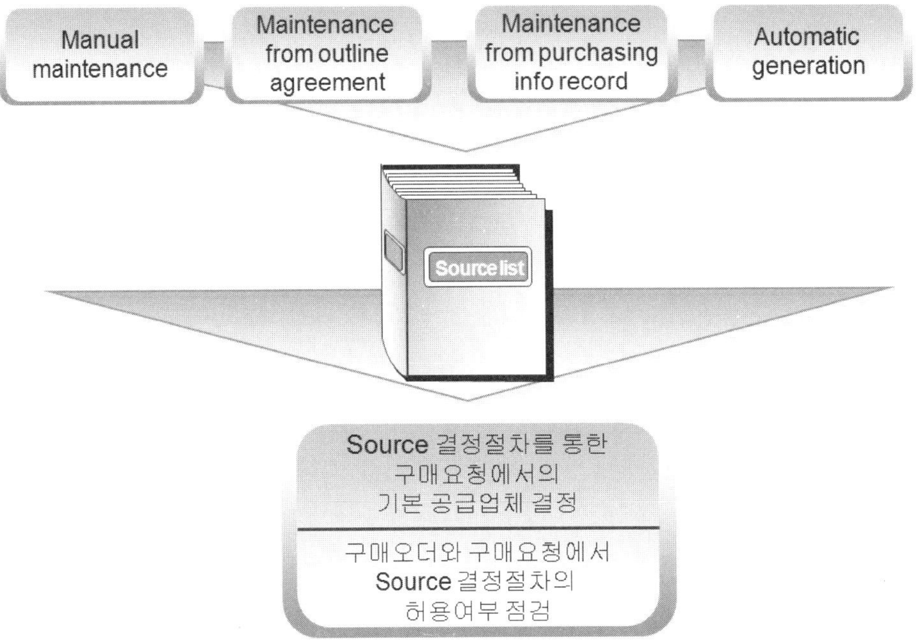

[그림 6-21] 소스 리스트 생성 및 갱신 방법

2.6 쿼타 조정(Quota Arrangement)

쿼타 조정(Quota Arrangement)은 내부생산, 외부조달, 혹은 여러 업체로부터 조달하는 양을 조달 비율로 관리할 수 있도록 조정하는 마스터데이터이다. 쿼타 조정 마스터를 사용함으로써 MRP 운영 후 PR 생성 시에 사전에 설정해 놓은 쿼타 비율에 맞추어 자동으로 공급업체를 결정할 수 있다.

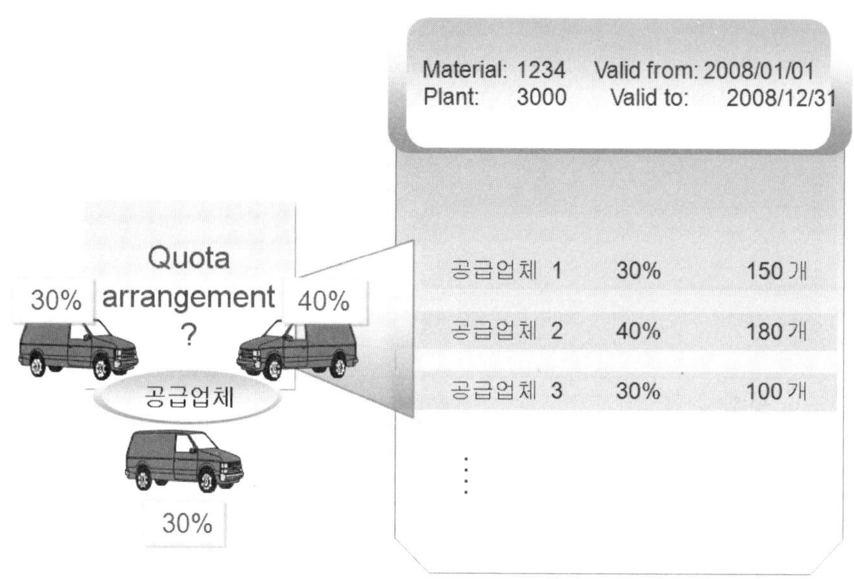

[그림 6-22] 쿼타 조정 마스터데이터의 모습

[그림 6-22]와 같이 쿼타 조정 마스터에 공급업체 1, 2, 3에 각기 30%, 40%, 30% 씩 쿼타가 할당되어 있을 때, 현재까지 각 공급업체에 몇 개씩 발주되어 있는 지를 알 수 있으며 다음에 공급업체 3에 발주 나갈 것을 예상해 볼 수 있다. 쿼터 할당비율에 비해서 지금까지 가장 적게 발주가 나갔기 때문이다.

[그림 6-23]에 쿼타 조정의 사용여부가 자재 마스터의 MRP 뷰에 설정되는 모습이 나타나 있다. 즉, 자재 마스터에 쿼타 조정을 사용할 것인지 그리고 사용할 때 어떤 업무처리의 내용이 쿼타 조정을 갱신(Upgrade)시키도록 할 지를 세팅시킨다. 이 그림에서 예시된 내용을 살펴보면, 자재 00345는 10%를 공급업체 A에서 구매하고, 공급업체 B에서도 10%를 구매하며, 여천공장에서 70%를 자체 생산하고, 나머지 10%는 공급업체 K1에서 구매하되 위탁(Consignment) 재고로 가져다 놓고 소비하고 있음을 보여주고 있다. 그 오른쪽 옆에는 지금까지 구매하고 생산된 양을 나타내고 있다.

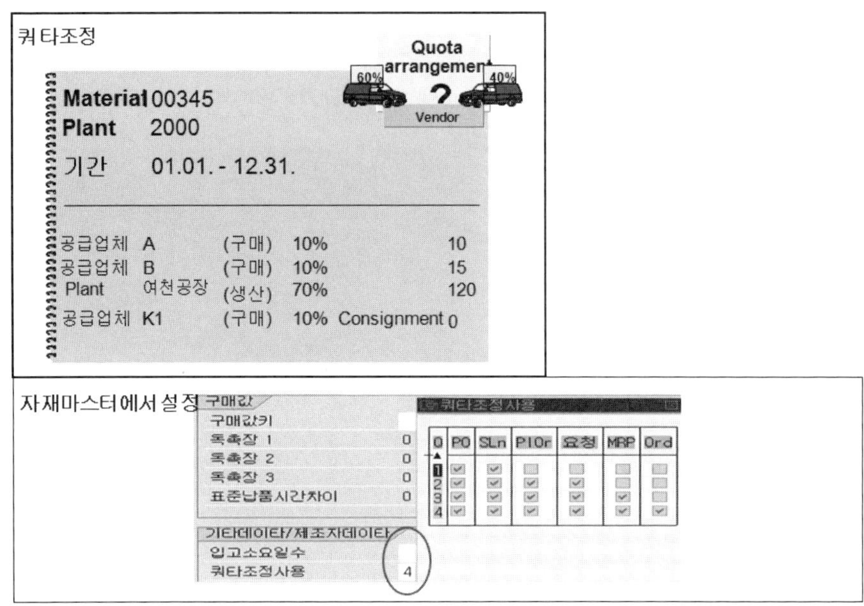

[그림 6-23] 쿼타 조정 설정

3. 자재관리 모듈 프로세스

3.1 자재관리 모듈 개요

자재관리 모듈은 기준 생산계획에서 요구하는 자재와 애프터 서비스에 필요한 자재뿐만 아니라 설비보전계획과 연계된 자재에 대한 구매요청에서 구매발주, 입출고 및 송장처리까지 단계별 업무 프로세스가 연결되어 진행되도록 기능을 제공한다.

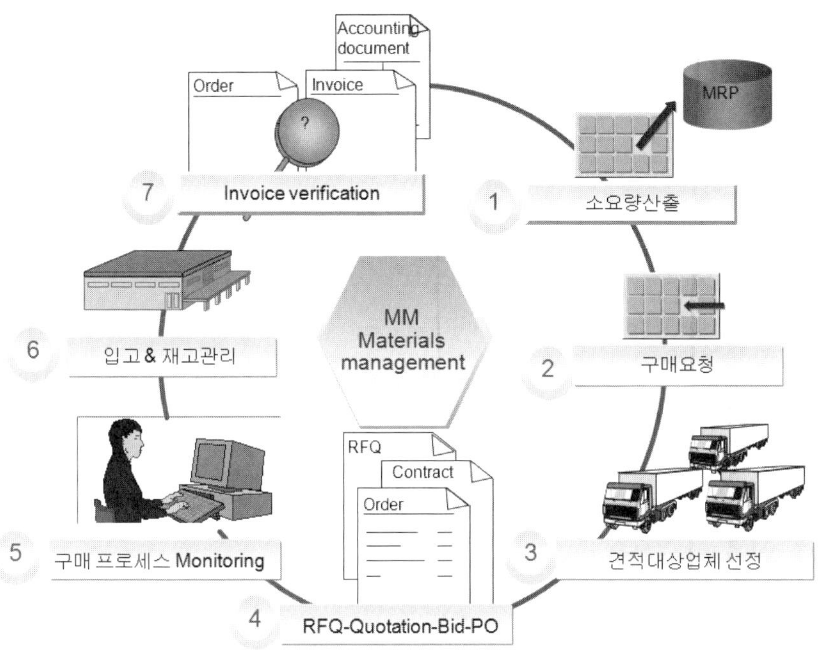

[그림 6-24] 자재관리 모듈의 기본 프로세스

[그림 6-24]는 자재관리 모듈의 기본 프로세스를 설명하고 있다. MRP 등의 방법으로 자재의 소요량과 필요시기를 계산한 후 구매요청을 작성한다. 구매요청은 수작업으로 작성할 수도 있지만 MRP에서 필요 시기별로 계산되어 나온 소요량에 근거하여 자동으로 만들어 질 수도 있다. 이때 공급업체가 결정되어 있다면 바로 구매오더를 생성할 수 있으나, 그렇지 않을 때에는 여러 공급업체들에게 견적요청서를 보내어, 견적을 받고 공급업체를 결정한 후 구매오더를 생성한다. 구매오더의 진척상황을 보면서 필요시 독촉관리를 하며, 자재가 도착하면 입고를 처리하고 재고관리를 한다. 입고 처리시에는 자동으로 회계상의 관련 재고 계정을 갱신한다. 그리고 송장 검증을 통해, 받은 수량 및 가격을 확인하고, 자동으로 외상매입금이 발생하게 된다.

3.2 구매관리

(1) 구매발주의 유형

구매오더도 오더 유형(Order Type)에 따라 여러 가지 형태의 구매 프로세스를 지원한다. 크게 주요 원재료 및 상품인 저장성 자재(Stock Material)에 대한 프로세스, 소모성 자재(Consumption Material)에 대한 구매처리 프로세스, 위탁재고(Consignment Stock)에 대한 프로세스, 사급(Subcontracting) 프로세스, 재고이전(Stock Transfer)에 대한 프로세스 및 서비스 구매에 대한 프로세스로 구분할 수 있다.

저장성 자재에 대한 프로세스는 구매계획에서부터 시작하여 업체 선정, 오더 발행, 검수 및 입고, 송장검증 등의 전 구매 프로세스를 표준적으로 따르며, PP, FI, QM 모듈과 유기적으로 연동됨으로써 기업 내부 업무의 최적화를 지원한다.

소모성 자재란 창고로의 입고나 생산 및 작업오더로의 투입이 이루어지지 않는 자재를 말하며, 소모성 자재는 입고되더라도 재고자산으로 전기(Posting)되지 않고 비용중심점(Cost Center)이나 해당 계정으로 직접 연결된다.

MRP 수행 후 생성된 계획오더는 공장 내부에서 직접 생산하는 자재인 경우 생산오더로 변환되며, 외부 조달 자재인 경우 구매요청서로 변환된다. 이러한 업무처리가 [그림 6-25]에 잘 나타나 있다. 구매요청서는 구매오더로 변환되는데, 일반 구매오더에 대한 발주유형은 NB로 설정하여 시작한다. 외부 조달 자재인 경우도 조달 유형에 따라 재고구매인지, 사내이전 거래 또는 임가공 구매인지, 위탁 구매인지가 결정된다. 이러한 조달 유형은 구매오더의 품목범주(Item Category)에서 구분하여 설정한다.

[그림 6-25] 구매발주 유형

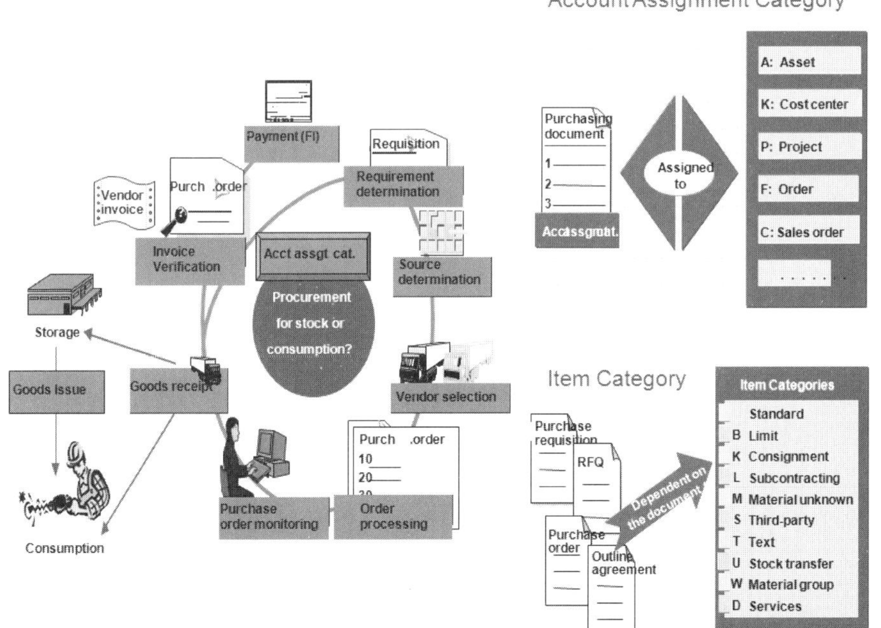

[그림 6-26] 회계계정 할당 범주와 품목 범주 설정

구매오더를 내는 품목에 대한 회계 계정을 비용중심점(Cost Center) 또는 프로젝트(Project)나 영업오더(Sales Order) 등으로 할당할 수 있으며, 회계계정 할당은 [그림 6-26]에서 보듯이 회계 할당 범주(Account Assignment Category)에서 비용을 할당시켜야 하는 대상을 지정하도록 되어 있다. 또한 앞에서 설명한 바와 같이 품목 범주(Item Category)를 통해서 일반 표준 품목에 대한 구매인지, 위탁(Consignment) 이나 재고이전(Stock Transfer)에 의한 구매인지를 분류할 수 있다. 품목 범주에서 지정한 구매 품목 유형에 따라 차후의 후속 프로세스가 완전히 달라진다.

(2) 구매오더 생성과정

구매요청은 요청된 자재나 서비스를 외부로 부터 구매하기 위한 내부요구문서로 수작업 생성 또는 MRP에 의한 자동생성이 가능하다.

구매요청서에는 구매를 위한 주요 정보가 포함되어 있고 이 정보는 [그림 6-27]과 같이 견적요청서(RFQ) 또는 구매오더(PO)로 전환되어 후속처리가 발생한다.

구매요청에서 구매오더로 전환될 때 가장 필요한 정보가 무엇일지를 생각해보자.

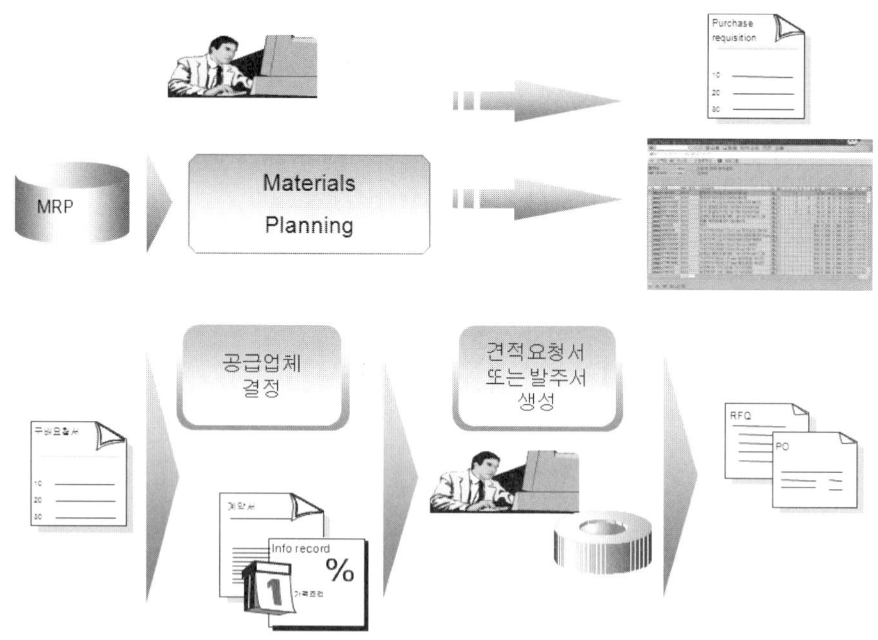

[그림 6-27] 구매요청 및 구매오더 생성 과정

결국 어느 공급업체에서 구매를 할 지를 결정하는 프로세스일 것이다. 이 정보가 사전에 소스 리스트에서 결정되어 있거나, 쿼타 조정마스터에서 공급 업체 결정 프로세스에 의해 정해진다면 그 다음으로 구매 가격만 정하면 될 것이다. 가격 정보는 구매 정보레코드(Info Record)에서 가져온다. 만약 새로 공급업체를 정해야 된다면 견적요청서를 보내, 여러 업체 중 하나를 결정할 것이다.

구매요청을 참조한 견적요청서를 생성하여 업체에 전송하고 업체로부터 접수한 견적서를 토대로 가격을 비교하고 품의하여 발주 처리한다. [그림 6-28]은 강판(Steel)을 톤(Ton)당 얼마에, 특정 날짜에 구매가능한 지를 알아보기 위한 견적요청서를 생성하여 비교하는 과정이다. A, B, C 세 개 업체에 발송하고 견적서를 접수하여 시스템에서 가격을 비교한 후, 납기 준수 가능 여부와 품질 그리고 최저 가격 여부를 판단한다. 그 후 공급업체를 결정하며 정보 레코드(Info record)를 입력하고 결정된 업체로 구매오더를 생성하여 발송한다.

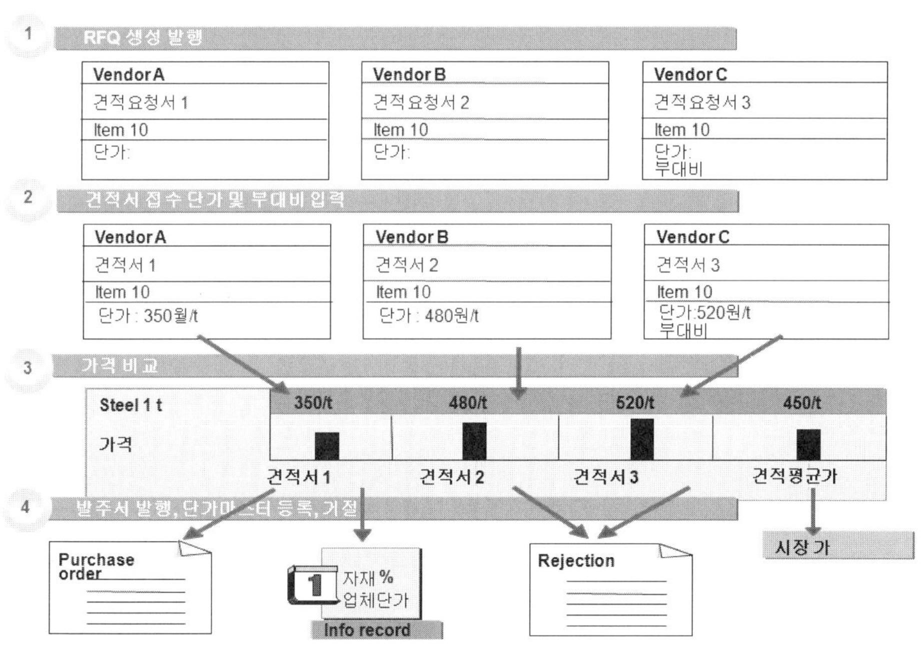

[그림 6-28] 견적 프로세스 이해

(3) 특별 구매오더의 유형

구매오더 프로세스의 대상은 크게 자재와 서비스로 나뉘고, 자재의 경우는 표준, 위탁, 임가공, 사내이전 오더 등으로 구분되어 지원한다.

[그림 6-29]는 위탁 구매오더 프로세스를 보여준다. 위탁 구매오더로 발주가 나가 입고된 재고는 출고되어 소비되기 전까지는 발주한 회사의 재고로 전기되지 않는다. 즉, 출고하여 소비되기 전까지는 공급업체의 재고이며, 가용한 수량으로는 보인다. 출고하여 소비되면서 사용분량만큼 정산이 이루어진다.

다시 말해 위탁 프로세스는 공급업체의 제품이 회사의 창고로 이동되었지만 해당 제품에 대한 소유권은 공급업체에 그대로 남아있는 형태의 프로세스이다. 자재가 생산으로 출고되거나 판매가 이루어져 실제 해당 제품/자재에 대한 소모가 이루어진 후에 매입을 발생시키는 프로세스이다.

MM 모듈에서는 이러한 위탁자재에 대한 구매오더를 발행할 때 해당 자재가 위탁 자재임을 표시하는 식별자(Indicator)를 품목 범주에 K로 입력하게 되는데, 이 경우 해당 자재가 입고되면 MRP 수량으로는 가용한 재고로 인식되지만 재고 자산으로의 평가는 이루어지지 않는다. 위탁 자재도 기타 다른 형태의 자재와 마찬가지로 가용재고(Unrestricted Use), 품질검사 재고(Quality Inspection), 보류재고(Blocked Stock)의 형태로 입고될 수 있다.

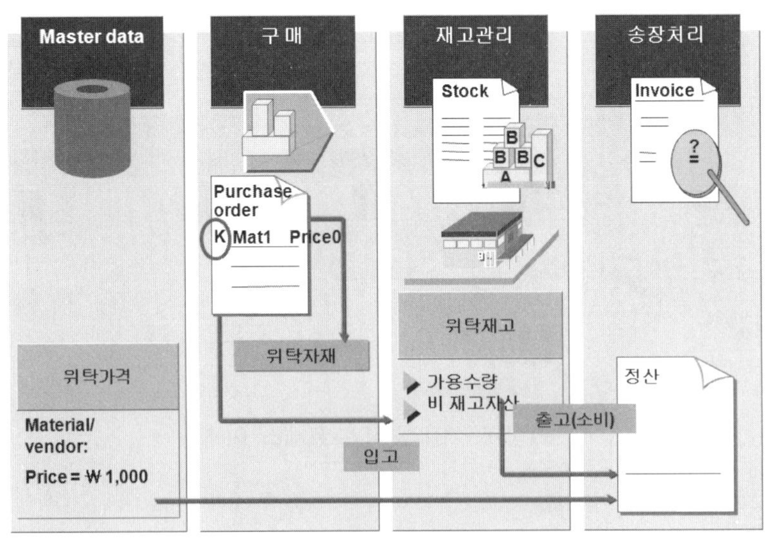

[그림 6-29] 위탁 구매오더 프로세스

임가공 구매오더의 하나인 사급은 구매하고자 하는 제품의 부품(Component)을 발주회사에서 공급업체에 제공하고 외주가공비에 대해서만 정산처리를 실시하는 프로세스이다. 이때 사급오더에 대해서도 구매오더 발행 시 해당 식별자인 L을 입력하여 구분하게 된다. 사급오더가 발행되면 구매오더 상에서 해당 제품에 대한 하위 부품을 전개하게 되고, 그 부품들이 공급업체에 현재 얼마나 제공되어 있는지 확인할 수 있도록 되어 있다. 구매오더 생성자는 업체에 필요한 만큼의 하위 부품을 제공하게 되는데, 외주 가공이 완료되어 완제품이 입고되면 그에 대한 외주가공비 및 하위 부품에 대한 비용처리가 이루어진다.

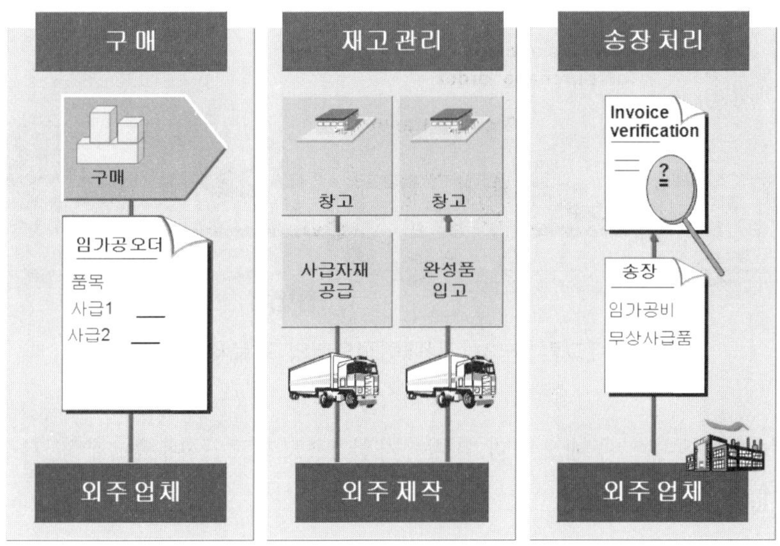

[그림 6-30] 임가공 구매오더 프로세스

사내 이전오더(Transfer Order)는 공장 간, 저장창고 간의 이동 등 물리적인 이동을 나타내는 재고이전(Stock Transfer)을 일컫는다. [그림 6-31]에서 공장2에서는 가용 재고가 부족하고 공장1에서는 가용 재고가 충분히 있을 때, 공장2에서 공장1로 사내 이전오더를 내어 재고를 받을 수 있다. 또한 품질검사중인 재고나 보류재고를 가용한 재고로 바꾸는 자재의 특성 및 상태의 변화로 인한 논리적인(Logical) 이동을 나타내는 이전전기(Transfer Posting)와 구분된다. 공장 간 이동의 경우에는 1단계와 2단계 이동을 지원하며 재고이전 뿐만 아니라 이전전기 등 모든 재고의 이동은 이동 유형(Movement Type)을 통해 관리된다.

이동 유형은 각각의 자재가 어떤 형태로 이동되는지를 나타내는 동시에 회계로의 전기 시 계정을 결정하는 역할을 담당한다.

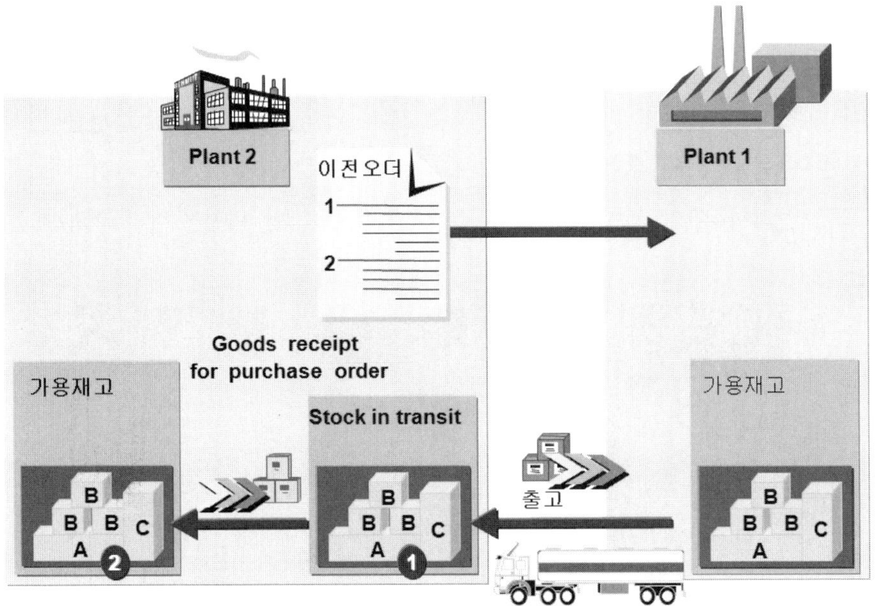

[그림 6-31] 사내이전오더의 프로세스

이외에도 서비스 구매오더와 비용, 자산, 프로젝트 구매 등 계정 지정에 따른 구매오더도 지원한다.

3.3 검사 및 입고처리

발행된 구매오더에 대해 공급업체에서 입고를 실시하는 부분이다. 입고 시 품질검사가 필요한 자재에 대해서는 자재 마스터 상에 입고 시 품질검사 대상 자재로 정의하고, 필요한 품질검사 항목을 관리할 수 있다. 이는 품질관리 모듈과의 유기적 연계를 통해 이루어지며 품질검사 대상 자재로 지정된 경우에는 해당 자재가 입고되는 동시에 품질검사 로트(Inspection Lot)가 생성된다. 입고 프로세스는 [그림 6-32]와 같다.

공급업체가 자재를 입고하면 발주회사에서는 필요에 따라 입고 품질검사를

실시하고, 그 결과를 업체평가에 반영한다. 입고검사를 거친 자재는 그 결과에 따라 정상재고, 보류재고 및 기타 다양한 형태의 재고로 입고되거나 반품이 되는 절차를 거친다. 일단 입고가 이루어지면 해당 자재가 증가했다는 자재문서와 동시에 재고자산이 증가하는 회계문서가 자동적으로 생성된다. 창고에 입고된 재고에 대해서는 다양한 방법의 재고실사가 이루어지며, 공장 내에서 생산을 위해 자가소비가 이루어지거나 이관출하 및 기타 출하의 방법으로 출고가 이루어진다.

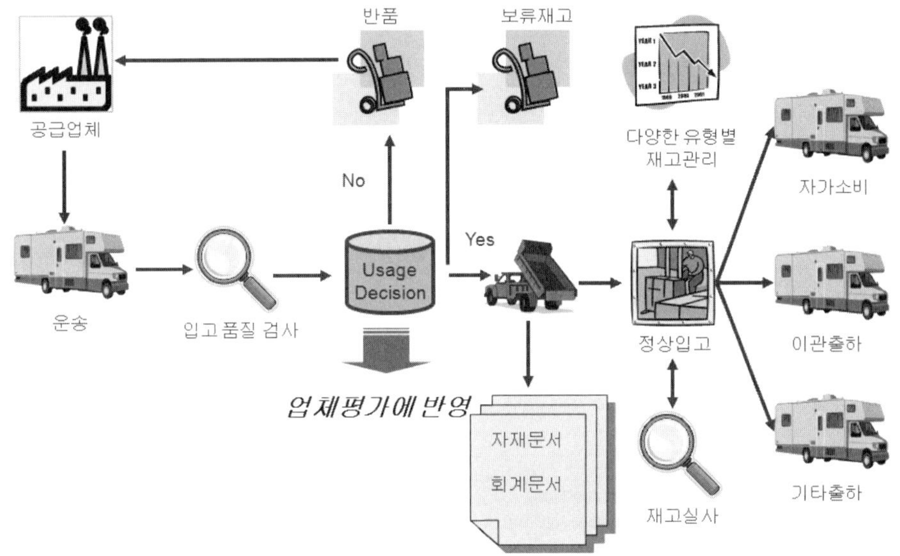

[그림 6-32] 입고 프로세스 개요

재고실사는 시스템상의 장부재고와 실제 재고량의 차이 여부를 검사하는 것으로 차이가 존재한다면 비용 또는 재고로 반영하여 그 차이를 조정한다. 재고 실사를 위해 주기적(Periodic) 실사, 연속(Continuous) 실사, 재고 표본조사 (Sampling), 순환실사(Cycle Counting) 등의 방법을 제공한다. 무엇보다도 시스템상의 장부재고와 실제 재고량 간에 차이가 발생한 근본 원인을 찾아내어 개선하는 것이 중요하다. 장부재고와 실제 재고량의 차이는 MRP를 정상적으로 운영되지 못하게 하는 원인이 되며, 또한 ERP를 불신하게 되는 불씨를 제공할 수 있다.

3.4 송장검증

송장검증(Invoice Verification)은 공급업체가 납품한 분량과 발송한 송장의 금액을 검증하여 회계 부문으로 지급요청을 생성하는 과정이다.

개별 송장검증은 접수된 송장 정보를 구매 문서 및 입고 전표를 기준으로 비교하고, 차이가 존재할 경우 지급을 보류하여 차이에 대한 소명이 이루어진 후에 승인 과정을 거쳐 대금을 지불하도록 하는 기능이다. 송장검증의 종류에는 크게 입고에 근거한 송장검증과 구매 오더에 근거한 송장검증이 있다.

이 외에 대금지불 계획(Invoicing Plan)에 의거하여 공급업체에 대금을 지불할 수도 있는데, 이는 크게 주기적 대금지불 계획(Periodic Invoicing Plan)과 분할 대금지불 계획(Partial Invoicing Plan)으로 구분된다. 주기적 대금지불 계획은 렌탈(Rental) 서비스처럼 연간 계약에 따라 특정 서비스를 제공받고 이에 대해 주기적으로 일정 금액을 지불하는 경우에 사용되는 기능이다. 이에 반해 분할 대금지급 계획은 건설, 공사 및 컨설팅 프로젝트처럼 프로젝트성 용역계약에서 주로 사용되는데 업무의 진행현황 및 계약 일정에 근거하여 특정 시점에 대금을 지불하기 위해 사용되는 기능이다.

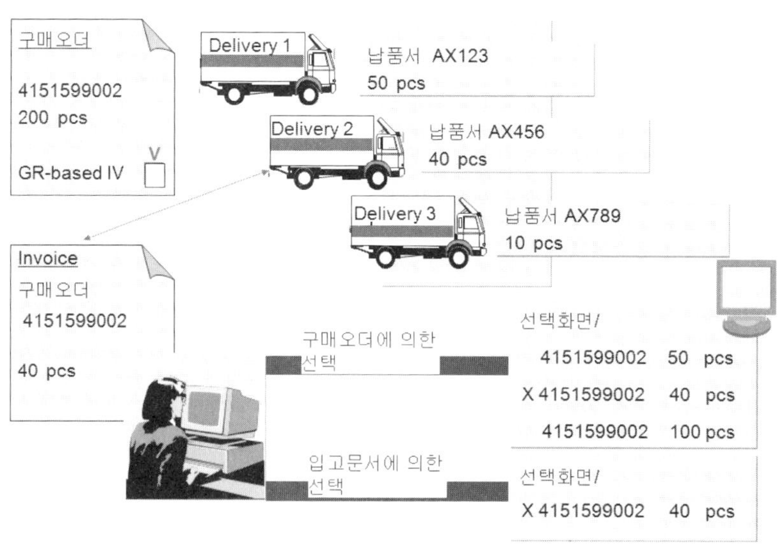

[그림 6-33] 입고에 근거한 송장 검증

[그림 6-33]은 입고에 근거한 송장검증(GR based IV)을 보여주는데 이 방식하에서는 입고를 먼저하고 입고한 수량에 대해서만 송장을 접수하고 세금계산서의 등록이 가능하다. 그림에서 전체 입고 수량이 100 개 이므로, 전체 Invoice 수량이 100 개를 초과하면 송장검증을 통과하지 못하고, 100개를 초과하지 않으면 송장검증을 통과할 수 있다. 그렇지만 입고에 근거한 송장검증이므로 입고문서에 있는 한 번에 입고된 수량만큼씩만 송장검증하게 된다.

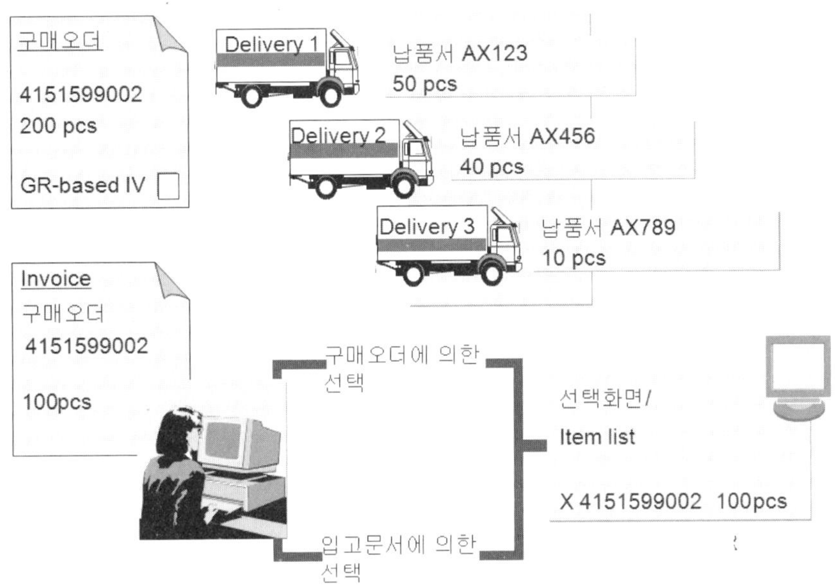

[그림 6-34] 구매오더에 근거한 송장검증

[그림 6-34]은 구매오더에 근거한 송장검증(PO based IV)을 보여준다. 입고와 무관하게 PO만 생성되어 있으면, 입고 전이라도 BL Notice를 근거로 PO의 수량만큼 송장을 접수하고 세금계산서의 등록이 가능하다.

이와는 별도로 입고기준 자동정산(ERS)라는 방식도 지원한다. ERS방식에 의해 세금계산서를 수작업으로 등록하지 않고, 입고 정보에 의한 자동 등록이 가능하다.

3.5 자재소요량 계획(MRP)

(1) 자재소요량 계획의 개요

자재소요량 계획은 기업이 내부의 목적 또는 판매의 목적으로 자체 생산하거나 외부 조달하는 모든 자재를 적기에 공급하도록 지원하는 기능이다. 가용 재고의 확인을 통한 소요량의 파악, 적정한 생산 및 구매 수량의 결정, 공급 방법의 결정, 공급 일정 계획의 수립, 생산에 필요한 하위 원자재나 부품의 소요량을 산출하기 위한 BOM전개의 과정을 거쳐 원가 및 자산을 적절하게 운영하고 고객서비스 수준에 균형이 유지될 수 있도록 조정한다.

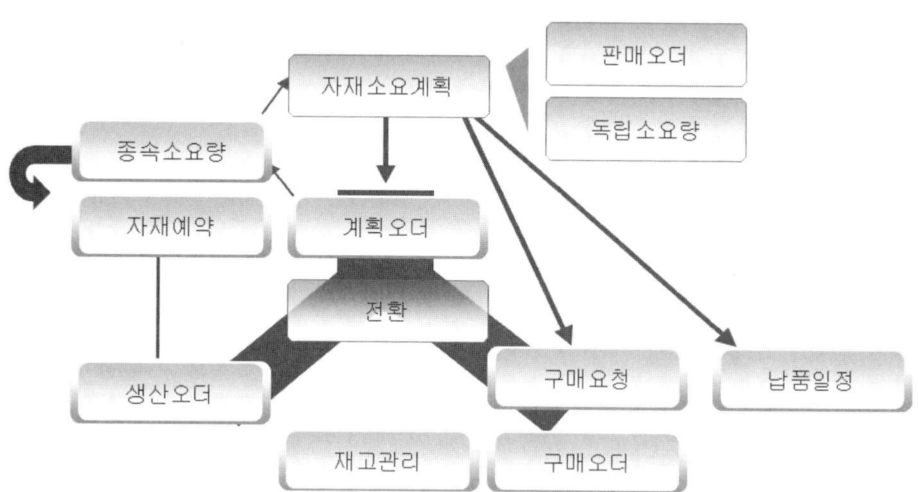

[그림 6-35] 자재소요량 계획과 차후 프로세스

기본적으로 SAP ERP의 MRP계획은 공장(Plant)별로 진행이 되며 공장 내에 등록된 모든 MRP자재의 소요량을 계산하여 계획 오더(Planned Order)형태로 제안한다. SAP ERP에서 제공하는 MRP의 주요 기능은 다음과 같이 요약할 수 있다.

- MRP의 결과 평가(MRP Evaluation) : 실시간으로 자재 입출고 변동 상황을 모두 반영하여 일자별로 수요와 공급 상황을 확인할 수 있는 재고/소요량리스트(Stock/Requirement List)와 최종 MRP작업 상태를 확인할 수 있는 MRP List를 통해 MRP를 가동시킨 결과를 확인하고 후속조치를 취할 수 있다.
- MRP 파라미터(MRP Parameter) 설정 : MRP작업을 위하여 필요한 파라미

터 들을 자재 Level에서, MRP그룹 Level에서, 공장 Level에서 설정이 가능하며, 파라미터 설정에 따라 우선순위를 가지고 MRP작업에 영향을 줄 수 있다.

- 오더 리포트(Order Report) : 완제품의 계획을 변동하는 경우 하위의 자재들이 어떤 영향을 받을 것인지를 추적해 볼 수 있어, 영업의 수주 상황의 변동 등에 유연하게 대처할 수 있다.

(2) 자재소요량 계획의 분류

SAP ERP에서 지원되는 다양한 MRP는 기준생산계획에 연동된 MRP와 재주문점 이하로 재고가 떨어진 경우만 구매 요청되는 재주문점 방식(ROP) 방식 등이 있다. 분류상으로는 기준 생산계획 연동 MRP는 PP 모듈에서 주로 다루며, MM 모듈에서는 소비 기준 계획(Consumption Based Planning)을 다루고 있다.

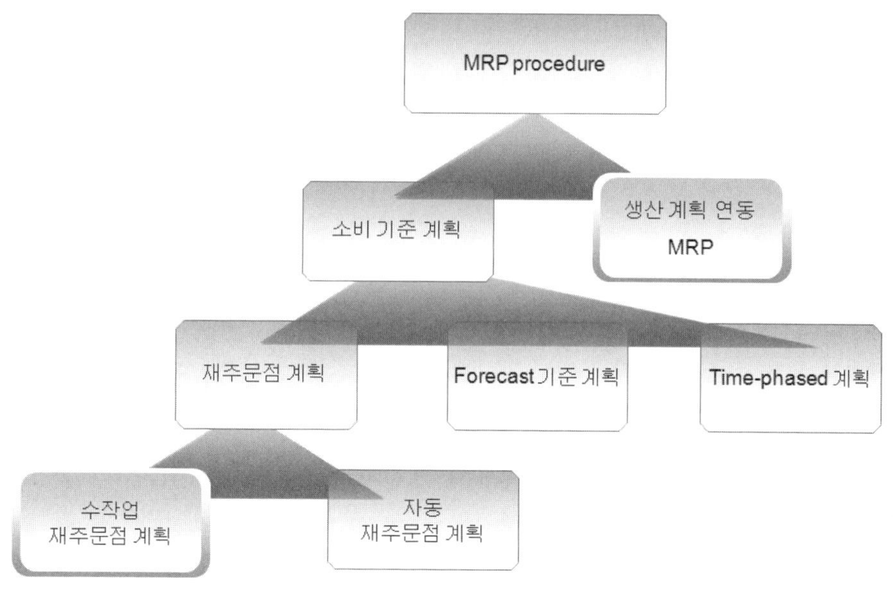

[그림 6-36] MRP에 의한 소요량 산출 방법 분류

MRP는 크게 생산계획 연동 MRP와 소비 기준 계획으로 나눌 수 있다. 생산계획 연동 MRP는 기준생산계획에 맞추어 자재를 공급할 수 있도록 자재명세

서(BOM)를 전개시키고, 재고 수량 및 입고예정량 등을 고려하여 계획오더(Planned Order)를 생성한다. 이에 따라 생산할 부품이나 완제품은 생산오더를 생성하고, 구매하는 원재료나 부품은 구매요청(Purchase Requisition)을 거쳐 구매오더를 생성하는 과정을 거친다. 소비 기준 계획에서 많이 사용되는 것은 재주문점 계획과 Forecast 기준계획이다. 재주문점 계획은 재고수량이 점차 소진되면서 사전에 설정해 놓은 재주문점에 도달하면 발주가 나가는 것이다. 또한 Forecast 기준계획은 과거의 소비 패턴을 근거로 다양한 수요예측 모형에 의해 미래의 원재료나 부품 수요를 예측하는 방법으로 소요량을 계산한다.

(3) 자재소요량 계획의 운영방식

Regenerative Planning은 새로운 요구사항(Requirements)과 사전에 결정된 오더(Predetermined Orders)를 무시하고 전체적인 수급상황을 다시 분석하고 계산되는 MRP 전개 방식이다. 이 방식은 우선순위가 새롭게 정해지면서 기준생산계획이 완전히 재수립됨에 따라 필요한 방식이다.

반면 Net Change Planning은 MRP가 일간 또는 주간으로 수시로 변화될 때 사용하는 MRP 전개 방식이다. 이 방식은 재고 상황이나 BOM에 변동이 생겨 요구사항(Requirements)이 이에 따라서 변화될 때, 관련된 자재의 변화만 구체적으로 전개하는 것이 필요할 때 사용한다.

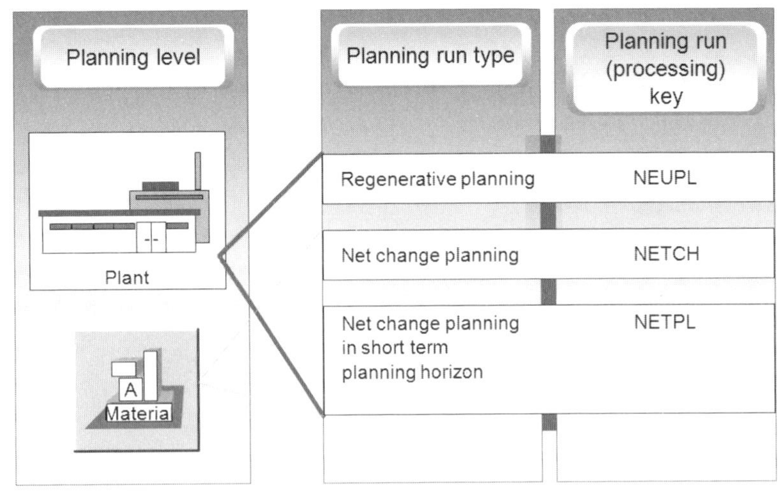

[그림 6-37] MRP 운영 방식

[그림 6-38]은 다계층(Multi-Level)의 자재명세서(BOM)를 전개(Explosion) 할 때의 MRP가 운영되는 구조를 나타낸다. 완제품(F1)에 대한 고객 독립수요가 정해지면 하위 조립 부품(A1, A2)에 대한 종속 수요 요건이 정해지고 이에 대한 계획오더가 생성되며, 이어서 하위 조립 부품 A1을 생산하기 위한 R1에 대한 종속 수요와 A2를 생산하기 위한 R2와 R3의 종속 수요가 계산된다. 이러한 종속 수요는 필요 시기와 필요량이 정해진 상태에서 계획오더로 생성된다. 앞에서 언급한데로 계획오더는 사내 생산인 경우 생산오더로 전환되고, 외부 구매일 경우 구매요청을 거쳐 구매오더로 변환된다.

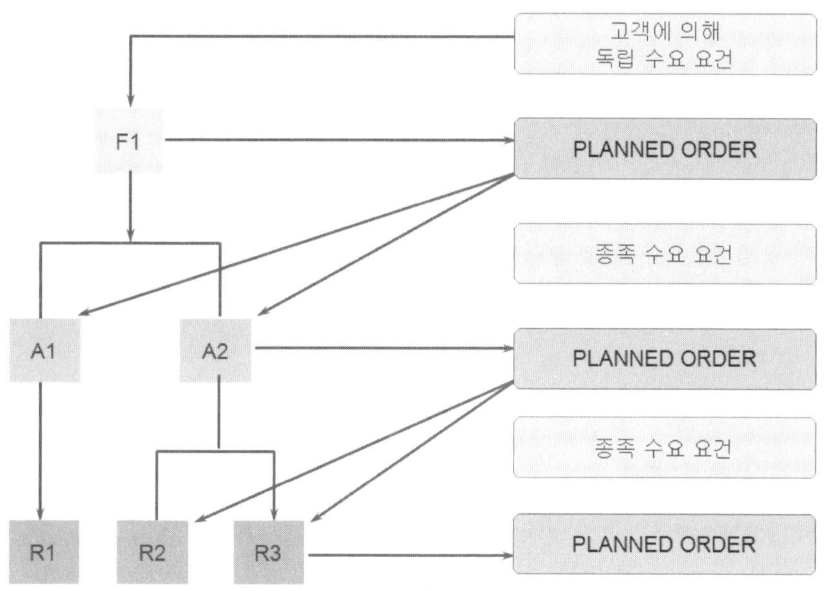

[그림 6-38] 다계층(Multi-Level) MRP 구조

(4) MRP리스트와 재고/소요량 리스트

MRP리스트는 [그림 6-39]와 같이 MRP를 가동시킨 직후에 구매요청(Purchase Requisition)과 계획오더(Planned Orders)만을 보여준다. 따라서 그 다음 MRP를 전개시키기 전까지의 영업오더나 생산지시, 재고의 변화는 보여주지 않으며, 이를 보려면 다음의 재고/소요량 리스트를 참조하여야 한다. MRP 리스트의 전체부(Header)에서는 자재 및 MRP 관련 파라미터를 알 수 있다.

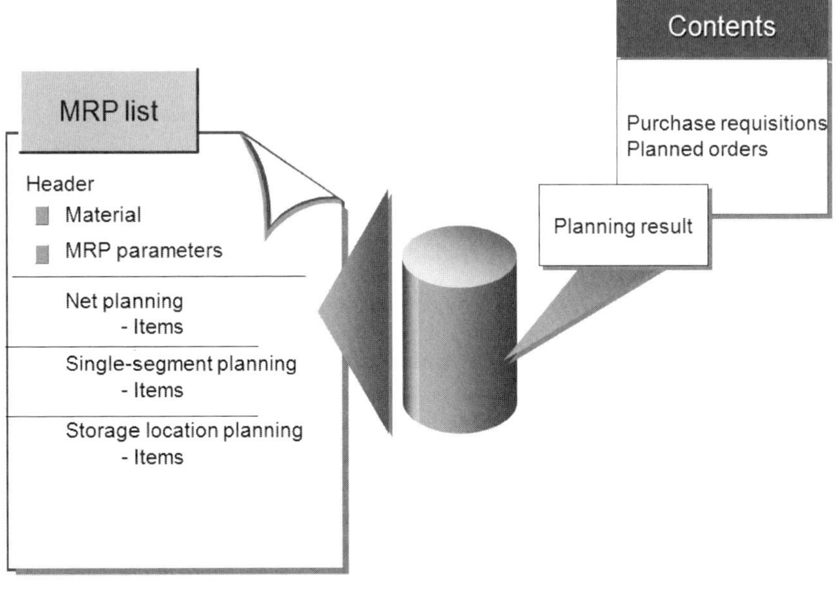

[그림 6-39] MRP 리스트의 모습

[그림 6-40]은 MRP리스트의 형태와 내용을 나타내준다. 전체부(Header)에서 볼 수 있는 정보가 나타나 있으며, 입고량과 소요량을 근거로 기간별 총합과 그룹화된

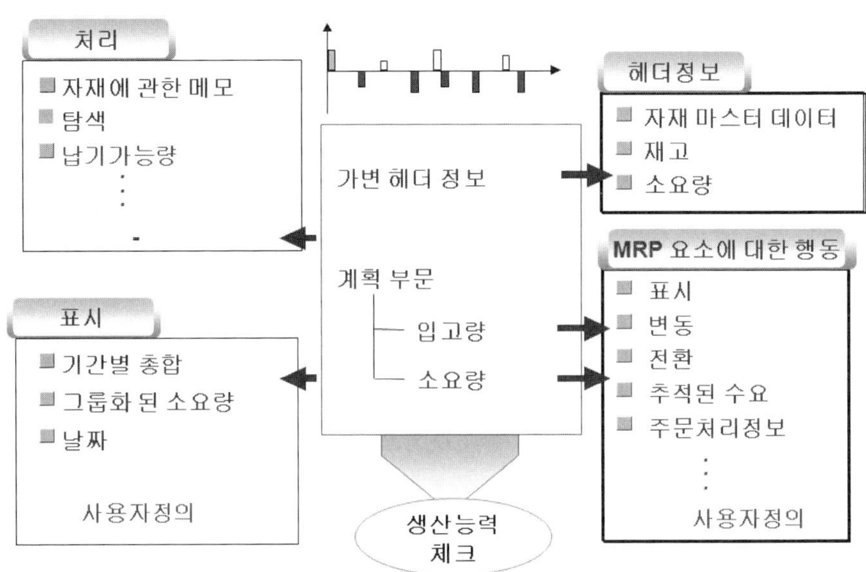

[그림 6-40] MRP 리스트의 형태와 내용

소요량 등을 표시할 수 있다. 또한 구매오더나 생산오더로의 전환 및 소요요인의 추적(Tracking) 등의 업무처리가 가능하다. 그리고 생산능력을 점검해 볼 수도 있다.

재고/소요량 리스트는 MRP리스트와 달리 실시간의 모든 변동 상황을 나타낸다. 자재의 입출고 뿐만 아니라 구매오더나 생산오더 그리고 영업오더가 생성된 상황을 실시간으로 보여준다. 이외에도 예약(Reservation)과 창고재고(Warehouse Stock)가 발생한 상황까지도 알 수 있다.

단순하게 MRP 결과만을 보여주는 MRP리스트와 다르게 재고/소요량 리스트는 실시간으로 재고, 구매, 생산, 영업의 변동 상황을 보여주므로 예외 상황에 대한 조치를 가능하게 해주며, 공장의 진척 상황을 용이하게 파악하는데 큰 도움을 준다.

재고/소요량 리스트를 이용하면 생산계획의 현상과 수행결과를 평가할 수 있다. 현재의 재고량과 수요량, 입고 예정량 등을 실시간으로 보여줌으로써, 변화되어 발생한 생산 환경 변화에 즉각 대응할 수 있다.

[그림 6-41]에서 볼 수 있는 바와 같이 재고/소요량 리스트에서는 계획오더 정보, 구매 및 영업오더 정보, 생산오더 정보 등을 볼 수 있다. 다양한 표시 화면을 제공하므로, 기간별 소요량의 총합 및 그룹화된 소요량 등 사용자가 보고자 하는 형태의 화면을 보여 준다.

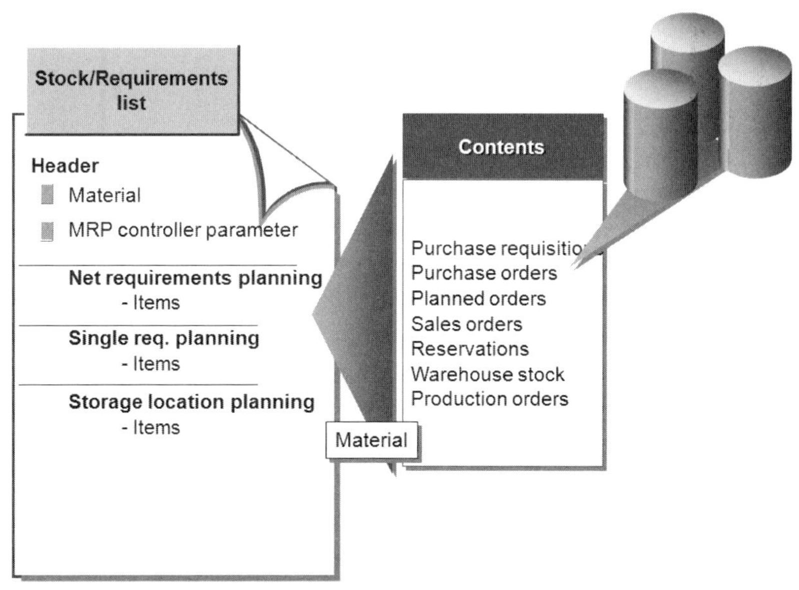

[그림 6-41] 재고/소요량 리스트의 모습

재고/소요량 리스트에서도 생산능력 상황을 분석할 수 있으므로 가용능력 범위 내에서 생산 활동의 지시를 내릴 수 있다.

(5) 일정계획 수립(Scheduling) 과정

스케줄링은 내부에서 생산하거나 외부조달 되는 자재의 주문지시일과 입고일을 계산하여 준다. 즉, 필요한 자재의 시기가 결정되면 내부생산시간 또는 외부조달기간을 고려하여 언제 오더가 생성되고 발송되어야 하는 지를 계산한다. 즉, 자재입고일에 맞추어 리드타임을 고려한 계획오더(Planned Order)를 생성한다.

마스터데이터에서 지정하는 조달방식에 따라 알맞은 조달시간을 계산하여 주므로, 원활한 생산 활동을 유지할 수 있다.

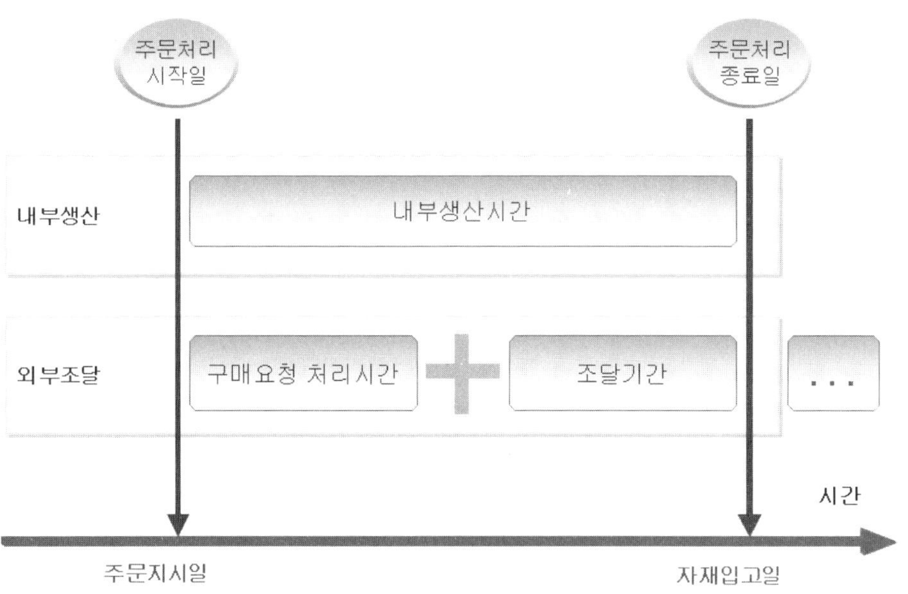

[그림 6-42] 스케줄링 과정

앞에서 언급한 바와 같이 자재소요계획을 수행하게 되면 [그림 6-42]와 같은 스케쥴링 과정을 거쳐 계획오더가 발생한다.

계획오더를 전환하게 되면, 외부조달 자재에 대해서는 구매요청이, 내부생산 자재에 대해서는 생산오더가 발생한다. 또한 생산오더를 위해 사용되어지는

자재를 예약상태로 만듦으로써, 다른 변동상황에 영향을 받지 않고 생산 활동을 원활히 수행하도록 한다. 따라서 자재소요계획 가동 시에, 재고 현황과 입고 예정의 부품 수량을 정확히 계산하여 참조하므로 과잉재고를 방지할 수 있다.

(6) 안전재고(Safety Stock)

생산계획은 항상 불확실성을 내포하므로 이에 대한 대응책으로 안전재고를 사용하는 것도 좋은 방법이다. 안전재고를 설정하면 자재소요계획 가동 시에, 계획에 반영할 수 없는 수량으로 인식되므로, 급작스러운 수요의 증가와 같은 변동 상황에 대처하는 재고 수량으로 사용될 수 있다.

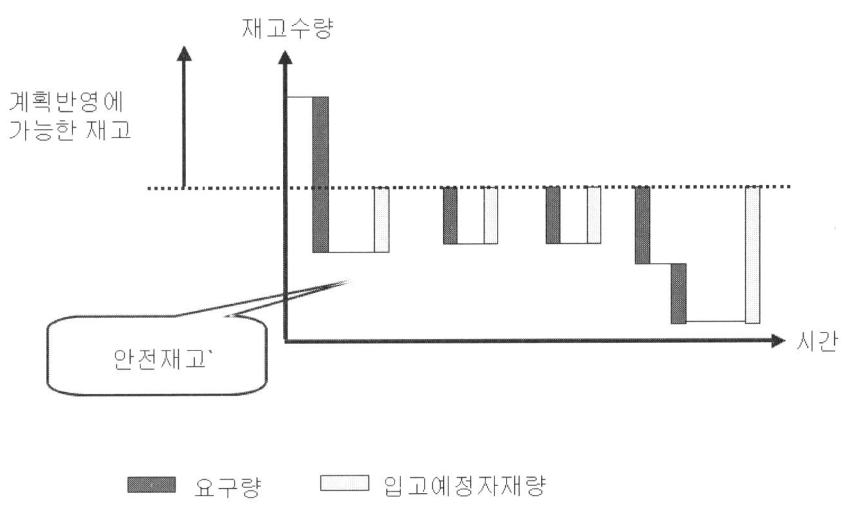

[그림 6-43] 안전재고 운영 시의 입고예정 자재량 산출

[그림 6-43]에서 보는 바와 같이 보유 재고량이 설정한 안전 재고량 밑으로 떨어지면, SAP ERP 시스템은 자재소요계획 가동 시, 자동으로 이를 충족시키는 계획오더를 생성하게 된다. 그리고 계획오더를 근거로 구매요청이나 생산오더를 만들어, 입고 예정인 자재수량이 늘어나게 된다.

아주 적은 양의 안전재고 부족 때문에 MRP가동 시 너무 빈번하게 계획주문이 발생되지 않도록 안전 재고량의 계획반영 비율을 설정할 수도 있다.

(7) 품목소요의 추적(Pegged Requirements)과 주문 보고서(Order Report) 사용

MRP 결과를 평가할 때, 자재명세서(Bill of Material)에 포함된 자재들 간의 관계를 추적할 수 있는 기능이 제공된다. 예를 들어 부품이 부족하거나 적시에 조달되지 못할 때, 어떤 수요에 의해 영향을 받고 있는지를 찾아내어 그 수요의 필요성을 점검함으로써 문제를 해결할 수 있다. 즉, 어느 영업오더 또는 계획된 독립수요에 의해 발생한 제품의 종속수요가 적시에 조달되지 못하는 것인지를 추적하여 특정 영업오더 납기예정일을 늦추거나, 아직 여유가 있는 영업오더의 제품과 대체하는 조치를 취할 수 있다.

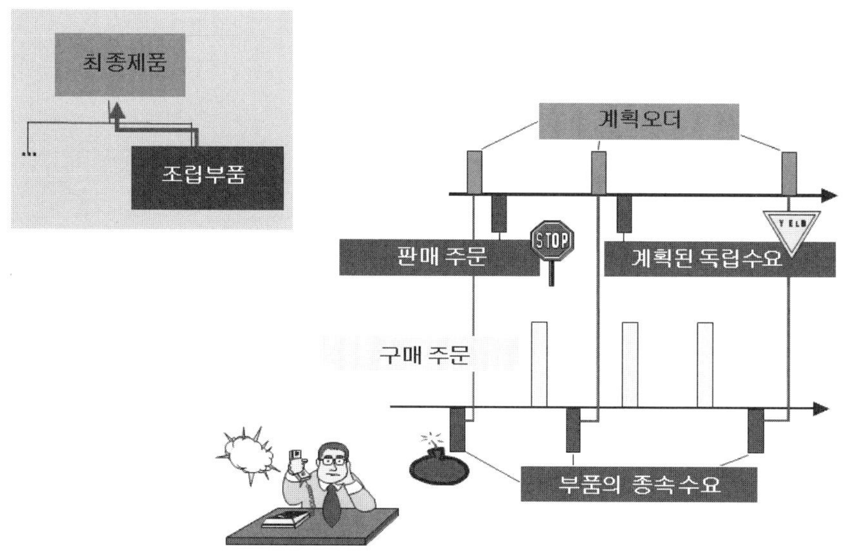

[그림 6-44] 품목 소요의 추적

또한 자재명세서의 하위 단계의 부품에서 조달 일자나 조달량에 변화가 생길 경우 품목 소요를 추적함으로써 어떤 구매오더에 영향을 주는 가를 파악하여 관련 구매오더의 수량에 대해 모두 변경조치를 취해야 하는 경우도 있을 것이다. 앞에서 설명한 MRP 리스트나 재고/소요량 리스트에서 추적정보를 얻을 수 있다.

또한 주문보고서(Order Report)를 사용하면 판매주문, 생산오더, 계획오더의

자재명세서(BOM) 레벨에 대한 상황을 평가할 수 있다. 주문보고서를 이용하여 조립부품이나 자재에 대한 생산과 조달 상의 문제를 조기에 파악할 수 있다.

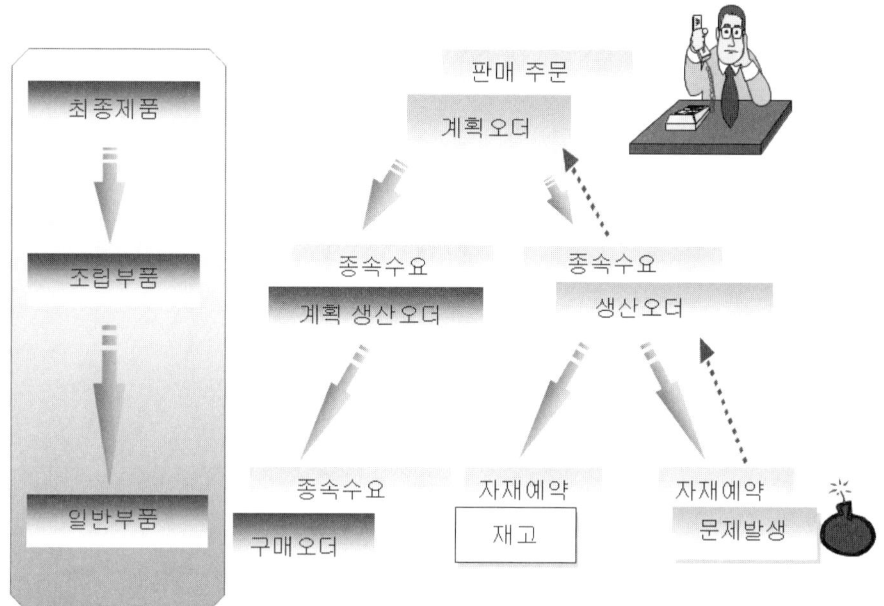

[그림 6-45] 주문보고서의 사용

재고/소요량 리스트나 MRP 리스트에서 직접 주문보고서 정보를 볼 수 있다. [그림 6-46]에서 볼 수 있는 바와 같이 MRP를 수행하는 사람은 이 정보를 이용하여 특정 판매 주문에 대한 생산이 어떻게 진행되고 있는지를 알 수 있으며 또한 특정 부품이나 자재명세서 레벨상의 품질 혹은 스케줄상의 문제점 등을 점검하여 조치를 취할 수 있다.

(8) 영역별 가용성 점검(ATP Check)

자재소요량계획 영역을 활성화시키면, 개별 자재소요량계획 영역에 대한 자재 가용성을 체크할 수 있다. 개별 자재소요량계획 영역에 입고 예정인 자재공급을 모니터링 함으로써 개별 저장창고(Storage Location)별로 예기치 못한 상황에 미리 대비할 수 있을 것이다. 또, 하나 이상의 저장창고(Storage Location)

를 자재소요량계획 영역으로 지정하여 사용할 수 있다.

일반적으로 자재의 특성에 따라 입고되는 저장창고(Storage Location)가 분류된다. 그러므로 자재의 특성에 따라 저장창고를 관리하면서 이를 자재소요량계획 영역으로 지정하면 더욱 효율적인 납기가능성 점검이 이루어진다.

일반적으로 주문생산 방식은 공장 단위의 자재소요량계획이 이루어지고, 재고 생산방식(Make-to-Stock)은 저장창고 단위의 자재소요량계획이 이루어지는 경우가 많다.

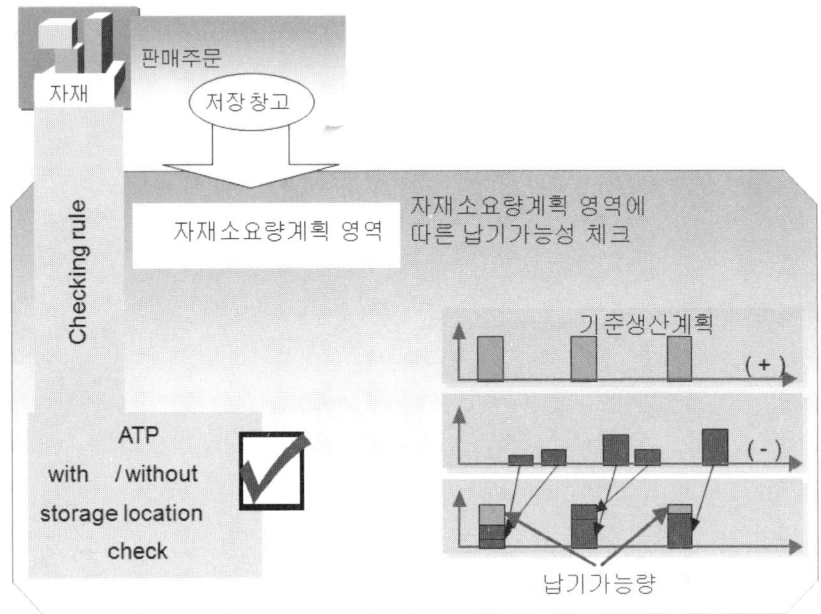

[그림 6-46] 영역별 가용성 점검

생산일정에 차질을 초래하는 자재수급의 조기 발견과 자재수급 차질의 영향도 분석을 통해 현상을 평가하고 필요시에 안전재고(Safety Stock)나 안전시간(Safety Time)을 설정하는 방법을 취함으로써 예기치 못한 상황에 대비를 할 수 있다.

SAP ERP에서는 다양한 가용성 점검 룰(Rule)을 세팅할 수 있다. 품질검사 중인 재고를 현재의 가용 재고량에 포함시킬 것인지, 또 보류 중인 재고를 가용 재고량에 포함시킬 것인지를 결정할 수 있다. 또한 수요량도 영업오더를 포

함시키지 않고 출하지시만을 포함시킬 것인지, 영업오더도 수요량에 포함 시킬 것인지를 선택할 수 있다.

그리고 현재의 가용 재고량과 앞으로의 수요량만을 고려하였을 때, 자재조달이 없을 경우 언제 품절이 발생할 것인가에 대한 정보를 제공한다. 또한, 다른 방법으로는 현재의 재고량과 확정된 입고 예정량까지도 고려하여 언제 자재부족 사태가 일어날 것인지에 대한 정보를 제공한다. 이와 같이 다양한 가용성 점검(ATP Check)방식을 사용함으로써 특정 기업이나 특정 사업부에 적합하도록 점검 방식을 최적화시킬 수 있다.

연습문제

01 SAP ERP에서 조직 구조(Enterprise Structure)를 세팅하는 목적을 3가지 기술하시오.

02 다음의 3가지가 공통적으로 의미하는 조직 단위를 쓰시오.

- 회사 내의 생산설비(Production Facility)를 나타내는 조직 단위로, MRP가 가동되는 조직 단위임.
- 일반적으로 제조업체의 생산 공장, 물류창고 등을 의미함.
- 회사(Company Code)에 Assign되며, Business Place에 연결됨.
- 이 단위에서 가치평가 영역(Valuation Area)이 설정될 경우 재고평가 단위의 역할을 함.

03 다음이 의미하는 조직 단위를 쓰시오.

- 자재 수량 관리의 기본 단위
- 자재가 실제로 저장되는 장소 및 논리적 (Logical) 개념의 장소 (예를 들면, 불량 부품 저장장소, 또는 반품된 제품의 임시 보관 장소 등)

04 트랜잭션(Transaction), 마스터데이터(Master Data), 컨피규레이션(Configuration)의 개념을 각기 기술하시오.

05 마스터데이터의 효과를 기술하시오.

06 가장 기본적인 마스터데이터 3가지를 쓰고, 이러한 마스터데이타가 왜 필요한지를 설명하시오.

07 ERP 시스템에서 자재 품목 정보, 거래처 정보, 자원 정보, 임직원 정보 등은 향후 업무 처리 과정에서 업무처리 데이터(Transaction Data)를 발생시키기 위하여 사전에 미리 입력해 놓고 사용하는 기본적인 입력 정보이다. 이러한 핵심적인 주요 입력 데이터를 무엇이라고 하는가?

08 MM 모듈에서 공장(Plant)의 의미와 역할에 대해 간략하게 쓰시오.

09 다음 중에서 공장(Plant) 코드레벨에서 수행하지 않는 기능은 무엇인가?

① 자재소요량 계획(MRP)

② 제품 원가관리(Product Costing)

③ 재고관리(Inventory Management)

④ 계정 과목표(Chart of Account)

10 다음은 구매/물류 관련 기준정보에 대한 설명이다. 다음 중 바르지 않은 것은 무엇인가?

① 구매조직(Purchasing Organization)은 구매 가격 및 제 구매조건의 협상과 결정에 책임을 지는 단위이다.

② 자재별, 팀별 등의 기준으로 나누어진 구매그룹(Purchasing Group)이 구매조직(Purchasing Organization)에 지정된다.

③ 공장(Plant)은 회사(Company Code)에 Assign 되며, Business Place에 연결된다.

④ 출하지점(Shipping Point)은 자재가 실제로 저장되는 장소 및 논리적(Logical) 개념의 장소이다.

11 마스터데이터의 역할이 아닌 것은 무엇인가?

① 데이터의 효율적인 관리

② 사용자 입력 및 관리 정보량의 최소화

③ 의사소통의 왜곡을 최소화

④ 작업 부하(Load)의 감소

12 자재 마스터데이터에 대한 설명 중 옳은 것은 무엇인가?

① 자재 마스터는 구매, 생산, 판매하는 유형의 제품 및 반제품만 관리한다.

② 자재 마스터는 크게 일반데이터, 영업데이터, 플랜트관련 데이터로 구성된다.

③ 자재 마스터의 조직 레벨별 중 일반데이터는 Company Code 레벨 정보를 의미한다.

④ 자재 마스터의 영업조직 레벨 정보는 하나의 판매조직과 유통채널에만 적용되는 데이터를 의미한다.

13 자재 마스터데이터의 역할에 대한 설명 중 틀린 것은 무엇인가?

① 자재내역, 기본단위 등의 정보를 업무처리에서 자동으로 Display한다.

② 품목범주(Item Category) 결정, 가용성 점검원칙 등의 업무 처리에 영향을 줄 수 있다.

③ 영업/구매/기본 데이터 등으로 나누어서 관리하며, 해당 업무 영역별로 데이터를 관리할 수 있다.

④ 전사 조직에 상관없이 동일한 정보를 보여 준다.

14 자재마스터의 MRP1 뷰에 있는 로트크기 유형과 회계1 뷰에 있는 평가 클래스의 개념을 기술하시오.

15 자재마스터의 MRP Profile이 하는 역할을 기술하고 VB01(수동 재주문점 방식)과 VM01(자동 재주문점 방식)의 차이점이 무엇인지 설명하시오.

16 SAP ERP 시스템의 MM 모듈에서 쿼타 조정(Quota Arrangement)의 역할에 대하여 설명하시오.

17 다음은 구매 모듈에서 사용하는 용어에 대한 설명이다. 빈칸에 들어갈 용어를 쓰시오.

> "구매요청은 현업부서에서 구매부서로 자재 구매를 요청하는 것이며, (　　　)는 구매부서에서 협력업체(Vendor)로 자재를 주문하는 것을 의미한다."

18 SAP ERP 시스템의 MM 모듈에서 인바운드 납품(Inbound Delivery)을 생성하기 위하여 필요한 선행 프로세스와 주요 입력 정보에 대하여 설명하시오.

19 SAP ERP에서 MRP의 개념을 기술하고 MRP 리스트와 재고/소요량 리스트(Stock/Requirement List)의 차이점을 설명하시오.

20 구매 정보 레코드(Info Record)와 소스 리스트(Source List) 그리고 쿼타 조정 (Quota Arrangement)의 기능을 각기 설명하시오. 그리고 쿼타 조정은 자재마스터의 어느 뷰(View)에 있는 필드인 지 쓰시오.

21 Stock Transfer와 Transfer Posting의 개념과 차이점을 기술하시오.

22 Transfer Posting이 필요한 이유는 무엇이라고 생각하는지 기술하시오.

23 위탁 구매의 개념 및 필요성을 각기 기술하시오.

24 임가공 구매의 개념과 사내이전거래 구매의 개념 및 필요성을 각기 기술하시오.

25 12월 1일에 A자재와 B자재의 소요량을 얻기 위해 SAP MRP를 가동한 후 12월 5일에 A자재의 계획 오더(Planned Order)를 생산오더(Production Order)로 전환하였고 같은 날에 B자재의 계획오더를 구매요청(Purchase Requisition)으로 전환하였다. 12월 6일에 보면 A, B자재의 MRP List와 A, B자재의 Stock/Requirements List는 어떤 차이가 있을 것으로 생각되는가? 그 이유는 무엇인가?(단, 다음 MRP 가동 날짜는 12월 8일이다).

다음을 읽고 O, X로 답하시오.

26 SAP ERP의 MM모듈에서 조직 구조를 살펴보면, 플랜트(Plant)와 구매 조직(Purchasing Organization)은 N : M의 관계성을 갖는다.(O , X)

27 ① 자재 마스터를 생성 시 Plant는 필수로 입력할 필드이다.(O , X)
② 자재 마스터 생성 시 MRP Profile은 필수로 입력할 필드이다.
(O , X)

28 MRP 유형에 VB(수동 재주문점 방식)을 선택하면 반드시 재주문점 필드를 입력해야 한다.(O , X)

29 SAP ERP 시스템의 MM 모듈에서, 계획생산 (MTS : Make-to-Stock)의 형태로 생산하는 제품을 취급하는 기업에서 수요 예측과 생산 계획의 결과에 의하여 구매 요청(Purchase Requisition)이 생성될 수 있다.(O , X)

30 SAP MRP에서 Net Change Planning방식은 새로운 요구사항과 사전에 결정된 오더를 무시하고 전체적인 수급상황을 다시 분석하고 계산하는 MRP 전개 방식이다.(O , X)

제7장 영업/유통 모듈의 주요 기능

1. 조직구조

영업/유통 모듈과 연관된 조직 구조에 대해 살펴보도록 하자. 조직 구조에 대한 일반적인 설명은 6장을 참조하기 바란다.

1.1 영업영역(Sales Area)

영업영역(Sales Area)은 각종 실적을 보고하고 가격을 결정하는 조직 단위이며, [그림 7-1]에 나타나 있듯이 영업조직/유통경로/제품군으로 구성되어 영업 문서를 생성한다.

(1) 영업조직(Sales Organization)

제품과 서비스를 고객에게 제공하는 영업의 책임을 지는 조직 단위이며, 영업 및 물류에서 정의되는 모든 마스터데이터와 업무 거래에는 영업조직이 필수적으로 들어가야 한다.

(2) 유통채널(Distribution Channel)

제품이나 서비스가 고객에게 전달되는 방식을 정의한다. 일반적으로 도매, 소매, 직접 판매, 방문 판매 등의 방식으로 정의하거나 대리점 영업, 백화점 영업 등 직접적인 유통채널로 정의할 수도 있다.

(3) 제품군(Division)

특정 제품군 또는 서비스군을 판매하는 사업부를 지칭한다.

다시 말해 영업영역은 영업조직(Sales Organization), 유통경로(Distribution Channel), 제품군(Division)의 조합으로 구성되며 마스터데이터와 판매문서가 이 단위로 관리된다. 마스터 생성, 영업오더 생성 등에서 반드시 하나의 영업영역을 선택해야 한다. 예를 들어 가격마스터는 반드시 영업영역을 기준으로 생성, 관리 되어야 한다.

하나의 영업영역은 반드시 하나의 회사 코드(Company Code)에만 할당이 가능하다.

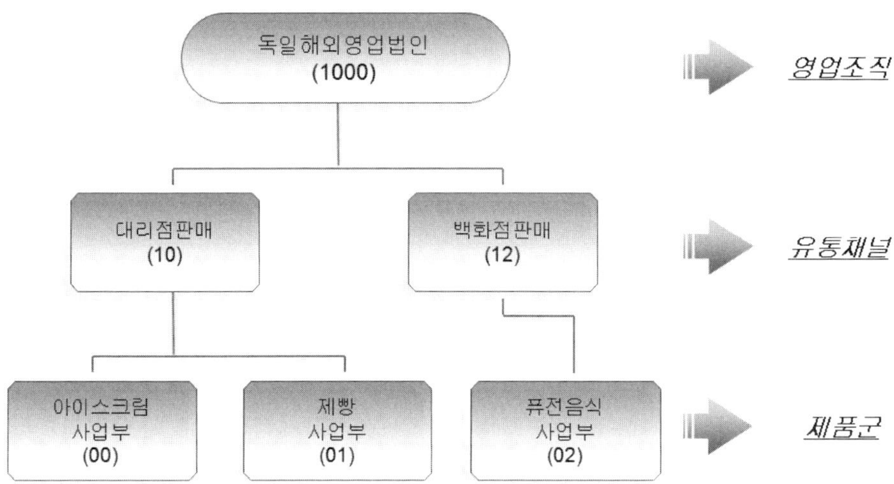

[그림 7-1] 영업영역을 구성하는 조직

1.2 사업장/영업그룹/사원

사업장(Sales Office), 영업그룹(Sales Group), 영업사원(Sales Employee)은 모두 영업활동 및 실적 관리를 위한 단위 조직들이다.

사업장은 주로 지역특성이 강한 영업팀 또는 영업소이다. 또한 영업그룹은 영업사원들의 그룹이나 팀으로 사용되며 실제 영업활동을 실행하는 주체이다.

- 사업장/영업그룹/영업사원은 모든 영업문서 생성 시 필수 입력 사항이다.
- 사업장/영업그룹은 영업문서 초기 화면의 해당 필드에 선택적으로 입력한다.
- 영업사원은 고객마스터의 파트너 기능에 사전 등록하는데 복수 존재 시 선택한다.

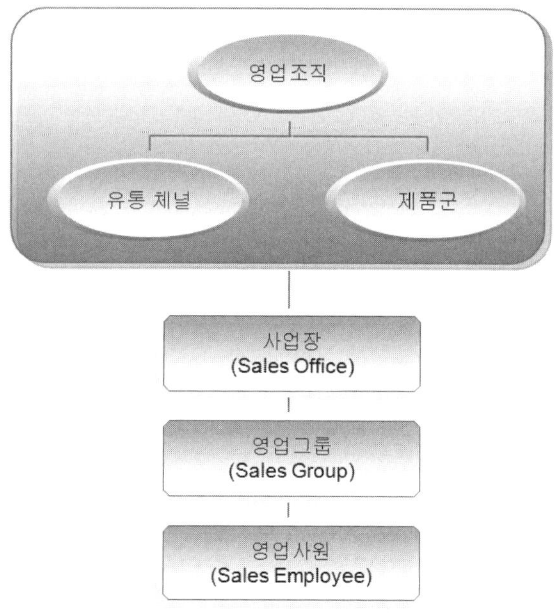

[그림 7-2] 영업의 하위 조직

1.3 생산/출하조직

(1) 공장(Plant)

제품과 서비스를 생산하거나 창출하며, 자재소요량 계획(MRP)을 운영하는 단위이다. 제조 시설뿐만 아니라 물류 센터에도 플랜트 설정이 가능하다.

플랜트는 아래의 저장창고(Storage Location)를 보유하며, 재고관리의 전체적인 단위이기 때문에 물류센터를 Plant로 설정・관리하는 경우도 많다.

(2) 저장창고(Storage Location)

제품의 특성별로 재고를 관리하기 위한 조직이며 하나의 Plant에 설정된다. 자동창고관리(WM) 사용 시 공장과 저장창고의 조합이 자동창고 번호와 연결된다.

(3) 출하지점(Shipping Point)

출하업무를 진행하기 위한 고정된 장소이며, 물리적 장소 또는 가상 조직도 설정이 가능하다. 또한, 하나의 출하지점에서 복수 공장(Plant)의 제품 출하가 가능하다.

2. 영업/유통 모듈의 마스터데이터 개요

2.1 마스터데이터의 종류

영업/유통 모듈과 관련된 마스터데이터는 앞의 자재관리 모듈에서 설명한 자재 마스터데이터와 더불어 고객 마스터데이터, 영업오더 생성 시 가격을 결정하는 기능을 하는 조건(Conditions) 마스터데이터, 고객-자재 정보 레코드

(Customer-Material Info Record) 그리고 판매 자재명세서(Sales BOM) 등이 있다.

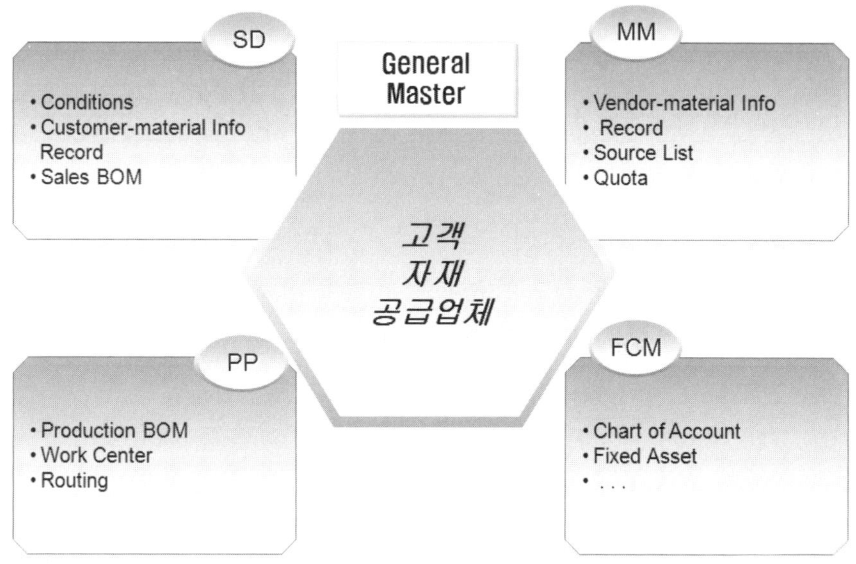

[그림 7-3] 마스터데이터의 종류

2.2 고객 마스터데이터

(1) 고객 마스터데이터의 구성

고객 마스터는 우리 회사와 접촉하는 비즈니스 파트너에 관한 정보를 담고 있다. 이것은 고객명과 주소 정보 그리고 거래 시 사용되는 화폐, 지불 조건, 주요 담당자 등을 포함한다. 사용 목적으로는 영업 활동 지원을 위한 고객 정보 관리, 대금 청구를 위한 고객의 송장 작업을 들 수 있다.

고객마스터에 입력하고 제공하는 자료는 다음과 같다.

- 일반 데이터는 하나의 Client내에서 모든 회사 코드와 영업조직에 균일하게 적용되는 데이터로서 고객 명, 주소, 사용언어, 전화번호 등을 포함한다.
- 회사코드 데이터는 G/L조정 계정 번호, 지불조건 등 하나의 회사 코드 내에 한정되는 데이터이다.
- 영업영역 데이터는 영업소, 고객그룹, 가격그룹 등 하나의 영업조직 내에 한정되는 데이터이다.

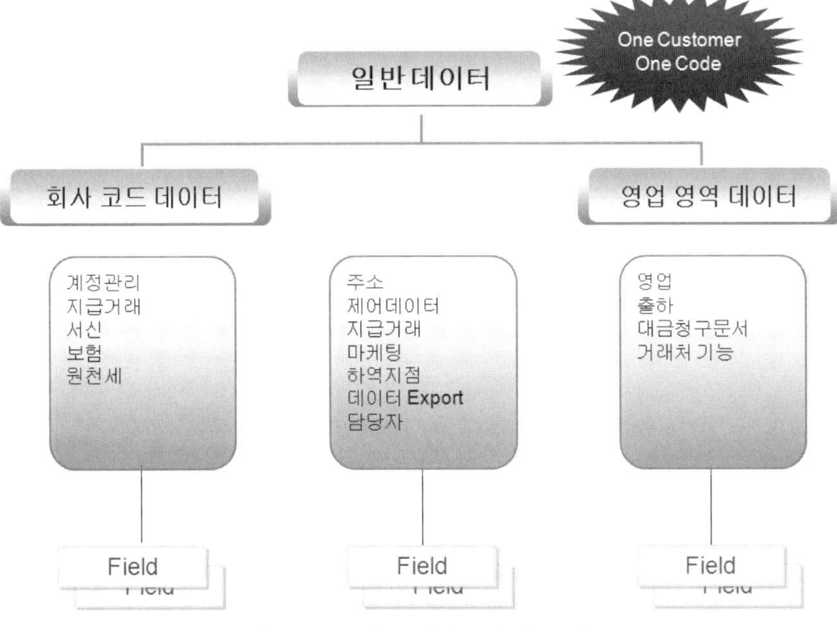

[그림 7-4] 고객마스터의 구성

(2) 고객계정그룹(Customer Account Group)과 고객그룹(Customer Group)

고객계정그룹은 고객마스터의 번호 범위를 지정하며, 고객마스터를 생성하거나 수정할 때 필드의 상태를 필수입력 또는 선택입력 등으로 규정하는 역할을 한다.

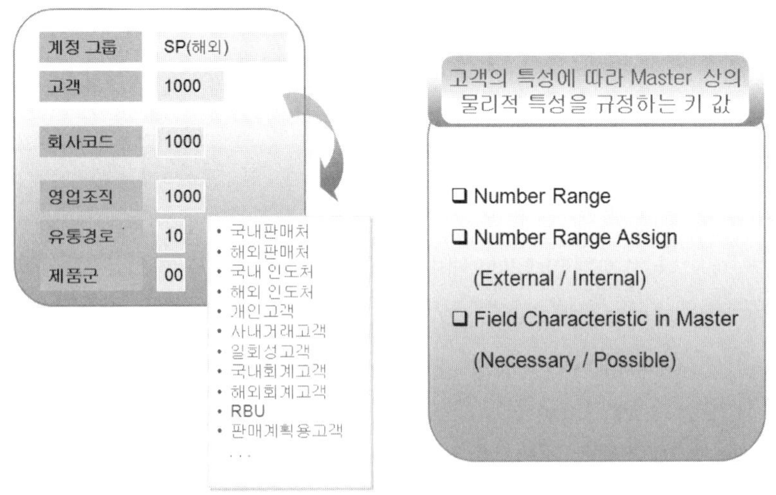

[그림 7-5] 고객계정그룹의 역할

고객그룹은 말 그대로 고객을 그룹핑하여 그룹별로 매출 및 손익 등 실적관리를 하는데 활용할 수 있다.

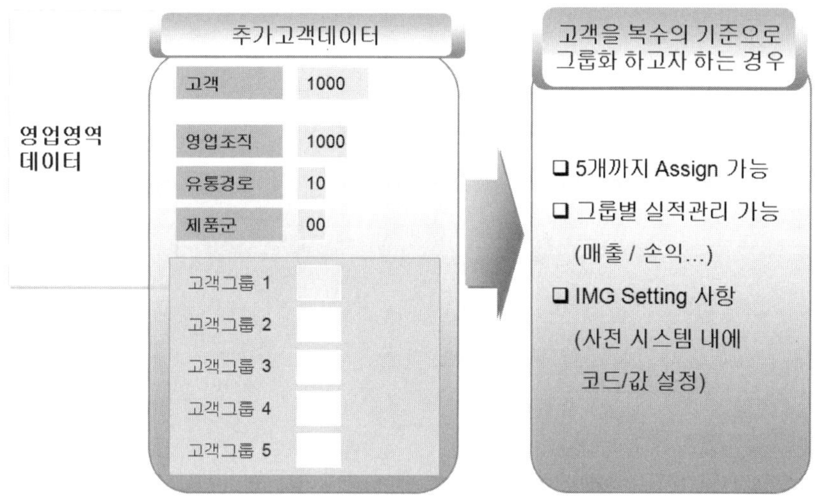

[그림 7-6] 고객 그룹의 역할

(3) 파트너 기능(Partner Function)

고객 마스터에서는 파트너 역할을 구분하여 고객 및 거래선의 역할을 다양하게 구분하여 사용할 수 있다.

고객 마스터 등록을 통해 4대 기본 고객 기능은 등록되는 판매처(Sold-to Party) 고객코드와 동일하게 생성된다.

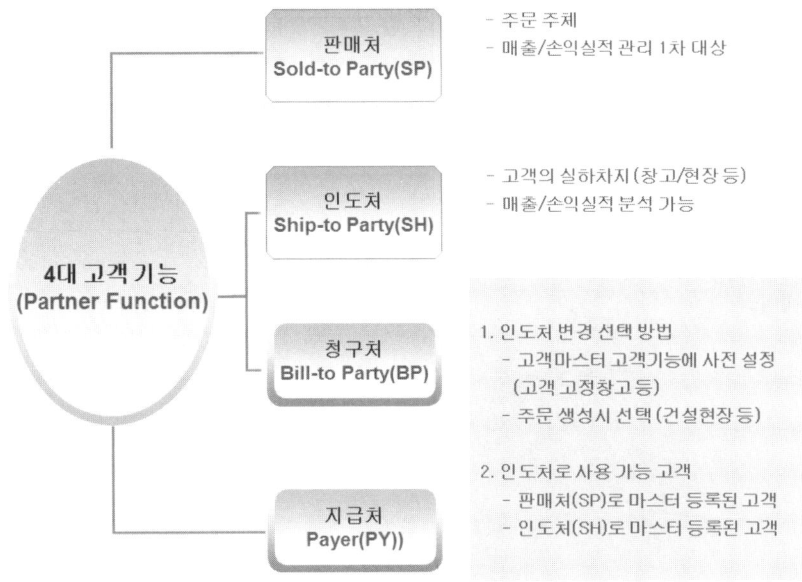

[그림 7-7] 고객마스터의 4대 파트너 기능

고객인 동시에 공급업체인 파트너가 있을 경우에는 [그림 7-8]과 같이 고객 마스터에 공급업체 마스터를 지정하고, 공급업체 마스터에 고객 마스터를 지정하여 채권과 채무를 상계처리 시킬 수 있다.

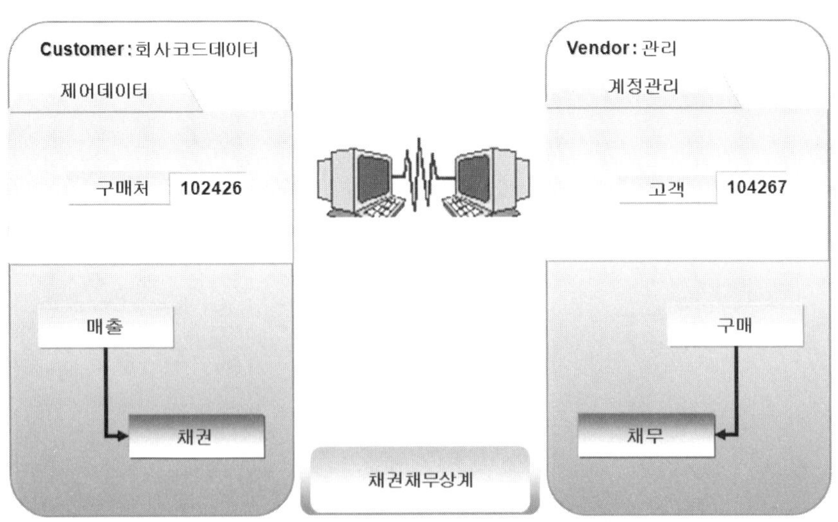

[그림 7-8] 고객 마스터데이터의 채권채무 상계기능

[그림 7-9]에는 고객 마스터데이터를 조회하는 트랜젝션 코드와 순서가 나타나 있다. 그리고 [그림 7-10]에는 고객 마스터데이터에 인도처(Ship-to Party)기능을 추가하는 절차가 나와 있다.

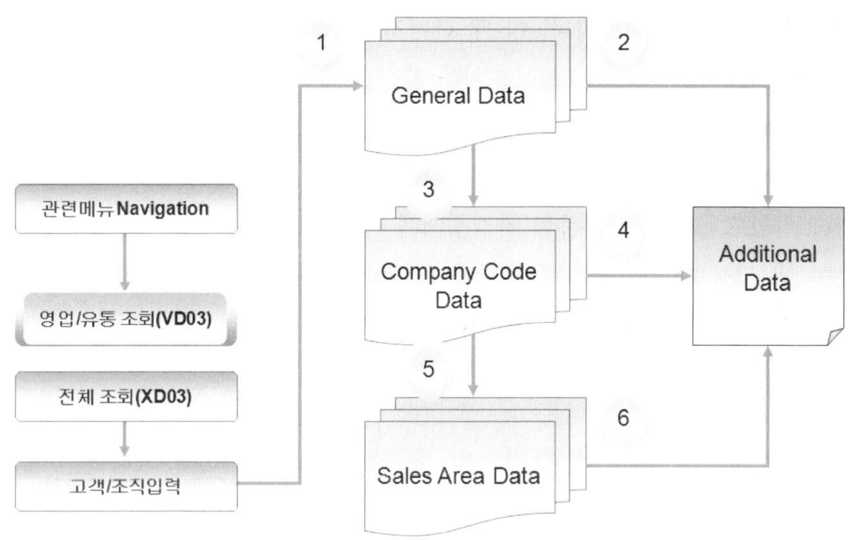

[그림 7-9] 고객 마스터데이터의 조회

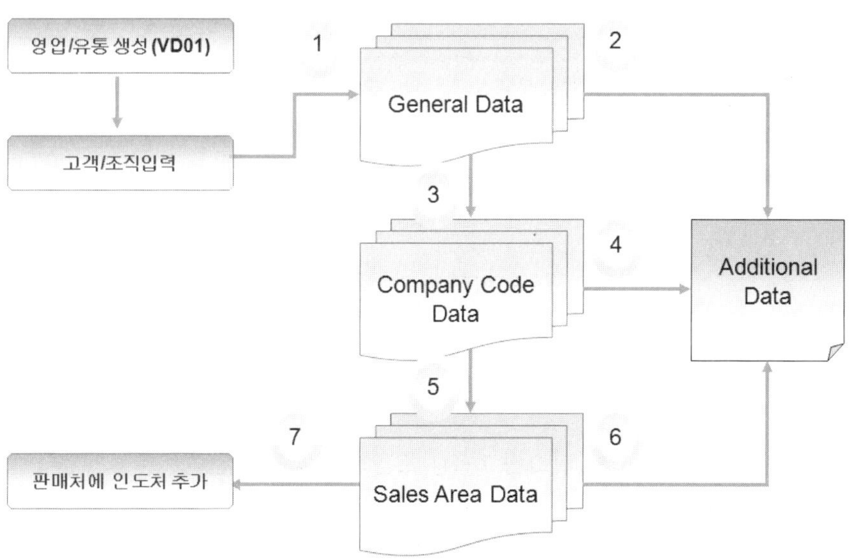

[그림 7-10] 고객 마스터데이터에 인도처 기능 추가

2.3 조건 마스터데이터

조건 마스터데이터(Condition Master Data)는 판매가격, 유효기간, 주문금액 규모 등을 시스템 내에서 자동으로 제어하는 기능을 수행하면서 사전손익 정보를 제공하는 역할을 수행한다. 이 때 판매가격과 예상원가, 판매직접비/간접비 등의 차이를 계산함으로써 사전 손익을 제공할 수 있다. 또한 조건 유형별로 할인(Discount) 실적을 용이하게 분석할 수 있도록 지원해주는 역할도 한다.

조건 마스터데이터는 [그림 7-11]과 같이 제품판가, 할인/할증, 운임, 세금 등을 포함하고 있고, 고객별 · 제품별 가격정책에 따라 마스터를 정비할 수 있으며, 영업문서 생성 시 마스터에 있는 가격데이터를 끌고 온다. 또한 영업 활동 지원을 위한 가격 정보 관리에도 조건 마스터가 사용될 수 있다.

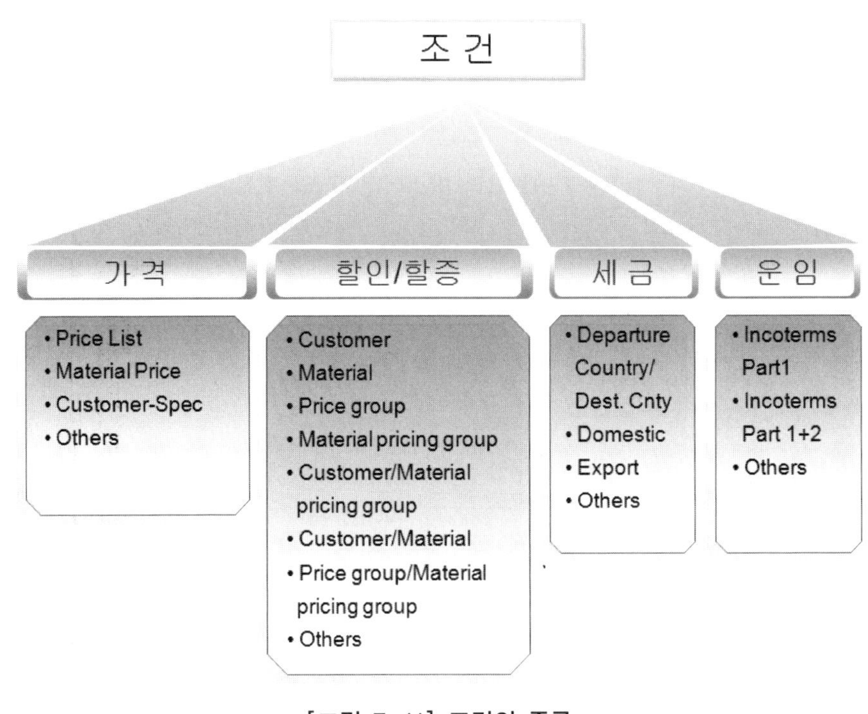

[그림 7-11] 조건의 종류

조건 마스터데이터에서 제공하는 자료는 다음과 같다.

- 가격 : 제품 판가, 판매가격 리스트(List), 특정 고객용(Customer-Specific)

판매가격 등을 제공하며, 해당판가에 대한 유효기간을 설정 한다.

- 할인/할증 : 고객별, 제품별, 가격그룹별, 고객/제품별 등 가격마스터에서 정의한 대로 할인/할증에 대한 정보를 퍼센트(Percentage) 혹은 수량 단위로 제공함.
- 운임 : Incoterms(수출시 CIF 혹은 FOB 등을 결정)을 제공함.
- 세금 : 고객별, 제품별 과세 기준을 제공함(부가세, 면세, 영세).

2.4 고객-자재 정보레코드

고객-자재 정보 레코드(Customer-Material Info Record)는 특정 고객과 특정 제품에 대한 기준정보를 담고 있다.

고객의 주문을 받아 업무를 진행하기 위해서 고객과 제품별로 사전에 정의되어야 할 정보[단가정보(고객・제품별 할인, 할증), 용도, Set-Maker, 출하 플랜트, 저장창고]를 관리하여 정보를 제공하는 마스터이다. 특정 고객의 요구(부분 납품, 특정 납품플랜트 등)를 충족시키기 위한 목적으로도 사용한다.

- 단가정보 : 판매단가 구성을 코드별 기준단가, 고객・제품코드별 할인, 할증으로 결정
- 용도별, Set Maker별 판매추이, 매출, 손익을 분석하는 기초 자료로 활용함.
- 고객 별로 출하공장, 저장창고, 출하지점을 마스터로 관리하여 영업오더 입력 시 자동으로 결정하도록 정보를 제공함.

일반적으로 가격결정 시 참고하는 마스터데이터의 순서는 [그림 7-12]와 같다. 가장 먼저 고객-자재 정보레코드에 접근하여 특정 고객과 제품에 대해 사전에 협의해 놓은 가격을 참조할 것이다. 그 후에 고객 마스터의 제반 정보를 참고하고, 마지막으로 자재 마스터의 정보를 참조한다.

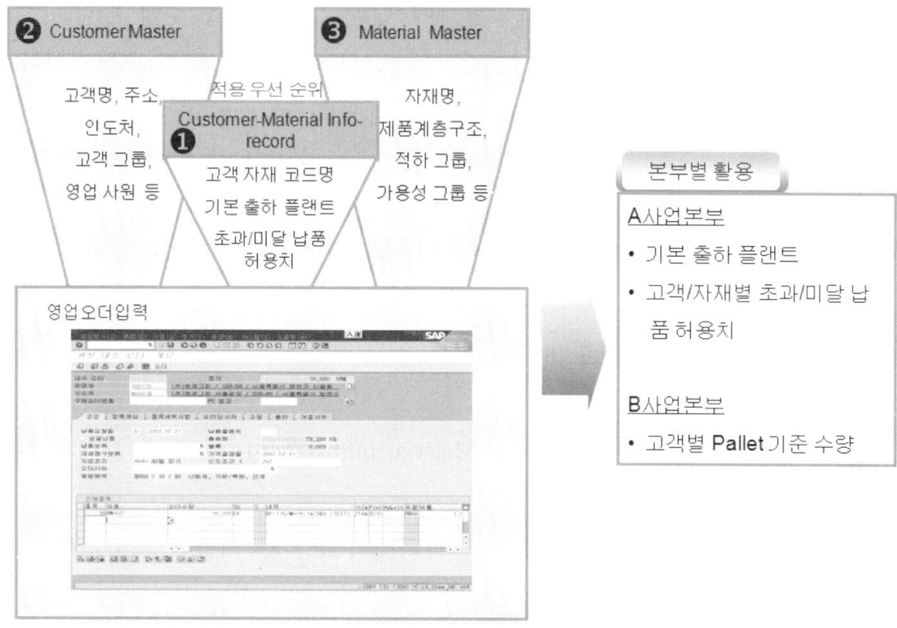

[그림 7-12] 가격결정 시 사용하는 마스터데이터의 순서

가격결정절차를 설명하는 [그림 7-13]을 살펴보도록 하자. 먼저 조건유형(Condition Type)을 정의하는데 이 예제에서는 기준판가(PR00), 비율에 의한 매출할인(Z300), 그리고 금액에 의한 매출할인(Z315)를 정의해 놓았다. 그리고 각 조건유형 별로 접근순서(Access Sequence)를 할당해 놓는데, 여기에서는 기준판가(PR00)라는 조건유형에 PR02라는 접근순서를 할당해 놓았다. 이 접근순서는 먼저 고객-자재 정보레코드를 참고하고, 없으면 가격리스트범주/통화/자재를 참조한 후 자재의 판매가격을 가져온다.

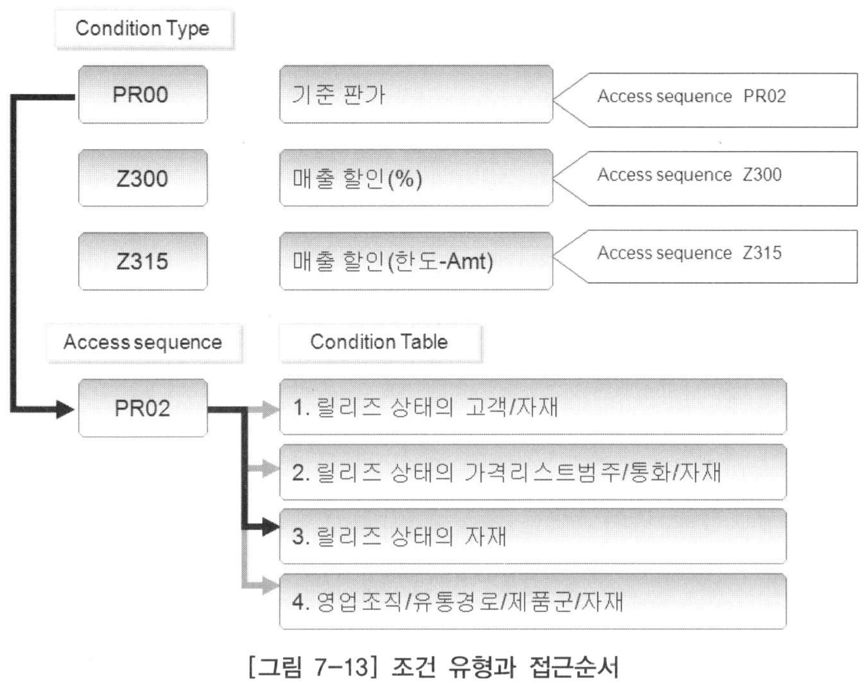

[그림 7-13] 조건 유형과 접근순서

3. 영업/유통 모듈 프로세스

3.1 영업/유통 모듈 개요

영업/유통 모듈의 전체적인 구조는 [그림 7-14]와 같다. 대분류를 해보면, 고객으로부터의 문의를 접수하고 이에 대한 견적 프로세스를 지원하는 판매지원(Pre-Sales) 부분, 문의 및 견적이 실제 주문으로 접수되어 영업오더를 생성하고 처리하는 판매(Sales) 부분, 생성된 영업오더를 고객에게 배송하기 위해 출하지시를 내리고 실제 출고처리가 이루어지는 출하/배송(Delivery/Transportation) 부분, 배송이 완료된 영업오더에 대해 고객에게 대금을 청구하는 대금청구(Billing) 부분 및 전체 판매 활동에 대한 정보를 관리하는 영업정보 시스템(SIS : Sales Information System) 부분으로 나뉜다.

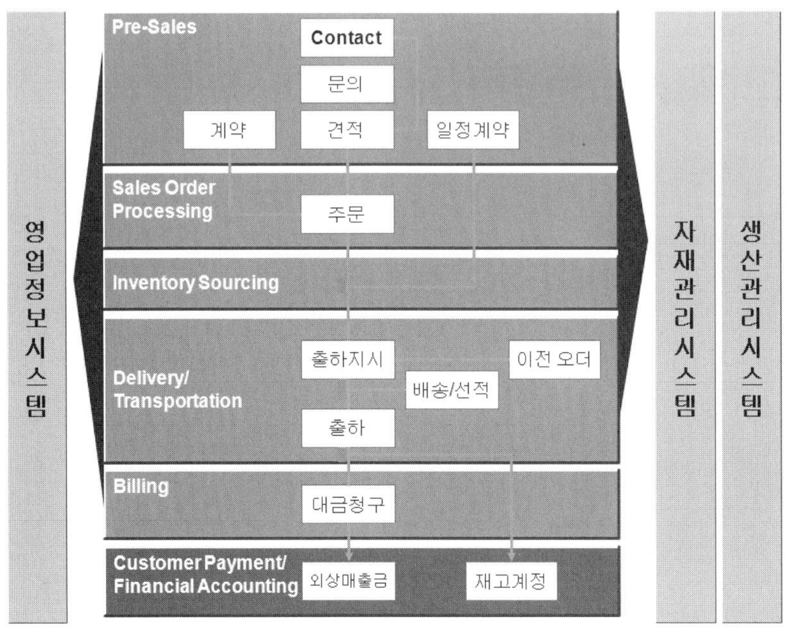

[그림 7-14] SD 모듈의 전체 구조

출하/배송을 위해 제품을 준비하는 재고 소싱(Inventory Sourcing)단계는 자재관리 모듈과 생산관리 모듈에 속한다. 또한 대금청구 이후에 고객의 입금(Customer Payment)을 다루는 부분은 재무회계 모듈에서 이루어진다. 단, 입금된 결과는 영업/유통 모듈의 영업오더에서 문서흐름(Document Flow)을 보면 확인할 수 있다.

SD 모듈의 업무 프로세스를 이해하기 위한 몇 가지 용어를 설명하면 아래와 같다. 각 개념을 구현한 SAP ERP의 화면은 모두 2부 4장을 참조하기 바란다.

- 주문유형(Order Type) : 주문, 납품, 피킹, 출고전기 및 대금청구 등 이후 프로세스의 내용과 특성을 결정하는 유형이다. 표준오더, 긴급오더, 무상납품, 현금판매 등 다양한 주문 유형의 업무 흐름은 2부 4장을 참조하기 바란다.
- 가용성 점검(ATP Check) : 주문생성 시점에서 납품이 가능한 일자를 확정하기 위해 필요한 일자에 사용 가능한 제품이 있는지 확인하는 것이다.
- 여신점검(Credit Check) : 일반적으로 주문생성 단계에서 고객에게 부여된 여신한도 잔액을 확인하여 해당 주문의 정상처리/보류 여부를 결정하는 것이다. 여신점검은 영업오더 단계뿐만 아니라 출하단계에서도 가능하다.

- 가격결정(Pricing) : 영업주문 문서에서 고객/제품 및 수량이 입력되면 문서상의 가격 결정일을 기준으로 적용이 가능한 각종 가격 조건들을 마스터에서 확인하여 판가, 원가 및 비용 등을 결정하는 것이다.
- 출하지시(Delivery Order) : 생성된 영업주문을 출하처리하기 위한 첫 번째 단계의 작업으로 주문문서들 중에서 가용성 점검을 통해 납품일정 및 재고가 할당된 주문만 처리 가능하다.
- 피킹(Picking) : 출하해야 하는 제품을 실물이 저장된 창고로부터 상차해야 하는 위치로 반출하고, 실제 출하되는 제품의 수량을 확정하는 것이다. 수작업 피킹과 자동창고에서 반출하는 이전오더(Transfer Order)에 의한 방법이 있다.
- 출고전기(Goods Issue) : 실물이 출하되는 경우 자재이동을 확정/기록하는 것인데, 출고전기 처리 시 자재문서가 발생되고, 매출원가가 발생된다.
- 대금청구(Billing) : 출고전기를 통해 실물 출고를 확정한 이후 고객에게 청구할 대금을 확정하고 송장을 발행한다. 대금청구 처리를 통해 비로서 매출 및 수익이 인식되고 회계부문에 전기 된다.

3.2 사전 영업활동(Pre-Sales Activities)

사전 영업활동은 고객의 주문을 창출하기 위한 것으로 잘 누적 관리된 사전 영업활동 정보는 주문처리 과정에서 중요한 정보원이 될 수 있으며, 고객과의 지속적인 관계를 유지하기 위한 기초자료로 활용될 수 있다.

사전 영업활동에는 우편 리스트(Mailing Lists), 고객전화 기록관리, 문의(Inquiries), 견적(Quotations)이 있다. 홍보나 판촉 등의 사전 영업을 하면서 고객의 견적 요청에 의해 견적을 생성하거나 변경하는 견적 관리를 한다. 견적관리를 철저히 함으로써 향후 제안 영업을 할 수 있는 기반을 마련할 수 있다. [그림 7-15]에서 볼 수 있는 바와 같이 견적과 입찰 과정을 거쳐 고객의 요구사항에 맞출 수 있는 지를 검증 받게 된다. 각 사전 영업 활동도 영업오더유형과 같이 각기 여러 형태로 나누어 관리할 수도 있는데, 예를 들면 A사에서는 견적 사용 유형을 아래와 같이 다양한 유형으로 생성하여 관리하고 있다.

① ZQT : 내수 견적관리
② ZOF : 내수로컬 오퍼 작성
③ ZLC : L/C 할당 및 개정
④ ZEQ : 수출 견적관리

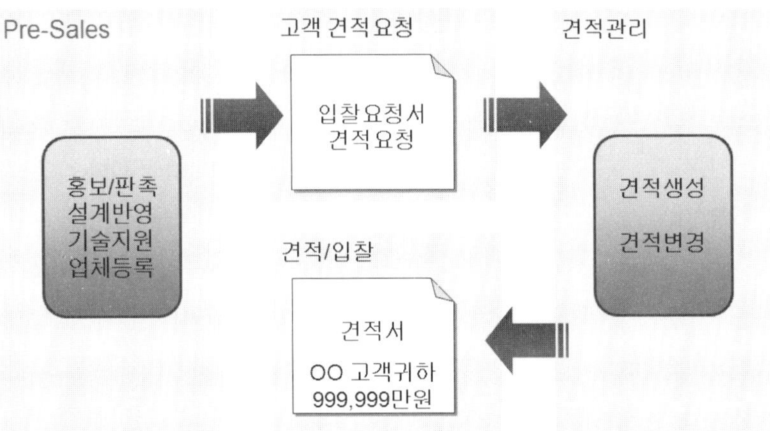

[그림 7-15] 견적관리 개요

또한 견적 및 입찰 후 고객으로부터 주문을 받게 되는데, [그림 7-16]에서 볼 수 있는 바와 같이 과거에 생성했던 견적을 복사하여 용이하게 영업오더를

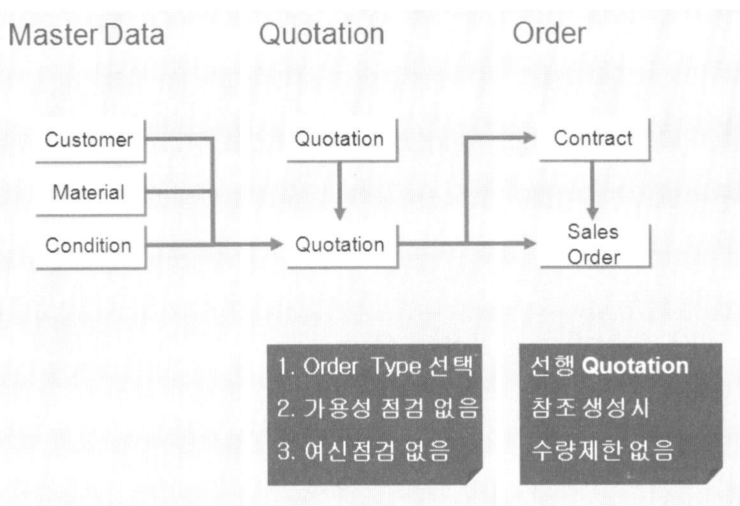

[그림 7-16] 견적관리 프로세스

생성할 수 있다. 경우에 따라서는 고객과 장기 계약(Contract)을 체결한 후에 이에 근거하여 지속적으로 영업오더를 만들 수도 있다.

3.3 영업오더 처리 및 재고조달

영업오더(Sales Order)는 고객의 제품/서비스에 대한 요구를 담은 전자 문서이며, 고객주문 관리사이클(COM : Customer Order Management Cycle)을 수행하기 위한 정보를 포함하고 있다. 또한, 입력량 감소와 입력 오류를 최소화시키기 위해 앞에서 살펴본 마스터데이터가 적절한 정보를 제안하며, 확장 주문뷰를 통하여 추가정보를 관리 한다.

영업오더에 포함되는 주요 정보로는, 고객, 자재 정보, 가격조건, 품목별 납품 요청일 정보, 대금청구 정보가 있다.

(1) 영업문서 유형과 품목범주 유형

주문의 업무 프로세스를 제어하는 기준이 되는 것이 영업문서 유형이다. 문의, 견적, 영업오더 등의 기본 영업문서 유형을 수출 및 내수 등 기업의 업무 프로세스에 적합하도록 구분하여 사용할 수 있다. 컨피규레이션(Configuration)에서 각 영업문서 유형의 프로세스를 제어하는 필드들을 업무 특성에 맞게 조정하여 사용한다.

영업문서 유형(Sales Document Type)이 달라진다는 것은 주문입력 이후 업무처리 방법이나 기준이 달라진다는 것을 의미한다. 예를 들어, 무상주문은 고객에 대한 대금청구가 이루어지지 않으므로 채권이 발생되지 않으며, 현금판매 주문이나 제3자 직송주문은 영업오더에 근거한 대금청구가 이루어진다.

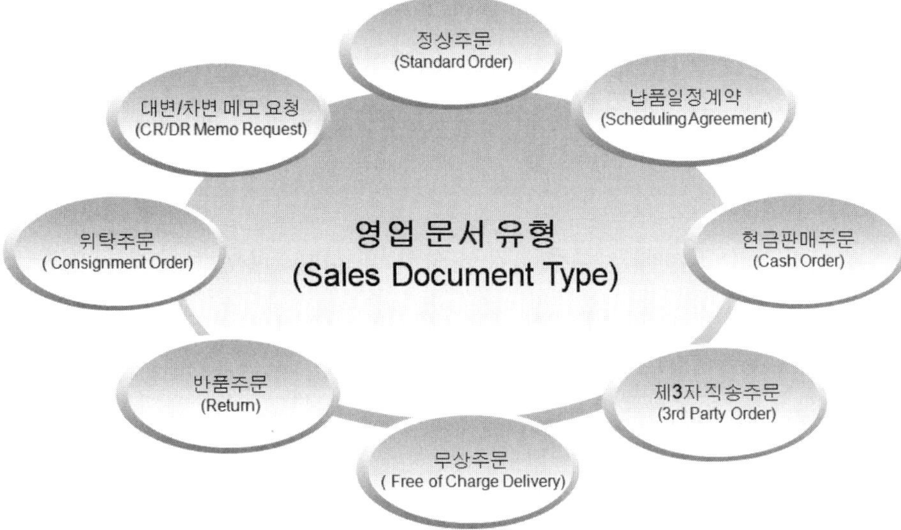

[그림 7-17] 영업문서 유형의 종류

[그림 7-17]은 영업문서 유형 중에 특히 오더유형(Order Type)의 종류를 설명하고 있다. 또한 [그림 7-18]은 영업문서 유형의 역할을 보여주고 있다. 즉, 정상주문, 납품일정계약, 현금판매주문, 제3자 직송주문, 무상판매, 반품주문, 위탁주문, 대변메모요청/차변메모요청 등의 영업문서 유형에 따라 여신점검이 필요한지, 가용성 점검이 필요한지, 출하 스케쥴링을 허용하는지, 파트너 결정 기능이 필요한지, 가격결정이 필요한지 등의 여부가 다르게 결정된다.

일반적으로 컨피규레이션에서 새로운 영업문서 유형을 생성할 경우, 가장 유사한 유형을 복사하여 참조 생성한 후, 관련 필드를 변경하는 방법을 선택한다.

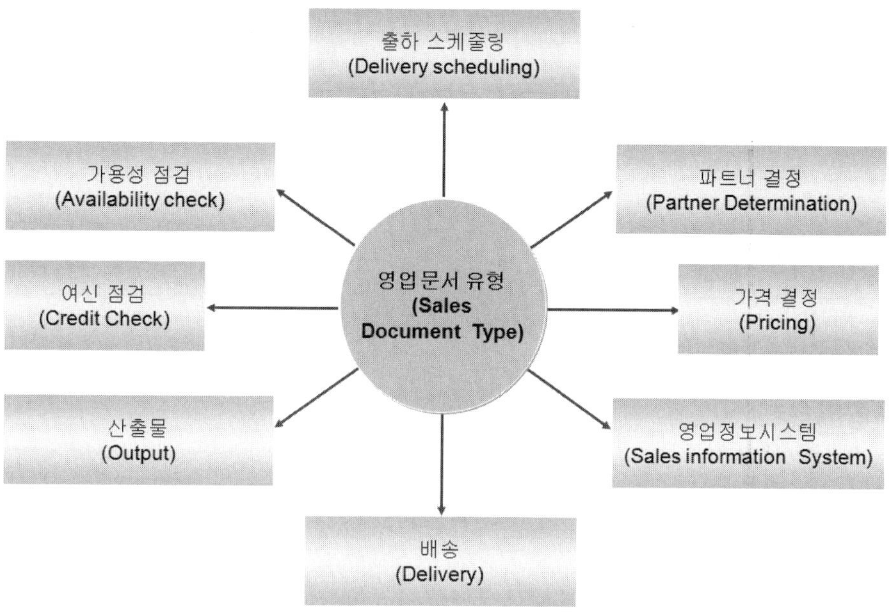

[그림 7-18] 영업문서 유형의 역할

또한 하나의 영업오더 내에서도 품목범주(Item Category)에 의해 개별 품목의 성격을 규정지을 수 있다. 품목범주의 역할은 [그림 7-19]에 나타나 있다. 즉, 가격결정을 수행하는지, 대금청구가 필요한 유상품목인지 필요없는 무상품목인지, 또한 품목별로 여러 날짜로 나누어 출하할 수 있는 납품 일정라인을 허용하는 품목인지 등의 성격을 규정한다.

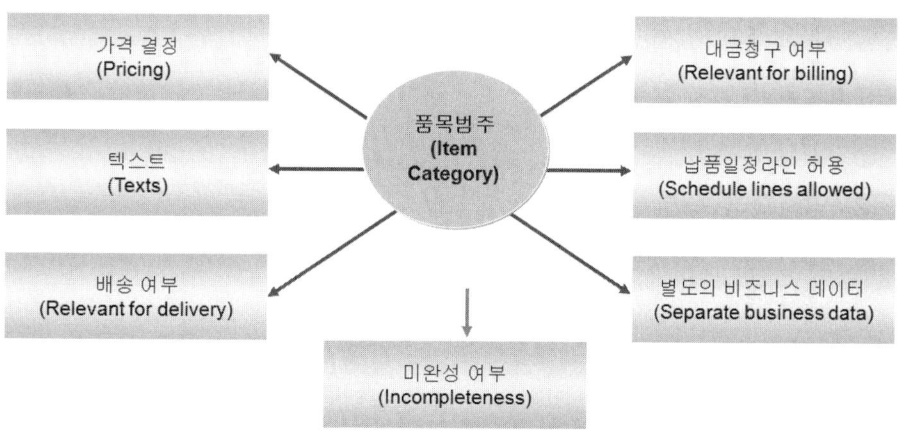

[그림 7-19] 품목 범주의 역할

그리고 스케쥴라인 범주(Schedule Line Category)에 의해서도 생산 및 배송과 연관된 다양한 성격을 규정지을 수 있다. 예를 들면 해당 품목이 MRP에 반영되어 자재의 필요량을 증가시키게 만들 것인지, 가용성 점검이 필요하고 가능한 품목인지 등에 관한 성격을 규정짓는다.

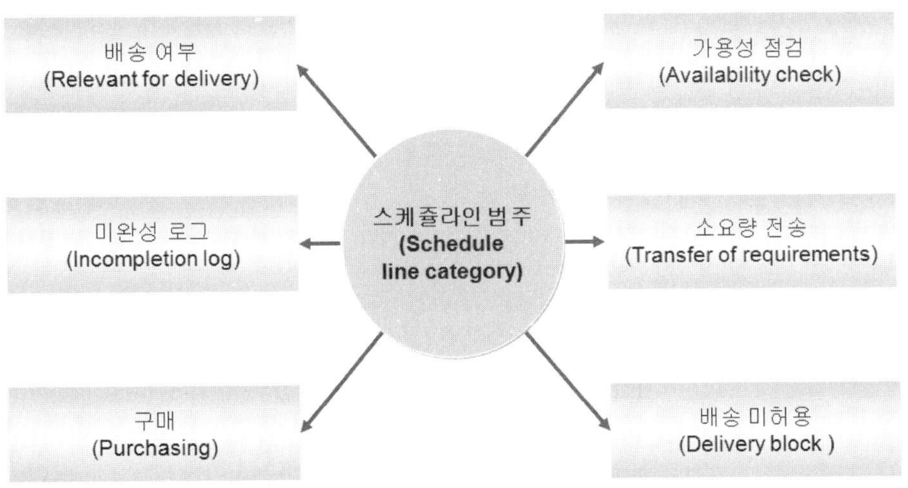

[그림 7-20] 스케쥴라인 범주의 역할

이와 같이 하나의 영업문서 유형 내에서도 품목별로 여러 가지의 품목범주를 할당함으로써 다양한 업무를 처리할 수 있도록 조합할 수 있다. 하나의 영업 문서 유형이 기본적으로 특정 품목범주와 스케쥴라인 범주를 디폴트(Default)로 제시하지만, 수작업으로 이러한 범주를 바꿈으로써 통합성을 유지하며 복잡한 영업 업무를 용이하게 처리할 수 있다. 이 내용에 대한 화면도 2부 4장을 참조하기 바란다.

(2) 영업오더 화면

영업영역(Sales Area)을 입력하는 영업오더 초기 화면이 [그림7-21]에 제시되어 있다. 앞에서 설명한 바와 같이 영업조직, 유통경로, 제품군으로 구성되어 있는 영업영역은 영업문서를 생성하는 조직으로서, 각종 실적을 보고하고 가격결정이 이루어지는 조직단위이므로 필수로 입력해야 하며 사업장과 영업그룹은 고객 마스터에서 자동으로 가져온다. 만약 고객 마스터에 있는 사업장 및

영업그룹과 다르다면 초기화면에서 입력해도 되고 영업오더를 생성하는 과정에서 수정할 수도 있다.

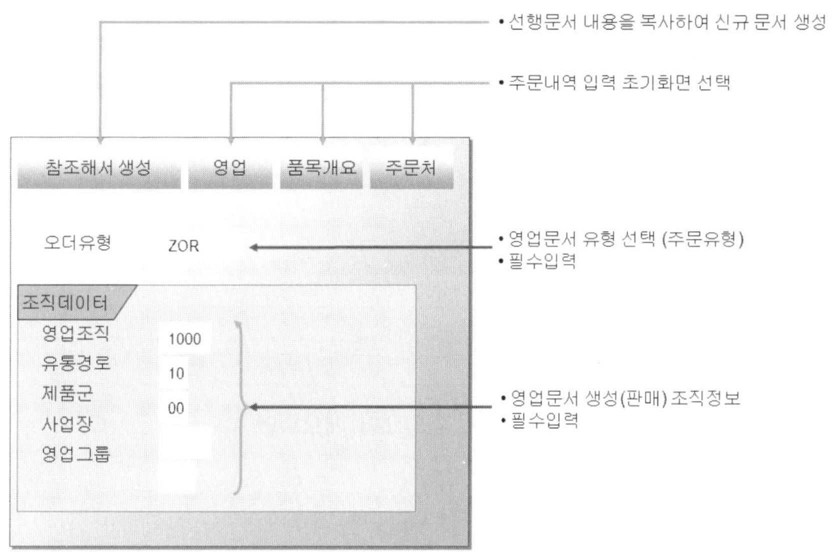

[그림 7-21] 영업 오더 초기화면

[그림 7-22]에서 ① 판매처는 주문고객에 대한 정보(인도처는 실 하차지)를 입력하는 필드이며 ②는 주문을 입력할 탭 페이지(Tab Page)인데 선택하는 탭에 따라 다양한 정보를 조회하거나 변경할 수 있다. 탭 뷰(Tab view)들을 통해 쉽고 빠르게 가격, 출하 등에 관한 다양한 정보들에 접근하여 확인 및 편집이 가능하며, 메뉴를 통해서도 헤더와 품목 수준의 많은 탭 뷰들로 접근이 가능하다. ③은 고객의 납품요청일을 입력하는 필드인데 수동으로 입력할 수도 있고, 일단 가용날짜를 자동으로 제시하도록 세팅할 수도 있다. ④는 고객의 주문자재 내역을 입력하며 자재코드와 수량 그리고 품목의 성격을 규정 하는 품목범주를 입력할 수 있다.

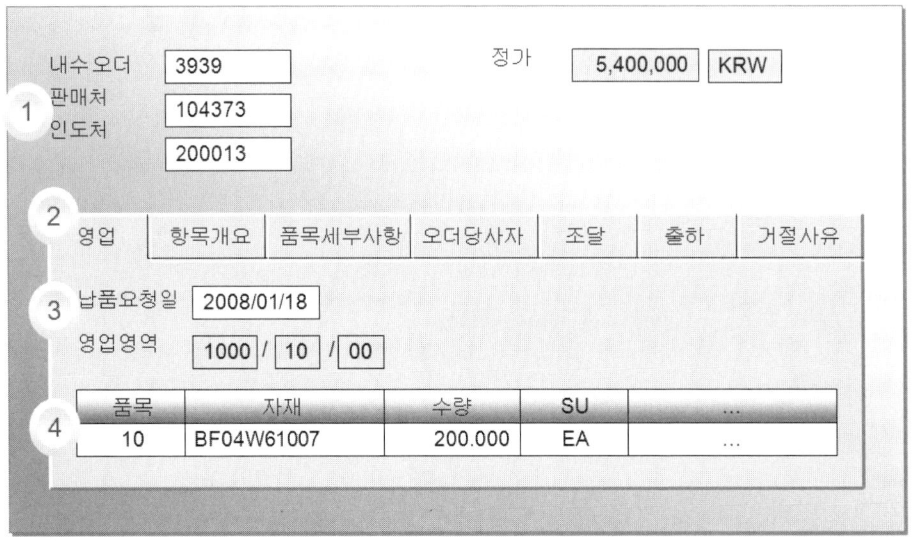

[그림 7-22] 영업오더 개요화면

[그림 7-23]에 있는 영업문서는 정보들을 논리적으로 구조화하여 관리한다. 문서 전체부(Header)는 주문문서 전체에 대한 고객과 관련된 정보를 관리한다. 품목부(Item)는 고객으로부터 주문된 자재와 수량에 관한 정보를 관리한다. 일정라인은 납품 일자별 수량 등 납품관련 정보를 관리한다. 문서 전체부(Header)의 정보는 품목(Item)으로, 품목정보는 다시 일정라인(Schedule Line)의 필드로 복사된다. 품목 범주와 스케쥴라인 범주에 대한 설명은 [그림7-19]와 [그림 7-20]을 참조하기 바란다.

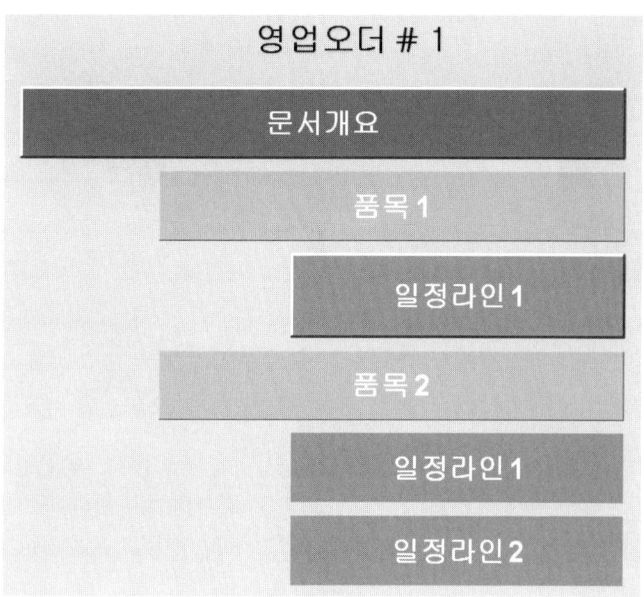

[그림 7-23] 영업문서의 구조

(3) 가격결정

가격결정은 기본적으로는 주문 생성 시 가격결정일을 기준으로 실행되며, 사업본부별 필요에 따라 대금청구 시점에서 재결정할 수 있다. 조건 마스터데이터(Condition Master Data)에 등록된 가격조건을 검색하여 자동으로 결정한다. 일부 수작업으로 변경이 가능한 조건 유형이 존재하며, 필요시 수작업 추가가 가능한 조건유형도 존재한다. 이것은 기업에서 사업 본부별로 가격 결정 방법의 차이를 처리할 수 있다는 것을 말해준다. [그림 7-24]에서 볼 수 있는 바와 같이 사업본부별로 그리고 영업문서 단계별로 가격변경의 방법을 다르게 할 수 있다. 즉, 주문 생성 시에 A사업부는 가격변경이 불가능하게 되어 있으며, B사업부는 가격할인은 안되고 할증만 가능하도록 세팅할 수 있다.

가격에 대한 자세한 결정 과정은 앞에서 살펴본 [7-13]을 참조하도록 하자.

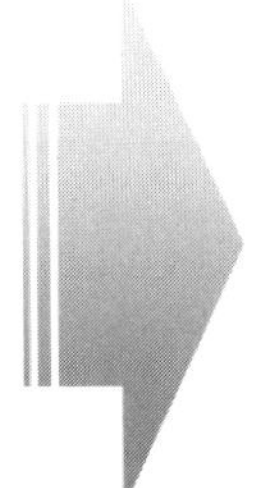

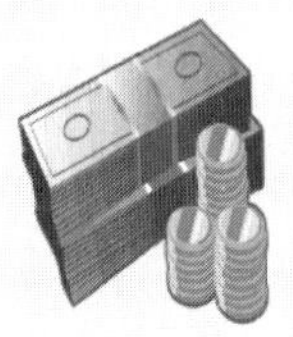

주문생성/주문변경	대금청구
A 사업부 : 주문생성시 가격변경 불가	A 사업부 : 가격마스터 변경 후 판가 변경 가능
B 사업부 : 주문생성시 할증만 가능	B 사업부 : 가격마스터 변경 후 할인 가능 할증은 수작업 가능
C 사업부 : 주문생성/주문변경 시 기준판가 변경은 불가 수작업 할인/할증 가능	C 사업부 : 대금청구 시 자동 재 가격결정 수작업 할인/할증 가능

[그림 7-24] 주문 및 대금청구 시의 가격결정 사례

(4) 인도조건

인도조건은 고객에게 자재를 수송하는 계약조건을 말하며, 운임과 보험료가 포함된 가격인지 여부 등을 의미한다. 회사에 맞는 인도조건을 만들어 사용할 수도 있으며 [그림 7-25]의 예는 고객이 직접 운송하는 경우와 우리 회사가 운

인도조건		
CFR	운임 포함 가격	수출주문인도조건
CIF	운임, 보험료 포함 가격	
FAC	공장 도착도	
FOB	본선 적재 인도	
…	…	
Z01	내수-상차도	- Z01 : 운송계획 없음 (고객이 자가 수송 시)
Z02	내수-하차도	- Z02 : 운송계획 있음 (회사가 운송 진행 시)

[그림 7-25] 인도조건 예시

송해서 납품하여 주는 경우를 각기 나누어 인도조건 Z01과 Z02를 새로 만들어서 사용하는 경우를 예시한다.

(5) 텍스트

영업오더에 있는 텍스트(Text)는 출하, 생산, 구매 등 관련 부문에 추가 정보를 전달하기 위한 메모 성격이다. [그림 7-26]과 같이 영업오더의 텍스트는 다른 영업오더로 복사가 되며, 출하 시에도 텍스트에 적힌 정보가 그대로 전달되는 기능을 가지고 있다. 또한 영업오더에 기초하여 만들어 지는 구매오더나 생산지시서에도 품목에 대한 텍스트는 복사가 된다.

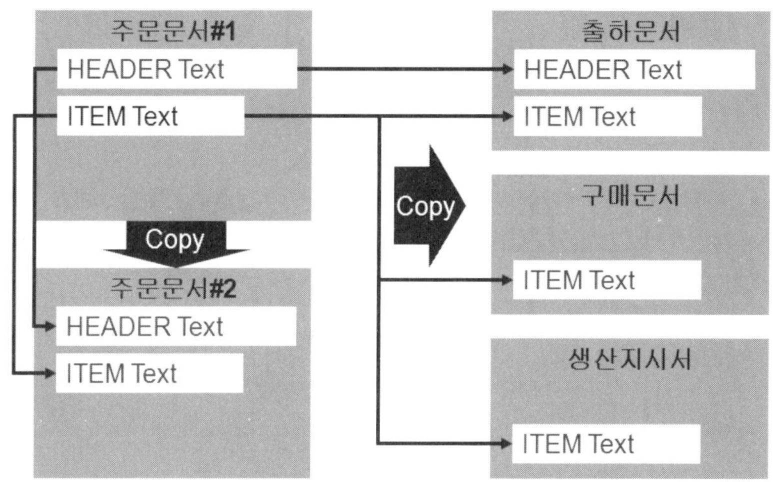

[그림 7-26] 영업오더의 텍스트 복사 기능

(6) 여신관리

SD 모듈에서는 FI 모듈과 연계하여 회계 부문에서 관리되는 여신관리 정보를 바탕으로 주문 입력과 제품 출고 시점에 자동으로 여신한도 점검을 수행함으로써 부실 채권에 대한 리스크 관리를 수행한다. [그림 7-27]는 여신관리 기능의 프로세스를 나타낸다.

신용평가 내역을 기초로 각 거래처 또는 그룹별로 여신 총액을 설정하고 관리하여, 수주의 진행 단계별로 자동 여신점검을 실시한다. 주문 입력과 제품 출고 시점에 여신한도 점검을 수행하는데 이 때 여신한도를 초과하면 후속작

업의 진행을 일시적으로 수행할 수 없도록 하여, 결재를 득한 후 후속 프로세스가 진행되게 한다. 또한 수주 단계가 진행됨에 따라 실시간으로 여신한도액을 갱신함으로써 보다 정확한 데이터를 바탕으로 여신관리를 수행할 수 있도록 한다.

또한 여신관리는 고객이 그룹사일 경우, 전체 그룹을 대상으로 여신한도를 설정하거나 각 사별로 여신한도를 별도로 설정할 수 있도록 함으로써 고객의 실정에 맞는 여신관리 기능을 지원한다.

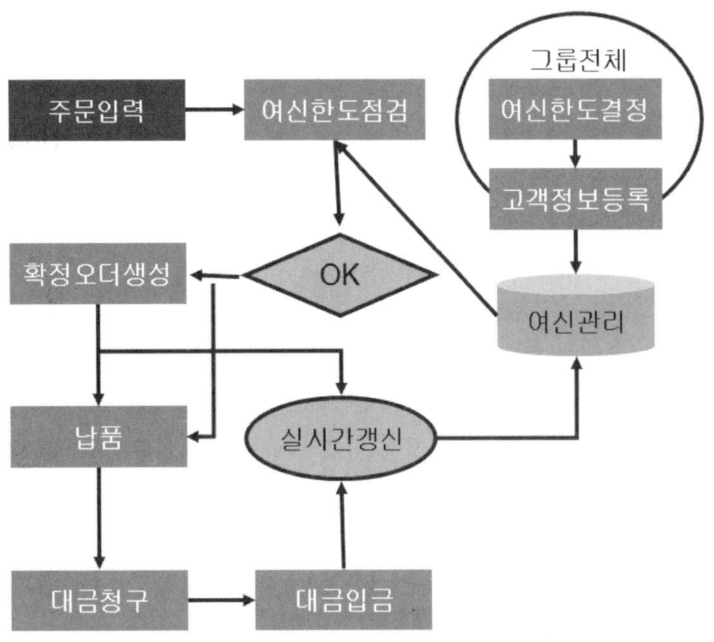

[그림 7-27] 여신관리 프로세스

여신한도액은 단순히 채권금액만으로 산정할 수도 있지만 [그림 7-28]에 나타나 있듯이 청구서가 발행되었으나 대금청구가 아직 이루어지지 않은 대금미청구액(Open Billing Value), 배송이 진행 중인 물량의 금액인 미결 납품액(Open Delivery Value), 그리고 주문이 진행 중인 물량의 금액(Open Order Value) 등 여러 가지 카테고리의 물량 금액을 여신한도액에 포함시켜 관리함으로써 보다 신뢰성 있는 여신관리가 가능하다. 특별 부채는 어음이나 선수금을 의미하며, 어음이나 선수금으로 받은 것은 여신한도 사용금액에서 마이너스

처리된다.

또한 여신한도에 사용되는 대상 주문 금액은 재고할당이 완료된 부분만 해당된다. 이 때 기 발생된 채권 잔고와 미결 여신 요소들의 합계액으로 여신한도 초과여부를 결정한다.

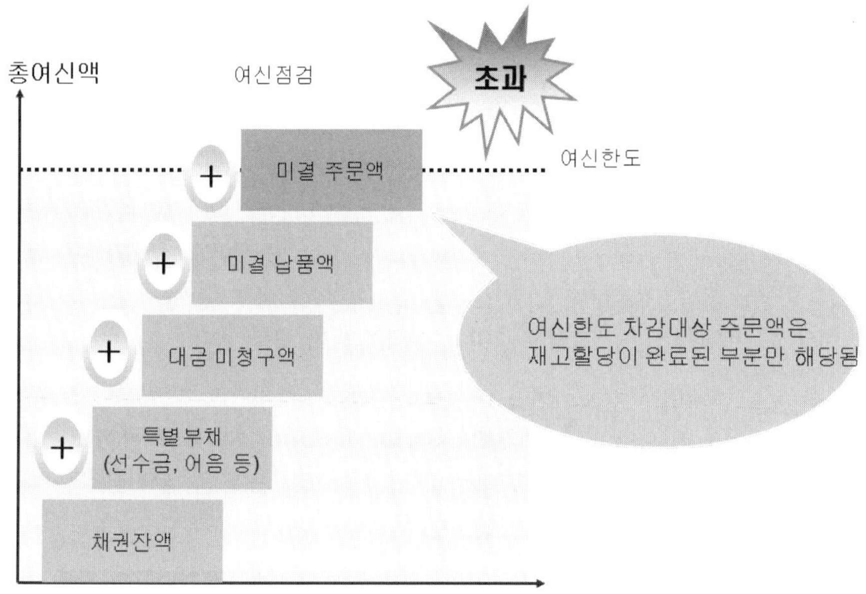

[그림 7-28] 여신한도 사용액 계산 방식

여신점검 대상 주문액 결정 방식에 따라 정적인(Static) 여신점검 방식과 동적인(Dynamic) 여신점검 방식으로 구분한다. 정적인 방식은 주문 입력일 시점의 모든 주문 금액을 대상으로 하고, 동적인 방식은 사전에 설정해 놓은 Credit Horizon 이내의 주문 금액만 대상으로 점검한다. [그림 7-29]에서는 Credit Horizon을 13일로 설정해 놓고 그 안에 있는 주문 금액만을 위주로 여신점검을 하고 있는 모습을 볼 수 있다.

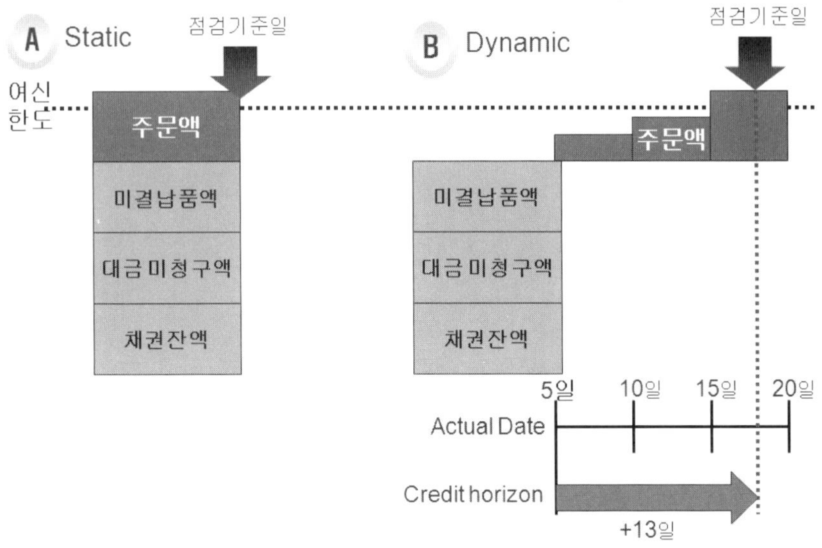

[그림 7-29] 여신점검 방식 구분

[그림 7-30]은 여신점검을 확인하는 화면이다. 여신한도를 초과하여 불량채권이 많은 고객에게 계속 주문을 받거나 제품을 배송하여 보내면 안될 것이다.

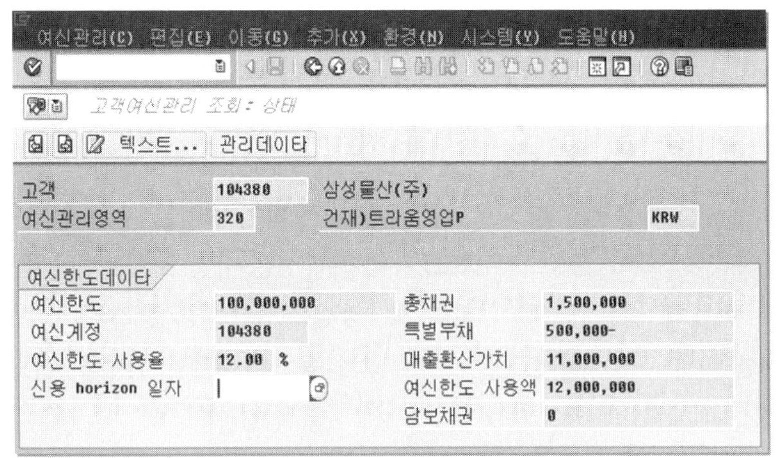

[그림 7-30] 여신관리 조회 화면

여기서 여신한도 데이터의 의미를 살펴보고 가자. 여신한도는 회사가 고객에게 부여한 총 여신한도를 말하며 총채권은 발생 채권액 중 미수채권을 말한

다. 만기 미도래 어음액 또는 선수금 입금액이 특별부채의 값으로 나타나며, 재고할당 된 미출고주문액 또는 출고 후 대금청구 미실행액 등을 매출환산가치라고 한다. 이 때 여신한도 사용액은 총채권과 특별부채, 그리고 매출환산가치를 합한 값과 같으며 특별부채는 (−) 반영된다.

[그림 7-30]에서 삼성물산(주) 고객에게 설정해 놓은 여신한도는 100,000,000원이다. 이때 미수채권은 1,500,000원이고 만기 미도래 어음액 또는 선수금이 500,000원이며, 재고할당된 미출고 주문액 또는 출고 후 대금청구 미실행액이 11,000,000원이므로 여신한도 사용액은 1,500,000원−500,000원+11,000,000원=12,000,000원으로 나타났다. 따라서 삼성물산(주) 고객에게는 여신한도까지 88,000,000원의 여유가 있으며, 이 정도까지는 주문을 더 받을 수 있음을 알 수 있다.

(7) 재고 개요

고객 주문을 충족하기 위해서는 당연히 해당 제품이 고객이 원하는 날짜에 가용해야 할 것이다. 제품을 만들 것인지 구매할 것인지를 결정한 후, 만일 재고가 고객의 납품요청일에 가용하면 재고로 충족하고 재고가 없는 경우 조달 방법을 결정한다. 재고조달 방법으로는 보충활동(생산오더, 구매오더), 주문 생산, 외부 업체로부터 조달, 다른 창고로부터 조달이 있다. 우선 [그림 7-31]와 같이 재고를 조회하여 현재 상태를 파악하는 것이 필요할 것이다.

리스트(L) 편집(E) 이동(G) 추가(X) 환경(N) 시스템(Y) 도움말(H)

재고개요 : 회사코드/플랜트/저장위치/Batch

자재 BF04W61007 BF-115/WH/6.1M/DB+
자재유형 ZLGC 제품/반제품/상품/원재료
단위 EA 기본단위 EA

Cl/CC/Plnty/SLoc/Batch D	가용	품질검사	예약
총계	1,327.000	0.000	0.000
C100 (주)LG화학	1,327.000	0.000	0.000
3010 산업재 건재 청주	1,327.000	0.000	0.000
고객위탁	10.000	0.000	
5000 창호재제품창고	1,327.000	0.000	0.000

[그림 7-31] 자재별 재고조회 화면

재고를 관리하고 조회하는 수준은 클라이언트 재고와 회사 전체 재고, 공장(Plant) 보유 재고, 저장창고(Storage Location)별 재고, 배치(Batch)재고 정도이다. 가장 기본적인 재고 유형들에는 고객주문 처리에 사용이 가능한 재고인 가용재고, 품질검사 중이기 때문에 가용재고로 전기 시까지 사용이 불가능한 품질검사재고, 반품재고와 같이 가용/폐기 등의 재고유형이 결정되지 않은 보류재고가 있다.

(8) 고객 납품요청일과 가용성 점검

ERP 도입 이전에는 일반적으로 고객 납품요청일의 기준이 통일되지 않은 회사들이 많다. 당연히 고객 납품요청일은 고객에게 도착하는 날짜 기준으로 생각되지만 영업부문과 출하부문간의 의사소통이 잘못되고 있는 경우가 많은 것이다. 그러나 ERP도입 이후에는 정확한 고객의 요구 납기를 준수할 목적으로 고객의 납품요청일은 전사적으로 고객에게 도착하는 날짜 기준으로 통일해서 명확한 기준 하에 관리해야 된다.

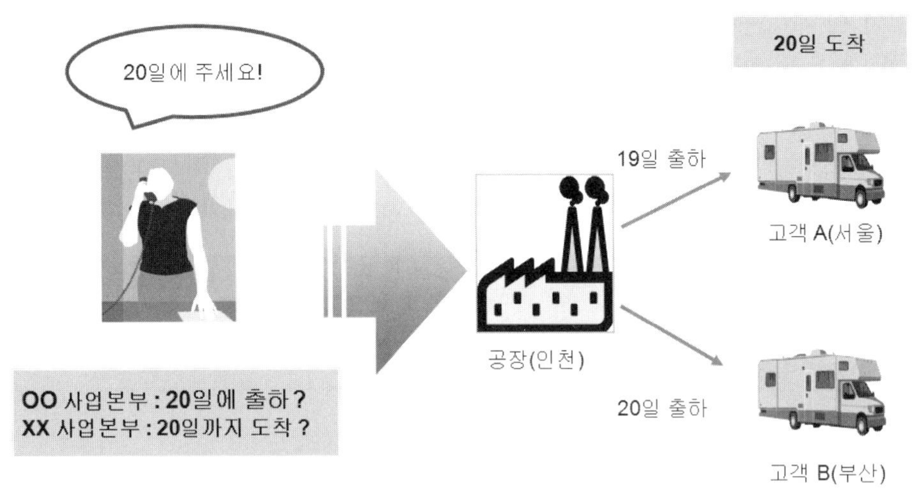

[그림 7-32] 고객 납품요청일의 의미

영업오더를 참조하여 출하지시서를 생성할 때 가용 재고일, 운송계획 리드타임, 적재일, 납품요구일 등을 계산하여 출하 스케줄링을 실시하는데, 이는 가용성 점검과 동시에 수행되며 [그림 7-33]과 같이 역방향 스케줄링(Backward

Scheduling)과 순방향 스케줄링(Forward Scheduling)의 두 가지 방법을 지원한다. 주문입력 시 거래처 및 고객이 요청한 납기일을 기준으로 각각의 리드타임을 고려하여 역방향 스케줄링을 먼저 실시한다. 이 때 재고 필요일자에 재고가 없거나, 계산된 날짜가 과거인 경우 재고가 가능한 날짜, 혹은 현재일을 기준으로 순방향 스케줄링을 실시함으로써 품목별 출하 가능 일자를 계산한다.

이 기능은 거래처별 피킹/포장시간, 이동시간, 선적/운송시간 등을 정의하고 계획할 수 있는 환경을 제공함으로써 고객에게 보다 정확한 납기를 제안할 수 있도록 한다.

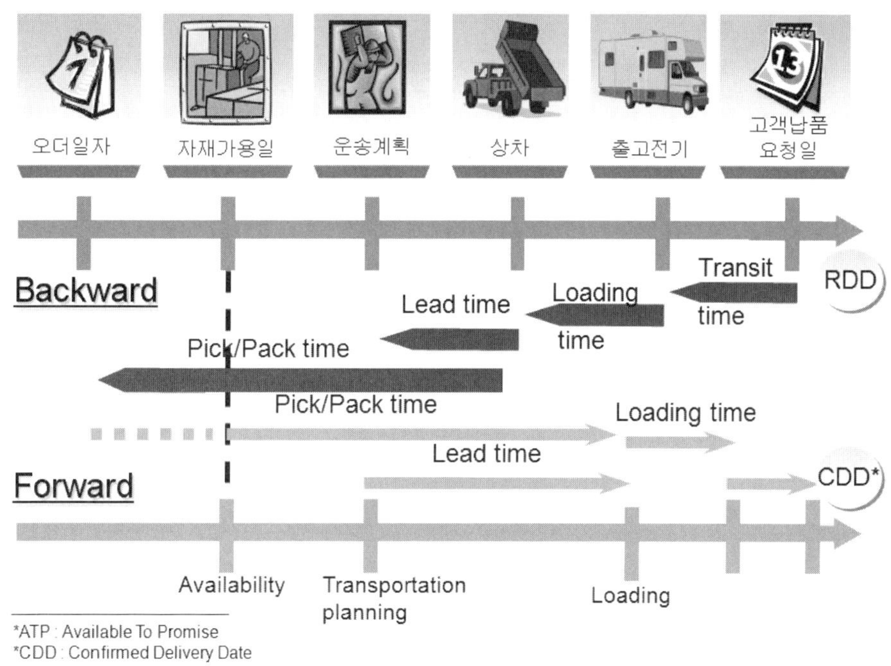

[그림 7-33] 출하 스케쥴링의 두가지 방법

가용성 점검(ATP : Available To Promise Check)은 고객이 요청한 납품 일자에 주문 수량의 납품이 가능한지를 확인하여, 가용한 재고가 있는 경우 영업오더에 할당하는 작업이다.

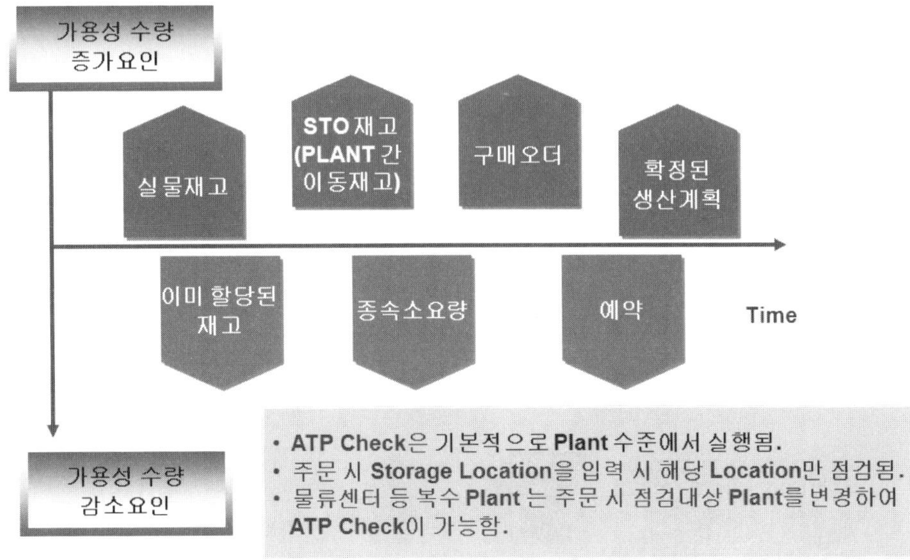

[그림 7-34] 가용 자재 증감 요인

가용성 점검에서는 현재의 재고 뿐만 아니라 [그림 7-34]와 같이 미래에 입고되고 차감될 재고요소까지 고려한다.

가용성 점검에서 보충 리드타임(Replenishment Lead Time)을 고려하도록 설정하는 경우에는 주문 생산방식(MTO) 품목도 주문 시 가용일자 제안이 가능하다. [그림 7-35]와 같이 보충 리드타임은 자재 마스터데이터의 MRP3 뷰에서 설정이 가능하다. MRP3 뷰에 보충 리드타임을 설정해 놓은 경우에 고객의 납품요청일이 주문입력일에 보충리드타임을 더한 날짜보다 앞인 경우에는 제품 가용 날짜가 주문입력일에 보충 리드타임을 더한 날짜로 확정된다.

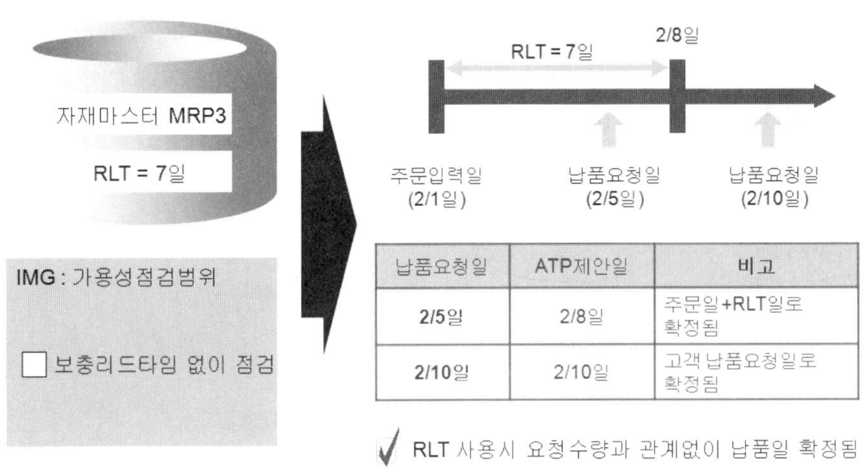

[그림 7-35] 보충리드타임을 사용한 ATP제안일

(9) 반품 오더

정상 주문 등으로 고객에게 납품된 제품 중, 운송 중에 손실이나 고객의 품질 불만 사유로 인하여 반품이 발생하였을 때 실행하는 프로세스이다. 고객의 반품 사유가 발생 시 반품의 유형에 따라 반품 오더로 생성처리하고, 필요 시 선적문서를 생성하여 운송 업체를 설정하여 반품을 입고한 다음, 반품된 자재는 생산 보류창고로 이전하는 프로세스이다.

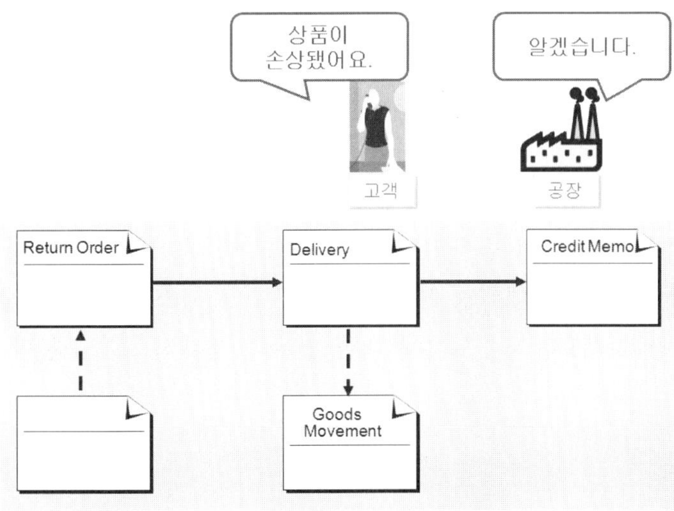

[그림 7-36] 반품오더 처리 개요

반품을 처리하는 방법은 [그림 7-36]과 같이 대변메모(Credit Memo)를 사용하는 방법과 [그림 7-37]과 같이 정상 반품오더를 근거로 반품과 관련된 대금청구유형을 사용하는 방법이 있다.

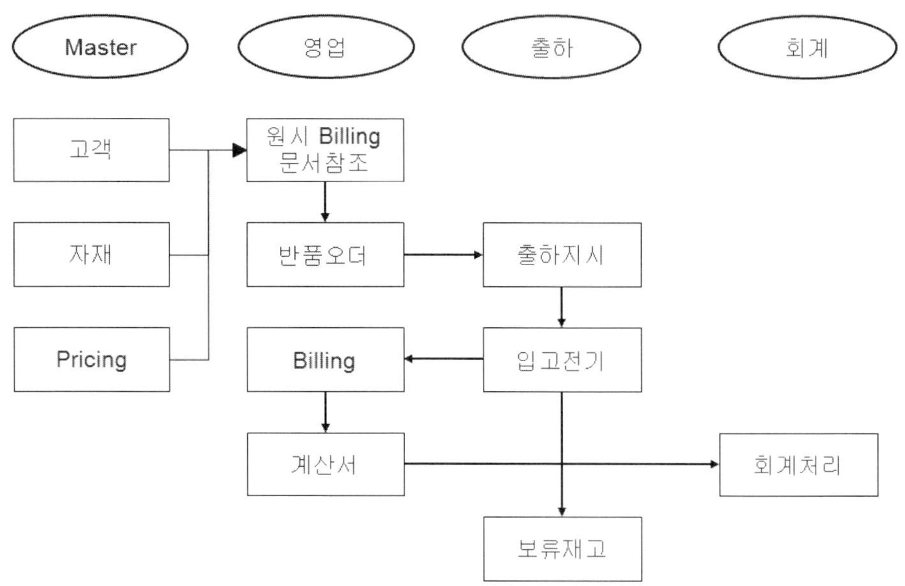

[그림 7-37] 반품오더 처리 프로세스

(10) 제3자 직송오더

제3자 직송오더는 영업오더를 생성하면 기업과 사전에 계약을 맺은 공급업체에서 직접 고객에게 납품하는 경우를 일컫는다. 이 영업오더 유형으로 주문을 생성하면 고객의 주문을 입력하는 시점에 구매요청이 생성되어 공급업체에 발주되며, 공급업체가 직접 고객에게 제품을 납품하는 프로세스이다. [그림 7-38]에서 볼 수 있듯이 공급업체는 우리 회사에 송장을 발송하여 정산하고, 우리 회사는 고객에게 대금청구를 하는 업무 프로세스를 가진다. SAP ERP에서는 이와 같이 제3자 직송오더에 대한 업무를 세부적으로 구현할 수 있도록 되어 있다.

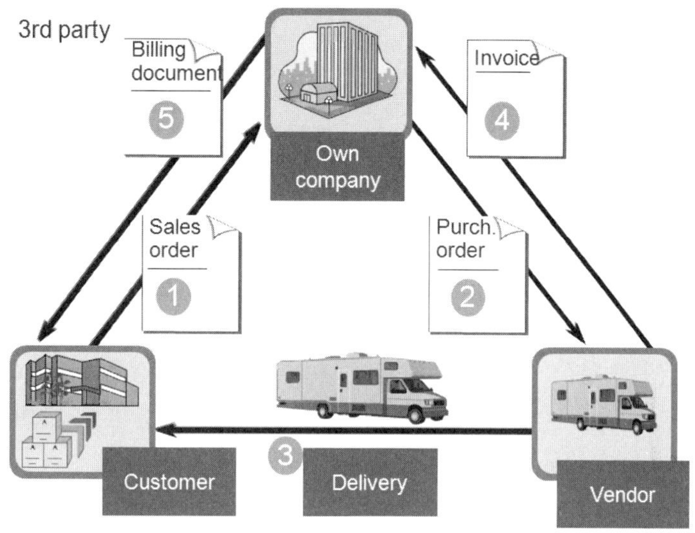

[그림 7-38] 제 3자 직송판매오더의 프로세스

(11) 문서흐름(Document Flow)

연관된 영업문서의 연결 사슬을 문서흐름이라고 하는데, 하나의 영업문서는 SAP ERP의 트랜잭션을 대변한다. 이 문서흐름을 통해 해당 영업오더가 어떤 상태인지 추적(Tracking)이 가능하고, 영업오더의 각 단계가 서로 통합되어 연결된다. SAP ERP는 수작업 입력과 데이터 오류를 감소시키기 위해 선행 문서를 복사한다. 문서흐름에 나타난 문서번호 라인(Line)을 더블 클릭하면 해당문서를 조회할 수 있다.

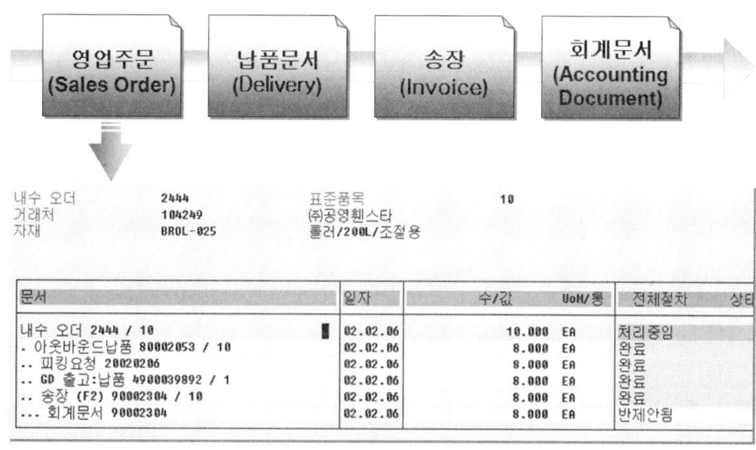

문서	일자	수/값	UoM/통	전체절차
내수 오더 2444 / 10	02.02.06	10.000	EA	처리중임
. 아웃바운드납품 80002053 / 10	02.02.06	8.000	EA	완료
.. 피킹요청 20020206	02.02.06	8.000	EA	완료
.. GD 출고:납품 4900039892 / 1	02.02.06	8.000	EA	완료
.. 송장 (F2) 90002304 / 10	02.02.06	8.000	EA	완료
... 회계문서 90002304	02.02.06	8.000	EA	반제안됨

[그림 7-39] 문서흐름 조회에 의한 통합성 검증

(12) Backorder 처리

Backorder는 주문을 받은 후에 일부만 납품하고 잔량이 남은 영업오더 또는 주문을 입력한 후 재고 할당을 못 받은 영업오더를 의미한다. 따라서 Backorder 처리는 고객의 주문에 대하여 가용성(현 재고 및 생산 오더 또는 구매 요청 내역) 부족으로 확정되지 않은 긴급주문 수량을 위하여 기 주문의 확정 수량을 삭제하고 가용성을 확정받지 못한 신규 주문의 가용성을 확정하는 프로세스이다.

결국 고객이 요청한 수량과 일자에 납기가 불가능한 경우 Backorder로 관리하게 되는데, SAP ERP에서 Backorder를 관리하기 위해서는 건별 수작업 Backorder 관리 또는 Rescheduling 작업을 통해 일괄 가용성 점검을 수행한다.

재고 부족으로 인해 재고를 받지 못한 주문을 의미하는 재고 미 할당 주문은 시스템 상 타 주문에 할당된 재고를 강제적으로 재조정하여 처리한다. 주문에 대한 출하 이후에 주문이 완료로 간주되지만, 고객과 합의되어 일부 수량만 납품하기로 된 경우 시스템 상으로 미 출하 잔량으로 주문이 계속 남아 있는 주문을 뜻하는 출하 잔량 주문은 미 출하 잔량에 대한 주문 취소를 통해 주문을 완료시키는 것으로 처리한다.

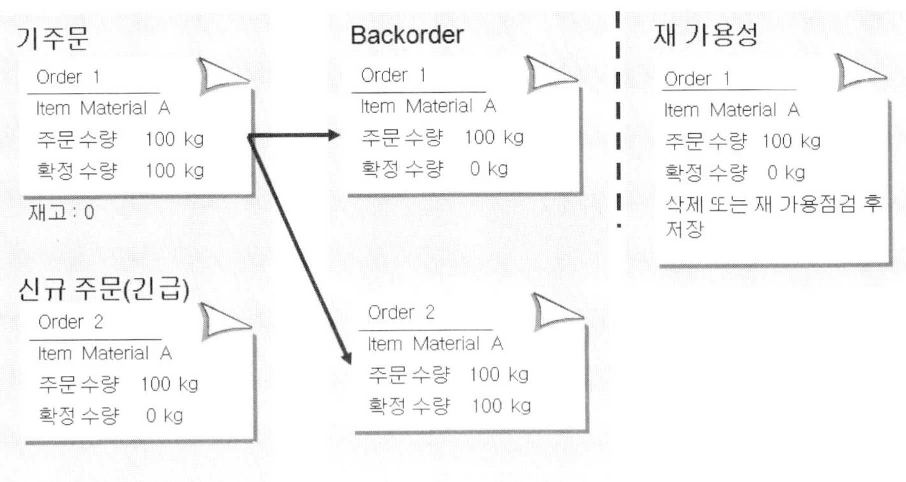

[그림 7-40] Backorder 처리 프로세스

건별 수작업 Backorder 처리는 수작업 재고 할당으로 우선순위를 고려할 수 있고 주문 시 납품 일자 및 수량의 변경이 비교적 적다는 장점이 있으나, Backorder 대량 발생 시 건별 가용성 확인 작업으로 작업 로드가 발생한다는 단점이 있다.

반면에 Rescheduling은 일괄 가용성 점검으로 시스템에 의한 일괄 재고 할당이 가능하며, 가용 재고에 대한 최적의 재고 할당이 가능하고 MTO 품목의 생산 계획 수립 시 납품 예정 일자를 반영할 수 있다는 장점이 있다. 하지만 생산 일정 수시 변경에 따라 주문 입력 시 납기 약속된 수량 및 일자에 변경이 생긴다는 단점이 있다. 이러한 단점을 보완하기 위해서 날짜 및 수량 고정(Fixed Date & Quantity) 기능으로 사전에 납기 약속 일자 및 수량을 고정시키는 것이 가능하다.

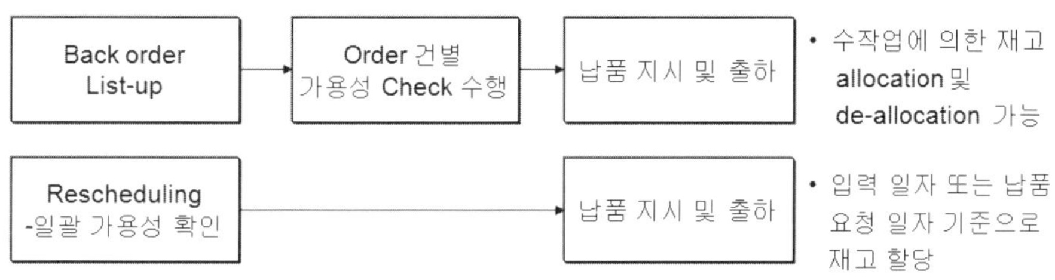

[그림 7-41] Backorder를 처리하는 두 가지 방법

일괄 Backorder 처리 방법인 Rescheduling방식은 결국 다량의 미출 오더가 발생하는 MTS 제품군이나 주문시점에서 납기확정 일자를 받지 못하는 MTO 생산방식의 주문의 경우에 납기확정 일자를 시스템 상 자동 확정하여 주는 과정이다. 이때 시스템은 [그림 7-42]와 같이 추가 입고예정 수량과 납품 우선순위 그리고 확정된 생산계획을 모두 고려하여 최적의 납기확정 일자를 제시한다.

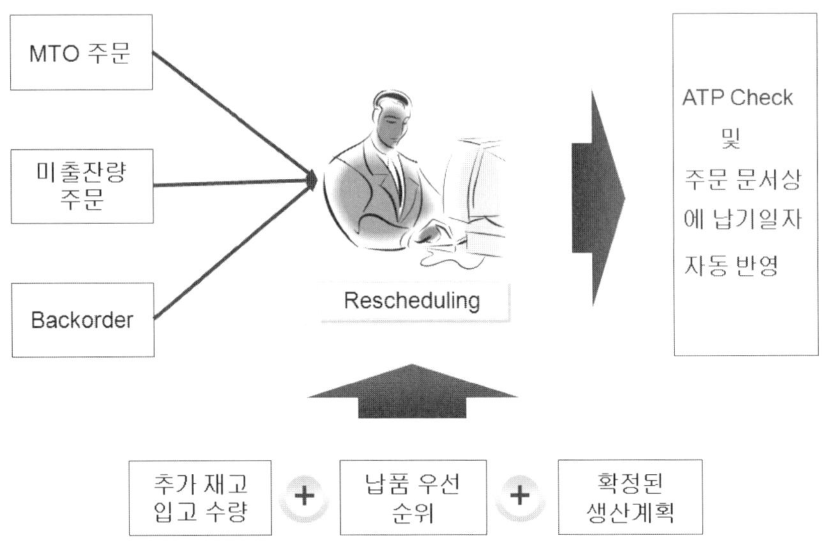

[그림 7-42] Backorder 처리를 위한 Rescheduling

Rescheduling은 [그림 7-43]에서 볼 수 있듯이 제품별로 가능하며, 필요시에 전체 공장(Plant) 단위로도 가능하다.

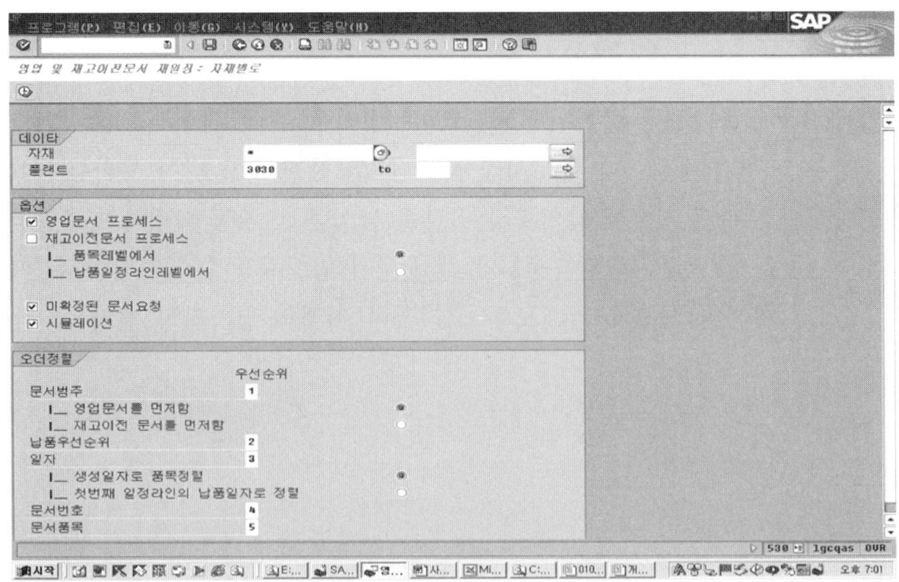

[그림 7-43] Backorder 처리를 위한 Rescheduling 초기 화면

3.4 배송

(1) 출하 및 운송 관리 개요

출하 일자가 도래한 주문내용은 출하예정 리스트에 등재된다. [그림 7-44]에 나타난 바와 같이 주문을 받은 물량의 출하는 출하지시, 피킹, 포장, 제품출고의 단계를 거친다. 고객의 요청이나 납품업체의 상황에 따라, 영업오더의 출하일자를 기준으로 하나의 주문이 여러 개의 출하지시서로 나뉘어 배송될 수 있고, 또한 여러 개의 주문이 하나의 출하지시서로 취합될 수도 있다.

출하지시서 생성 시 자동으로 가용성 점검과 여신점검이 다시 이루어지며, 제품 가용일이나 배송 일정에 대한 계획을 수행한다. 출하요청은 정의된 운송계획 지점에서 통합 관리되고, 출하요청 물량을 운송사/운송수단에 지정하여 일반정보를 관리하고, 운송계획을 수립한다.

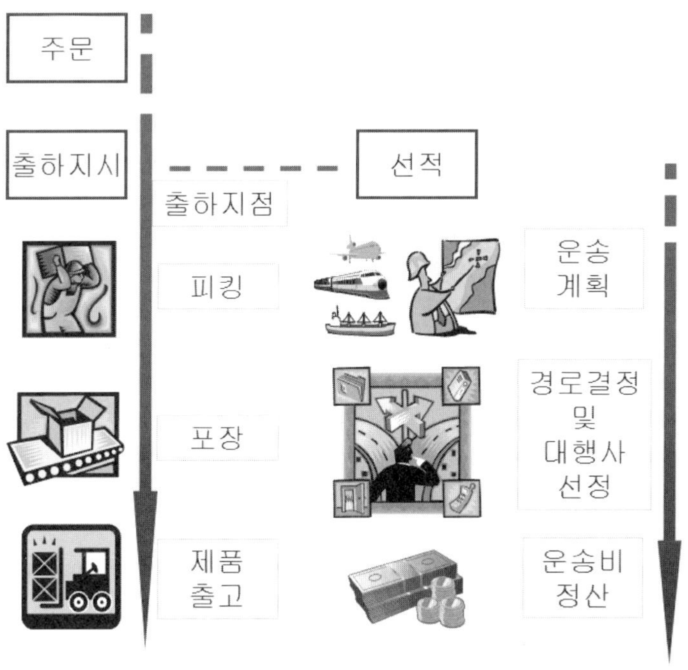

[그림 7-44] 출하 및 운송관리 기능

운송관리에서는 전체 운송 프로세스를 통제/감독하며, 여러 배송을 하나의 선적

으로 그룹 짓거나, 하나의 배송을 여러 개의 선적으로 나누어 관리하고, 운송형태, 운송업자, 선적마감일을 관리한다.

유통 경로를 위한 선적 단계는 [그림 7-45]에서 와 같이 공장, 출하지점, 거래처의 위치 등을 감안하여 여러 구간이나 단계로 설정된다. 출하요청을 근거로 작성된 운송문서에 운송 수단 및 운송 회사를 배분하고 운송 문서별 운송일정을 관리한다. 또한 운송 계약을 위한 기준정보, 운송비 계산, 대행사와의 비용 정산 등을 통해 비용을 최소화하는 기능을 지원한다. 그리고 거래처별, 납품 장소별 출하 현황에 대한 실시간 모니터링도 가능하다.

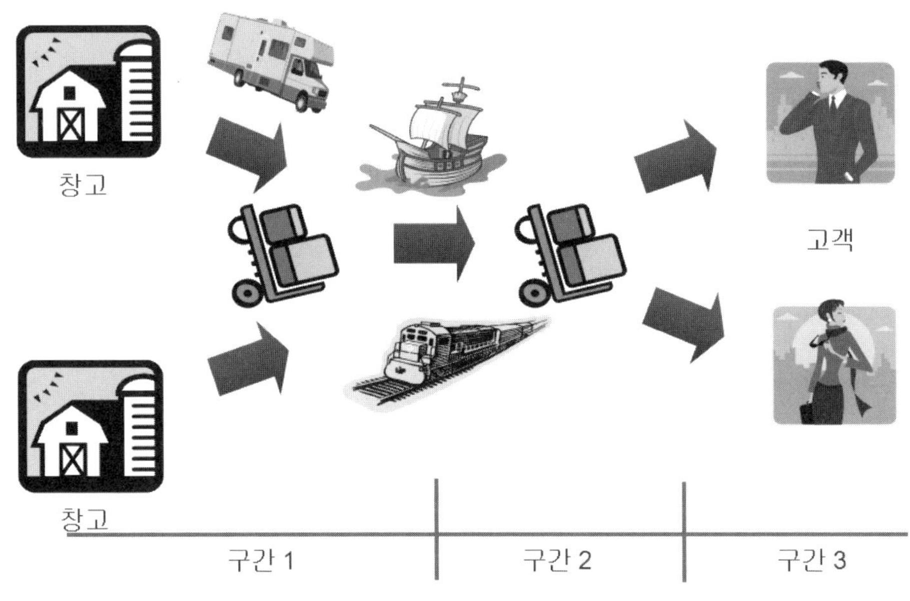

[그림 7-45] 구간별 운송관리와 모니터링

(2) 납품문서 생성

이 단계에서는 납품문서(Delivery Document)를 생성하고 피킹(Picking) 또는 이전오더(Transfer Order)를 생성하며, 필요 시 포장(Packing)을 하고 출고전기(Posting Goods Issue)를 한다.

납품문서 생성은 모든 출하 활동의 시작을 의미하고 자동창고 사용 시에는 납품문서를 참조하여 이전오더(Transfer Order)를 생성하는 것이 필요하다. 또한 피킹 시에 배치(Batch)나 평가유형(Split Valuation)을 적용하는 제품의 경우에는 해

당 필드에 적정한 배치나 평가유형을 선택해야 한다.

제품 출고전기(Posting Goods Issue)가 이루어지면, 자동으로 창고재고의 감소, 재고자산 갱신, 출하요구 감소 등의 재고정보와 출하정보가 갱신된다. [그림 7-46]에서 보듯이 영업오더의 진행상황이 자동으로 갱신되고 대금청구 예정리스트가 생성된다. 영업, 재고, 회계 관리가 통합되어 출고 일자 기준으로 출고 후 자동으로 회계로 연결되어 재고 금액이 회계 계정에 즉시 반영되며, 실시간으로 조회된다.

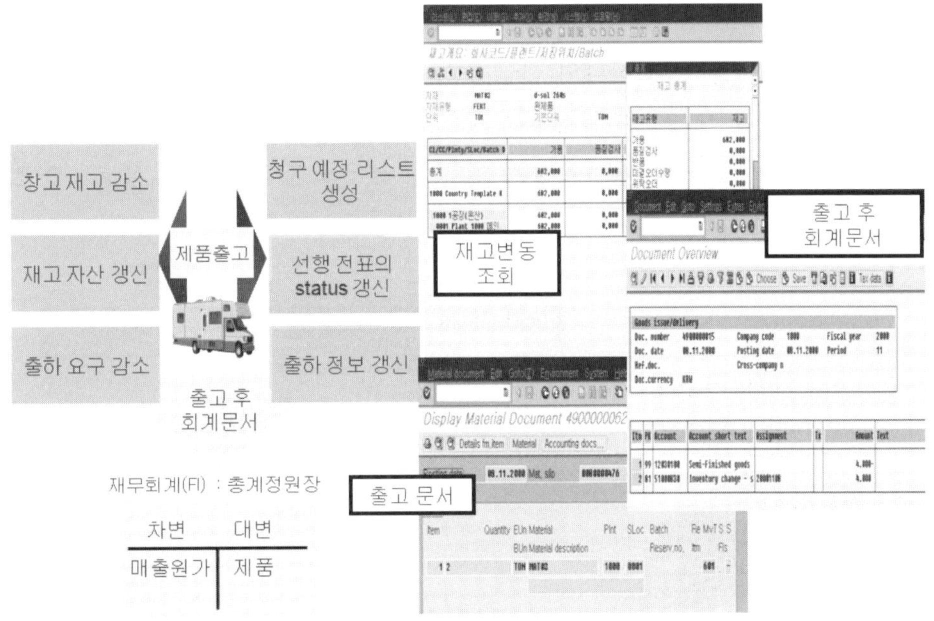

[그림 7-46] 출고 전기의 영향

요약하면, 출고전기(Goods Issue)는 실물 출하 신호로 매출원가를 확정하며 다음과 같은 기능을 수행한다.

- 재고수량 감소
- 재고평가 금액 변동을 재고 계정에 반영
- 납품 요구수량 감소
- 영업주문 및 납품 문서흐름 갱신
- 대금청구 예정리스트 작성

이러한 기능은 SAP ERP의 통합성을 잘 보여주고 있다.

3.5 대금청구

(1) 대금청구의 개요

주문 정보와 납품 정보를 기반으로 대금청구서 생성, 차변/대변 메모 생성 및 대금청구서의 취소 등을 지원한다. 대금청구서 생성 시에 가격 재결정을 수행하며, 회계부분과 연결되어 대금청구 문서가 생성되면 총계정원장, 손익/수익성 분석 및 비용 계정 등의 전표가 동시에 생성된다.

여러 영업오더를 묶어 하나의 대금청구 문서를 작성할 수 있으며, 또한 여러 납품문서를 묶어 하나의 대금청구 문서를 생성하는 기능을 지원한다. 주문 거래별로 대금청구를 수행하는 기능과 월 단위 등으로 한 번에 대금청구를 수행하는 기능을 지원한다.

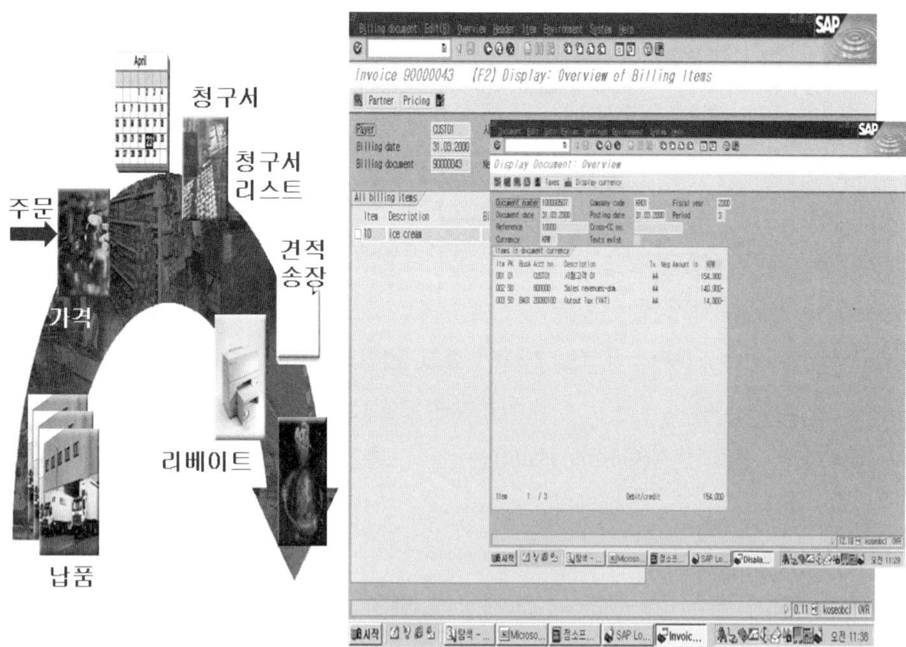

[그림 7-47] 대금청구 기능

대금청구는 매출을 확정하고 수익성을 기록하는 단계이다. [그림 7-48]에서 볼 수 있듯이 이 단계에서는 매출을 기록하는 회계문서가 생성되고, 연관된 모든 영업문서 상태와 고객 여신이 갱신되며, 영업정보시스템(SIS)에 매출 통계를 갱신시키고 수익성 분석 등 관리회계 자료도 갱신된다.

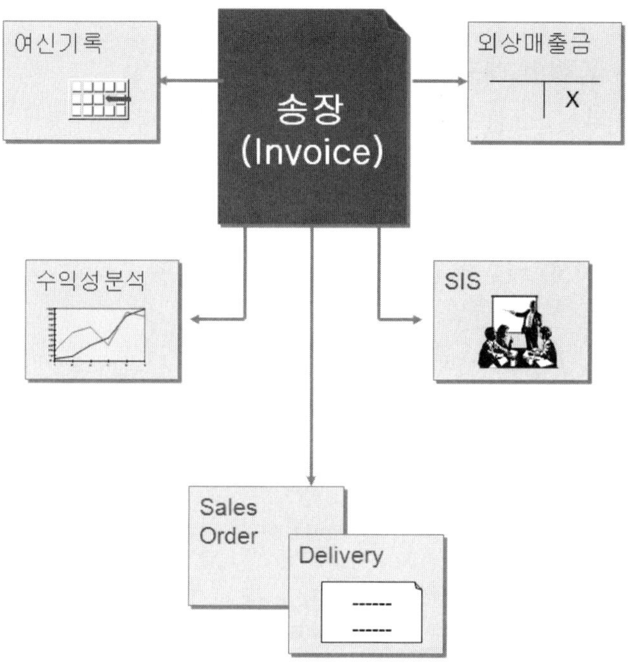

[그림 7-48] 대금청구의 영향

대금청구에서는 송장(Invoice) 작성, 대변메모(Credit Memo)와 차변메모(Debit Memo)의 생성, 대금청구 취소(Billing Cancel), 대금청구 내역의 회계부문 전송 등의 기능이 가능하다.

송장이 생성된 이후에 세금계산서는 별도 출력이 필요하다. 또한, 대금청구 취소를 통해 업무를 종료시킬 수 있으며, 영업오더의 가격을 변경하고 수정된 금액으로 대금청구를 할 수도 있다. 또한 대변메모 요청 또는 차변메모 요청으로 각기 대변메모와 차변메모를 생성함으로써 외상매출금을 감소시키거나 증가시킬 수 있다.

요약하면 대금청구(Billing)는 매출을 확정하고 수익성을 기록하는 단계이며 아래와 같은 기능을 수행한다. 여기서도 SAP ERP의 통합성을 실감할 수 있다.

- 매출기록 회계문서 생성
- 연관된 모든 영업문서 상태 갱신
- 고객 여신기록 갱신
- 영업정보시스템(SIS)에 매출 통계 갱신
- 수익성 분석 등 관리회계 자료 갱신

(2) 다양한 유형의 대금청구

[그림 7-49]부터 [그림 7-52]까지는 대금청구의 다양한 유형과 이에 대한 처리 프로세스를 나타내고 있다. 일반적인 표준영업오더에서는 [그림 7-49]와 같은 출하에 기초한 대금청구가 이루어지지만 현금판매오더나 제3자 직송오더 등의 오더유형에서는 [그림 7-50]과 같은 영업오더에 기초한 대금청구가 이루어진다.

그 이외에도 [그림 7-51]에서 볼 수 있는 대금청구 취소나 가격변경 후의 대금청구 기능, 그리고 [그림 7-53]에 나타나있는 일정기간의 판매량이나 판매금액에 기초하여 리베이트를 주는 소급 대금청구 기능이 필요할 것이다.

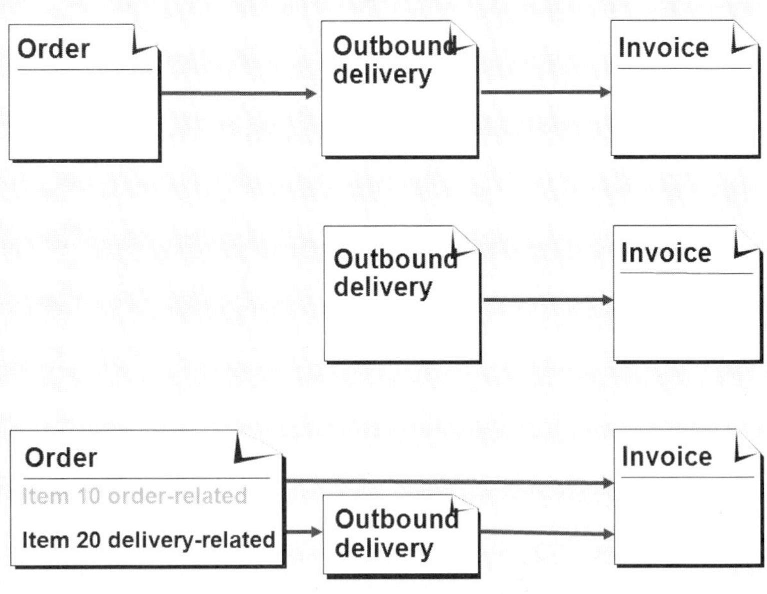

[그림 7-49] 출하에 기초한 대금청구 유형 처리

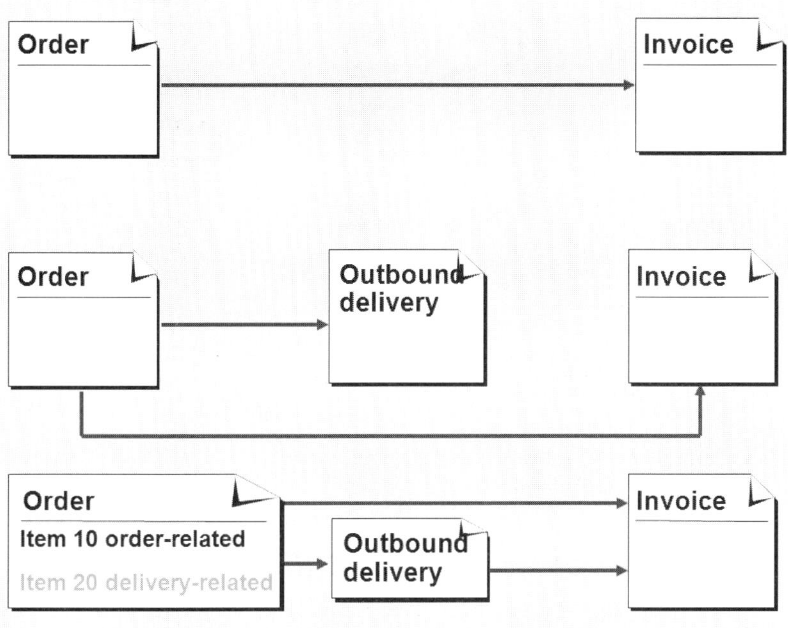

[그림 7-50] 영업오더에 기초한 대금청구 유형 처리

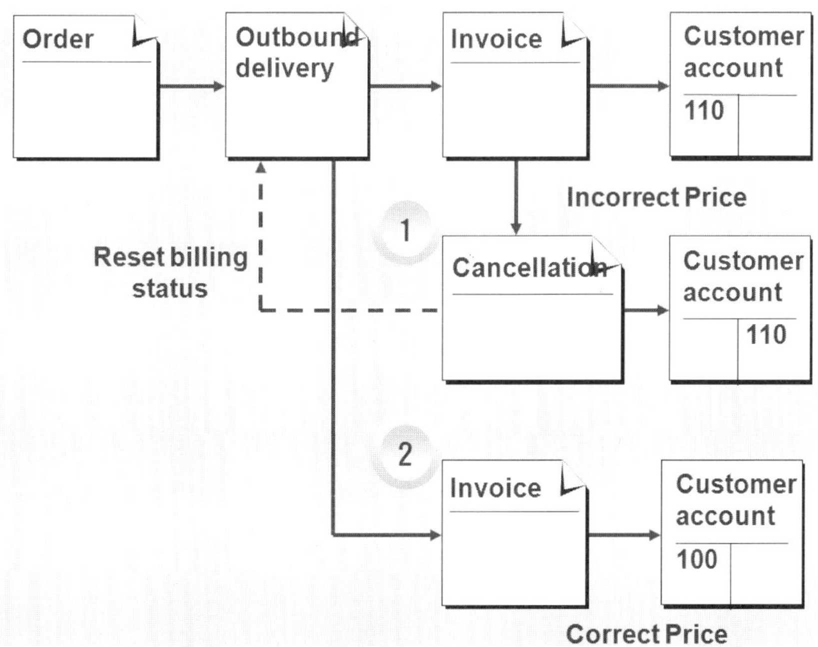

[그림 7-51] 대금청구 취소 처리

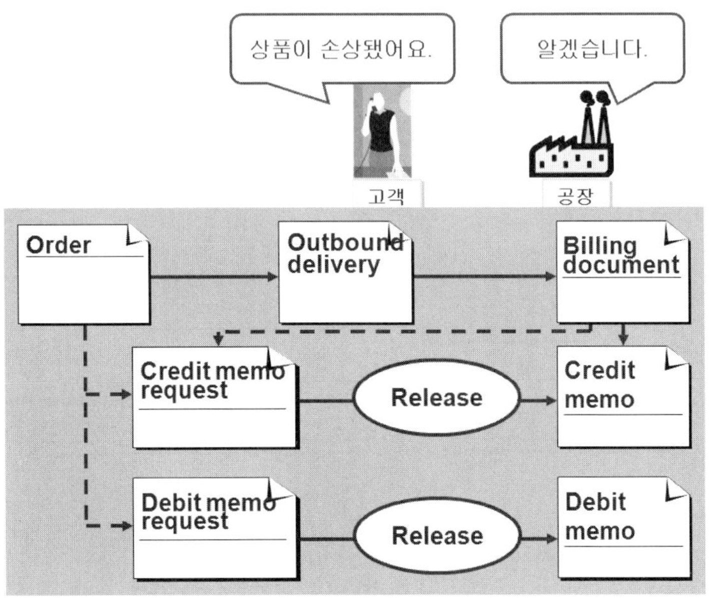

[그림 7-52] 대변메모와 차변메모에 의한 대금청구 기능

무상납품, 반품, 교환, 매출채권 조정 또는 이들 프로세스를 조합하여 다양한 대금청구 처리 형태를 지원한다. 무상납품은 무상으로 제품을 고객에게 제공하는 것으로 제품 출하에 대한 재고관리를 수행하나 청구문서는 작성하지 않는다. 반품은 출고된 제품을 재반입 처리하고, 해당 고객에 대하여 채권 상계 등의 회계처리를 수행한다.

[그림 7-52]와 같이 대변메모 요청이나 차변메모 요청에 의해 매출채권조정 요청을 하여 제품에 대한 재 입고 처리없이, 해당 고객에 대한 채권 상계 등의 회계 처리만 수행할 수 있다. 또한 반품 대금청구 기능을 수행하면 실시간으로 재고의 입/출고 및 회계처리가 자동으로 이루어진다.

[그림 7-53]에 나타나 있듯이 고객에 대한 일정 기간의 판매량을 기초로 하여 특별할인을 지원한다. 고객과 소급 계약을 체결하고 소급 대상자, 소급이 계산되는 기준, 계약 기간 등에 대해 정의된 조건들을 기반으로 소급 대금 청구가 수행되며, 고객별, 제품별, 고객그룹별 소급금액이나 퍼센트 등의 다양한 조건을 지원한다. 소급 금액 및 퍼센트는 가격 산정 시에 가격 기준정보 및 가격 기준 공식을 이용하여 결정되며, 소급 대금 청구(리베이트)에 대한 회계 전표가 자동으로 생성된다.

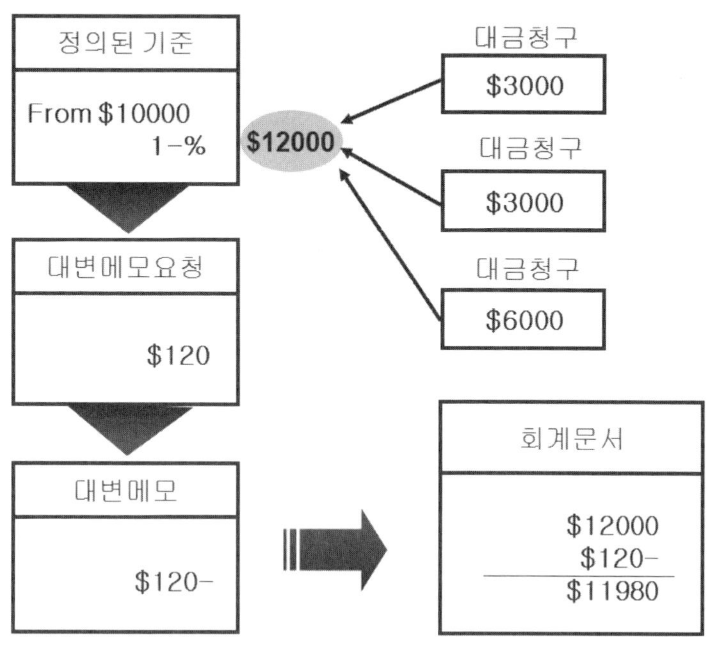

[그림 7-53] 대변메모에 의한 리베이트 처리 영향

3.6 채권 반제(Payment)

고객주문관리 사이클의 마지막 단계이다. 고객 입금에 의한 채권 반제가 대부분이겠지만 고객이면서 공급업체인 어떤 회사와의 관계가 있다면 채무와 상계 시키는 채권 반제도 존재한다. 재무회계 모듈에서 채권 반제가 이루어지는데, 반제된 내용은 영업오더의 문서흐름에서도 조회하여 볼 수 있다. 또한, 채권은 고객계정에서 반제되면서 동시에 여신관리영역(CCA : Credit Control Area)과 유통경로 단위에서 발생하고 반제된다.

기업에서는 은행 등과 펌뱅킹을 통해 실시간으로 채권 반제를 시킬 수도 있고, 고정거래 고객(대리점 등)의 경우 고객계정+CCA+유통경로 단위의 가상계좌를 부여하여, 가상계좌 입금액이 매일 3~4회 자동 인출 및 채권 반제 처리되도록 만들 수도 있다. 또한 채권과 채무의 상계 처리는 회계부서에서 직접 처리할 수도 있고, 영업관리부서에서 반제처리를 하여 전표를 발행한 후 회계부문에 전송시켜서 확정시킬 수도 있다.

연습문제

01 영업영역(Sales Area)의 개념을 서술하고, 영업영역을 구성하는 3가지 요소들을 기술하시오.

02 영업영역(Sales Area)에 관한 설명 중 틀린 것은 무엇인가?

① 각종 실적 보고와 가격결정 단위 조직으로 관리

② 영업 문서 생성에서는 반드시 하나의 영업영역 정보를 입력해야 함

③ 하나의 영업영역은 반드시 하나의 공장(Plant)에만 할당 가능함

④ 영업영역의 구성요소는 Sales organization, Distribution Channel, Division임

03 다음 중 영업조직을 상위조직에서 하위조직으로 바르게 연결한 것은 무엇인가?

① Sales organization – Sales group – Sales office

② Sales organization – Sales office – Division

③ Sales office – Sales group – Sales organization

④ Sales organization – Sales office – Sales group

04 다음 중 영업 관련 조직 중의 하나인 제품군(Division)을 바르게 설명한 것은 무엇인가?

① 판매 자재가 어떠한 방법으로 고객에게 전달될 것인지를 결정하는 조직 단위

② 배송 자재와 서비스, 판매 조건 협상을 담당하는 조직 단위

③ 유통 관리와 특정 판매 자재의 수익성 모니터링을 위해 설정된 제품을 구분하는 조직 단위

④ 같은 경로로 판매될 수 있는 모든 자재를 그룹화 하는데 사용하는 조직 단위

05 다음이 의미하는 영업조직체계는 무엇인가?

- 판매 자재가 어떠한 방법으로 고객에게 전달될 것인지를 결정하는 조직 단위
- 한 회사가 어떠한 방법으로 거래를 촉진시키고, 유통 상 어떠한 조직이 연루되어 있는지 정의하는 조직단위

① Sales Office

② Sales Group

③ Division

④ Distribution Channel

06 SD 모듈에서 사용하는 기준정보를 3개 이상 쓰시오.

07 다음은 고객 기준정보에 대한 설명이다. 다음 중 바르지 않은 것은 무엇인가?

① 회사와 접촉하는 비즈니스 파트너에 관한 정보를 담고 있다.

② 일반데이터 뷰의 정보는 하나의 Company Code 내 영업조직에 균일하게 적용되는 데이터이다.

③ 판매/물류 데이터는 하나의 영업조직 내에 한정되는 데이터이다.

④ 고객 기준정보는 영업 활동 지원을 위한 고객 정보 관리를 위해 사용한다.

08 고객 기준정보의 구성이 바르게 정의된 것은 무엇인가?

① 회사코드 데이터 – 일반데이터 – 영업영역데이터

② 클라이언트 데이터 – 회사코드데이터 – 일반데이터

③ 일반데이터 – 영업영역데이터 – 구매영역데이터

④ 일반데이터 – 회사코드데이터 – 구매영역데이터

09 다음은 ERP의 물류(판매, 구매, 생산, 물류) 프로세스를 정리한 것이다. 빈칸에 들어갈 프로세스를 적으시오.

> "고객주문 수주 → 고객 주문 수량 / 재고 확인 → (재고 부족 시) (　　　　　) → 계산된 원자재 소요량을 구매 → 구매한 원자재 생산 공장으로 입고 → 생산으로 반영 → 생산 실행 → 완제품 생산 → 창고로 이동/적치 → 상품 출하지시 → 출고 → 회계 반영"

10 다음은 고객 주문접수 시 동시에 확인/처리하는 기능을 정리한 것이다. 맞는 것을 모두 고르시오.

① 출하지점 결정　　② 가격 결정

③ 제품 가용성 확인　　④ 여신 한도 확인

11 고객 주문에 포함되는 내용이 아닌 것은 무엇인가?

① 고객, 자재 정보　　② 생산정보

③ 대금청구 정보　　④ 가격조건

12 다음의 3가지가 공통적으로 의미하는 영업/유통 모듈 관련 용어를 쓰시오.

- 주문, 납품, 피킹, 출고전기 및 대금청구 등 이후 프로세스의 내용과 특성을 결정하는 키 값
- 이것에 따라서 주문입력 이후 업무처리 방법이나 기준이 달라진다는 것을 의미함
- 견적, 문의, 영업주문 등의 생성 시 후속 프로세스의 유형별로 항상 지정해야 함

13 다음의 3가지가 공통적으로 의미하는 영업 관련 용어를 쓰시오.

- 주문생성 시점에 납품이 가능한 일자를 확정하기 위해 재고가 필요한 일자에 사용가능한 자재가 있는지 확인하는 것
- 고객이 요청한 납품 일자에 주문 수량의 납품이 가능한지 확인하여, 가용한 재고가 있는 경우 주문 오더에 할당하는 작업
- 현재의 재고 뿐 아니라 미래의 입고 및 차감될 재고요소까지 고려함

14 영업문서가 발생하는 단계를 표시한 것이다. 괄호 안에 들어갈 용어를 각각 쓰시오.

문의(Inquiry) → (　　　　　　) → 영업오더(Sales Order) → 출고지시(Delivery Order) → 제품 출고(Good Issue) → (　　　　　)

15 영업 문서의 구조는 크게 세 가지 영역으로 나눌 수 있는데, 영업문서 구조에 대한 설명에서 괄호 안에 들어갈 용어를 쓰시오.

- (　　　　　)은/는 주문문서 전체에 대한 고객과 관련된 정보를 관리
- (　　　　　)은/는 고객으로부터 주문된 자재와 수량에 관한 정보를 관리
- 납품일정라인은 납품일자별 수량과 같은 납품관련 정보를 관리

16 납품(Outbound Delivery) 프로세스를 구성하는 단계를 순서대로 알맞게 짝지은 것은 무엇인가?

① Delivery Note – Picking – Goods Issue

② Billing – Delivery Note – Goods Issue

③ Delivery Note – Picking – Goods Receipt

④ Goods Issue – Packing – Picking – Delivery Note

17 영업 문서 생성에 대한 설명 중 바르지 않은 것은 무엇인가?

① 선행문서 내용을 복사하여 신규 문서를 생성할 수 있다.

② 영업문서는 전체 처리 내역을 문서흐름에서 확인할 수 있다.

③ 고객 기준정보는 반드시 입력해야 한다.

④ 영업 문서 생성 시 재고 유무는 확인할 수 없다.

18 출고전기(Goods Issue)의 효과가 아닌 것은 무엇인가?

① 매출을 확정하고 수익성을 기록하며 세금계산서 산정의 기준으로 한다.

② 실물 출하 신호이므로 매출원가를 확정한다.

③ 납품 요구수량이 감소하고 대금 청구 대상 리스트를 작성한다.

④ 영업주문, 납품문서 흐름이 갱신된다.

19 영업 모듈의 주문유형(Order Type)에 대한 설명 중 틀린 것은 무엇인가?

① 주문, 납품, 피킹, 출고전기 및 대금 청구 등의 이후 프로세스의 내용과 특성을 결정하는 키 값이다.

② 영업문서를 생성할 때 필수 입력 항목이다.

③ 주문 입력 이후 업무 처리 방법이나 기준이 달라진다는 것을 의미한다.

④ 오더 유형이 다르더라도 동일한 화면구성을 제공한다.

20 고객 마스터에서 파트너 기능(Partner Function)을 사용하는 목적은 무엇인가?

21 SAP ERP에서의 조건 마스터는 가격 기준정보를 의미한다. 조건마스터를 구성하는 4가지 구성요소를 쓰시오.

22 영업오더를 만들 때 여신점검을 해보니, 고객의 여신한도가 90,000,000원이며, 대금청구를 하여 외상매출금이 120,000,000원이 발생하였고, 출고 후 대금청구 미실행액이 20,000,000원이며 만기가 도래하지 않은 어음액(특별부채)이 40,000,000원이라고 가정하자. 귀하가 영업사원이라면 이 고객에게 30,000,000원의 추가 영업오더를 받을 수 있을 지에 대한 이유를 기술시오.

23 영업오더를 받을 때 A자재 100개가 고객이 원하는 날짜에 가용한 지 가용성 점검을 해보니 A자재의 실물재고와 Plant간 이동재고, 구매오더를 합한 자재 숫자가 A자재의 기할당된 재고와 종속소요량, 그리고 예약(Reservation)을 합한 자재 숫자보다 500개 많았다. 영업사원 입장에서 어떻게 할 것인가?

※ 다음 그림을 보고 답하시오.

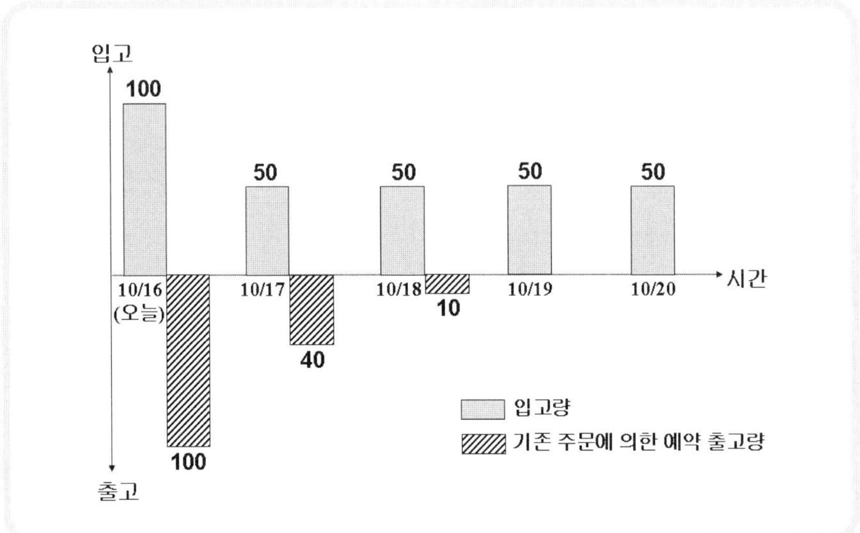

24 오늘(10/16) 평소 자주 거래하는 단골 고객 A로부터 2일후(10/18)까지 120 개의 제품을 구입하고 싶다는 문의를 받았다. ERP 시스템을 통해 영업오더를 생성하기 위하여 우선 가용성 점검을 진행할 경우, 고객 희망하는 날짜(10/18)까지 해당 고객에게 약속할 있는 제품 수량은 몇 개인가?

25 오늘(10/16) 제품 구입을 문의해 온 고객 A가 반드시 제품 120개를 모두 한꺼번에 구입하는 것을 원한다면, 해당 고객에게 판매가 가능하다고 제안할 수 있는 날짜는 언제부터인가? 120개의 제품 판매가 가능해지는 첫 날짜를 구하시오.

26 SD 모듈의 Backorder란 무엇이며, Backorder를 처리하는 2가지 방식의 장단점을 설명하시오.

27 ERP 시스템의 SD 모듈에서 피킹(Picking)이란 무엇인가 간략히 쓰시오.

28 대금청구(Billing)의 결과와 효과를 기술하시오.

29 SAP Billing에서 대변메모(Credit Memo)를 만들어 사용하는 경우를 모두 설명하시오.

다음을 읽고 O, X로 답하시오.

30 SAP ERP의 SD모듈에서 조직 구조를 살펴보면, 공장(Plant)과 영업 조직(Sales Organization)은 N : M의 관계성을 갖는다.(○ , X)

31 인도처(Ship-to Party)로만 마스터 등록해 놓은 고객은 판매처(Sold-to Party)로 사용할 수 있으나 판매처로 등록해 놓은 고객은 인도처로 사용하지 못한다.(○ , X)

32 ERP 시스템의 SD 모듈에서는 원자재 구매 및 원자재 재고 관리, 생산 관리 등의 업무를 관장한다.(○ , X)

33 SAP ERP 시스템의 PP 모듈에서, 주문생산(Make-to-Order)의 형태로 생산하는 제품을 위하여 고객으로부터의 영업 주문에 의하여 생산 계획을 세우는 것이 기본이다.(○ , X)

34 ERP 시스템의 SD 모듈에서, 고객으로부터 주문을 받아 영업오더를 생성할 때 해당 고객의 여신 정보를 조회하고 점검할 수 있다.(○ , X)

35 출하 처리 시에 피킹 처리만 하여도 재고 계정이 감소하고 외상매출금이 발생한다.(○ , X)

제8장 ERP의 추진 및 변화관리 사례

1. 볼보 건설기계 코리아의 프로세스 혁신 사례

국내 기업중에서 가장 성공적으로 ERP를 구축한 회사 중 하나인 볼보 건설기계 코리아(Volvo Construction Equipment Korea)는 해외에도 많이 알려진 상태이고, 볼보그룹 내에서도 현재 벤치마킹의 대상이 되어 한국의 시스템을 역으로 유럽 및 중국의 볼보 그룹사로 전파구현(Roll-Out) 시켜 나가고 있다.

1.1 ERP 프로젝트 추진과정

볼보사가 ERP 구축을 결정하게 된 동기는 그 당시 Y2K 문제에 직면하고 있었고 단위 시스템을 통합해야 하는 상황 때문이었다. SAP ERP로 구축한 모듈은 판매관리(Sales& Distribution), 생산계획(Production Planning), 자재관리(Material Management), 설비관리(Plant Maintenance), 품질관리(Quality Management), 서비스관리(Service Management), 창고관리(Warehouse Management), 관리회계(Controlling), 재무회계(Financing), 자산관리(Asset Management) 등 10개 모듈이며 제조현장관리시스템(Shop Floor Control System)을 별도로 개발하여 ERP와 인터페이스를 시켰다. 모듈 구축을 끝낸 상태에서 통합 재무제표를 구성하고, 웹 연결 방식인 BAPI(Business Application Program Interface)를 활용하여 딜러와 고객, 협력사와 은행을 인터넷과 EDI로 연결하였다. 본사와 해외 판매회사, 관계사와 미들 웨어로 연동시켰으며, HR 관련 시스템은 구축을 하지 않고 아웃소싱(Outsourcing) 업체에서 개발한 인사시스템을 그대로 사용하여

FI 모듈과 연동시켰다.

1단계 프로젝트의 추진일정은 아래 [그림 8-1]와 같다.

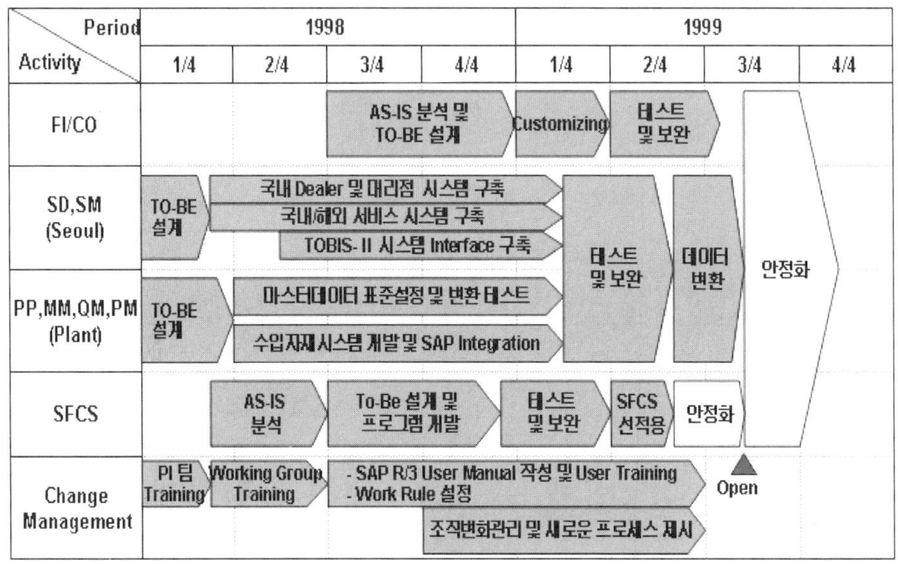

[그림 8-1] 1단계 프로젝트 추진일정

시스템 가동 후 2개월 정도는 PI 추진 인력과 현업이 매일 자재 입출고에 대한 오류 및 자재 재고를 맞추어 나갔다. 이렇게 하면서 점차 데이터는 안정되어 갔고, 현재까지 사용되었던 기존 시스템과 SAP ERP 시스템간의 개념적인 차이를 이해하게 되었으며, 마스터데이터의 중요성을 인식하게 되었다.

그러나 이때까지만 해도 업무 프로세스 지향적인 사고가 아닌 모듈의 기능구현 및 이해에 그쳐 경영성과로 연결시키기 어려운 단계였으며, 국내의 대부분의 ERP구현 업체들이 이와 비슷한 상황에서 ERP를 구현하는 당시에는 ERP의 기능구현 및 이해에 주력하면서 사업성과로 연결시키지 못하게 되는 실정이다.

볼보사는 이러한 과정을 거치며 사업목표가 실제 결과로 연결될 수 있다는 확신을 갖게 되었으며, ERP구축으로 단위 정보시스템을 통합한 데 그치지 않고, Post-ERP 혁신활동을 통해 프로세스 개선이 사업성과로 이어지도록 할 필요성을 절실히 인식하게 되었다.

1.2 프로세스 혁신과정

구축 단계 후 프로세스 혁신의 필요성을 인식하고 BPR(Business Process Reengineering)을 추진하기로 결정하였다. BPR은 비용, 품질, 서비스, 업무속도 등의 기업의 핵심요소를 극적으로 향상시키기 위하여 업무 프로세스를 근본적으로 다시 생각하여 완전히 새롭게 재설계하는 것이다.

CEO의 강력한 추진의지에 따라 가동 후 2개월 만에 Phase Ⅱ Post-ERP 프로젝트가 시작되었다.

(1) 프로젝트의 목표

프로세스가 무엇보다도 중요하기 때문에 "Lets Re-Design Volvo"라는 슬로건을 바탕으로 비즈니스 프로세스를 재설계함으로써 동종 업계뿐만 아니라 볼보 그룹 내에서는 벤치마킹의 대상이 되는 회사가 되자는 목표로 99년 9월 당시 CIO가 리더를 맡아 본격적인 개선활동을 시작하게 되었다.

(2) 프로세스별 개선 과제의 선정

프로세스를 재설계하면서 볼보그룹에서 적용하고 있는 아래와 같은 5개 메가 프로세스를 그대로 적용하여 볼보사의 기준으로 정립하고, 프로세스의 처음과 끝을 정하여 프로세스 오너를 결정하였다.

- 제품개발(Product Development) : 제품을 개발하는 프로세스로서 시장조사로부터 제품을 개발하여 시장에 도입되기까지의 프로세스
- 판매 및 수주(Sales to Order) : 고객을 발굴하고 수주를 받아서 제품을 판매하는 프로세스
- 생산 및 출하(Order to Delivery) : 수주를 받아서 생산을 한 후 고객에게 납품하는 프로세스
- 배송 및 재구매(Delivery to Repurchase) : 납품을 한 후에 서비스를 통하여 고객을 만족스럽게 지원하여 재구매를 할 때까지의 프로세스
- 경영관리(Business Administration) : 품질, HR, 재무, 원가, IS/IT 등의 지원

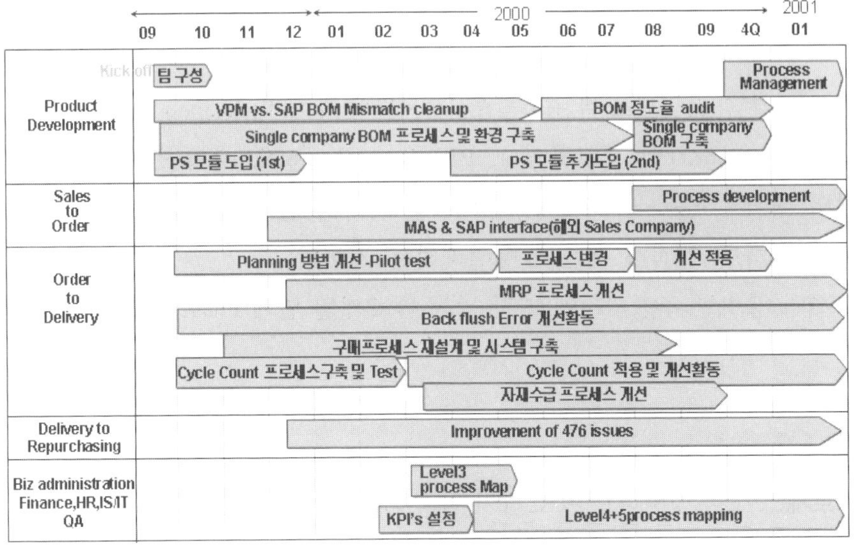

[그림 8-2] 2단계 프로젝트 추진일정

각 메가 프로세스의 주요 활동은 아래와 같다.

① 제품개발(Product Development) 프로세스

제품개발 프로세스의 목표를 우선 정하고, 잘되어야 하는 성공요인이 무엇인지 분석하여 성공요인을 측정하는 KPI를 선정해야 했다.

신제품 개발기간을 현재는 26개월인데 23개월로 줄이자는 목표를 정하여 그 개선 과제로서 신제품 개발 프로세스를 재정립 하였고, Collaboration 제품개발이 이루어지도록 제품개발 단계부터 협력업체가 참여하게 하였으며, 도면 및 개발정보를 실시간(Real Time)으로 공유하기 위해서 시스템을 보완하였다.

이와 더불어 BOM의 정확도를 높이는 활동을 하였는데, 설계에서 선정한 부품과 현장에서 사용하는 것이 다른 경우, 자재를 관리하는 입장에서는 재고차이의 원인이 되기 때문에 정확도를 86%에서 98%로 높이자는 목표를 선정하였고, 개선과제로서 Single Company BOM을 구축함으로써 이를 달성하였다.

BOM은 용도에 따라 설계, 제조, 서비스용으로 구분되어 별도 DB로 구축하던 것을 한 회사의 BOM은 오직 한 개라는 개념으로 [그림 8-3]에서 볼 수 있는 바와 같이 Single Company BOM이라는 용어를 붙여 하나의 DB에 설계/생산/서비스 BOM을 일원화시키고, VPM(Virtual Product Model)이라는 PDM시

스템에 통합하여 구축하였고, 각 용도별로 연계되어 조회되도록 하였다.

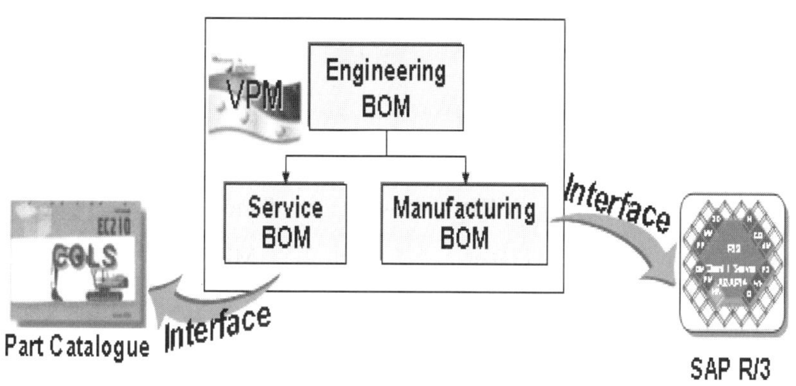

[그림 8-3] 설계/생산/서비스 BOM의 일원화

선택사양(Option Code) 단위로 생산계획을 수립하는데 영업에서 사용하지 않는 옵션이 너무 과다하여 업무 효율화 측면에서 불필요한 선택사양을 삭제하고 최적화를 시켰다.

그리고 연구개발 프로젝트 관리를 효과적으로 하기 위하여 SAP ERP의 PS 모듈을 추가로 적용하여 설계 공수 및 개발 비용을 산출하도록 하였다.

② 판매 및 수주(Sales to Order) 프로세스

Sales to Order 프로세스에서는 옵션이 포함된 완성품의 수요예측 정확도를 KPI로 선정하였으며, 납기일정 준수를 위하여 고객 요구일과 납기 약속일을 실제 선적실적과 대비하여 비교 되도록 하였다.

해외의 판매 법인들로부터 주문을 받는 시스템과 SAP ERP를 인터페이스 시킴으로써 시스템간 통합을 이루고, 오더 후 진행상황 및 생산상황이 실시간으로 조회될 수 있도록 하였다.

또한, 오더를 신규로 만들 때 SAP ERP의 선택 사양별 자동 가격결정(Automatic Pricing) 및 원가(cost) 분석을 통하여 다양한 선택 사양의 변화에 따라 가격과 제조원가를 즉석에서 볼 수가 있어, 판매 시 얼마의 이익이 나는지를 사전에 파악할 수 있게 되었다.

③ 생산 및 출하(Order to Delivery) 프로세스

Order to Delivery 프로세스는 수주 후 선적기간을 기존 5주에서 3주로 목표를 정립하고 고객에 대한 납기회신을 48시간으로 정하여 프로세스를 재설계하였으며, 오더에 대한 생산 진행상황이 실시간으로 제공되도록 시스템을 구현하였다.

또한, MRP를 주1회에서 일일 MRP로 전환하여 오더의 변동상황이 신속하게 MRP에 반영되도록 하였다. MRP 운영시간(Run Time)이 시스템 가동시작 당시 3개의 공장에서 총 21 시간이나 소요되어 일일 MRP 수행이 불가능하였던 것을 지속적인 개선활동을 통하여 총 1.5 시간으로 줄였다.

프로세스를 재설계 하는 과정에서 중복 업무 방지 및 고객에 대한 대응력을 향상시키기 위하여 생산기획(Planning & Scheduling)팀과 오더데스크(Order Desk)팀을 신설하였고, 나중에는 마케팅 소속으로 있던 오더데스크를 공장의 생산기획팀으로 위치를 변경하였다.

④ 배송 및 재구매(Delivery to Repurchase) 프로세스

Delivery to Repurchase 프로세스는 서비스 긴급 오더 준수율 93%, 재고 확보 오더는 90% 달성목표로 추진하였다. 주기별 실사(Cycle Counting)를 실시하여 재고 정도율이 86%에서 93%로 향상되었다. 또한 서비스부품의 수요예측(Forecasting) 시스템을 별도로 도입하여 정확도를 향상시켰고, 계획(Planning) 방법을 개선하여 ERP시스템에 반영하였다.

⑤ 경영관리(Business Administration) 프로세스

영업부문, 생산부문, 서비스부문을 Sales Company, Production Company, Customer Support Company라고 명칭하며 완전한 독립채산제로 운영되도록 하고, 이에 따른 완성품 및 자재 이동에 대한 이전가격(Transfer Price)을 적용하도록 문화를 정착시키고 시스템을 변경한 것이 Business Administration 프로세스의 가장 큰 변화라고 할 수 있다.

또한 프로세스를 설계할 때 가장 중요한 요소로서 KPI(Key Performance Indicator)를 확립하고 이에 대한 Data Warehouse를 구축하는 것을 가장 큰 과제로 결정하였다. 모든 프로세스는 Input과 Output이 있는데 Output을 측정하

는 도구가 있어야 한다. KPI 는 프로세스의 Output을 측정하는 도구이며 측정되지 않는 것은 향상되지 않는다는 생각으로 KPI는 지속적으로 측정되고 관리되어야 한다.

우선 5대 메가 프로세스 별로 오너를 정하여 측정하고자 하는 KPI를 선정하였다. 또한 프로세스 오너는 서브 프로세스 별로 오너를 정하고, KPI 선정작업을 지속적으로 추진하여 290여 항목의 KPI 구조를 완성하였다. 또한 KPI를 산정하는 공식과 측정기준을 확립하였으며, 연도별 실적치를 측정하고 다음해의 목표치를 결정하였다.

[그림 8-4]는 KPI 기준을 설정한 예이다.

Process Name		KPI				Actual 2000	Target 2001	Time period	Remarks
		No	Dept	Name	Formula				
3,0	Order to Delive	1	Plant Manager	On time delivery	Complete ready to shipments on time / Promised ready to shipments	80%	95%	Week	KMAT & FERT
		2	Plant Manager	Customer's lead time	From S/O receipt to Ready to shipment	-	21 days	Month	
		3	Plant Manager	Inventory turnover days	12 months moving average inventory / 12 months moving SCOS X 360	38 days	38 days	Month	
		4	Plant Manager	Cost effect	Price level Effective period / 365	1,46 %	1,34 %	Month	
		5	Plant Manager	Price level	Yearly saving volume / Planned yearly volume	1,90%	2,23%	Month	
		6	Plant Manager	Productivity	Standard time / Operation time X 360	91,1 %	96 %	Month	
		7	Plant Manager	Werrant failures (KPI #27)	Number of failures warranty period(12months) / Number of machines during warranty period	2,51	2,11	Month	failures/uni
		8	Plant Manager	Pure warranty cost (KPI#26)	Total pure warranty cost/Warranty machine / Total SCOS/Sales machine X 100	1,52%	1,40%	Month	*SCOS:Standard cost of Sale
		9	Plant Manager	Accident-free	Accident-free attainable days		365 days	Days	
3,1	Plan production	10	Planning &Schedul	Production plan	Actual production / production plan X 100	98 %	99 %	Month	
		11	Planning &Schedul	Master schedule stability	Changed rate of production order within 3wee	%	%	Week	Based on start date
		12	Planning &Schedul	CBU Turnover days	# of inventory / 6 months moving average shipment X 30days	10 days	5 days	Month	Including K(

[그림 8-4] KPI 설정기준(예)

그리고, 선정된 KPI의 측정 데이터를 원하는 시간에 원하는 형식으로 시스템에서 자동으로 즉시 조회가 가능하게 하기 위하여 SAP ERP의 BIW(Business Information Warehouse)를 도입하여 1단계에서는 재무/원가부문을 2단계에서는 영업/물류 등 전 부문을 걸쳐 적용하였다. 그 결과로 추가로 Excel을 사용하여 1차, 2차 데이터를 가공하지 않고도 의사결정을 위한 객관적인 데이터가 모아짐으로써 경쟁우위를 가지며 사업을 운영하는데 필요한 합리적인 의사결정을 하게 되었다.

1.3 ERP구축의 효과

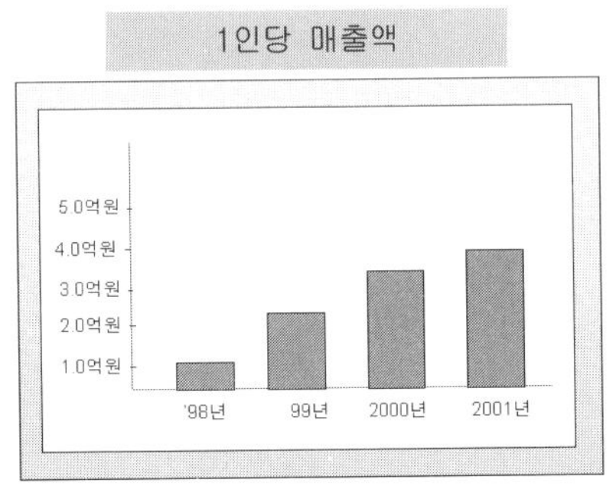

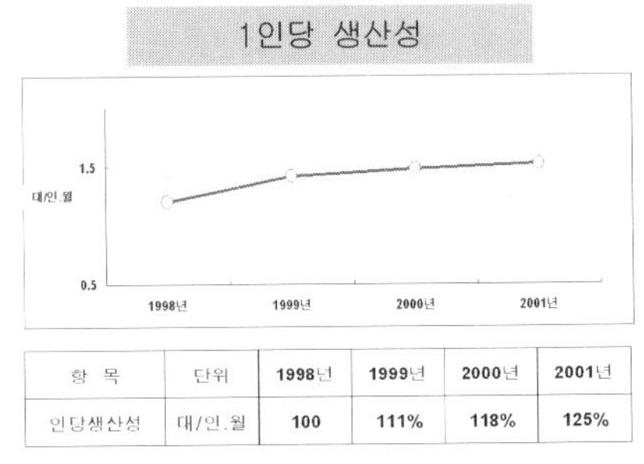

항 목	단위	1998년	1999년	2000년	2001년
인당생산성	대/인.월	100	111%	118%	125%

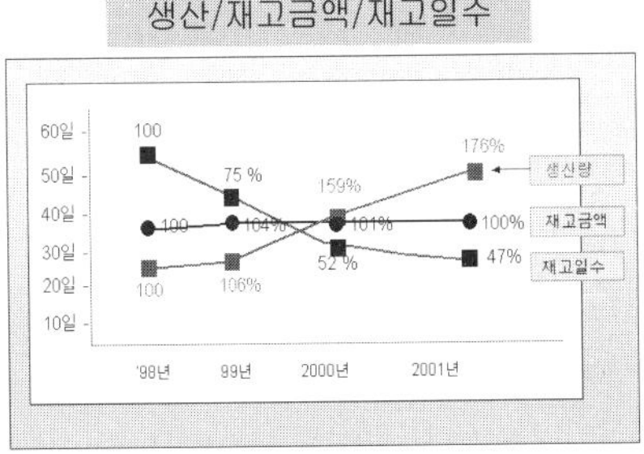

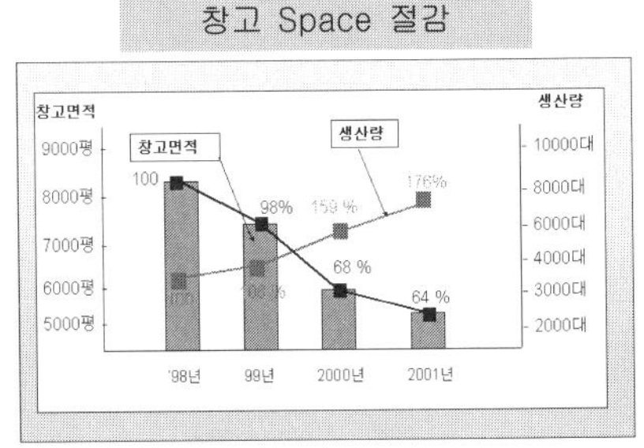

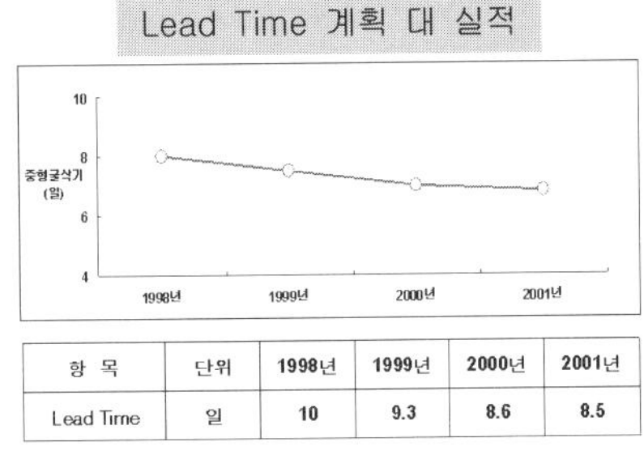

항 목	단위	1998년	1999년	2000년	2001년
Lead Time	일	10	9.3	8.6	8.5

[그림 8-5] 볼보사의 주요 KPI별 혁신효과

이 사례는 ERP를 통한 e-business 경영혁신 사례로서 주요 KPI를 분석한 효과를 보면, 삼성중공업 건기부문을 인수할 당시 4,500억원 정보의 매출액에 670억원의 적자에서 3년만에 300억원의 흑자를 달성하였으며, 그 이후에도 지속적으로 흑자를 내며 발전하여 왔다. 그리고 드디어 2007년에는 1조 6,000억원 정도의 매출액에 2,000억원이 넘는 흑자를 달성하였다. 또한 [그림 8-5]에서 볼 수 있는 바와 같이 종업원 1인당 매출액이 ERP를 가동하기 시작한 시점

에 2억여원에 불과하였지만, 프로세스 개선활동을 통하여 약 2배인 4억원으로 증가하였고 1인당 생산성도 향상되었다.

특히 자재의 재고회전률이 높아져 생산량이 증가하여도 재고금액은 늘어나지 않았고, 자재보관 창고의 면적도 현격히 줄어들었다. 자재 결품에 의한 생산중단의 사태가 거의 없어지고, 신속하고 정확한 정보전달체계의 정착으로 제품 생산 리드타임(Lead Time)이 짧아졌다.

2. 한국타이어의 ERP를 통한 책임 경영 구현 사례

2.1 회사 소개

한국타이어는 서울 본사와 대전공장 및 금산공장이 있고 미국의 뉴저지의 판매법인, 유럽에 네덜란드, 독일, 프랑스, 영국, 이태리, 스페인 판매 법인이 있으며, 일본, 호주, 캐나다에도 판매 법인이 있고, 중국의 강소, 가흥에 2개 생산 공장을 보유하고 있는 타이어 생산 업체이다.

미국경제의 장기 침체조짐과 급격한 달러 하락 속에서도 한국타이어는 최근까지 최대 매출과 이익의 신장을 거듭하고 있다. 1999년 미국 포드사 납품으로 해외 신차 시장 진출에 성공한 뒤 해를 거듭하며 볼보, 미쓰비시, 다이하츠를 포함한 세계 유수의 자동차 메이커에까지 납품을 확대시켰으며, 자회사인 중국법인도 중국 승용차 시장에서 높은 시장점유율을 보이며 선전하고 있다.

한발 더 나아가 2003년 1월 미쉐린과 파트너쉽 체결을 통해 높은 기술력을 재인식시키고, 브랜드 가치를 높여 나가고 있다.

2.2 ERP 및 확장형 ERP 추진 내용

여타 국내기업보다 비교적 ERP를 늦게 구축하기 시작한 한국타이어는 제조중심의 기업에서 시장지향적인 기업(Market-Driven Company)으로 변신하면서

ERP의 데이터를 획기적으로 활용하여 조기 결산 및 책임경영체제를 이룬 기업이다.

한국타이어사는 조직의 핵심 역량 강화를 위한 기반 조성, 조직의 구조적 변화 및 책임 경영체제 기반 구축, ERP구축을 통한 글로벌 통합 기반 조성이라는 3가지 주요 목표를 가지고 2000년 7월에 ERP 프로젝트를 시작하였다. PI추진을 위하여 “Change Now! Or Never”라는 모토를 내걸고 PI 실행전략을 수립하였다.

1단계로 국내 본사 및 대전, 금산 공장에 ERP시스템을 구축하면서, 동시에 미국 판매법인 ERP 시스템을 완료하였다. 2단계로 유럽의 6개 법인과 일본 판매법인의 ERP시스템을 완료하고, 국내 CPM(Corporate Performance Monitoring) 시스템을 확장형 ERP 차원에서 구축하였다

한국타이어 시스템의 특징은 ERP뿐만 아니라 공정계획을 위해 SCM 솔루션인 Rithm 패키지의 FP모듈을 동시에 구현한 점과 물류/창고시스템으로 EXE 패키지를 도입하는 등 단기간에 여러 패키지를 구현하고 이의 활용을 정상화 시켰다는 점이다.

그 결과로 ERP시스템 가동 후 6개월이 지나면서 최대 출하를 기록하고 국내 대리점과 해외 바이어들도 한국타이어의 스피드 경영과 신속한 납기회답에 만족하였으며, 매월 3일이면 CEO가 시스템으로 결산 상황을 직접 보고 회사의 주요 의사결정을 할 수 있게 되었다.

한국타이어는 여기에 만족하지 않고 Post-ERP 혁신을 지속적으로 추진하기로 결정하였다. 특히 한국타이어의 CEO는 ERP가 일회성으로 끝나는 것이 아니고 ERP를 활용하여 지속적인 경영혁신 활동을 하도록 부서장들을 독려하였다. 이에 따라 2단계 구주의 6개 판매법인과 2개의 중국공장에도 ERP시스템을 구축하는 글로벌 경영체계를 계획하고, ‘수익성에 기반한 성장’이라는 신 비전을 선포하였다. 새로운 비전에 대한 실천의 일환으로 전사 전략과 연계한 BSC를 도출하고, 전략의 실행과 성공여부를 관리하는 기업성과관리 (Corporate Performance Monitoring) 시스템을 도입하였다. ([그림 8-6]참조)

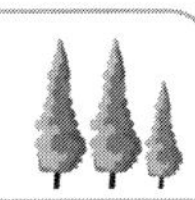

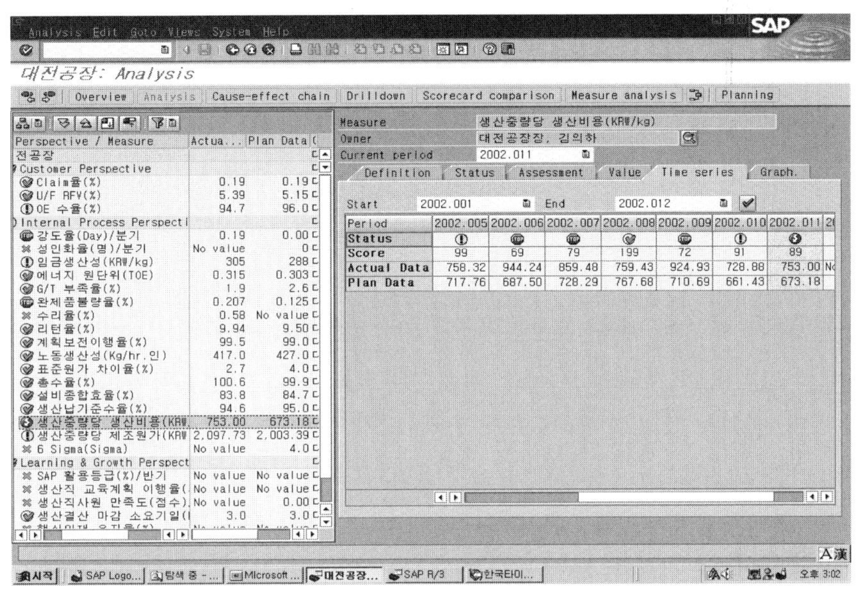

[그림 8-6] 한국타이어 CPM시스템 화면

2.3 ERP 및 확장형 ERP의 효과

ERP에서 정확하게 실시간으로 나오는 데이터를 기반으로 전사, 사업부, 팀별 핵심성과지표(KPI)를 최종 확정하고, 책임경영을 강화하는 조직평가시스템 구축을 마련하는 동시에, 공정성을 제고할 수 있는 평가시스템을 구축하고, 우수 인재의 확보 및 동기부여를 가능케 하는 임직원 보상시스템을 구축하였다. 이에 따라 주주의 이익을 극대화시키는 성과중심의 문화 풍토를 조성함과 동시에 임직원 인센티브 제도를 전략실행을 위한 성과관리 시스템과 연계함으로써 성과제도의 효과를 극대화시키는 강력한 수단이 되었다. 이와 같이 ERP와 SEM(Strategic Enterprise Management)으로 인해 프로세스 혁신뿐만 아니라 문화 혁신을 이룸으로써 구축전과 비교하여 이익과 주가가 각각 5배 이상씩 오른 놀라운 결과를 가져왔다. 이는 바로 혁신 활동의 일환으로 확장형 ERP인 SEM을 전사 전략 및 보상시스템으로 확대 연계시킨 결과로 해석할 수 있다.

2.4 SEM 도입과정의 변화관리

이러한 SEM체제의 도입도 엄청난 저항에 부딪혔다. 우선 임원부터 팀장들에 이르기까지 핵심성과지표를 도출하여 합의하고, 각 핵심성과지표의 목표치를 합의하는 데 많은 시간이 소요되고 현업의 공격적인 반발이 발생했다. 기존의 보수주의 문화에서 책임성과체계로 문화를 변화시키는 것은 오랜 관행을 바꿔야 하기 때문에 매우 힘들었다. 더구나 한국타이어에서는 각 부서의 업무가 서로 밀접히 연계되어 이것을 핵심성과지표로 분할하여 관리하면 부서 이기주의만 팽배해지고, 업무 협조가 전혀 되지 않을 것이라는 의견이 팽배하였다. 이러한 의견을 최고경영자의 솔선수범과 후원으로 하나씩 변화시키고, 사장부터 핵심성과지표와 그 목표치에 합의하고 이를 연봉 및 인센티브와 연계시킴으로써 모든 임원의 합의와 이해를 이끌어낼 수 있었다. 결국 SEM체제의 도입 첫해부터 경상이익이 2,000억원대로 5배 가량 증가하고 주식가격도 급격히 오르자 SEM체계가 서서히 정상궤도에 오르기 시작했다.

이와 같이 주주의 이익을 극대화시키는 성과중심의 문화풍토를 조성함과 동시에 임직원 인센티브제도를 전략실행을 위한 성과관리 시스템과 연계함으로써 성과 제도의 효과를 극대화시키는 강력한 수단이 되었다. 이는 바로 ERP 도입과 더불어 혁신 활동의 일환으로 확장형 ERP인 SEM을 전사 전략 및 보상시스템으로 확대 연계시켰으며, 시스템이 조직에 미치는 영향을 조직에 대한 변화이론에 맞추어 꾸준히 교육시킨 변화관리의 성공이라고 그 결과를 해석할 수 있다. 특히 문화를 바꿔야 시스템이 정상적으로 운영될 수 있는 전사적인 SEM시스템은 ERP 도입이 조직과 전략에 미치는 영향을 고려해야 한다는 점을 극단적으로 보여주는 좋은 사례라고 할 수 있다.

3. ERP 추진 시의 변화 관리에 대한 미니 사례

3.1 볼보 건설기계 코리아의 변화관리 사례

ERP라는 새로운 시스템을 개발하자 사용자들은 기존에 자신들이 익숙해 있는 업무 프로세스와 똑 같이 시스템을 개발하도록 종용하였다. 특히 국내 영업과 생산계획 그리고 서비스 부문 등 거의 전 부문에 걸쳐서 이러한 현상이 발생했다. 이들은 "불규칙 선수금이나 불균등 할부금 판매 등의 영업프로세스가 없어지고 ERP에 있는 영업 프로세스만으로 바뀌면 국내영업부문에서는 판매가 절대 이루어질 수 없다" 또는 "생산부문에서 호기 별 설계변경이 없어지고 ERP에 있는 날짜 별 설계변경으로 바꾸면 재고가 엄청나게 늘어날 것이다."라고 단언하였다. 그 이유는 자신이 익숙해져 있는 업무를 보존하고, 또한 자신의 직무에 대한 위협, 직위에 대한 위협을 느끼면서 자신만이 할 수 있는 업무를 유지하기 위해서였다. 그러자 ERP시스템이 매우 복잡해져서 더 이상 구현이 어려울 정도의 설계가 이루어질 수 밖에 없었다. 이 프로젝트의 PM과 모듈리더들은 여러 번의 회의를 거듭한 결과 시간이 오래 걸리더라도 최고경영자에게 위험관리보고서를 제출하고 업무 프로세스를 ERP에 맞추도록 사용자에 대한 변화관리를 할 것을 결정하였다. 시스템을 성공적으로 가동하고 1년여 후에 프로세스 혁신에 의한 여러 효과가 나타나면서, 이들은 어려움을 무릅쓰고 사용자에 대한 변화관리에 치중한 시스템 개발 전략에 대한 결정이 맞았다고 확신하게 되었다.

3.2 동부제강의 변화관리 사례

동부제강에서는 2003년 2월부터 경영혁신을 추진하며 ERP와 SEM시스템을 도입하면서 회사의 업무 관행을 획기적으로 변화시키자 현업 담당자들의 엄청난 저항에 직면하였다. 오랜 업무 관행에 익숙해져 ERP 프로세스는 동부제강에 맞지 않다는 언행을 서슴지 않는 공격적인 행위와 ERP 프로젝트에 무관심한 행동, 그리고 TFT에 책임을 전가시키는 행위들이 여러 부서에서 발생하는

것을 관찰할 수 있었다. 변화관리에 집중하는 것이 중요하다는 것을 알고 있었으나 일정계획 상 10월부터 TFT멤버가 교육을 진행하는 것은 거의 불가능한 일이었다. 사용자 교재와 매뉴얼 등 교육준비와 9월의 통합테스트와 10월의 데이터 이관 훈련으로 시간이 부족하였기 때문이었다. 30여명의 TFT인원이 동부제강의 수많은 ERP 현업 사용자들을 두 달의 기간 동안에 다 교육하는 것도 사실상 불가능한 상황이었다. 많은 고심을 거듭한 끝에 이런 어려움을 극복하고자 TFT요원을 대신할 '불씨요원'으로서 현업 강사 요원을 양성하기로 하였다. 현업의 핵심 사용자(Key User)들 중에 현업에 능통한 젊은 구성원을 대상으로 강사 64명을 정예요원으로 선발하였다. 강사교육은 7월부터 9월까지 파트타임으로 진행되는 사전교육단계, 강의스킬 향상을 위한 2박3일의 강의스킬 양성과정, 그리고 10월 1,2주에 10일간에 걸쳐서 풀 타임으로 모듈에 대한 집중교육을 하였다. 사내강사 양성 결과 교육기간 대비 실력 향상이 인정된다는 평가를 받았고, 교육이 끝난 후 전원이 현업교육에서 주 강사나 보조강사로 활동하였다. 그 뒤 현업강사들은 ERP사용자 교육 이후에도 현업의 핵심멤버이자 ERP '불씨요원'으로 병행테스트와 시스템 오픈 때 가장 중요한 도우미 역할을 수행하였다. 현업이 불씨가 되어 전사에 혁신의 불씨를 뿌리는 것은 MIS개발자가 교육을 하는 것보다 훨씬 더 큰 효과가 있다고 생각된다. 왜냐하면 같은 현업 업무를 하던 구성원들이 직접 변화된 프로세스와 시스템을 설명함으로써 훨씬 더 효과적인 변화분위기와 심리적인 해빙 역할을 할 수 있기 때문이다. 총 12개 모듈에 단위과정 수가 109개 과정, 본사 5곳과 공장 6곳 그리고 지사 1곳 등 모두 12개 교육장에서 강의가 이루어졌다. 이를 통해 연 인원 3703명, 연간 교육시간 1만 5162시간, 교육 참석률 97%의 실적으로 현업 사용자 교육을 성공리에 수행할 수 있었다.

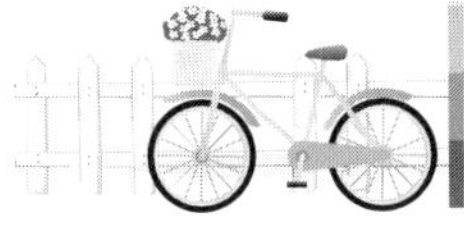

연습문제

01 Post-ERP 경영혁신의 의미를 설명하시오.

02 볼보 건설기계 코리아에서 프로세스 오너를 중심으로 5대 메가 프로세스를 혁신하기로 결정한 바 있다. 5대 메가 프로세스를 기술하고 간단히 설명하시오.

03 한국타이어의 확장형 ERP는 어떤 관점에서 접근하였는지를 기술하시오.

04 볼보 사례와 한국타이어 사례를 바탕으로 성공적인 ERP구축을 위한 시사점을 설명하시오.

05 솔본전자에서 구축한 ERP와 테크노세미켐에서 구축한 독특한 ERP의 구현 특징에 대하여 사례를 찾아보고 생각해보자.

06 삼성전자, 삼성SDI, SK Telecom, 에스콰이어, 한샘가구, 한국수력원자력, 동부전자, 한국중부발전, LS전선 등 수많은 국내의 우수 기업들이 SAP ERP를 구축하여 효과를 보았다. 각기 구축한 사례를 찾아보고, 구축 내용과 효과를 분석하시오.

07 동부제강에서 현업을 활용하여 ERP 교육을 시키고 변화관리에 성공하게 된 과정을 기술하시오.

제2부

SAP ERP의 실습 및 응용

제1장 SAP ERP 사용 방법

1. SAP ERP 접속

SAP ERP를 사용하기 위하여, 우선 대용량 서버에 SAP ERP를 설치하고, 각 클라이언트 PC에 SAP ERP GUI를 설치한다. SAP ERP GUI가 설치된 PC의 바탕화면에는 [그림 1-1]의 왼쪽에 보이는 것과 같은 SAP Logon 아이콘이 생성되고, 이 아이콘을 마우스로 더블 클릭하면 [그림 1-1]의 오른쪽에 보이는 것과 같은 SAP Logon 창이 나타난다.

SAP ERP를 사용하기 위해서는 여기에서 IDES 내역을 설정하고, 로그온을 실시하여야 한다.

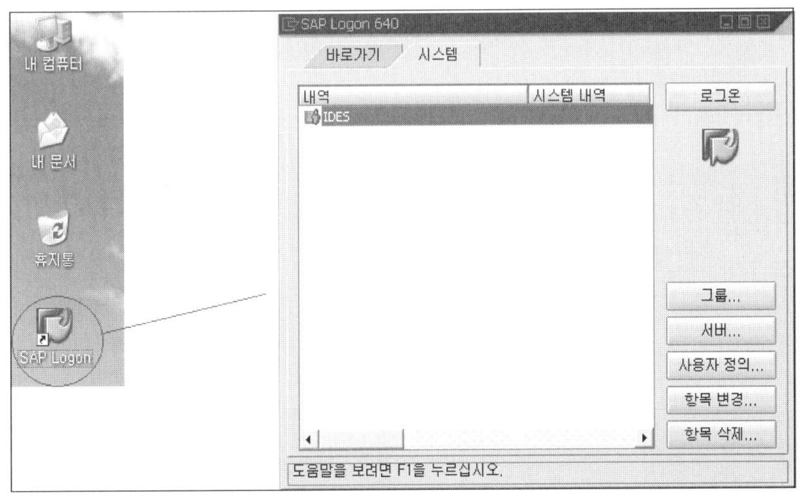

[그림 1-1] SAP ERP 접속화면

[그림 1-1]의 로그온 버튼을 누르면 [그림 1-2]와 같이 사용자 ID와 Password를 입력하는 화면이 나온다.

여러 사람이 공유하는 시스템을 사용하기 위해서는 개인별로 ID와 Password를 입력해야만 한다. 이러한 ID는 시스템 담당자에게 신청해야 하며, ID를 부여받으면 이제 SAP 시스템에 Logon 할 수 있다. 사용자 ID와 Password를 입력하고 Enter 버튼을 누르면 SAP 접속이 완료된다.

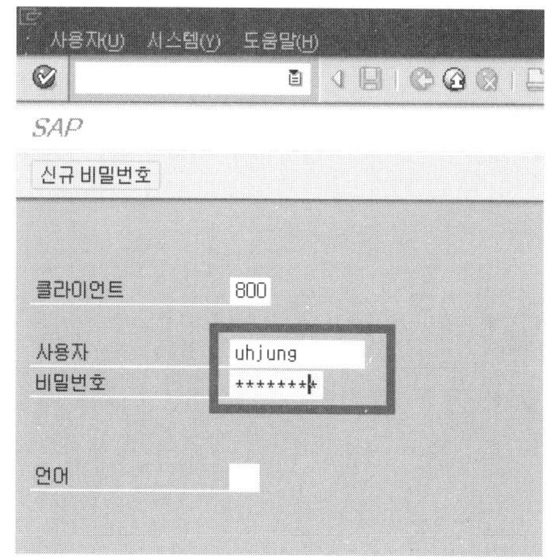

[그림 1-2] SAP ERP의 로그온 화면

2. SAP 초기 화면

SAP ERP의 초기 화면은 [그림 1-3]과 같다. 화면 왼편에는 탐색 경로가 나타나 있고, 여기에서 원하는 기능을 찾아 더블 클릭하면 화면이 열리면서 작업을 할 수 있게 되어 있다. 즐겨찾기 기능은 사용자가 원하는 항목을 등록하여 자주 사용하는 화면에 편리하게 접근할 수 있도록 한다.

상단에는 '메뉴 바(Menu Bar)'가 있는데 메뉴 바에서는 별도의 트랜잭션 코드없이 사용자들이 다양한 내용의 업무처리(Transaction)를 실행할 수 있다. 원하는 메뉴에 마우스를 가져가면 사용가능한 메뉴의 종류가 나타나고 이것을

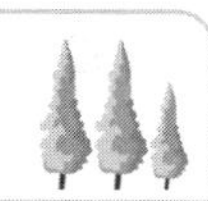

클릭하면 된다. 그 아래에는 아이콘 형태의 버튼들이 있는 '어플리케이션 툴 바'가 있다. 여기에서는 입력, 저장, 뒤로가기, 프린트, 화면 확대 및 축소, 새창 열기 등의 자주 쓰는 기능을 지원한다. 툴 바의 왼쪽에 명령 필드(Command Field)가 있는데, 이곳에 사용자가 작업하고자 하는 트랜잭션 코드(T-Code)를 입력함으로써 메뉴를 일일이 실행하지 않고 트랜잭션을 바로 시작할 수 있다. 그 밑에는 SAP 메뉴를 제어하는 '기능키 바'가 있다. 오른쪽 하단에는 시스템 정보와 사용자 정보 등이 표시되어 있다.

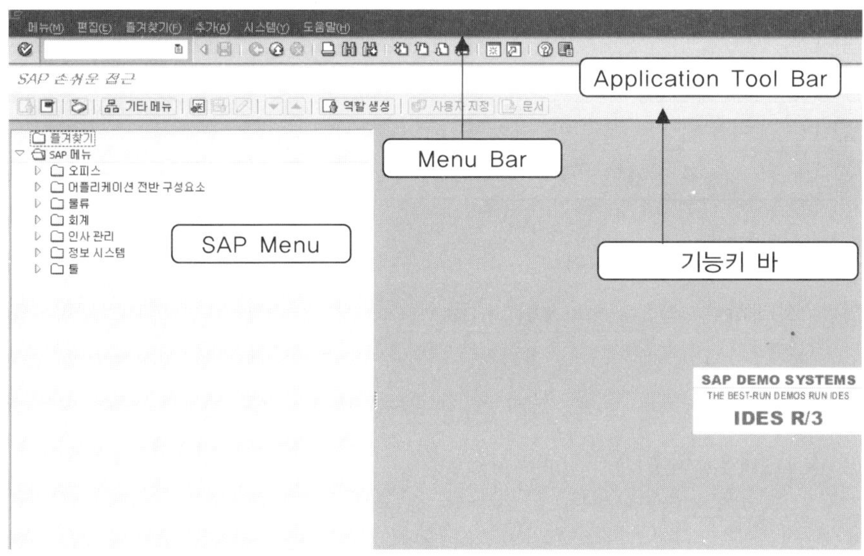

[그림 1-3] SAP ERP 초기화면

SAP ERP에서 주로 사용하는 아이콘을 몇 가지만 예시하면 [표 1-1]과 같다.

[표 1-1] SAP ERP 주요 아이콘 설명

아이콘	기능	단축키	설명
	입력내용 저장	F11	저장해야 입력(변경)내용이 시스템에 반영된다.
	전 화면으로 이동	F3	
	종료	Shift + F3	첫 화면에서 클릭하면 로그아웃(오프) 된다.
	취소	F12	저장하지 않은 내용을 취소한다.

아이콘	기능	단축키	설명
	프린트	Ctrl + P	현재 화면을 프린트한다.
	찾기	Ctrl + F	현재 화면에서 내용 검색한다.
	다음 찾기	Ctrl + G	
	첫 페이지	Shift + F9	
	전 페이지	Shift + F10	
	다음 페이지	Shift + F11	
	마지막 페이지	Shift + F12	
	새로운 세션 생성		최대 6개 생성할 수 있다.
	단축키 생성		바탕화면에 바로가기 생성한다.
	도움말		
	Local Layout 설정		시스템의 폰트, 색상 등을 설정한다.

[그림 1-3]의 화면 왼편에 있는 탐색 경로를 따라 사용자가 원하는 특정한 작업을 선택하여 더블 클릭하면, 새로운 화면이 열리면서 작업을 할 수 있게 된다.

[표 1-1]과 [그림 1-4]에서 볼 수 있는 종료 버튼을 누르면 창이 닫히거나 또는 종료 확인 팝업창이 나타난다.

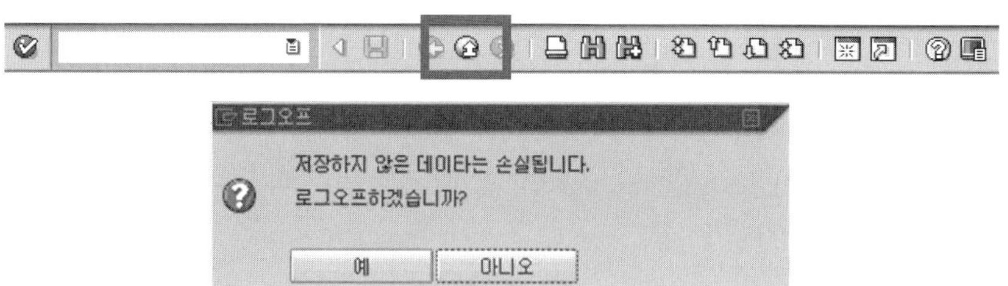

[그림 1-4] SAP ERP 로그 아웃 화면

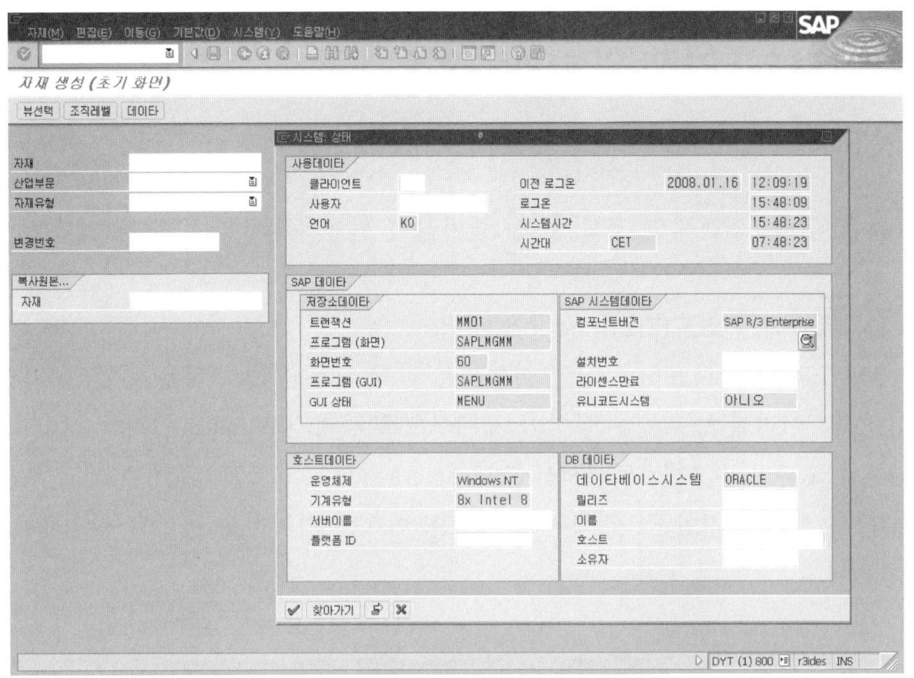

[그림 1-5] 시스템 상태 조회 화면

SAP ERP를 사용하면서, [그림 1-5]와 같은 현재 시스템 상태 정보를 확인해 보는 것이 가능하다. [그림 1-3]의 왼편에 있는 탐색 경로를 따라 특정 트랜잭션, 예를 들면 새로운 자재를 등록하는 화면을 선택한 후, 화면 상단의 메뉴바에서 '시스템'을 클릭하고 아래로 열리는 메뉴 중 '상태'를 선택하면, [그림 1-5]와 같이 시스템 상태를 조회하는 화면이 나타난다.

[그림 1-5]에서는 해당 화면이 자재 관리에서 자재 생성에 관련된 것이라는 것을 '트랜잭션' 항목의 고유 번호(Transaction Code)로부터 파악할 수 있고, 트랜잭션 코드만 입력해도 해당 화면으로 바로 이동할 수 있다. 즉, 시스템 상태 조회 화면에서는 사용자 ID, 서버 이름, DB 이름, 접속 시간, 현재 화면의 고유 번호(Transaction Code), SAP 라이선스 정보 등을 조회할 수 있다.

3. SAP ERP의 기본 기능 활용

SAP ERP를 사용하기 위하여 기본적으로 숙지하고 있어야 하는 기능으로는 메뉴바 활용, 트랜잭션 코드 활용, 즐겨찾기 활용, 세션 제어 등이 있다.

(1) 트랜잭션 코드(Transaction Code)

SAP ERP에서 사용하는 작업 화면들은 각각 고유한 번호(혹은 이름)를 가지고 있고, 이러한 번호를 이용하여 체계적으로 관리되고 있다. 이러한 작업 화면들의 고유한 번호를 '트랜잭션 코드(Transaction Code : T-Code)'이라고 부른다. 사용자는 이러한 작업 화면들의 고유 번호를 파악하여 곧바로 작업을 할 수 있다.

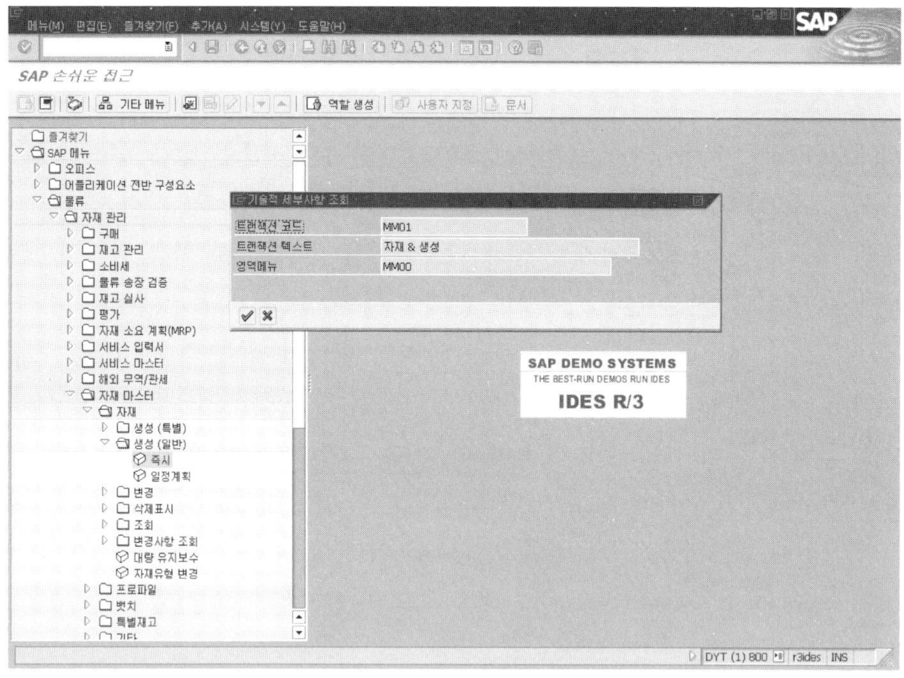

[그림 1-6] 트랜잭션 코드 조회

각각의 작업 화면에 대한 트랜잭션 코드를 조회하고자 할 때, 우선 현재 작

업 중인 기술 이름은 상단의 메뉴바를 이용하여 조회할 수 있다. 화면 상단의 메뉴바에서 '시스템'을 클릭하고 '상태'를 선택하면, [그림 1-5]와 같이 시스템 상태 조회 화면이 나타난다. 여기에서 '트랜잭션' 항목의 내용이 바로 트랜잭션 코드에 해당한다.

또 다른 방법으로 각 화면의 고유 번호를 파악할 수도 있다. SAP ERP의 기본적인 메뉴 탐색 경로에서 작업하고자 하는 내용을 찾고 마우스로 선택한 후, 화면 상단의 메뉴바에서 '추가'를 클릭하고 '기술적 세부사항'을 선택하면 [그림 1-6]과 같은 화면이 열리면서 현재 화면의 고유 번호와 명칭, 영역 정보를 알려 준다. 여기에서 '트랜잭션 코드'라고 명시된 내용을 확인할 수 있다.

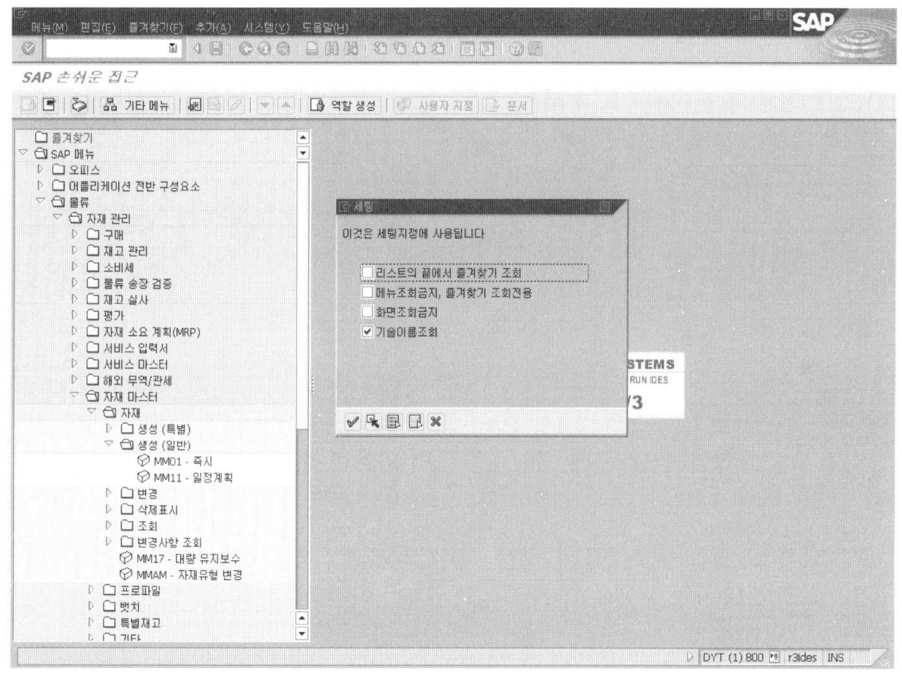

[그림 1-7] 기본 메뉴 경로에 트랜잭션 코드가 항상 나타나도록 세팅

이처럼 작업하는 화면마다 '상태'를 확인하거나 '기술적 세부사항'을 조회하면서 트랜잭션 코드를 파악하는 것도 가능하지만, 이는 매우 번거롭고 비효율적인 방법이다. 따라서 [그림 1-7]과 같이 SAP의 기본 메뉴 경로에 트랜잭션 코드가 항상 표시되어 나타나도록 할 수도 있다. 화면 상단의 메뉴바에서 '추

가’ 메뉴를 클릭하면 아래로 열리는 메뉴 중 ‘세팅’을 선택하면, [그림 1-7]에 보이는 것과 같이 화면 세팅지정을 할 수 있다. 여기에서 “기술이름조회”에 체크 표시를 한 후 버튼을 누르면, 왼편의 메뉴 경로에서 각각의 작업 화면마다 트랜잭션 코드가 항상 표시된다.

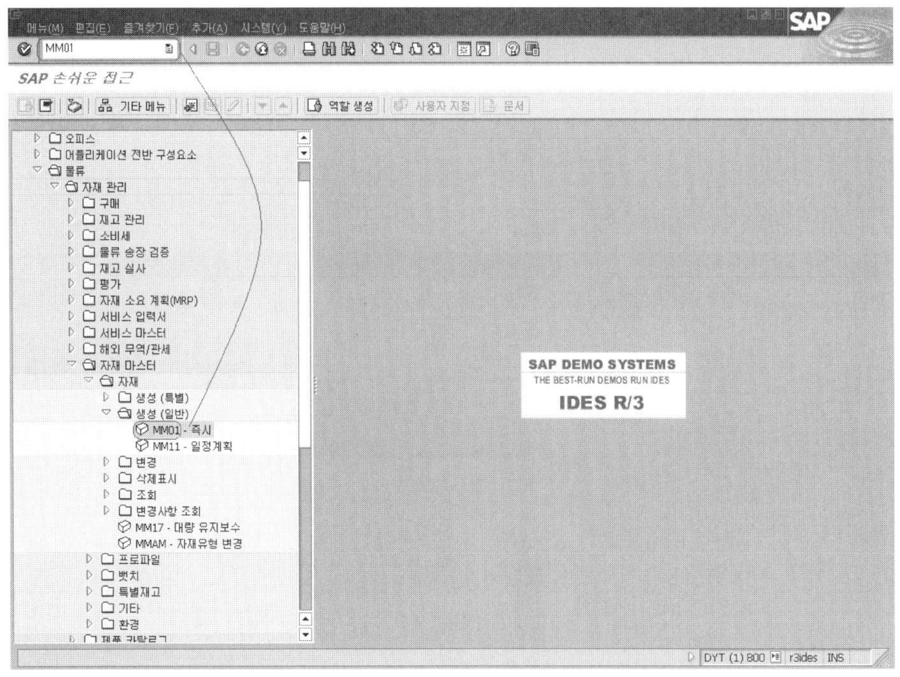

[그림 1-8] 트랜잭션 코드 입력을 통한 작업 화면 열기

트랜잭션 코드를 알고 있을 경우, 각각의 작업 화면을 곧바로 열어서 쉽게 작업을 할 수 있다. 메뉴바 바로 밑에 있는 어플리케이션 툴 바에서, 버튼 바로 옆의 버튼을 클릭하면 트랜잭션 코드를 입력할 수 있는 ‘명령 실행창’이 열린다. [그림 1-8]에서 보는 바와 같이 트랜잭션 코드를 ‘명령 실행창’에 직접 입력하고 버튼을 누르거나 키보드에서 엔터를 입력하면, 해당 트랜잭션 코드에 대한 작업 화면이 바로 열리면서 사용할 수 있게 된다.

기본 메뉴 경로에서 삭제된 구 화면의 경우에도, 과거의 트랜잭션 코드를 명령 실행창에 입력하면 구 화면이 열리면서 작업하는 것이 가능하다.

(2) 즐겨찾기 기능

SAP ERP에서는 인터넷 브라우저와 마찬가지로 자주 사용하는 화면을 즐겨찾기로 등록하여 사용할 수 있다. 즐겨찾기 기능은 사용자가 매번 복잡한 탐색 경로를 따라 작업창을 찾아야 하는 수고를 덜어 주므로 매우 편리하며, 즐겨찾기로 등록된 화면들을 대상으로 별도의 폴더를 생성하여 체계적으로 관리하는 것이 가능하다.

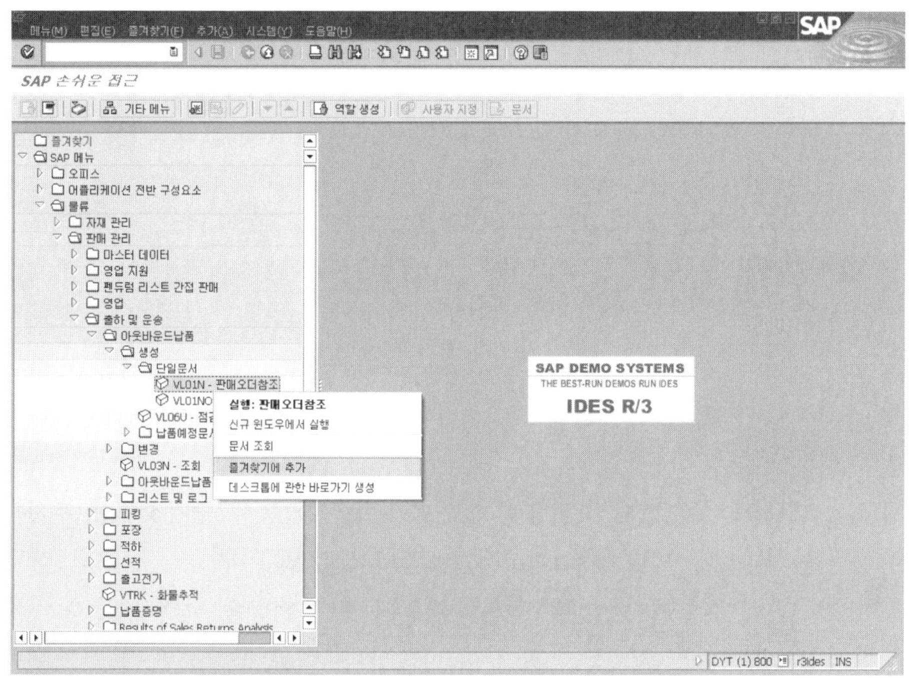

[그림 1-9] 탐색 경로에서 즐겨찾기 추가

[그림 1-9]에 나타난 것과 같이 화면 왼편의 탐색 경로를 따라 사용자가 작업하고자 하는 기능을 찾았을 때 해당 작업을 즐겨찾기에 추가하고자 한다면, 마우스 오른쪽 버튼을 클릭하여 몇 가지 실행 메뉴가 나타나도록 하고 '즐겨찾기에 추가'를 선택하면 된다.

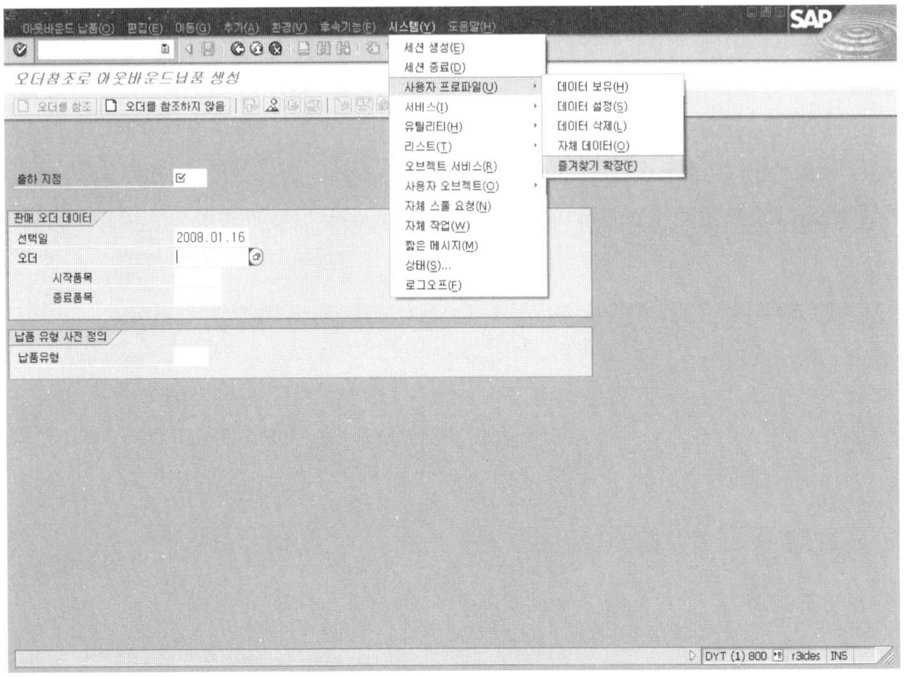

[그림 1-10] 현재 작업 중인 화면에서 즐겨찾기 추가

[그림 1-10]에서는 현재 작업중인 화면을 메뉴바를 통해 즐겨찾기에 추가하는 방법을 나타내고 있다. 작업하고 있는 창의 상단 메뉴바에서 '시스템'을 선택하였을 때 아래로 열리는 메뉴들 중 '사용자 프로파일'을 선택하면, 다시 하위 메뉴가 열리면서 '즐겨찾기 확장'이 나타난다. 이를 클릭하면 해당 화면에 즐겨찾기에 추가할 수 있다.

이렇게 추가된 즐겨찾기 화면들은 SAP ERP의 메뉴 경로 위쪽에 등록된다. 즐겨찾기 화면을 여러 개 추가하여 등록하였을 경우, 무질서하게 나열하는 것보다는 폴더 등을 생성하여 질서 정연하게 정리하는 것이 보다 더 바람직하다. 이처럼 즐겨찾기에 관련된 여러 작업은 메뉴바에서 '즐겨찾기'를 클릭하였을 경우 열리는 여러 메뉴들을 선택하여 수행할 수 있다.

우선 신규 폴더를 만들어서 즐겨찾기 화면들을 정리할 수 있다. 메뉴바를 통하여 '즐겨찾기'를 클릭하였을 때 나타나는 메뉴 중 '신규 폴더'를 선택하면, 새로 만들고자 하는 폴더의 이름을 입력한 후 생성할 수 있다. 그리고 이미 등록된 즐겨찾기 화면들을 마우스로 끌어서 해당 폴더 아래에 위치시키면 깔끔

하게 정리하는 것이 가능하다.

그리고 '즐겨찾기' 메뉴바에서 '트랜잭션 코드'를 선택하면, 직접 트랜잭션 코드를 입력하여 즐겨찾기에 등록하는 것이 가능하다.

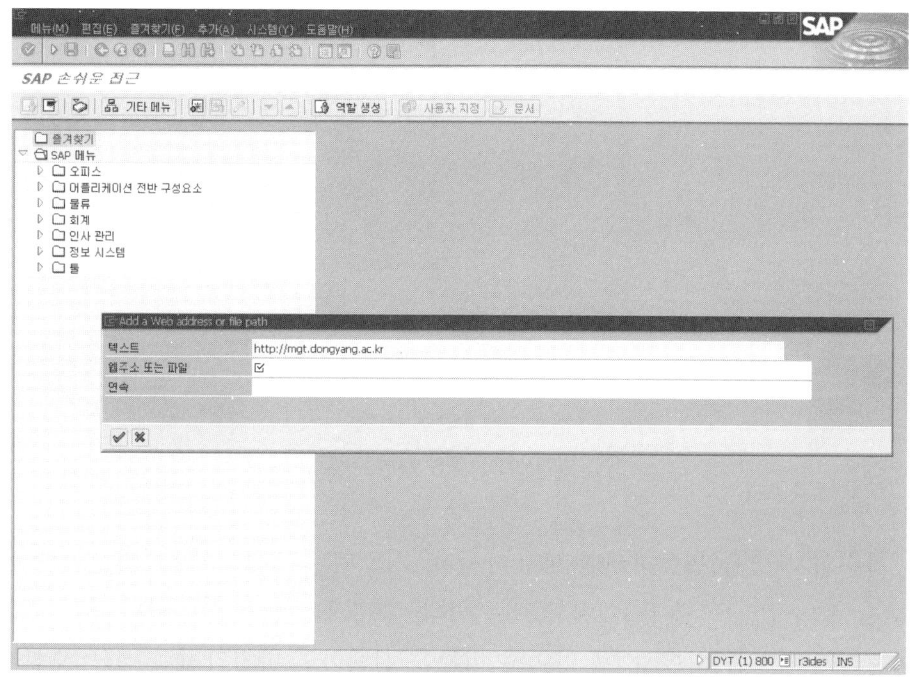

[그림 1-11] 즐겨찾기에 웹 주소 등록

또한 '즐겨찾기' 메뉴바에서 '기타 오브젝트 추가'를 선택하면, [그림 1-11]에 나타난 것과 같이 웹 주소를 즐겨찾기에 등록하여 SAP ERP를 작업하면서 원하는 인터넷 화면을 띄우는 것이 가능하다.

(3) 세션 제어

SAP ERP에서 세션(Session)이란 사용자가 작업을 수행하는 화면을 말한다. 복수의 세션을 사용하면 여러 작업을 동시에 처리할 수가 있으므로, 경우에 따라 상당히 효율적일 수 있다. SAP ERP에서는 복수의 세션을 동시에 6개까지 열어서 작업을 처리하는 것이 가능하고, 복수의 세션을 열고 작업하고자 하는 세션을 클릭하면 해당 세션이 작동하게 된다.

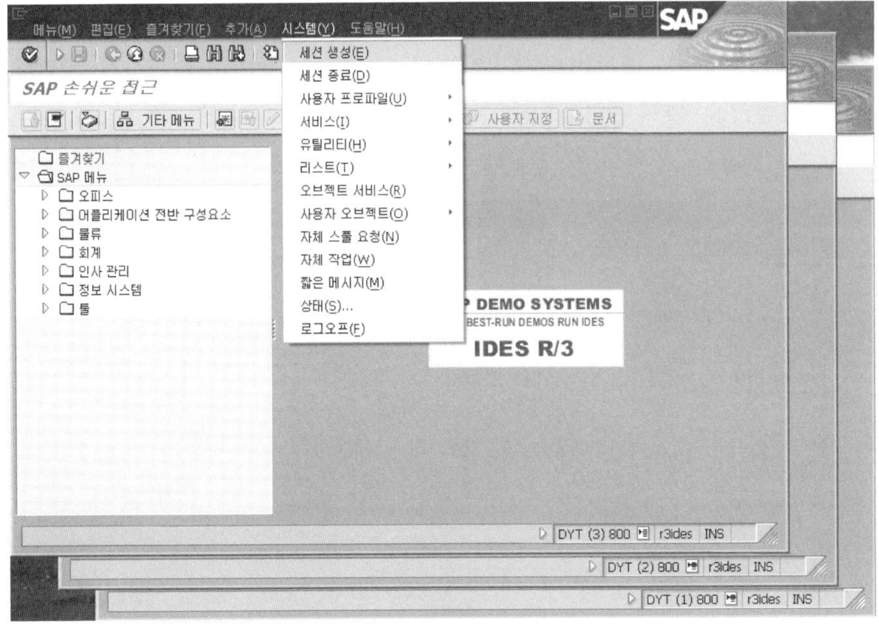

[그림 1-12] 복수 세션 열기

복수의 세션을 활용하려면 메뉴바에서 '시스템' 메뉴를 클릭하고 '세션 생성'을 선택하면 [그림 1-12]에서 보는 바와 같이 새로운 세션이 나타난다. 혹은 어플리케이션 툴 바에서 ▣ 아이콘 버튼을 선택하면 마찬가지로 신규 세션을 추가하여 복수의 세션을 사용할 수 있다. 이러한 복수의 세션들이 여러 개 열려있을 경우, [그림 1-12]와 같이 각 세션 아래 쪽의 상태표시줄에 세션이 열린 순번이 표시된다.

세션을 종료하고 싶을 때는 메뉴바에서 '시스템' 메뉴를 클릭하고 '세션 닫기'를 선택하거나, 해당 세션의 윈도우 닫기 버튼을 클릭하면 된다.

연습문제

01 SAP ERP에서 특정 업무를 처리하다가 트랜잭션 코드를 찾는 방법을 기술하시오.

02 구매오더를 만들다가 자재 마스터 생성을 할 필요가 생겼다. 트랜잭션 코드(Transaction Code)은 MM01 인데 새로운 세션(Session)을 만들면서 자재 마스터 생성을 하려면 어떠한 트랜잭션 코드를 입력하여야 하는지 기술하시오.

03 ERP에서 마스터데이터와 구분되며, 실제 업무를 처리하는 과정에서 발생하는 데이터를 무엇이라고 하는가?

04 SAP 시스템의 즐겨찾기에 설정 가능한 내용이 아닌 것은 무엇인가?

① Web Address를 즐겨찾기에 추가할 수 있다.
② 즐겨찾기 대상 항목을 Drag해서 추가할 수는 없다.
③ 트랜잭션 코드 여러 개를 추가할 수 있다.
④ 외부의 이메일 시스템과도 연결할 수 있다.

05 SAP 로그인 시 사용하는 아이콘에 대한 설명이다. 다음 중 바르지 않은 것은 무엇인가?

① 삭제 메뉴

② Enter(확인) 메뉴

③ 뒤로 이동(Back) 버튼(이전 화면으로 이동)

④ 도움말

06 다음 화면은 SAP ERP의 영업오더(Sales Order)를 조회하는 화면이다. 화면에서 문서의 흐름을 보기 위해 선택해야 하는 버튼과 판매가격을 조회하기 위해 선택해야 하는 버튼을 순서대로 바르게 짝지어 놓은 것은 무엇인가?

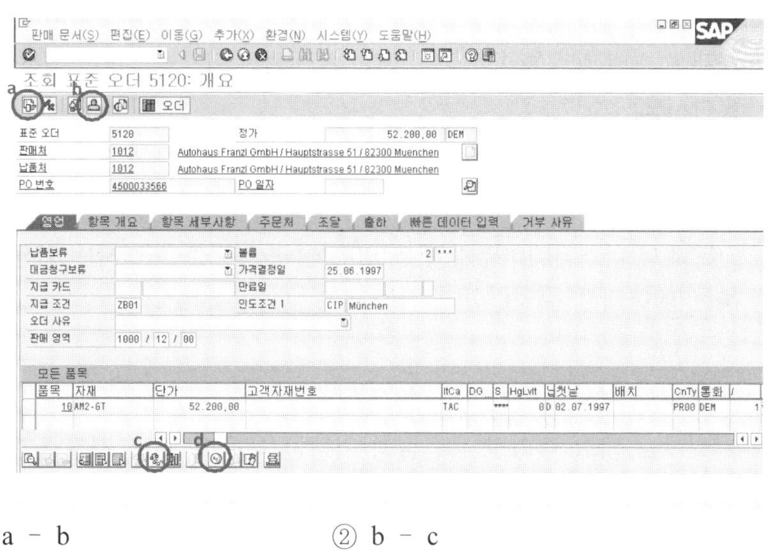

① a – b
② b – c
③ c – d
④ a – d

07 SAP의 가장 큰 조직 체계로서, SAP 시스템을 로그인할 때 입력하는 조직 체계는 무엇인가?

① Company Code
② Client
③ Plant
④ Controlling Area

제2장 자재관리 모듈 기본 기능 실습

1. 기준 정보

자재관리(MM : Material Management) 모듈에서 활용하는 주요 기준 정보들을 생성하는 실습을 수행한다.

비즈니스 시나리오

기업이 새로운 사업에 뛰어들어 신제품을 생산하고자 한다. 이에 따라 그 동안 거래가 없었던 공급업체로부터 지금까지 구매하지 않았던 반제품 자재를 구매하여 제품을 생산하게 되었다. SAP ERP시스템에서는 새로 거래를 시작하는 공급업체를 등록하고, 구매를 새로 시작하는 자재 정보를 등록하여야 한다. 공급업체 번호는 SAP ERP시스템이 자동 채번하여 등록하도록 하고, 자재 번호도 자동 채번 방식을 사용한다. 자재는 반제품을 선택한다.

1.1 공급업체 마스터데이터(Vendor Master Data)

공급업체 마스터 생성을 위한 메뉴 경로는 다음과 같다.

메뉴 경로	물류 → 자재관리 → 구매 → 마스터 데이터 → 공급업체 → 구매 → 생성
트랜잭션 코드	MK01

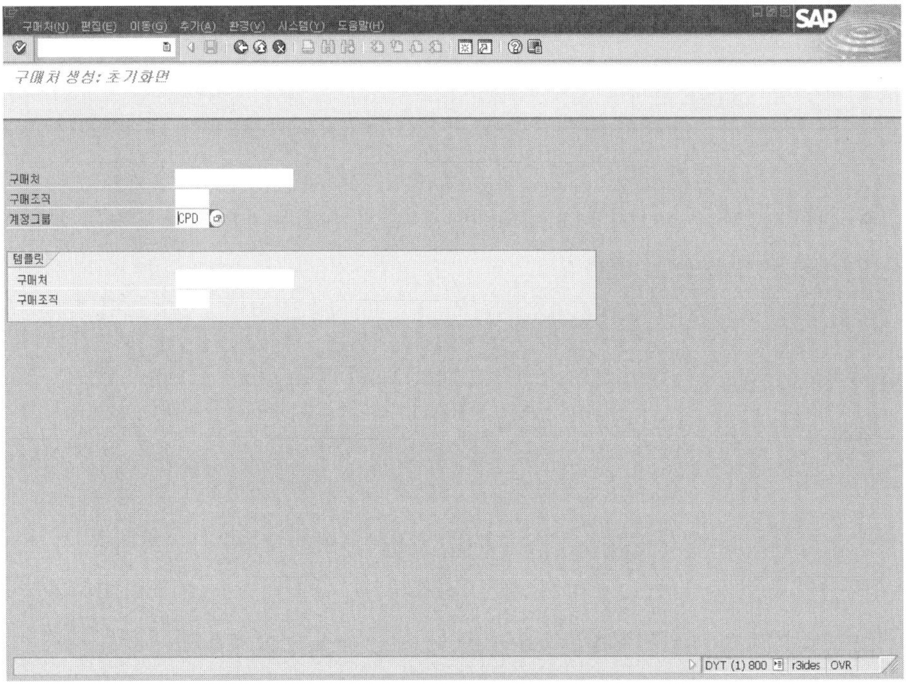

[그림 2-1] 공급업체 마스터 생성 초기 화면

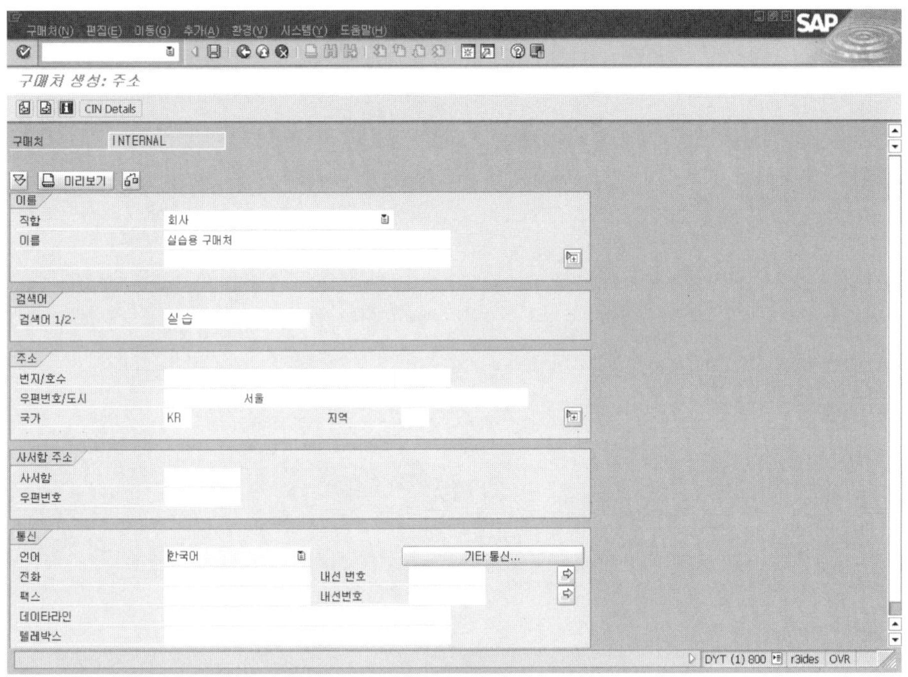

[그림 2-2] 공급업체 마스터 생성 상세 화면

공급업체 마스터 생성의 초기 화면은 [그림 2-1]과 같다. 여기에서는 '계정그룹'에서 설정 부분이 필요하다. 계정그룹이 미리 설정되어 있으면 그 정보를 사용할 수 있고, "CPD 일회성구매처(내부번호지정)" 등의 값을 입력하여 임시로 공급업체를 생성하여 사용할 수도 있다. 버튼을 클릭하면 [그림 2-2]와 같은 상세 정보 입력 화면으로 나타나고, 공급업체 주소와 연락처 이름 등의 세부 정보를 입력한다. 입력을 마치고 버튼을 눌러 저장하면 자동으로 공급업체 마스터의 고유 번호를 채번하면서 공급업체가 생성된다.

공급업체 마스터 조회를 위한 메뉴 경로는 다음과 같다.

메뉴 경로	물류 → 자재관리 → 구매 → 마스터 데이터 → 공급업체 → 구매 → 조회
트랜잭션 코드	MK03

[그림 2-3] 공급업체 마스터 조회 초기 화면

공급업체 마스터 조회의 초기 화면은 [그림 2-3]과 같다. 공급업체가 생성될 때 자동으로 채번된 공급업체 번호를 입력하고, 아래에서 구체적으로 조회하고 싶은 정보를 선택한다. 반드시 하나 이상 선택하여야 조회가 가능하다. 구매 조직 데이터를 조회하려고 할 때는 위에서 구매조직을 입력한 후 아래 조회 대상 선택을 클릭하여야 한다.

버튼을 클릭하면 구매처에 대한 상세한 정보를 조회하는 화면이 나타나고, 이때의 공급업체 마스터 조회 상세 화면은 공급업체 마스터 생성 상세 화면과 내용이나 구성이 거의 동일하다.

1.2 자재 마스터데이터(Material Master Data)

자재 관리 모듈에서 자재 마스터 생성을 위한 메뉴 경로는 다음과 같다.

메뉴 경로	물류 → 자재 관리 → 자재 마스터 → 자재 → 생성(일반) → 즉시
트랜잭션 코드	MM01

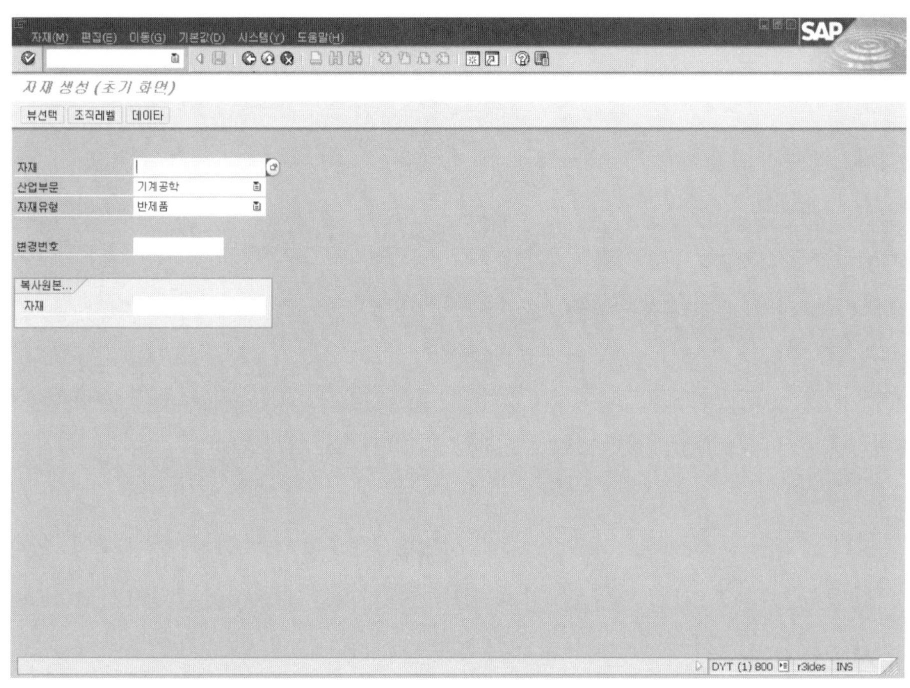

[그림 2-4] 자재 마스터 생성 초기 화면

자재 마스터 생성의 초기 화면은 [그림 2-4]와 같다. 여기에서는 '산업부분'에 "기계공학"을 선택하고, '자재유형'으로 "반제품"을 선택하여 실습을 진행한다. 초기 화면에서 '자재' 란에 짧은 설명 등을 넣는 것도 가능하지만, 공란으로 비워두어도 작업 진행이 가능하다. 버튼을 클릭하면 자재 생성의 상세한 설정을 위하여 뷰를 선택하는 화면이 나타난다. 뷰 선택 화면은 [그림 2-5]와 같다.

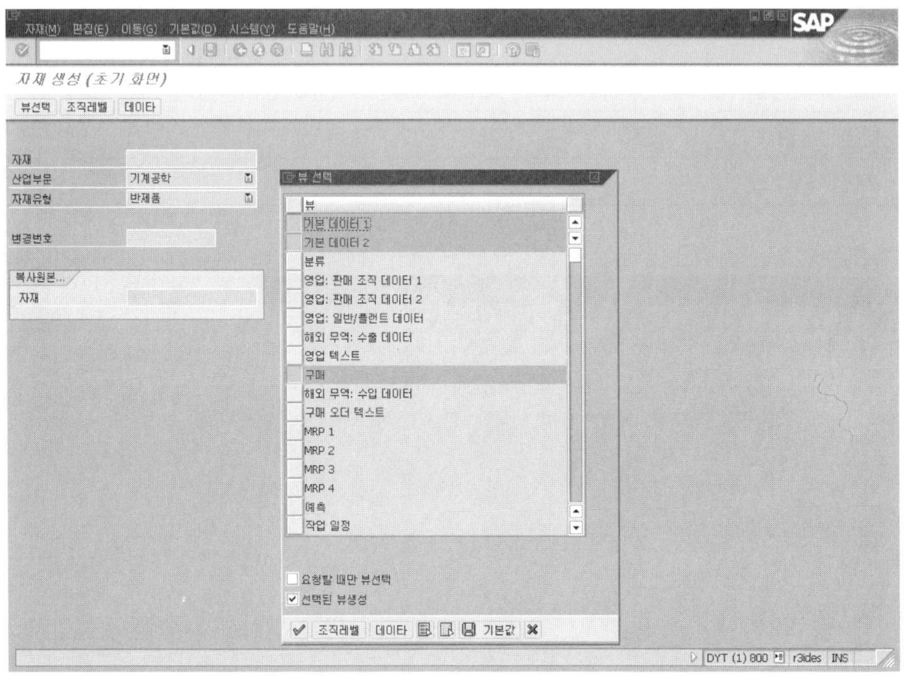

[그림 2-5] 자재 마스터데이터의 뷰 선택 화면

[그림 2-5]는 자재 마스터의 상세한 설정을 위하여 어떠한 뷰를 사용할 것인가 결정하는 화면이다. 이러한 뷰를 선택하는 화면에서 기본 데이터 1, 기본 데이터 2, 구매, 회계 등의 뷰를 선택한다.

구매 뷰를 선택하였을 경우 플랜트 정보를 입력하여야 한다. 플랜트 정보를 "1000 (Werk Hamburg)"으로 입력한 후 상세한 설정 값 입력 화면으로 넘어간다. 만일 뷰 선택 화면에서 구매 뷰를 선택하지 않으면 플랜트 정보를 입력하는 절차 없이 곧바로 자재 마스터 상세 설정 값 입력 화면으로 넘어가고, 생성된 자재 마스터는 특정 플랜트에 제한되지 않은 상태로 남아 있게 된다.

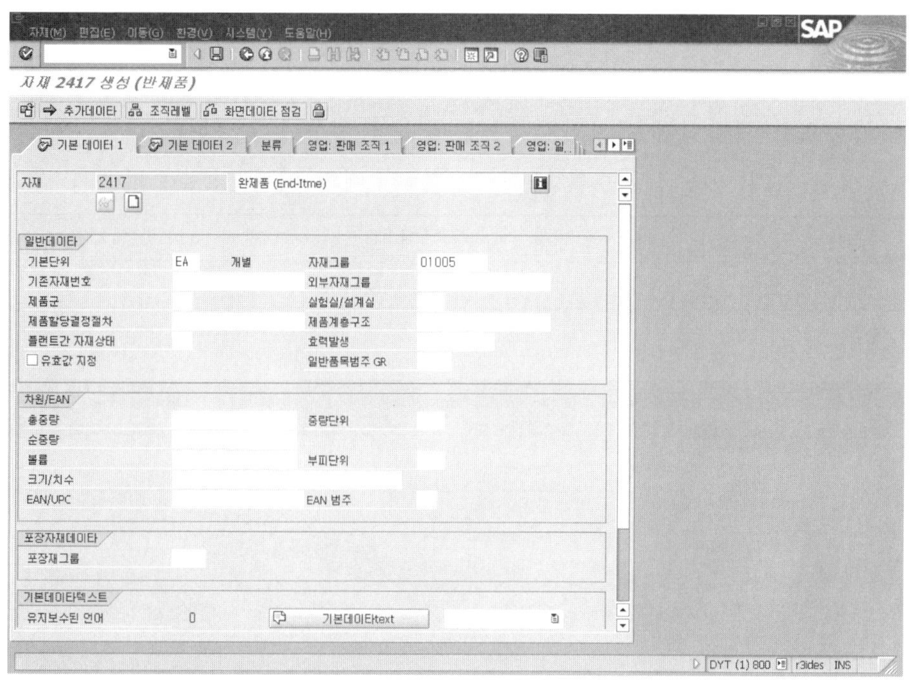

[그림 2-6] 자재 마스터 상세 데이터 설정 입력 화면

자재 마스터의 상세한 설정 값을 입력하는 화면은 [그림 2-6]과 같다. 자재에 대한 기본 데이터를 설정하고, 구매 그룹 등을 입력한다. 기본 데이터 뷰에서는 자재 이름을 입력하고, 자재를 취급하는 기본단위와 자재그룹을 입력한다. 구매 뷰에서는 구매그룹을 입력한다.

자재를 취급하는 기본단위로는 기계공학 유형의 제조업을 대상으로 하여 개수를 의미하는 “PC” 혹은 “EA”를 선택하여 실습을 진행한다. 이 때 상세한 설정 가능한 단위를 조회하고자 한다면 ⧉ 버튼을 눌러서 확인하는 것도 가능하다. 자재가 액체와 같은 특성을 지니고 있을 경우에는 갤런이나 무게, 부피 등의 단위가 사용될 수 있고, 기체 상태의 자재의 경우에는 주로 부피를 사용하게 된다. 자재그룹은 “01005”를 선택하여 실습을 진행한다.

구매 뷰에서는 구매 그룹을 입력하여야 한다. 구매 그룹을 입력할 때는 구매 담당자의 정보가 필요하다. 어떠한 담당자가 원자재 조달을 책임지고 있는가에 대한 정보를 조회하고자 할 때는 ⧉ 버튼을 눌러 확인하거나 담당자를 고를 수 있다. 구매 그룹으로 “001(Dietl. B)”을 입력하여 실습을 진행할 수 있다.

필요한 설정 값을 모두 입력하였으면 [저장] 버튼을 눌러 입력한 내용을 저장한다. 자재 마스터 설정 내용이 저장되면서 해당 자재 마스터를 위한 고유 번호가 자동으로 채번되어 제시되고, 자재 마스터 생성이 완료된다.

생성된 자재 마스터 정보를 조회하고자 할 때의 메뉴 경로는 다음과 같다.

메뉴 경로	물류 → 자재 관리 → 자재 마스터 → 자재 → 조회 → 현재조회
트랜잭션 코드	MM03

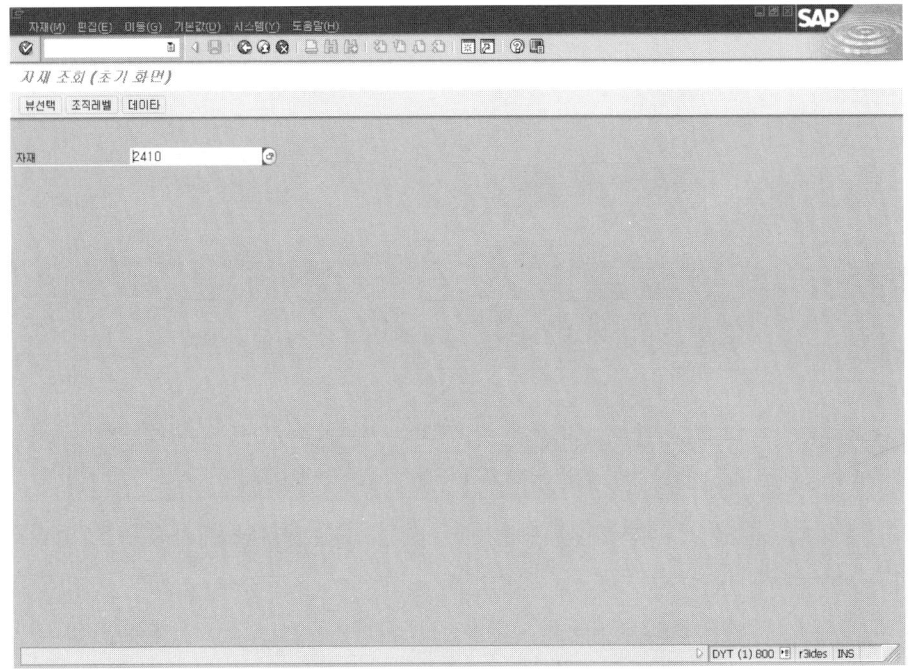

[그림 2-7] 자재 마스터 조회 초기 화면

자재 마스터 조회 초기화면은 [그림 2-7]과 같다. 자재 마스터를 조회하기 위해서는 초기화면에서 자재 번호를 입력하여야 한다. 앞에서 자재 마스터를 생성하면서 자동으로 채번된 자재 번호를 입력하고, [아이콘] 버튼을 클릭하면 조회하고 싶은 특정 뷰를 선택하는 화면이 나온다. 기본 데이터 1, 기본 데이터 2, 구매, 회계 등의 뷰를 선택한다. [그림 2-7]의 왼쪽 상단에 보이는 "뷰선택" 버튼을 클릭하여 미리 설정할 수도 있다. 뷰선택 후 ✔ 버튼을 누르면 자재 마

스터가 소속된 플랜트 정보를 입력하는 화면이 나오고, 플랜트 "1000"을 입력하면 자재 마스터의 상세한 정보를 조회할 수 있다. 플랜트 정보는 자재 마스터를 생성할 때 입력한 정보와 일치하여야 한다.

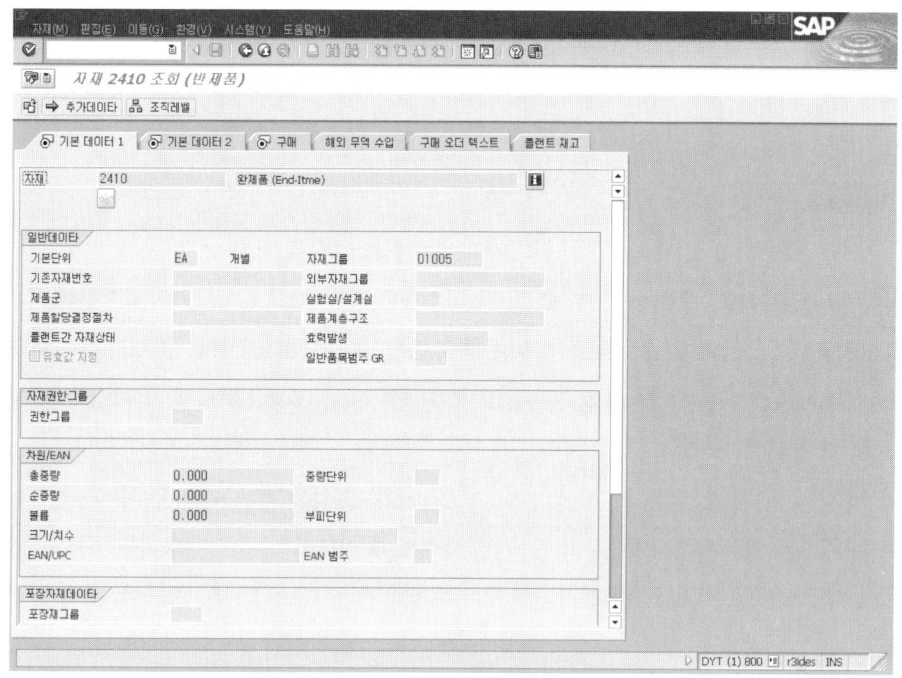

[그림 2-8] 자재 마스터 조회 상세 화면

자재 마스터의 상세한 조회 화면은 [그림 2-8]과 같다. "추가데이터" 버튼을 클릭하면 "내역", "단위", "대체 단위" 등과 같은 자재 관련 추가 정보들을 조회할 수 있으며, 해당 자재에 대한 문서와 내부 주석과 같은 정보도 조회하는 것이 가능하다. "조직레벨" 버튼은 "기본 데이터1" 등의 뷰에서는 작동하지 않지만, "구매뷰"를 선택하고 "조직레벨" 버튼을 클릭하면 해당 자재의 조직 레벨 정보를 보여 준다. 실습에서는 플랜트 정보 "1000"을 조회할 수 있다.

왼쪽 상단의 버튼을 클릭하거나 "Shift+F5" 키를 누르면 [그림 2-7]의 자재 마스터 조회 초기 화면으로 되돌아간다.

2. 구매 관련 프로세스

구매 관련 프로세스는 기업이 구매처로부터 원자재나 반제품 등을 구매하고, 공장 내의 특정 저장장소에 입고시키며, 입고시킨 만큼 제대로 송장이 작성되었는지를 검증하는 활동을 의미한다.

비즈니스 시나리오

자재번호 "100-310(테스트 원자재)"에 해당하는 자재를 2개 구매하고자 한다. 해당 자재를 구매하려는 플랜트는 "1000(Werk Hamburg)"이고, 구매처는 "1005(PAQ Deutschland GmbH)", 구매조직 "1000(IDES Deutschland)", 구매그룹 "001(Dietl,B.)"이다. 먼저 구매 요청을 할 때는 요청 수량을 100개로 하여 구매 요청서를 생성하고, 이를 바탕으로 실제로 구매 오더를 생성할 때는 2개의 자재를 구매하는 것으로 한다. 구매 오더가 생성되면 구매하는 수량에 대하여 모두 한 번에 인바운드 납품을 실시하도록 하고, 납품된 자재를 확인하고 입고 전기를 실시한다. 입고 전기가 이루어지면 구매 오더를 통하여 송장을 접수시키고 검증한다.

2.1 구매 요청(Purchase Requisition)

자재 관리 모듈에서 구매 요청 생성을 위한 메뉴 경로는 다음과 같다.

메뉴 경로	물류 → 자재 관리 → 구매 → 구매 요청 → 생성
트랜잭션 코드	ME51N

구매 요청 생성 화면은 [그림 2-9]와 같다. 상단에 '문서유형'은 "구매요청(NB)"으로 자동 설정되어 있다. 아래 아이템(Item) 스크롤바 입력란에서는 '자재'에 구매하고자하는 자재 번호를 입력하고, 희망하는 구매량을 입력한다. 실습 예제로 자재 번호 "100-310"을 입력하고, 요청 수량으로 100개를 입력한다. 플랜트 정보로는 "1000 (Werk Hamburg)"를 입력하고 희망 납품일 정보를 입

력한 후 버튼을 클릭하면 나머지 정보들이 자동 인식되어 입력된다. 버튼을 누르면, 입력한 내용이 저장되면서 자동으로 구매 요청 번호를 채번하고 구매 요청 생성이 완료된다.

[그림 2-9] 구매 요청 생성 화면

자재 관리 모듈에서 구매 요청 조회 위한 메뉴 경로는 다음과 같다.

메뉴 경로	물류 → 자재 관리 → 구매 → 구매 요청 → 조회
트랜잭션 코드	ME53N

구매 요청 조회 화면은 [그림 2-10]과 같다. 구매 요청 번호를 입력하고 버튼을 클릭하면 상세한 해당 구매 요청 내역을 확인할 수 있다.

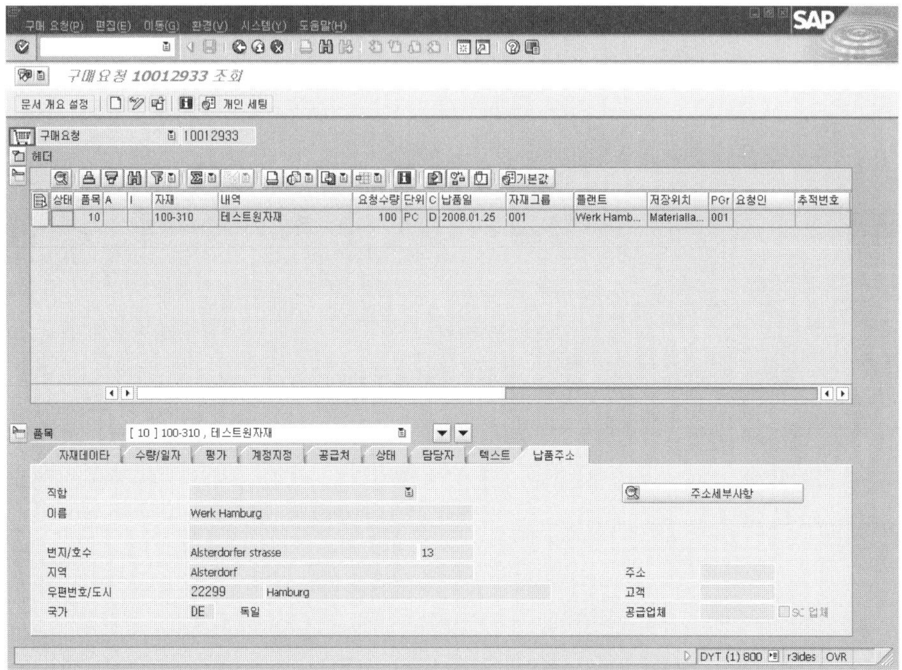

[그림 2-10] 구매 요청 조회 화면

2.2 구매 오더(Purchase Order)

자재 관리 모듈에서 구매 요청을 활용하여 구매 오더를 생성하기 위한 메뉴 경로는 다음과 같다.

메뉴 경로	물류 → 자재 관리 → 구매 → 구매 오더 → 생성 → 구매 요청 지정 리스트를 통해
트랜잭션 코드	ME58

구매 오더를 생성하기 위하여 지정된 구매 요청을 조회하는 화면은 [그림 2-11]과 같다. 구매그룹, 구매조직, 공급업체, 플랜트 등의 정보를 입력하고 버튼을 클릭하면, 구매 오더로 전환되지 않은 구매 요청 중 조건에 일치하는 내역들을 조회하여 [그림 2-12]의 화면에서 확인할 수 있다. 조건에 일치하는 내역이 너무 많을 경우 조건을 점차 강화해 가면서 조회를 하면 필요한 구매요청들만 볼 수 있다.

프로그램(P) 편집(E) 이동(G) 시스템(Y) 도움말(H)

SAP

오더: 지정된 구매요청

구매그룹	001	종료	
구매조직	1000	종료	
공급업체		종료	
개괄계약		종료	
계약오더		종료	
품목범주		종료	
플랜트		종료	
공급플랜트		종료	
납품일		종료	
릴리즈일		종료	
리스트범위	A		
☑ 일괄계약			
☑ 납품일정계약			
☑ 입력서			
코스트센터		종료	
WBS 요소		종료	
오더		종료	
자산		종료	
자산 하위번호		종료	
네트워크		종료	
작업번호		종료	
판매오더		종료	
판매오더품목		종료	

DYT (1) 800 r3ides OVR

[그림 2-11] 구매 오더 생성을 위한 구매 요청 조건 입력 화면

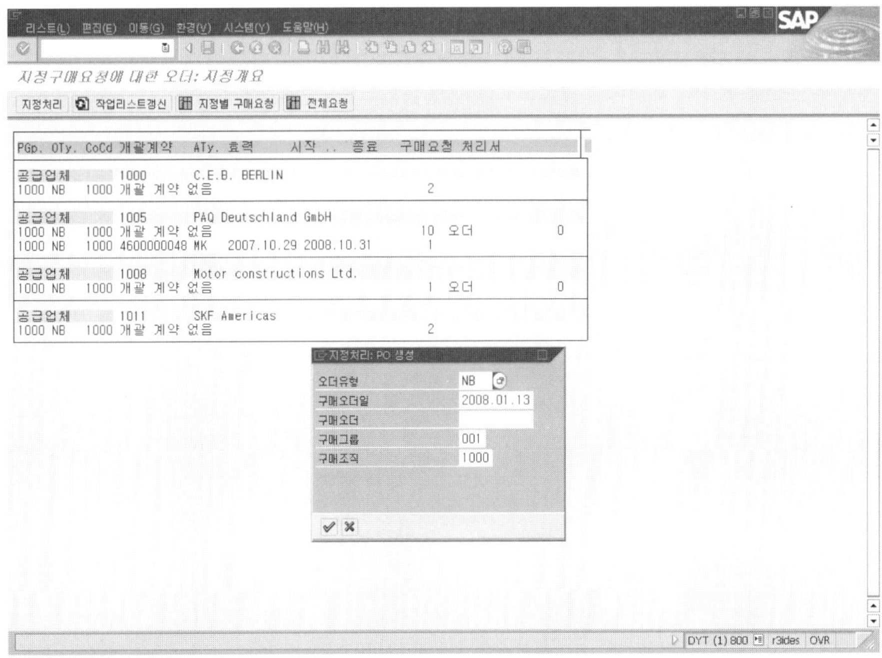

[그림 2-12] 구매 오더 생성을 위한 구매 요청 조회 화면

[그림 2-12]와 같이 각각의 공급업체별로 나타난 구매 요청을 하나 선택하고 지정처리 버튼을 클릭하면, 작은 팝업 창이 나타나면서 구매 오더를 생성하기 위한 구매 요청 지정 처리를 수행하게 된다. 팝업창에서 구매 오더 유형을 "NB (표준 오더)"로 설정하고, 구매그룹 정보와 구매 조직 등의 정보를 확인한 후 ✔ 버튼을 누르면 구매 오더 생성 화면이 나타나게 된다. 이렇게 구매 요청 정보를 활용하여 구매 오더를 생성하는 화면을 불러오게 되면, 지정처리를 거치면서 공급업체를 확정한 후 구매 오더를 생성한다.

만일 공급업체와 공급 플랜트를 미리 알고 있다면, 메뉴 경로를 통하여 곧바로 구매 오더를 생성하는 것이 더 효과적일 수 있다. 이럴 경우를 위한 구매 오더를 생성하기 위한 메뉴 경로는 다음과 같다.

메뉴 경로	물류 → 자재 관리 → 구매 → 구매 오더 → 생성 → 공급업체/공급 플랜트 확정
트랜잭션 코드	ME21N

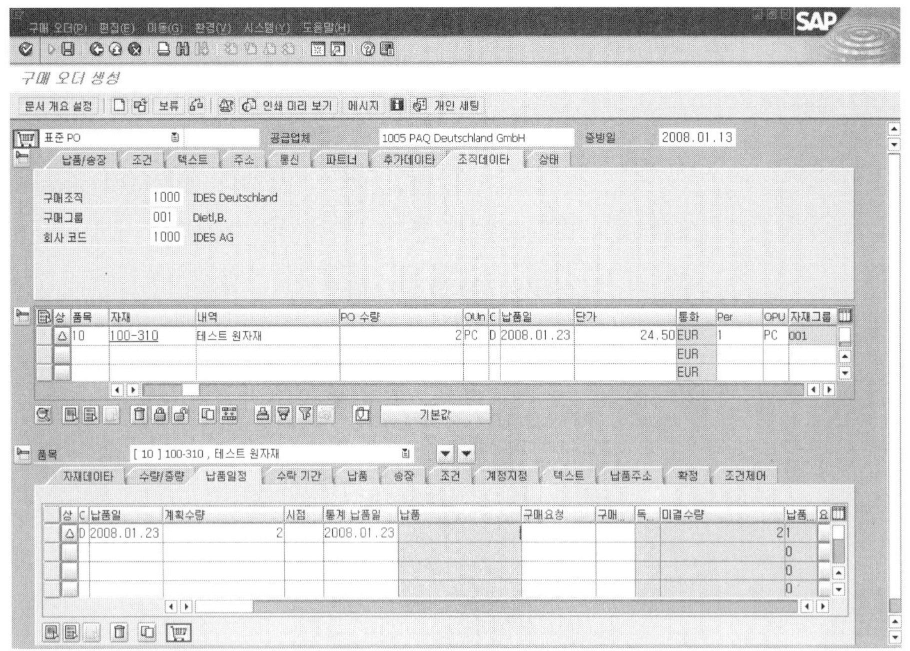

[그림 2-13] 구매 오더 생성 화면

구매 오더 생성 화면은 [그림 2-13]과 같다. 구매 요청 지정처리를 통하여 구매 오더를 생성할 경우 공급업체 정보와 구매조직, 구매그룹 정보가 모두 자동으로 입력된다. 메뉴 경로를 이용하여 구매 오더를 직접 생성할 경우 이러한 정보를 직적 입력하여야 한다. 이 때 공급업체 “1005 (PAQ Deutschland GmbH)”, 구매조직 “1000 (IDES Deutschland)”, 구매그룹 “001 (Dietl,B.)” 등을 입력하여 실습을 진행할 수 있다.

품목(Item) 스크롤바 입력란에는 구매하고자 하는 자재 정보를 입력한다. 자재 번호와 구매 수량을 입력하고, 해당 자재를 구매하고자 하는 플랜트 정보를 입력한다. 자재 번호 “100-310 (테스트 원자재)”, 수량 2개, 플랜트 “1000 (Werk Hamburg)” 등을 입력하여 실습을 진행한다.

모든 정보를 입력한 후 버튼을 누르면, 입력한 내용이 저장되면서 자동으로 구매 오더(PO : Purchase Order) 번호를 채번하고 구매 오더 생성이 완료된다.

구매 오더를 조회하기 위한 메뉴 경로는 다음과 같다.

메뉴 경로	물류 → 자재 관리 → 구매 → 구매 오더 → 조회
트랜잭션 코드	ME23N

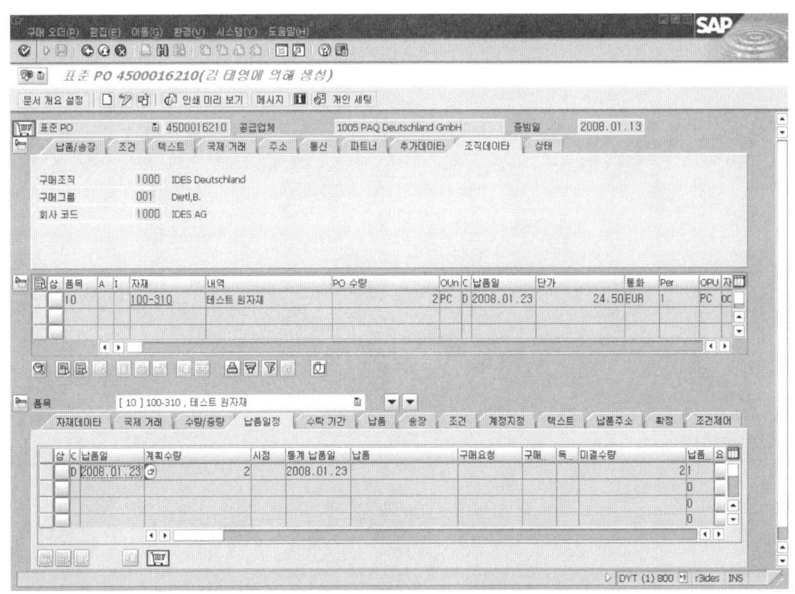

[그림 2-14] 구매 오더 조회 화면

구매 오더를 생성한 후, 구매 오더 조회를 실시하면 [그림 2-14]와 같은 화면에서 구매 오더 정보를 확인할 수 있다. 구매 오더 번호를 왼쪽 상단에 입력하여 내용을 바꾸어 가면서 조회하는 것이 가능하다.

메뉴 경로를 통하지 않고 트랜잭션 코드만으로 들어갈 수 있는 구매 오더 생성 및 조회 화면이 별도로 존재한다. 즉, 트랜잭션 코드 'ME21'을 이용하면 구매 오더 생성 작업을 할 수 있고, 'ME23'은 구매 오더 조회를 할 수 있다. 이러한 것들은 과거에 사용하던 구매 오더 및 조회 화면이었지만, 표준이 'ME21N', 'ME23N' 화면으로 바뀌면서 메뉴 경로에는 나타나지 않게 되었다. 그러나 'ME21', 'ME23'을 이용하여 생성 및 조회 작업을 하여도 별다른 문제가 발생하지는 않는다.

2.3 인바운드 납품(Inbound Delivery)

구매 오더를 통해 인바운드 납품을 생성하기 위한 메뉴 경로는 다음과 같다.

메뉴 경로	물류 → 물류 실행 → 인바운드 처리 → 인바운드 납품에 대한 입고 → 인바운드 납품 → 생성 → 단일문서
트랜잭션 코드	VL31N

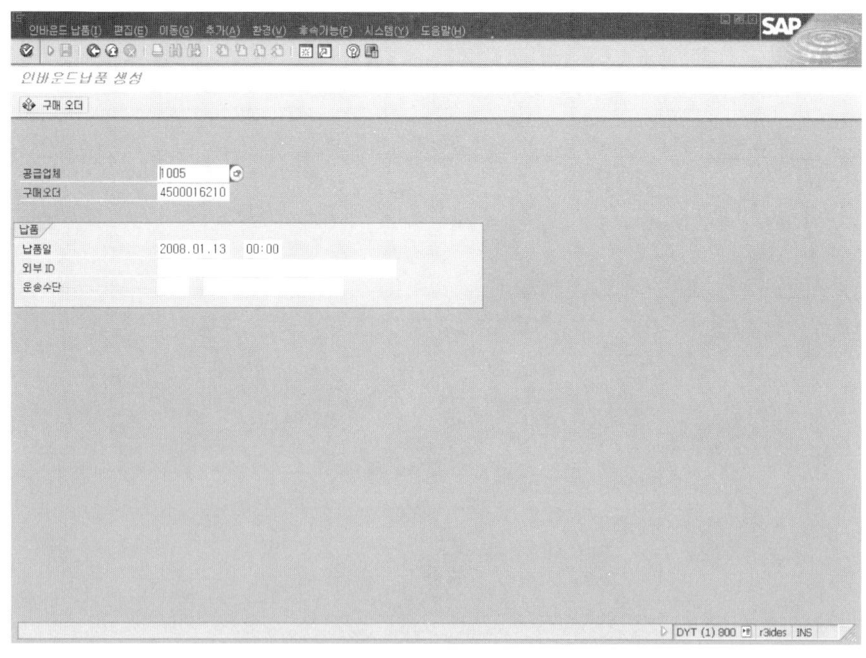

[그림 2-15] 인바운드 납품 생성 초기 화면

구매 오더(PO : Purchase Order) 정보를 이용하여 인바운드 납품(Inbound Delivery)을 생성하는 초기 화면은 [그림 2-15]와 같다. 여기에서는 공급업체 정보와 구매 오더 정보를 입력하고, ✔ 버튼을 클릭하면 상세한 인바운드 납품 정보 입력 화면으로 넘어간다. 그 전에 구매 오더 버튼을 클릭하면 인바운드 납품을 위한 구매 오더 정보를 조회하는 것이 가능하다.

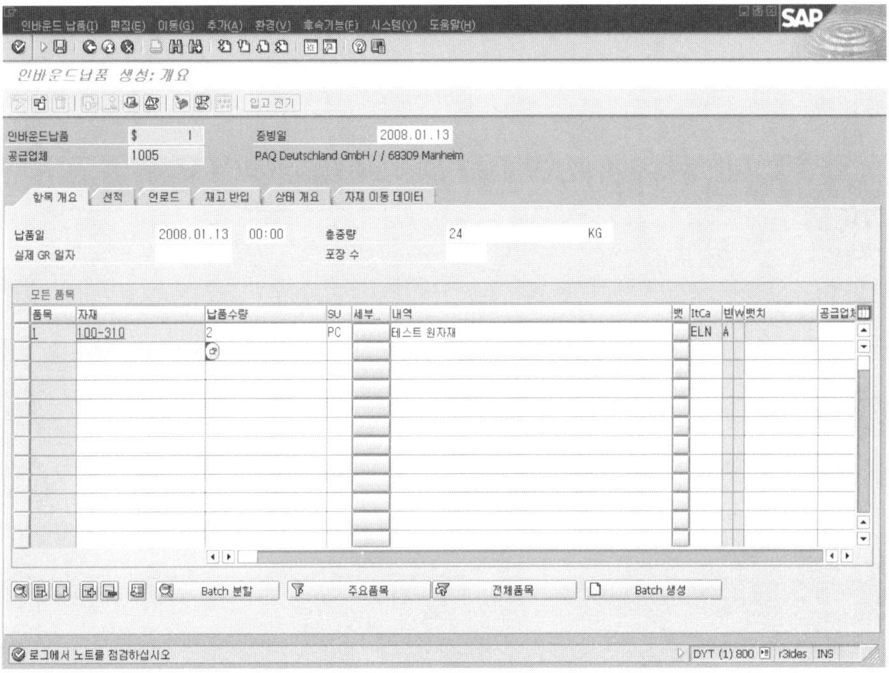

[그림 2-16] 인바운드 납품 생성 상세 화면

[그림 2-16]과 같은 인바운드 납품 생성 상세 화면에서, 앞에서 입력한 공급업체 정보와 구매 오더에 의한 납품 내역 정보를 확인할 수 있다. 이 때 구매한 물량을 여러 인바운드 납품으로 나누어 들여오거나 여러 주문을 하나의 인바운드 납품으로 묶고자 할 경우, 하단의 Batch 분할, Batch 생성 기능을 활용할 수 있다.

여기에서 선적 탭을 클릭하면 납품 물량을 중량과 부피로 환산한 정보를 확인할 수 있고, 재고반입 탭을 클릭하면 현재 인바운드 납품을 생성하게 된 근거가 되는 구매 오더 번호를 확인할 수 있다. 자재 이동 데이터 탭을 클릭하면 인바운드 납품을 수행한 후 해당 자재를 우리 회사의 어느 플랜트(Plant)에서

어떤 저장창고(Storage Location)에 보관하고자 하는 가에 대한 정보를 확인할 수 있다. 상단의 버튼을 클릭하면 자재 이동과 관련이 있는 품목에 대해서 포장 작업을 처리하는 것도 가능하다. 모든 정보를 확인한 후 버튼을 누르면, 자동으로 인바운드 납품 번호를 채번하고 인바운드 납품 생성이 완료된다.

인바운드 납품을 조회하기 위한 메뉴 경로는 다음과 같다.

메뉴 경로	물류 → 물류 실행 → 인바운드 처리 → 인바운드 납품에 대한 입고 → 인바운드 납품 → 조회 → 단일문서
트랜잭션 코드	VL33N

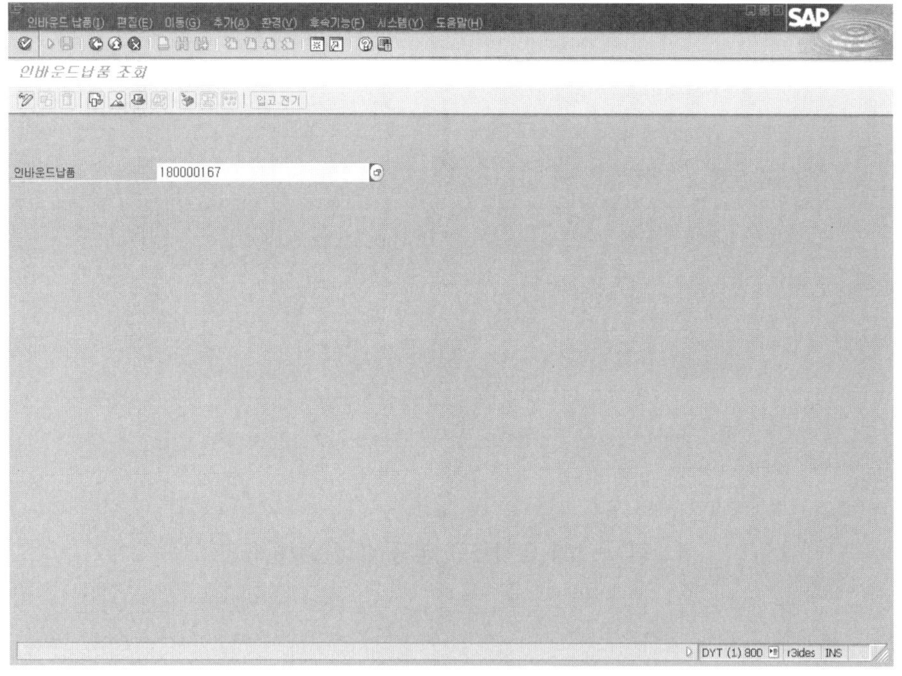

[그림 2-17] 인바운드 납품 조회 초기 화면

인바운드 납품을 조회하기 위한 초기 화면은 [그림 2-17]과 같다. 여기에서 인바운드 납품 번호를 입력하고, 버튼을 클릭하면 상세한 인바운드 납품 정보 조회 화면을 확인할 수 있다. 인바운드 납품 조회 화면은 인바운드 납품 생성 화면과 구성이 거의 유사하다.

2.4 입고 전기(Goods Receipt)

구매 오더(PO)를 통해 인바운드 납품(Inbound Delivery)을 생성한 후, 플랜트로 입고되는 자재에 대하여 입고 전기(GR : Goods Receipt)를 실시하여야 한다. 입고 전기 처리는 인바운드 납품 변경 화면에서 수행하며, 그 메뉴 경로는 다음과 같다.

메뉴 경로	물류 → 물류 실행 → 인바운드 처리 → 인바운드 납품에 대한 입고 → 인바운드 납품 → 변경 → 단일문서
트랜잭션 코드	VL32N

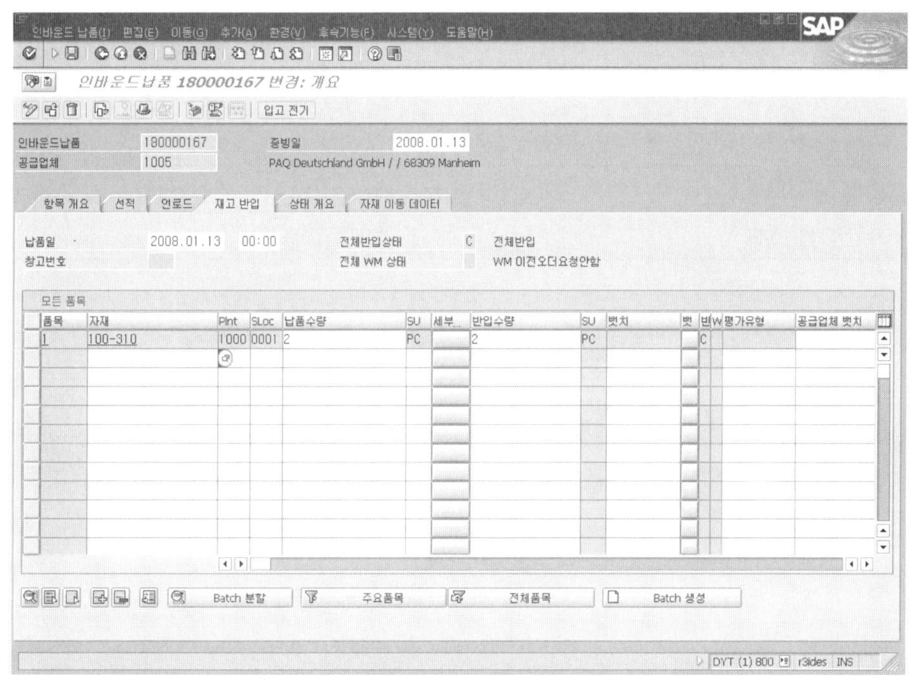

[그림 2-18] 인바운드 납품 변경에서의 반입수량 설정 및 입고 전기

입고 전기(GR)는 구매 오더를 통하여 인바운드 납품된 자재가 해당 플랜트(Plant)의 저장창고(Storage Location)로 입고되었음을 확인해 주는 절차이다. 즉, 물리적으로 해당 자재의 입고가 잘 이루어졌다는 것을 나타낸다. 입고 전기 처리는 인바운드 납품 변경에서 실시할 수 있다. [그림 2-18]에서 보는 것처럼 인바운드 납품 변경 화면의 상단에 입고 전기 수행 버튼이 활성화되어 있으

며, 여기에서 입고 전기 버튼을 클릭하면 입고 전기가 이루어진다.

이 때 반드시 주의하여야 하는 사항으로는, 재고반입 탭에서 반입수량이 결정되어 있지 않으면 입고 전기가 이루어지지 않는다는 점이다. 구매 오더를 통하여 인바운드 납품을 생성할 때 초기 값으로는 반입수량이 결정되지 않고 공란으로 남아 있기 때문에, 이러한 인바운드 납품 문서로는 입고 전기가 불가능하다. 따라서 반드시 인바운드 납품 수량과 같거나 그것보다 적은 반입 수량을 정확히 입력하고 이 정보를 저장한 후 입고 전기를 실시하여야 한다.

2.5 송장검증(Invoice Verification)

입고 전기(GR : Goods Receipt)를 실시한 후 송장(Invoice)을 접수시킨다. 송장을 접수하는 메뉴 경로는 다음과 같다.

메뉴 경로	물류 → 자재 관리 → 구매 → 구매 오더 → 후속 기능 → 물류 송장 검증
트랜잭션 코드	MIRO

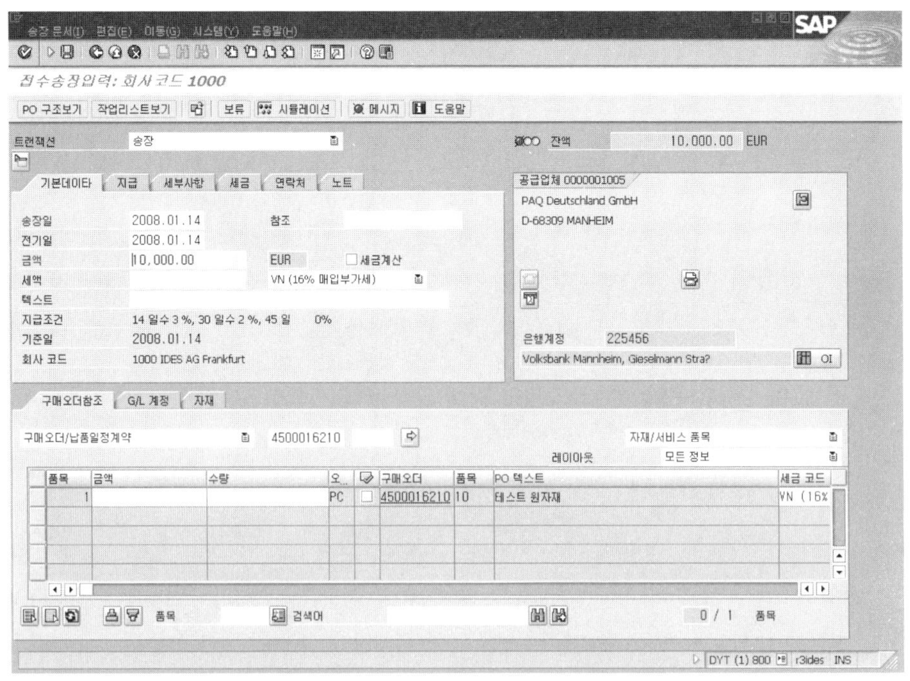

[그림 2-19] 구매 오더를 통한 송장 접수

[그림 2-19]과 같은 송장 접수 화면에서 구매 오더(PO) 번호, 송장일 정보와 비용 등을 입력하고, 버튼을 클릭하면 송장 접수가 올바로 진행될 수 있는지를 확인할 수 있다. [그림 2-19]의 오른 쪽에는 공급업체 정보와 은행 계정 정보가 나타나고, 여러 탭을 클릭해 가면서 보다 자세한 사항을 확인해 가면서 입력할 수 있다.

송장 접수화면 왼쪽 중단의 기본 데이터 탭에서는 송장일, 전기일, 금액 등의 정보를 확인하고 입력한다. 지급 탭을 클릭하면 비용의 지급 방법과 거래 은행, 지급 조건 등의 정보를 입력할 수 있다. 세부 사항을 클릭하면 송장 발행처로 공급업체 번호가 명시되어 있는 것을 확인할 수 있다.

모든 정보를 입력한 후 버튼을 누르면 송장 처리가 마무리 된다.

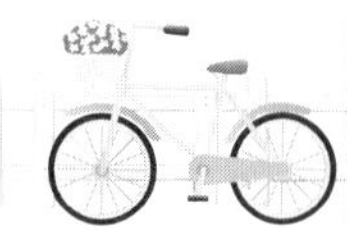

연습문제

01 기업에서 ERP를 이용하여 업무를 처리하는 과정에서 생성되는 각종 오더(Order)와 전표 등은 기본적으로 헤더-아이템(Header-Item) 구조로 이루어져 있다. 헤더-아이템(Header-Item) 구조에 대해 설명하시오.

02 완성품 자재 마스터데이터(기본 데이타 1, 영업판매 조직 데이타1, MRP1, 2, 회계1 뷰)를 하나 만들어 (1) 기본 데이타 1의 Description이 본인 이름 자재(예 : 홍길동 자재)가 있는 화면과 (2) MRP View에 MRP유형 필드에 수동 재주문점 방식인 VB를 넣은 화면 (3) 저장되었다는 메시지가 나타난 화면을 제출하시오.

03 SAP ERP 시스템의 MM 모듈에서 실습을 시행하시오.

(1) 공급업체 마스터를 생성하시오. 생성된 공급업체 마스터의 주소 옵션을 선택한 조회화면을 보이시오
(계정그룹 : CPD, 직함 : 회사, 이름 : 본인 이름_공급업체(예 : 홍길동_공급업체), 도시 : 서울, 국가 : KR(대한민국), 언어 : 한국어, 검색어 : 실습)

(2) 구매 오더를 공급업체/플랜트 확정의 옵션일 경우에 대하여 생성하고 인바운드 납품과 입고전기를 수행하시오. 생성된 조회 화면을 보이시오.
(구매그룹: 001 구매조직: 1000, 회사코드: 1000, 공급업체: 1005, 자재: 100-310, 플랜트: 1000, 오더 수량: 2)

(3) 송장검증을 수행하시오.

04 구매오더의 회계계정 할당 범주(Account Assignment Category)의 종류와 역할을 설명하시오.

05 구매오더의 품목범주(Item Category)의 종류와 역할을 설명하시오.

제3장 생산계획 모듈 주요 프로세스 실습

1. 기준 정보

생산계획(PP : Production Planning) 모듈에서 활용하는 주요 기준 정보들을 생성하는 실습을 수행한다. 가장 많이 사용하는 기준 정보로는 자재 마스터가 있으며, 자재 마스터들의 관계를 보여주는 BOM, 공정 등을 생성한다.

비즈니스 시나리오

[그림 3-1]을 참고하여 완성품(End-Item)과 이를 제작하기 위한 중간 반제품 부품A, 부품B, 그리고 원자재인 부품C, 부품 D, 부품E, 부품F 등의 자재 마스터를 플랜트 "1000"에 대하여 생성한다. 그리고 하위 부품이 존재하는 완성품(End-Item), 부품A, 부품B에 대한 BOM을 [그림 3-1]의 상하위 조립 관계 및 괄호안의 필요 수량을 확인하여 생성하고, 완성품(End-Item), 부품A, 부품B에 대해 작업장을 "1330"으로 하여 공정을 생성하도록 한다. 자동 채번 방식을 사용한다.

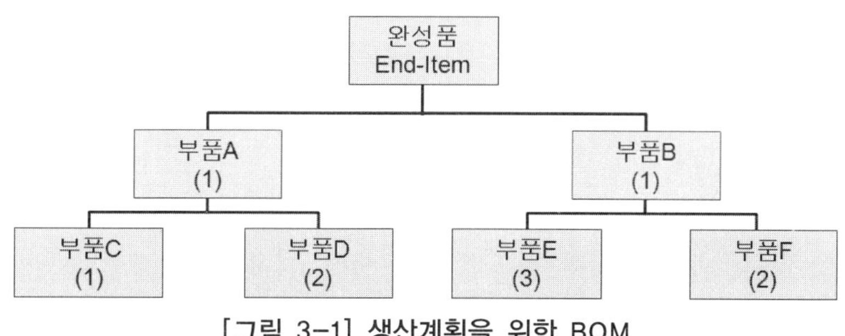

[그림 3-1] 생산계획을 위한 BOM

1.1 자재 마스터데이터(Material Master Data)

생산계획을 위한 자재 마스터 생성 시 주의해야 하는 것은 플랜트(Plant) 정보를 명확히 해야 한다는 것이다. 플랜트를 등록하지 않으면 이후 해당 자재를 위한 BOM과 공정을 생성하는 것이 불가능하기 때문이다.

생산계획 모듈에서 자재 마스터 생성을 위한 메뉴 경로는 다음과 같다.

메뉴 경로	물류 → 생산 → 마스터 데이터 → 자재 마스터 → 자재 → 생성(일반) → 즉시
트랜잭션 코드	MM01

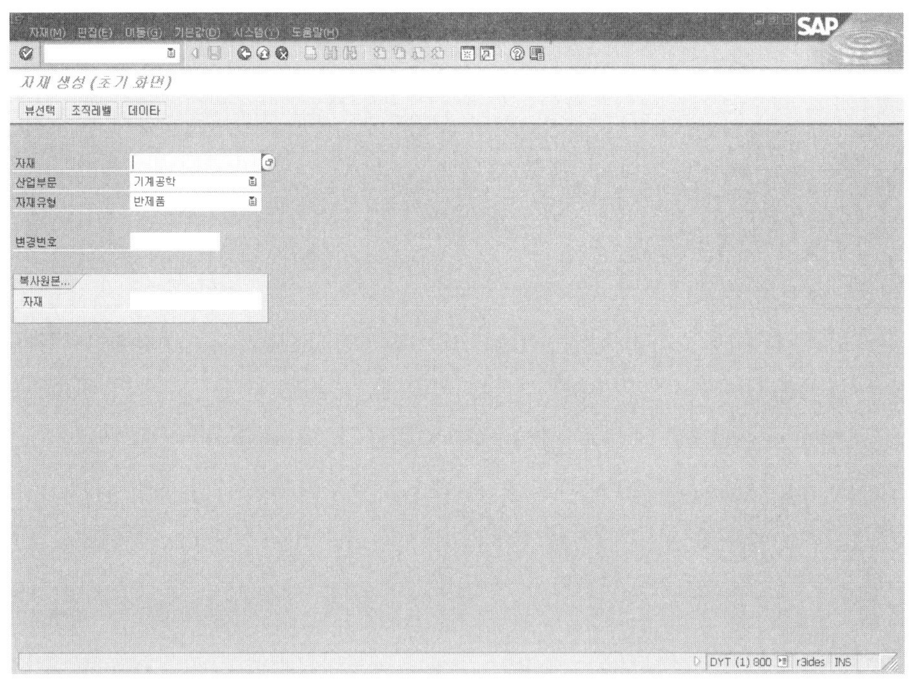

[그림 3-2] 자재 마스터 생성 초기 화면

자재 마스터 생성의 초기 화면은 [그림 3-2]와 같다. 여기에서는 '산업부분'에 "기계공학"을 선택하고, '자재유형'으로 "반제품"을 선택한다. 자재유형은 완제품의 경우 "완제품"으로 선택할 수도 있다. 자재관리에서 다룬 내용과 동일하다. 버튼을 클릭하면 자재 생성의 상세한 설정을 위하여 뷰를 선택하는

화면이 나타난다. 뷰 선택 화면은 [그림 3-3]과 같다.

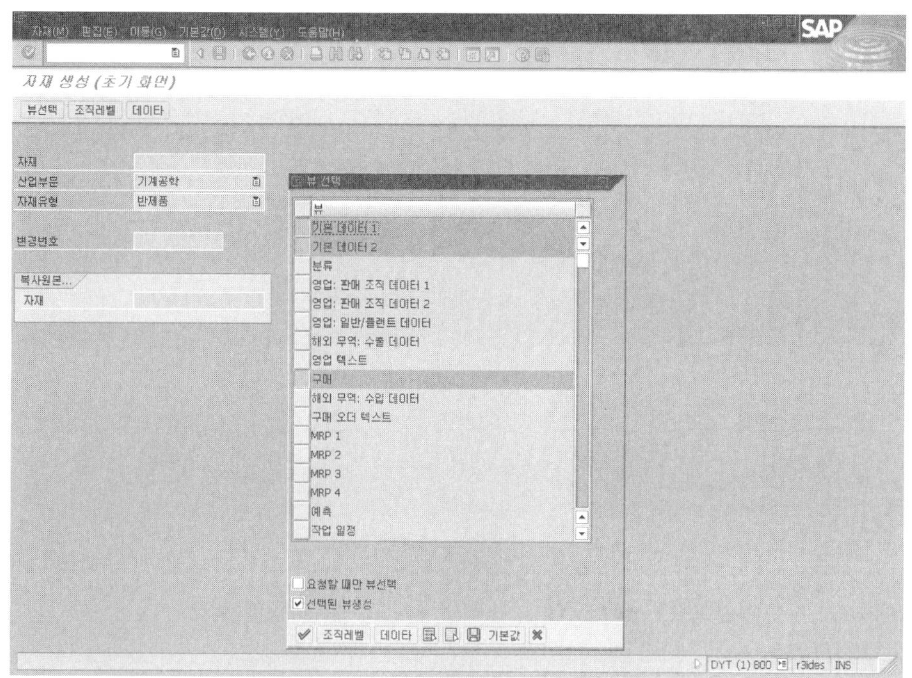

[그림 3-3] 자재 마스터 뷰 선택 화면

[그림 3-3]은 자재 마스터의 상세한 설정을 위하여 어떠한 뷰를 사용할 것인가 결정하는 화면이다. 이러한 뷰를 선택하는 화면에서 기본 데이터 1, 기본 데이터 2, 구매, 회계 등의 뷰를 선택한다. 여기에서 특히 주의하여야 하는 사항은, 구매 뷰를 선택하지 않고 자재 마스터를 생성할 경우 생성하는 자재에 대한 플랜트를 특별히 결정하지 않고 넘어가게 된다는 점이다. 플랜트가 정해지지 않더라도 자재 마스터 생성은 가능하지만, 이럴 경우 나중에 생산계획을 위한 BOM 설정 등이 어려워진다. 따라서 생산관리 모듈에서는 반드시 구매 뷰를 선택하는 것이 바람직하다.

뷰 선택을 마치고 ✔ 버튼을 누르면 다음 화면으로 넘어간다. 구매 뷰를 선택하였을 경우에는 플랜트를 설정하는 화면이 나타나고, 그렇지 않았을 경우에는 곧바로 상세한 자재 마스터를 설정하는 화면이 나타난다. 플랜트 설정을 하지 않았다면 자재가 생성되기 전에 다시 되돌아가 뷰 선택을 다시 하는 것이 좋다.

[그림 3-4] 자재 마스터의 플랜트 설정 입력 화면

구매 뷰를 선택하여 플랜트를 설정을 입력하는 화면은 [그림 3-4]와 같다. 플랜트 설정 화면이 나타나면 플랜트 값으로 "1000(Werk Hamburg)"을 입력한다. 이 때 플랜트 입력란 옆에 있는 버튼을 누르면 입력 가능한 플랜트들에 대하여 상세한 사항을 조회하여 입력하는 것이 가능하다.

플랜트 정보를 입력하면 자재 마스터의 상세한 설정값을 입력하는 화면이 나타나고, 여기에서 필요한 설정 값은 자재관리(MM)에서 설명한 것과 동일하다. 설정 입력이 끝나면 버튼을 눌러 마스터 생성을 완료한다.

이후 [그림 3-1]에 제시된 완제품에서부터 각각의 부품들에 대한 자재 마스터를 차례로 생성해 가도록 한다. 자재 마스터 생성 작업을 진행하면서, 각각의 자재 마스터에 대한 설정 값을 입력한 후 저장할 때 자동으로 채번되는 자재 마스터 번호를 잘 갈무리하여 기록해 놓는 것이 바람직하며, [그림 3-2]의 자재 마스터 생성 초기화면에서 특정 번호를 입력하여 사용해도 좋다.

생산계획의 자재 마스터 조회는 자재관리(MM)에서 설명한 것과 동일하다.

1.2 BOM(Bill of Material)

BOM은 [그림 3-1]을 참고하여 이미 생성된 완성품(End-Item) 자재 마스터와 이를 제작하기 위한 중간 반제품 부품A, 부품B 등의 자재 마스터, 그리고 원자재 부품C, 부품 D, 부품E, 부품F 등의 자재 마스터 등의 상하위 관계와 수량 구조를 정의하여 생성한다.

BOM 생성을 위한 메뉴 경로는 다음과 같다.

메뉴 경로	물류 → 생산 → 마스터 데이터 → BOM → BOM → 자재 BOM → 생성
트랜잭션 코드	CS01

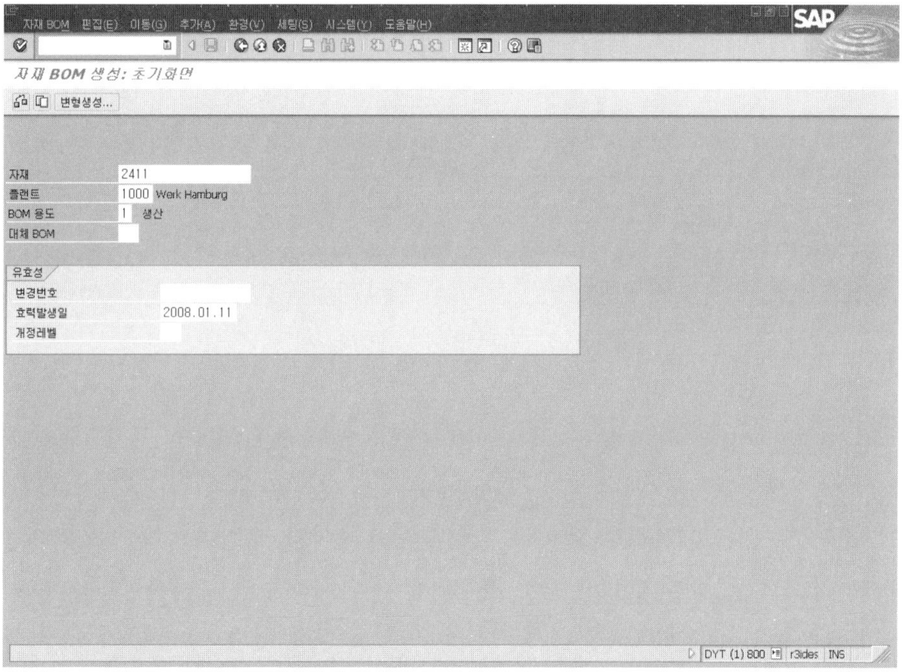

[그림 3-5] 자재 BOM 생성 초기 화면

BOM 생성 초기 화면은 [그림 3-5]와 같다. BOM을 생성하고자 하는 자재에 대하여, 자재 마스터를 생성할 때 자동으로 채번된 자재 고유 번호를 입력하고, 해당 자재의 플랜트 정보를 입력한다. 해당 자재를 생성할 때 플랜트 정보를 “1000”으로 입력하였으면 여기에서도 “1000”으로 입력하여야 한다. 그 다음 어떠한 BOM 용도 선택에서 버튼을 눌러 “1 (생산)”을 선택하여 실습을

진행할 수 있다. 버튼을 클릭하면 BOM 생성 상세 화면으로 넘어간다.

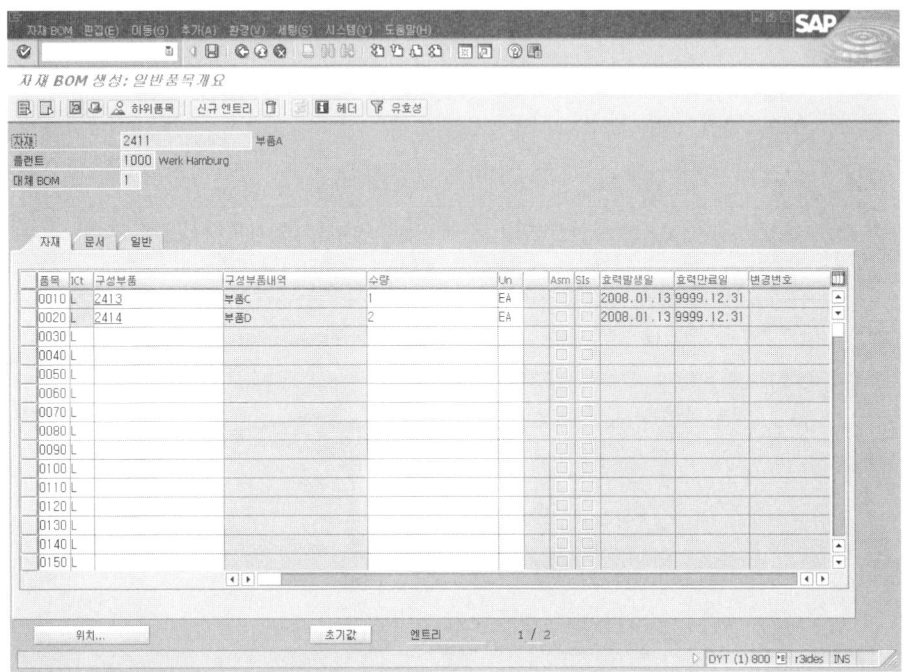

[그림 3-6] 자재 BOM 생성 상세 화면

BOM 생성 상세 화면은 [그림 3-6]과 같다. 앞서 BOM 생성 초기 화면에서 입력한 정보가 상세 화면 상단의 헤더(Header) 입력란에 자동으로 기록되고, BOM을 생성하고자 하는 자재와 구성 부품 사이의 수량 관계를 하단 품목(Item)의 스크롤 형태의 입력란에 기재하면 된다. [그림 3-1]을 참고하면 부품A의 경우 부품C 1개와 부품D 2개가 필요하므로, [그림 3-6]과 같이 부품C와 부품D를 자재 마스터에서 생성할 때 채번된 자재 고유 번호를 "구성부품"란에 입력하고 "수량"란에 필요한 수량을 입력한다. 버튼을 클릭하면 "구성부품내역"란이나 "Un(단위)"란과 같이 비워두었던 부분에 대한 정보가 자동으로 입력된다. "품목" 입력란 왼편에 마우스를 놓고 하위품목 버튼을 누르면 선택된 부품의 하위품목에 대한 사항을 등록하는 것도 가능하다.

모든 입력을 마치고 버튼을 누르면 입력 내용이 저장되면서 "자재 0000에 대한 BOM을 생성했습니다"라는 메시지가 나온다. 중간 반제품에 해당하는

자재A와 자재B의 BOM을 먼저 생성하고, 완제품의 BOM도 생성할 수 있다.

BOM 조회를 위한 메뉴 경로는 다음과 같다.

메뉴 경로	물류 → 생산 → 마스터 데이터 → BOM → BOM → 자재 BOM → 조회
트랜잭션 코드	CS03

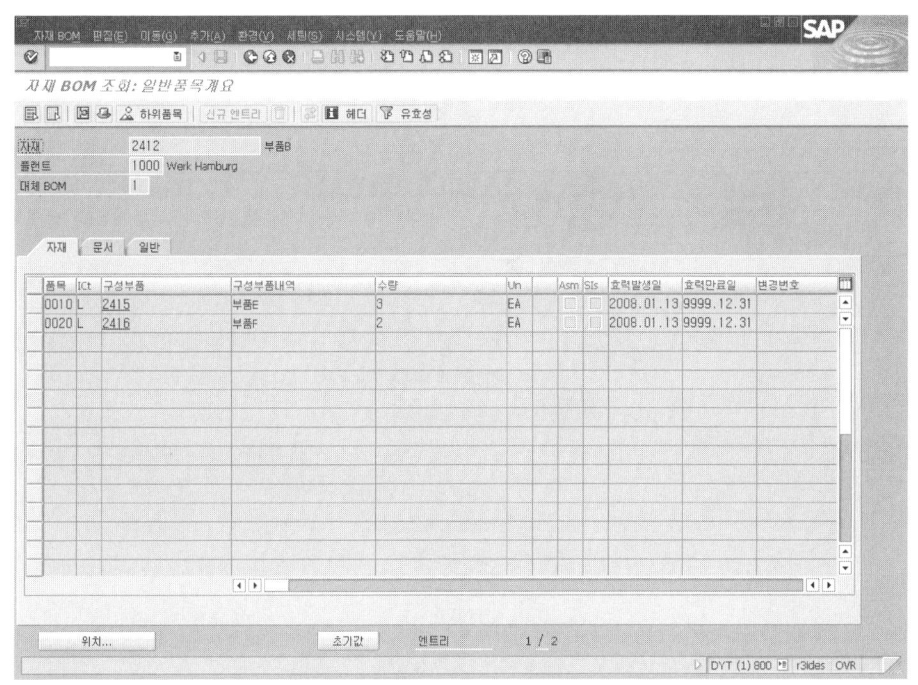

[그림 3-7] 자재 BOM 조회 상세 화면

BOM 조회 초기 화면은 BOM 생성 초기 화면의 구성과 거의 동일하다. 자재 마스터 번호와 플랜트 정보, BOM 용도를 입력한 후 버튼을 클릭하면 [그림 3-7]과 같은 BOM 조회 상세 화면으로 넘어간다.

자재 BOM 조회 상세 화면에서는 BOM을 생성할 때 입력한 내용을 조회할 수 있다. 이 때 "구성부품"란의 자재 마스터 번호를 더블 클릭하면 해당 부품의 자재 마스터 정보를 조회할 수 있고, 하단 품목(Item)의 스크롤 형태의 조회란을 선택한 후 상단의 버튼을 누르면 구성부품에 대한 보다 상세한 등록 사항을 조회할 수 있다.

1.3 공정(Routing)

공정 생성에서는 BOM을 등록한 자재에 대하여 어떠한 작업장에서 어떠한 작업을 거처 생산이 이루어지는 가에 대한 정보를 입력하게 된다.

공정 생성을 위한 메뉴 경로는 다음과 같다.

메뉴 경로	물류 → 생산 → 마스터 데이터 → 공정 → 공정 → 표준공정 → 생성
트랜잭션 코드	CA01

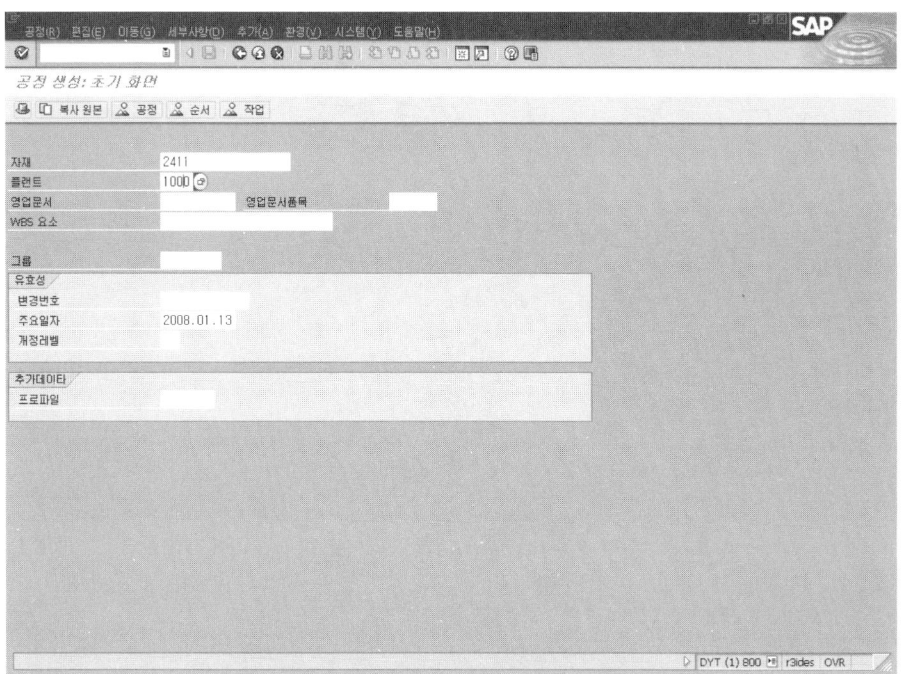

[그림 3-8] 공정 생성 초기 화면

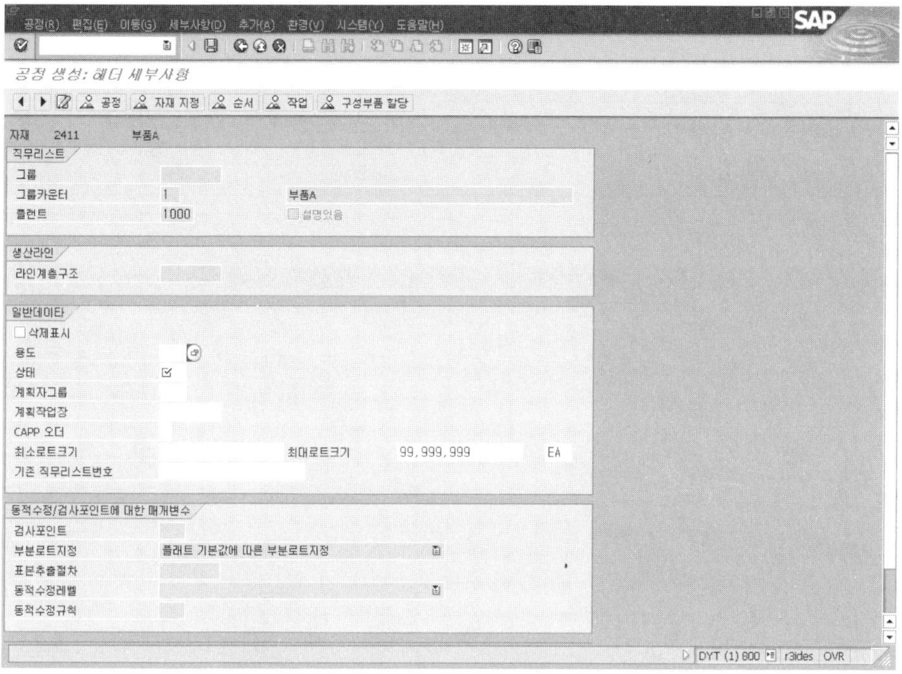

[그림 3-9] 공정 생성 헤더 세부사항 화면

공정 생성의 초기 화면은 [그림 3-8]과 같다. 공정을 생성하고자 하는 자재 번호와 플랜트 정보를 입력하고, 버튼을 클릭하면 상세 화면으로 넘어간다. 자재 번호는 자재 마스터를 생성할 때 자동 채번되거나 입력한 고유 번호이다.

공정 생성의 상세 화면은 여러 단계로 이루어져 있다. 우선 헤더 세부사항 화면은 [그림 3-9]와 같으며, 여기에서는 생성하는 공정의 용도와 상태를 필수적으로 입력하여야 한다. 용도 내역으로는 "1 (생산)"을 선택하고, 상태 내역으로는 "1 (생성)"을 선택하여 실습을 진행할 수 있다. 이후 상단에 있는 공정, 자재 지정, 순서, 작업, 구성부품 할당의 버튼을 누르면 상세 설정 화면이 나타난다. 특별한 상세 설정을 하지 않아도 공정 생성이 불가능한 것은 아니다.

공정 생성에서 가장 중요한 상세 설정으로는 작업장 지정이 있다. 공정 생성 개요 화면이나 헤더 화면에서 작업 버튼을 누르면 작업장 입력 화면이 나타난다. 여기에서는 어떠한 작업장에서 해당 공정이 이루어지는 가를 입력하게 된다. 하단 아이템(Item)의 스크롤 형태의 입력란의 "작업장"에 각의 작업별로 이루어지는 작업장을 입력한다. 입력을 마치고 버튼을 누르면 입력 내용이

저장되고 공정이 생성된다.

공정을 조회하기 위한 메뉴 경로는 다음과 같다.

메뉴 경로	물류 → 생산 → 마스터 데이터 → 공정 → 공정 → 표준공정 → 조회
트랜잭션 코드	CA03

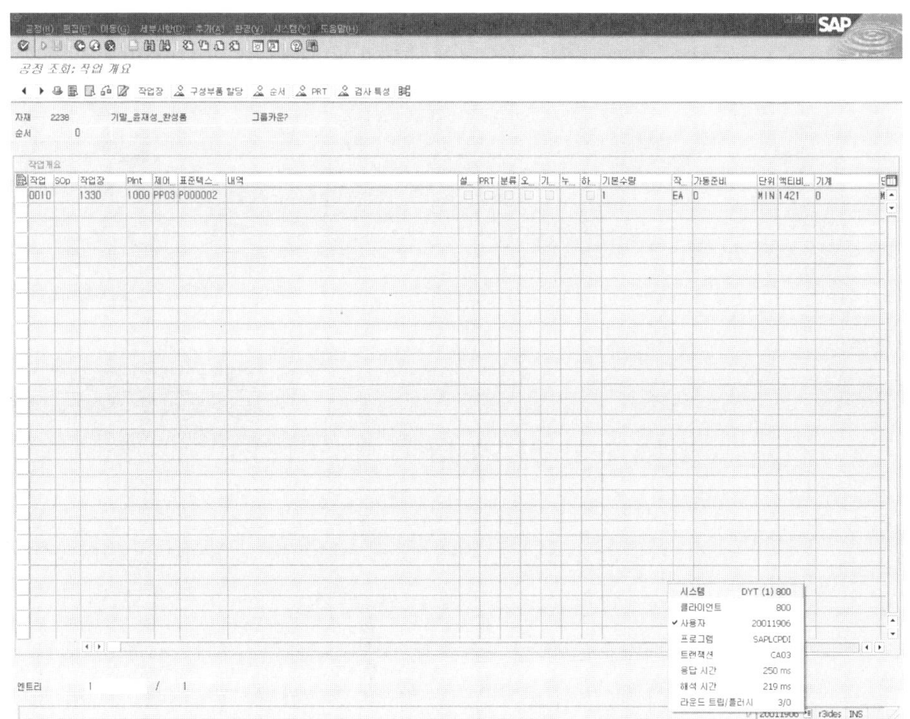

[그림 3-10] 공정 조회 작업 개요 화면

공정 조회 초기 화면은 공정 생성의 초기 화면과 구성이 동일하다. 조회하고자 하는 자재 고유 번호와 플랜트 정보를 입력하고, 버튼을 클릭하면 상세 조회 화면이 나타난다.

공정 조회에서는 공정에 대한 헤더 조회와 작업장 조회, 구성부품할당 조회 등이 가능하다. [그림 3-10]은 1개의 작업에 대하여 작업장을 입력한 공정에 대한 조회 화면을 보여주고 있다. 구성부품 할당 조회에서는 자재 BOM도 함께 연동하여 조회하는 것이 가능하다.

2. 주문 생산(MTO : Make-to-Order)

비즈니스 시나리오

고객 취향을 반영하여 “HD-1300” 제품에 대한 주문 생산을 실시한다. 우선 “HD-1300” 제품 1개에 대한 판매 오더를 생성하고 고객의 상세한 주문 옵션을 기록한다. 이 때 ‘영업조직’ “1000(Germany Frankfurt)”, ‘유통경로’ “12(Sold for Resale)”, ‘제품군’으로는 “00(Cross-Division)”이다. 고객이 주문한 세부 옵션은 아래 상세 설명에서 다룬다. 해당 제품의 생산은 플랜트 “1000(Werk Hamburg)”에서 실시하고, MRP 영역 “1000(Hamburg)”으로 한다. 판매 오더, 계획 오더, 생산 오더의 생성은 모두 자동 채번 방식을 사용한다.

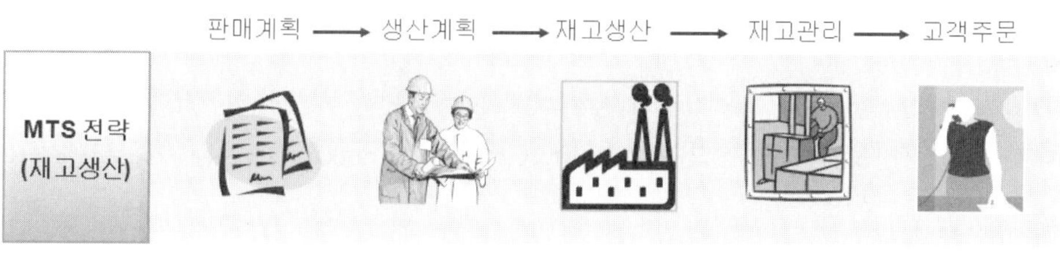

[그림 3-11] 대표적인 생산전략 프로세스

재고생산(MTS : Make to Stock)과 주문생산(MTO : Make to Order)는 고객의 주문 충족을 위해 자재의 생산을 어떠한 방식으로 진행할 지 구분하는 생산전략이다. 재고생산은 먼저 판매계획 → 생산계획 → 재고생산 → 재고관리 → 고객주문 순으로 이루어지며, 주문생산전략은 주문에 근거하여 이루어지는 생산이므로 고객주문 → 생산계획 → 주문생산 → 재고관리 순으로 이루어진다. 본서에서는 영업과의 연계 차원에서 주문생산방식을 먼저 설명하도록 한다.

주문 생산 방식은 말 그대로 고객으로부터 주문을 받아 생산을 실시하는 것을 말한다. 이를 위해서는, 우선 SD 모듈에서 고객으로부터 주문을 받아 고객이 원하는 제품 내용과 수량, 일자 정보가 담긴 영업 오더(Sales Order)를 생성한다. 생산 계획(Production Planning) 모듈에서는 이러한 영업 오더를 근거로 하여 생산 계획 오더(Planning Order)를 생성하고, 계획 오더를 생산 오더(Production Order)로 전환하여 생산 활동을 실시한다.

2.1 영업 오더(SO : Sales Order) 생성

주문 생산(MTO)을 위해서는 우선 고객으로부터 주문을 받아 영업 오더를 생성하여야 한다. 영업 오더를 생성하기 위한 메뉴 경로는 다음과 같다.

메뉴 경로	물류 → 판매 관리 → 영업 → 오더 → 생성
트랜잭션 코드	VA01

영업 오더 생성 초기 화면은 [그림 3-12]와 같다. '오더유형'에 "OR (표준오더)"를 입력하고, '영업조직'에 "1000 (Germany Frankfurt)", '유통경로'에 "12

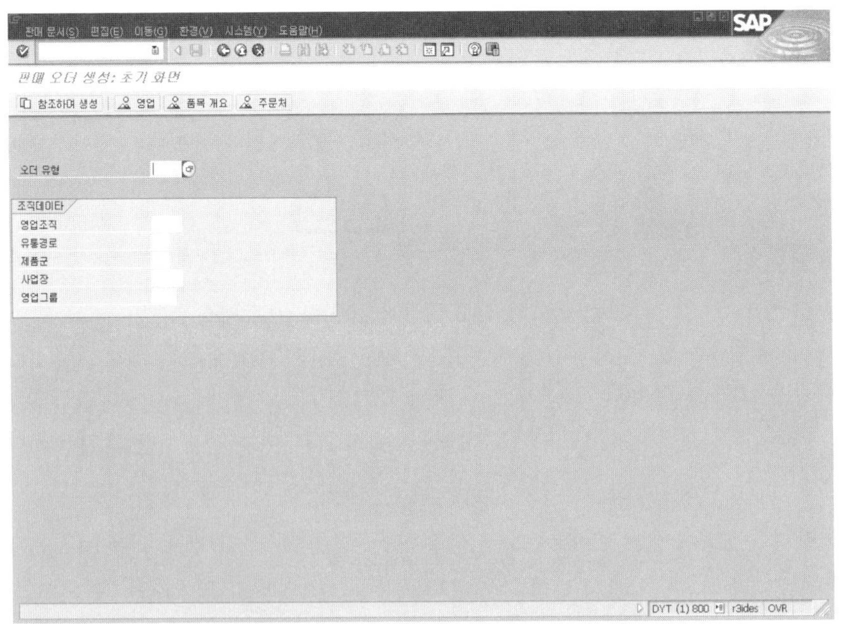

[그림 3-12] 영업 오더 생성 초기 화면

(Sold for Resale)"을 선택한다. '제품군'으로는 "00 (Cross-Division)"을 선택하여 입력한다. 입력을 마치고 ✔ 버튼을 클릭하면 영업 오더를 생성하는 상세 화면이 나타난다.

[그림 3-13]과 같은 영업 오더 생성 상세 화면에서 헤더(Header) 입력란에 판매처와 PO 번호, PO 일자를 입력하고 ✔ 버튼을 클릭해야 품목(Item) 입력란이 활성화된다. 판매처와 인도처에 "1900"을 입력하고, PO 번호는 "K-BE-(임의의 6자리숫자)"를 입력하며, PO 날짜에는 당일 날짜나 임의의 주문일을 입력한다. 스크롤바 형태의 아이템 입력란에는 고객이 원하는 자재와 수량, 납품요청일 정보를 입력한다. '자재'란에 "HD-1300"을 입력하고 '수량'을 1개로 입력한 후 ✔ 버튼을 클릭하거나 키보드의 Enter키를 치면 해당 자재에 대한 특성 값을 지정하는 화면이 나타난다.

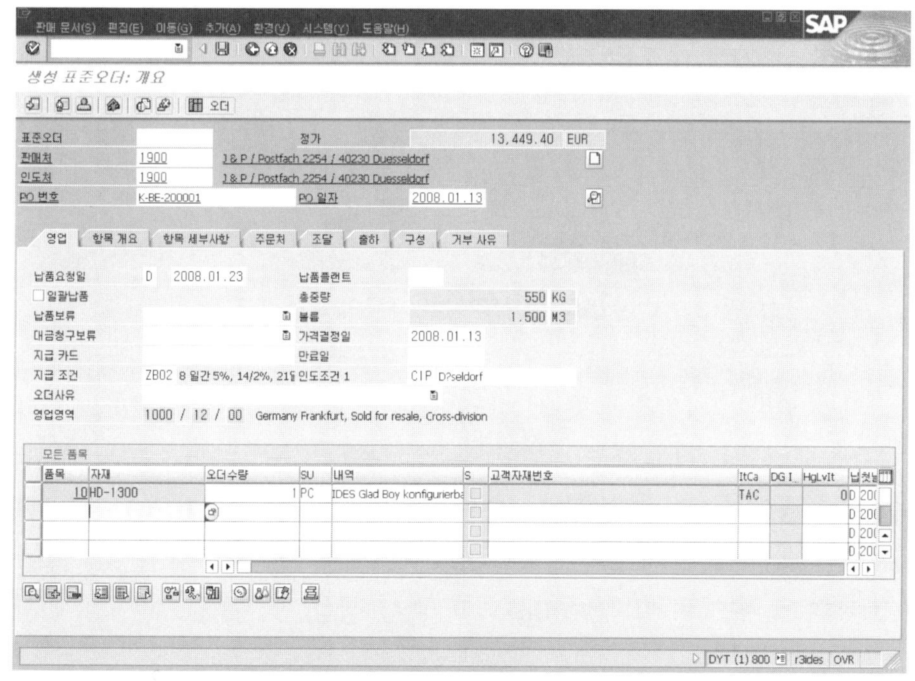

[그림 3-13] 영업 오더 생성 상세 화면

[그림 3-14]는 "HD-1300"의 특성 값을 지정하는 화면이다. 주문식 생산을 위하여 고객이 원하는 사양을 정확하게 파악하여 생산에 반영하고자, 영업 오

더를 만들면서 제품에 대한 특성 값을 상세히 설정하게 된다. "HD-1300"라는 제품을 고객에게 판매하고자 할 경우, 해당 제품의 색상이나 규격, 여러 가지 형태 등을 고객이 원하는 대로 맞추어 생산에 들어가게 된다.

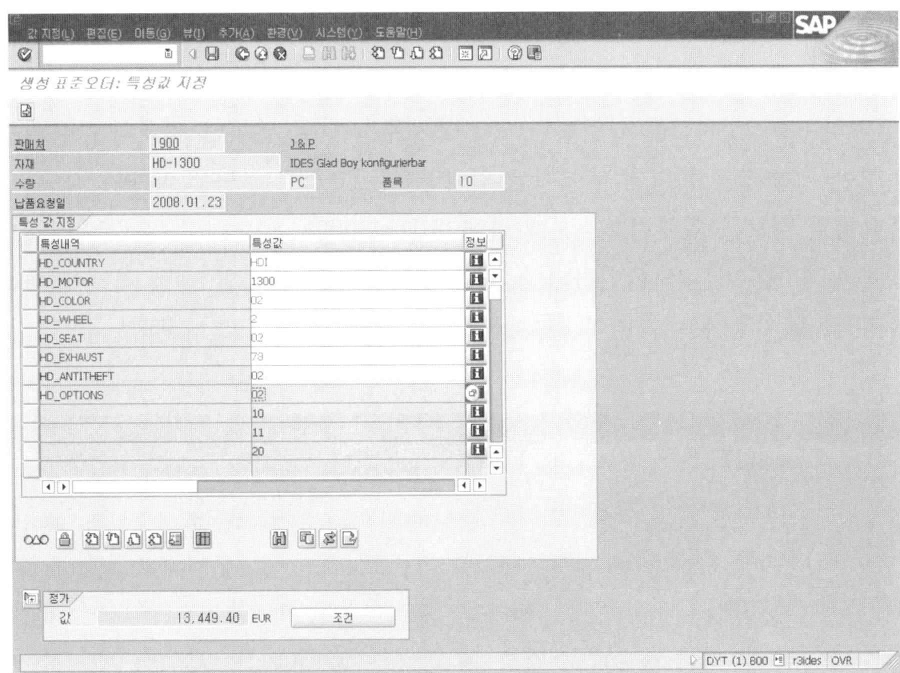

[그림 3-14] 주문식 생산을 위한 제품의 특성값 지정 화면

고객이 원하는 사항을 모두 선택하여 입력하고 ✔ 버튼을 클릭하면 [그림 3-13]으로 되돌아온다. 모든 입력이 끝난 후 💾 버튼을 누르면 입력 내용이 저장되고 영업 오더가 생성되면서 영업 오더 번호를 자동 채번하여 알려준다.

2.2 계획 오더(PldOrd : Planned Order) 생성

주문 생산(MTO)에서 영업 오더를 통해 생산 계획 오더(Planned Order)를 생성하기 위한 메뉴 경로는 다음과 같다.

메뉴 경로	물류 → 생산 → MRP → 계획 → 단일 품목 계획, 판매 오더
트랜잭션 코드	MD50

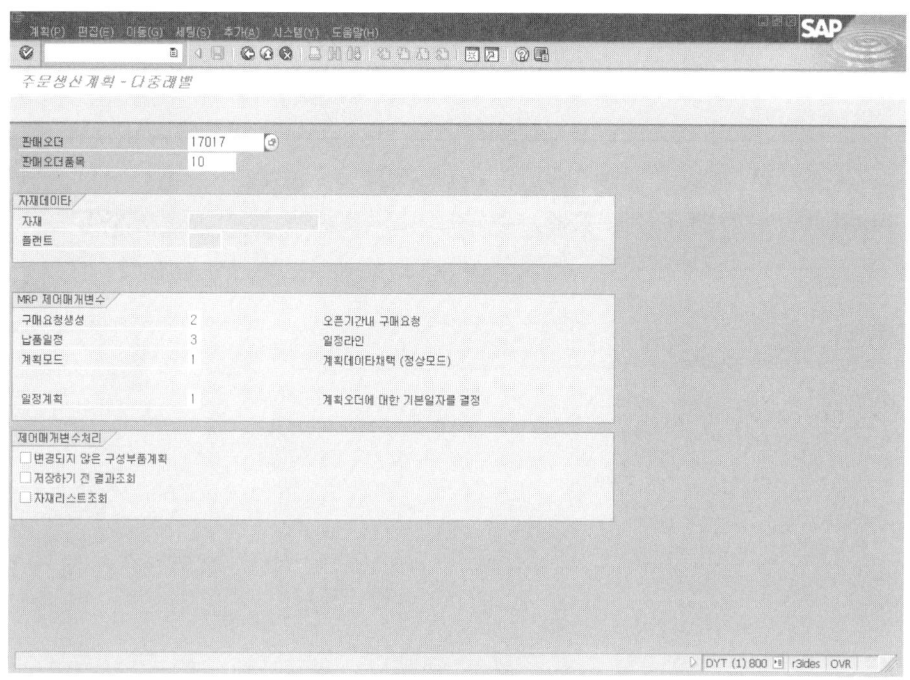

[그림 3-15] 영업 오더로부터 주문 생산 계획 오더 생성

[그림 3-15]와 같은 주문 생산 계획 생성 화면에서는 우선 고객으로부터 받은 상세한 주문 내역이 담겨 있는 '영업 오더'를 입력하고, 해당 영업 오더의 품목(Item) 스크롤바에서 몇 번째 줄에 해당하는 제품의 주문 내역인가를 말하는 '품목' 번호를 입력한다. 일반적으로 영업 오더를 생성할 때 첫 번째 줄의 주문 내역일 경우에는 '10'으로 자동 생성되고, 두 번째 줄의 주문 내역은 '20'으로, 세 번째 줄은 '30'으로 생성되므로 여기에 맞추어 입력한다. MRP 제어 매개 변수 값을 고르고 버튼을 클릭하면 생산 계획 오더가 생성된다.

생산 계획 오더가 생성되면서 각종 통계 자료를 보여주는 다이얼로그 박스가 나타난다. 생산 계획 수립의 시작 시간과 종료 시간, 최상위 자재 순위 리스트 등의 정보를 조회할 수 있다.

2.3 생산 오더(PrdOrd : Production Order) 생성

생산을 위한 계획 오더(Planned Order)를 생성한 후, 이를 생산 오더(Production Order)로 변환시키는 작업을 위한 메뉴 경로는 다음과 같다.

메뉴 경로	물류 → 생산 → MRP → 평가 → 재고/소요량 리스트
트랜잭션 코드	MD04

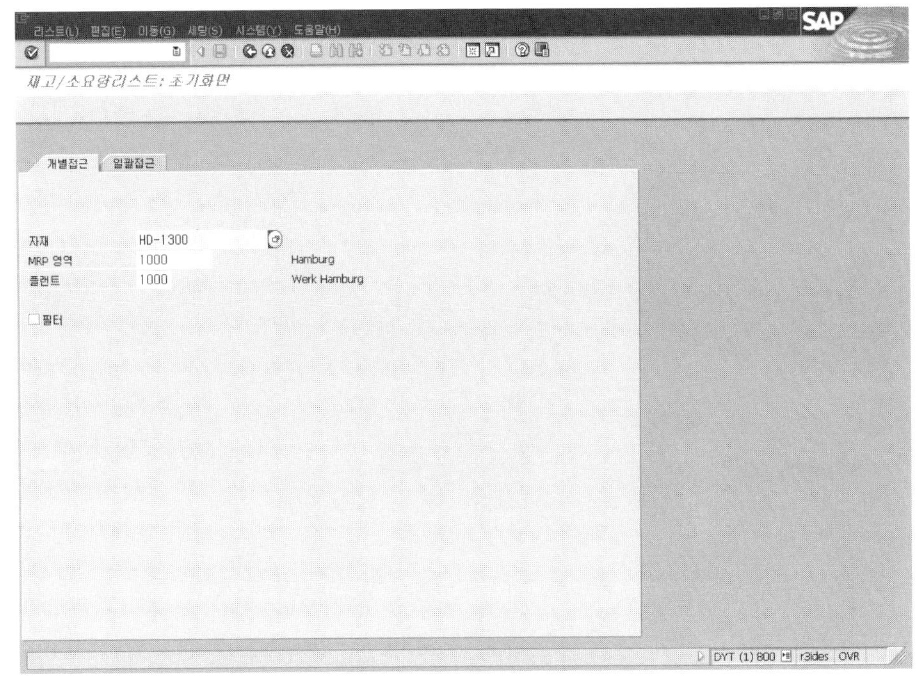

[그림 3-16] 재고/소요량 리스트 초기 화면

재고/소요량 리스트 초기 화면은 [그림 3-16]과 같다. 여기에서는 고객으로부터 주문을 받은 대상 제품의 자재 번호를 입력하고, 플랜트 정보와 MRP 영역을 입력한다. 실습에서는 판매 주문을 생성한 자재 번호 "HD-1300"을 입력하고, MRP 영역 "1000 (Hamburg)", 플랜트 "1000 (Werk Hamburg)"을 입력한다. 초기 화면에서 기본적인 정보 입력을 마치고 ✔ 버튼을 클릭하면 해당 자재에 대한 재고/소요량 리스트 상세 화면으로 넘어간다.

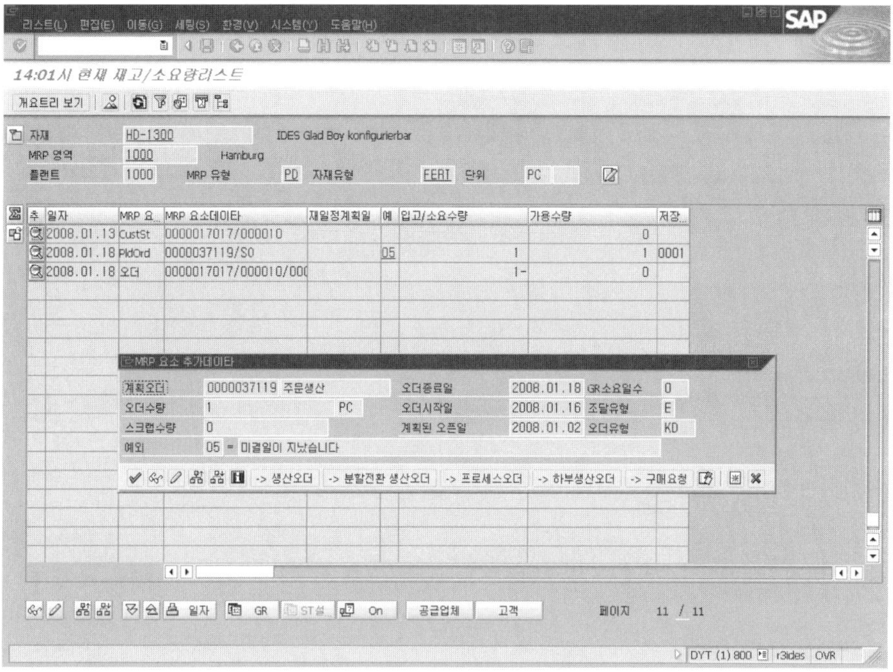

[그림 3-17] MTO 생산방식에서의 계획 오더 확인 및 생산 오더로의 변환

재고/소요량 리스트 상세 화면은 [그림 3-17]과 같다. 여기에서는 주문 생산(MTO)을 위하여 고객으로부터 받은 영업 오더 번호와 일자, 이를 통해 생성된 생산 계획 오더 번호와 일자 정보를 확인할 수 있다. 고객의 판매 주문에 대한 영업 오더 생성 내역은 'MRP 요소' 란에 "CustSt"로 나타나고, 'MRP 요소 데이터' 란에 오더 번호가 표시된다. 영업 오더로 생성한 생산 계획 오더는 'MRP 요소' 란에 "PldOrd"로 나타난다. 각각의 오더별로 스크롤바 좌측의 버튼을 클릭하면 팝업 창이 나타나면서 해당 오더에 대한 개략적인 정보를 확인할 수 있고, 팝업 창에서 버튼을 클릭하면 오더 내용을 조회할 수 있다.

영업 오더로부터 생성된 생산 계획 오더 좌측의 버튼을 클릭하면, [그림 3-17] 중앙에 표시된 것과 같은 팝업 창이 나타나고, 여기에 생산 오더로 변환할 수 있는 작업 버튼이 있는 것을 알 수 있다. 원하는 작업 내용에 따라 다양한 옵션의 생산 오더 생성이 가능하다. 계획 오더의 팝업 창에서 -> 생산오더 버튼을 누르면 생산 오더 생성 화면이 나타난다.

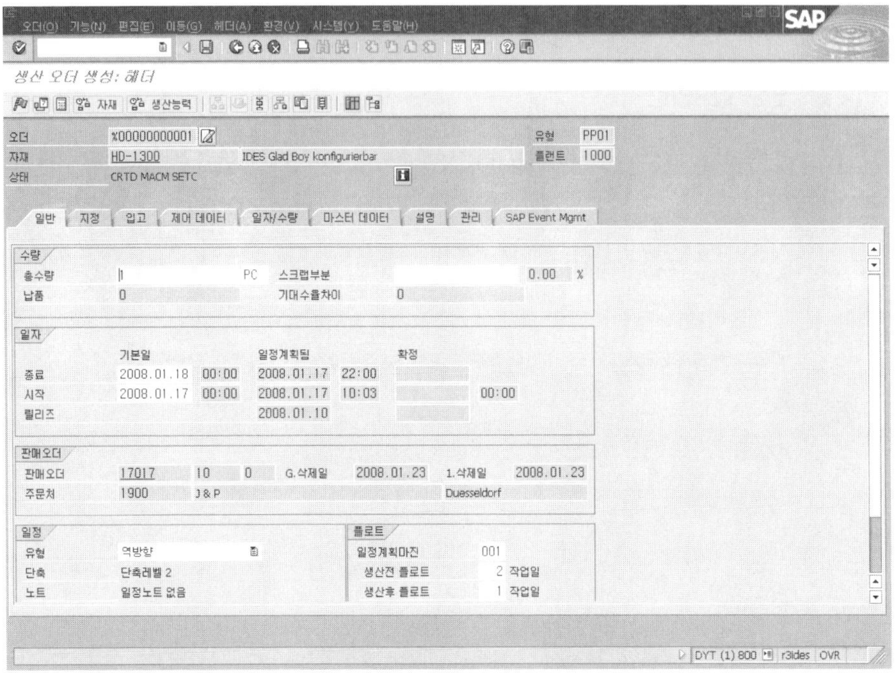

[그림 3-18] MTO 생산방식에서의 생산 오더 생성 화면

생산 오더 생성 화면은 [그림 3-18]과 같다. 여기에서 우선 버튼을 클릭하여 오더 릴리즈를 수행시킨다. 그리고 버튼을 클릭하여 오더 일정 계획을 수행시킬 수 있다.

생산 오더를 생성하기 전에, 정상적으로 생산이 가능한 지를 체크하는 작업을 실시할 수 있다. 이를 위하여 자재 버튼을 클릭하면 해당 생산 활동을 위한 원자재가 충분한 지 가용성 체크를 실시한다. 그리고 생산능력 버튼을 클릭하면 설비(Resource)들의 능력(Capacity) 여유가 충분한 지에 대한 체크를 실시한다. 이를 통해 생산 활동이 가능한가에 대한 결과를 확인할 수 있다. 그리고 버튼을 클릭하면 생산 활동에 필요한 상세한 작업 사항을 확인할 수 있다. 생산을 위해 작업이 이루어지는 순서대로 어떠한 작업장에서 어떠한 작업이 이루어지게 되는가에 대한 목록이 나타난다.

모든 확인 작업이 끝나고 버튼을 누르면 생산 오더(Production Order)가 생성되면서 생산 오더 번호를 자동 채번하여 알려준다.

생산 오더(Production Order)를 생성한 후, 그 내역은 재고/소요량 리스트에서 확인하며 메뉴 경로는 다음과 같다.

메뉴 경로	물류 → 생산 → MRP → 평가 → 재고/소요량 리스트
트랜잭션 코드	MD04

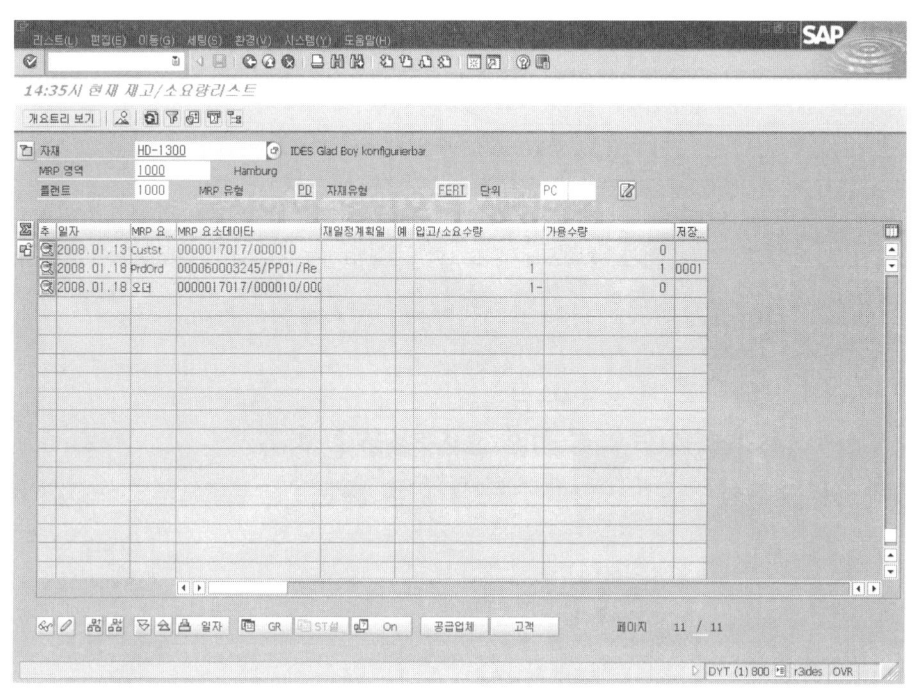

[그림 3-19] MTO 생산방식에서 생산 오더로의 변환 확인

[그림 3-19]에서 보는 바와 같이 생산 오더를 생성하면 기존에 있던 계획 오더 정보가 사라지고, 계획 오더로 생성한 생산 오더 정보는 'MRP 요소' 란에 "PrdOrd"로 바뀌어 표시된다. 즉, 기존의 계획 오더가 생산 오더로 변환된 것을 알 수 있다. 그리고 이 화면에서 생산 오더에 해당하는 스크롤바 좌측의 버튼을 클릭하면 팝업 창이 나타나고, 해당 오더에 대한 개략적인 정보를 확인할 수 있다. 또한 이러한 팝업 창에서 버튼을 클릭하면 생산 오더 내용을 조회할 수 있다.

위와 같이 생산 오더 생성은 재고/소요량 리스트(MD04)에서 하나하나 내역을 확인해 가면서 실시해도 되지만, 이와는 달리 자세한 내역을 미리 알고 있

을 경우 별도로 메뉴 경로를 따라 화면을 열어 작업하는 것도 가능하다.

주문 생산(MTO) 방식에 의해 영업 오더를 미리 생성하고, 이를 이용하여 직접 생산 오더(Production Order)를 생성하는 메뉴 경로는 다음과 같다.

메뉴 경로	물류 → 생산 → 생산 관리 → 오더 → 생성 → 판매 오더
트랜잭션 코드	CO08

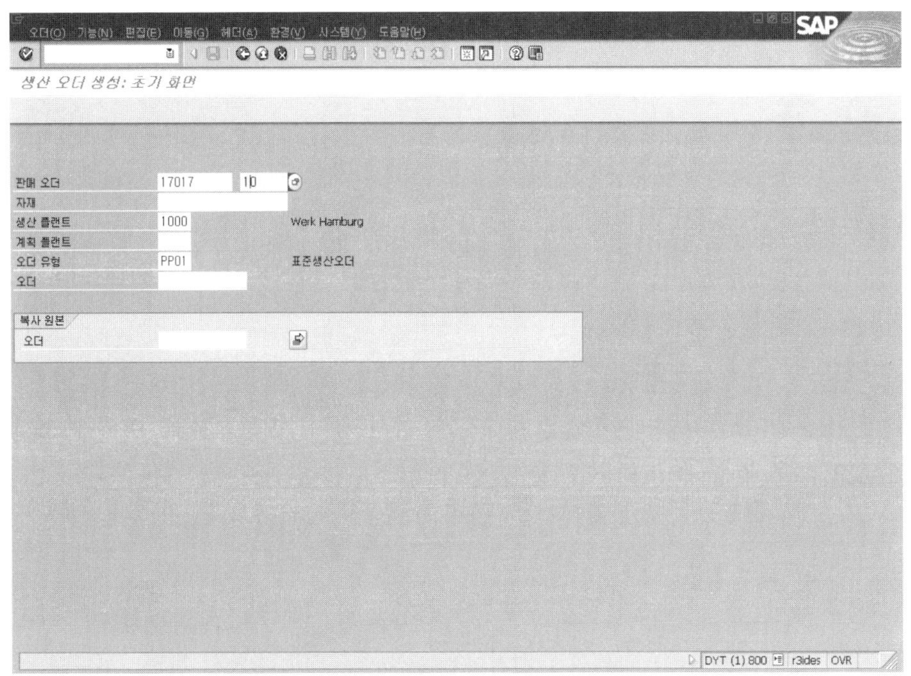

[그림 3-20] 생산 오더 생성 초기 화면

이 때 나타나는 초기 화면은 [그림 3-20]과 같다. 영업 오더 번호를 입력하고, 영업 오더의 품목(Item) 정보 순서에 따라 몇 번째에 해당하는 것이었는지 입력한다. 생산 작업을 실시하는 플랜트 정보를 입력하고, 오더 유형을 "PP01(표준생산오더)"로 선택한다. 이후 ✔ 버튼을 클릭하면 [그림 3-21]과 동일한 화면이 나타나고, 앞에서 설명한 것과 동일한 방법으로 생산 오더를 생성한다.

생산 오더 조회는 위에서 소개한 것과 같이 재고/소요량 리스트(MD04)에서 하나하나 내역을 확인하면서 살펴볼 수 있지만, 생산 오더 생성과 마찬가지로 메뉴 경로를 통해 별도로 화면을 열어가면서 작업하는 것도 가능하다.

생산 오더(Production Order)를 조회하는 메뉴 경로는 다음과 같다.

메뉴 경로	물류 → 생산 → 생산 관리 → 오더 → 조회
트랜잭션 코드	CO03

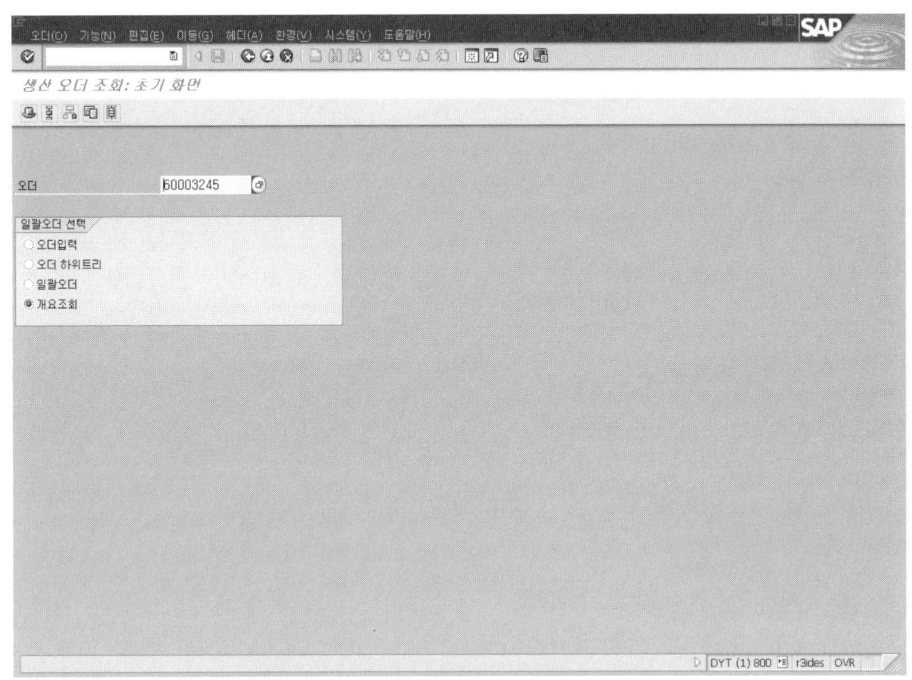

[그림 3-21] 생산 오더 조회 초기 화면

생산 오더 조회 초기 화면은 [그림 3-21]과 같다. 여기에서는 '오더'란에 이미 생성한 생산 오더 번호를 입력하고, 하단의 라디오 버튼 메뉴 중 "개요조회"를 선택한다. 이후 버튼을 클릭하면 생산 오더 생성 화면과 구성이 거의 비슷한 조회 화면이 나타난다. 이렇게 메뉴 경로를 통한 조회 화면은 재고/소요량 리스트(MD04)에서 생산 오더를 선택하여 나타난 팝업 창에서 버튼을 클릭하였을 경우의 조회 화면과 동일하다.

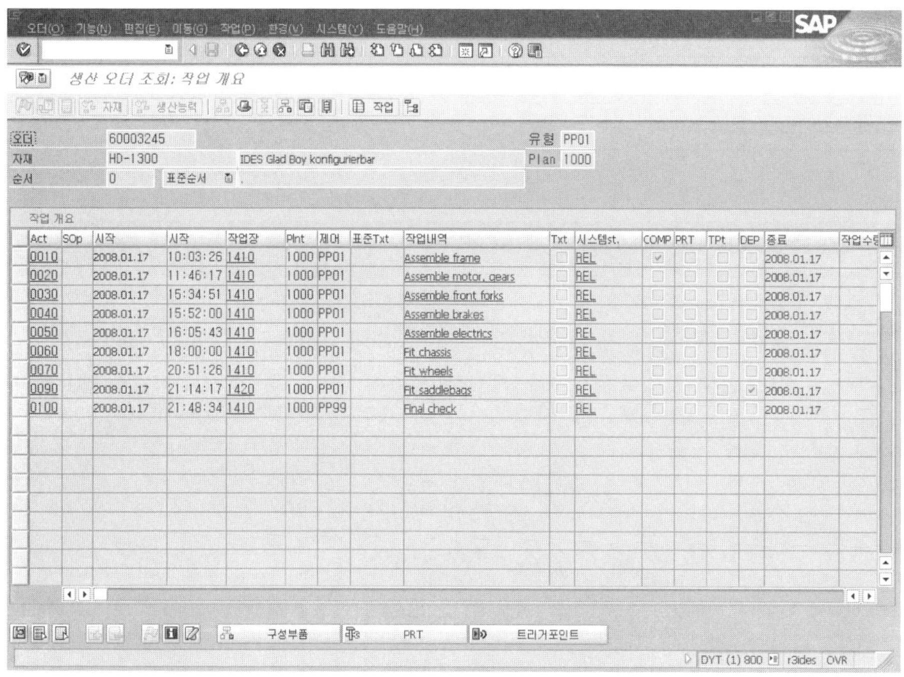

[그림 3-22] 생산 오더 상세 조회 화면

생산 오더 생성에서와 마찬가지로 생산 오더 조회 화면에서도 버튼을 클릭하면 [그림 3-22]와 같이 해당 생산 오더를 위한 작업 내역 등을 상세하게 확인할 수 있다. 여기에서는 각각의 작업별로 작업이 이루어지는 작업장 정보, 작업 시작 일자와 종료일, 작업 시작 시간 정보 등을 조회하는 것이 가능하다.

3. 재고 생산(MTS : Make-to-Stock)

재고 생산 방식은 생산하고자 하는 제품의 수요를 파악하고, 이를 기반으로 계획 생산을 실시하는 것을 말한다. 우선 수요 관리(Demand Management)에서 계획 독립 소요량을 생성하고, 이를 근거로 하여 생산 계획 오더(Planned Order)를 생성한다. 그리고 계획 오더를 생산 오더(Production Order)로 전환하여 생산 활동을 실시한다.

비즈니스 시나리오

"P-109" 제품에 대한 재고 생산을 실시한다. 적절한 생산량을 결정하기 위하여 지난 1년간의 판매 데이터를 근거로 지수평활법에 의한 수요 예측을 실시하고, 그 결과 "P-109" 제품 100개를 생산하기로 한다. 해당 제품의 생산은 플랜트 "1000(Werk Hamburg)"에서 실시하고, MRP 영역 "1000(Hamburg)"으로 한다. 여기에 맞추어 계획 독립 소요량을 생성하고, 계획 오더와 생산 오더를 생성한다. 생산 능력은 계획한 수량을 소화하기에 부족하지 않고, 생산 일정도 기존 계획에 무리를 주지 않는 것으로 한다. 계획 독립 소요량, 계획 오더, 생산 오더 등은 모두 자동 채번 방식을 사용한다.

3.1 계획 독립 소요량 생성

계획 독립 소요량(Planned Independent Requirements)을 생성하는 메뉴 경로는 다음과 같다.

메뉴 경로	물류 → 생산 → 생산 계획 → 수요관리 → 계획 독립 소요량 → 생성
트랜잭션 코드	MD61

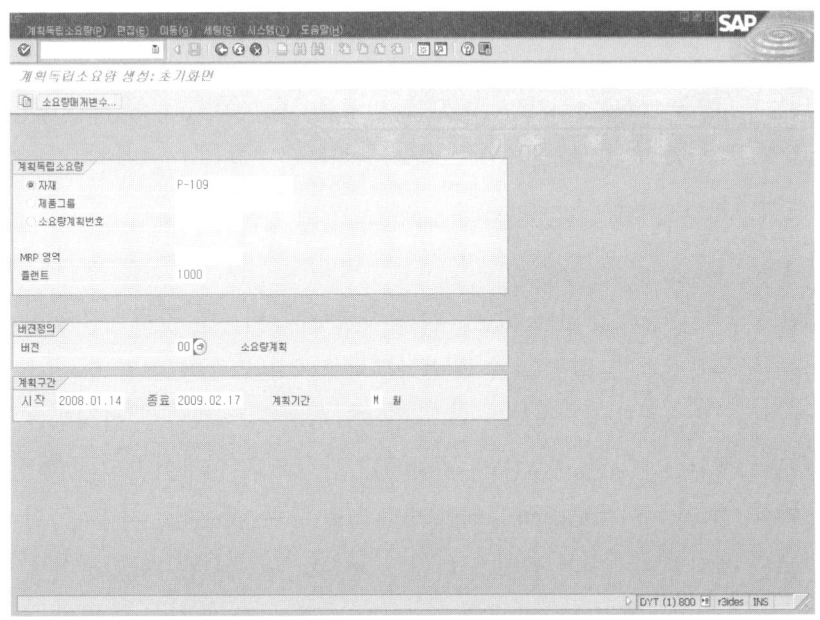

[그림 3-23] MTS 생산방식을 위한 계획 독립 소요량 생성 화면

계획 독립 소요량 생성의 초기 화면은 [그림 3-23]과 같다. 여기에서는 생산 계획을 세우고자 하는 자재 번호를 입력하고, 생산이 이루어지는 플랜트 정보와 버전 정보를 입력한다. 실습을 위해 대량 생산 자재인 "P-109"를 자재 번호로 입력하였으며, 플랜트 정보는 "1000(Werk Hamburg)", 버전 정보는 "00(소요량계획)"을 입력하였다. 그리고 계획 구간으로 계획 시작 시점과 종료 시점을 입력하고, 계획 기간은 "M(월)"로 정하였다.

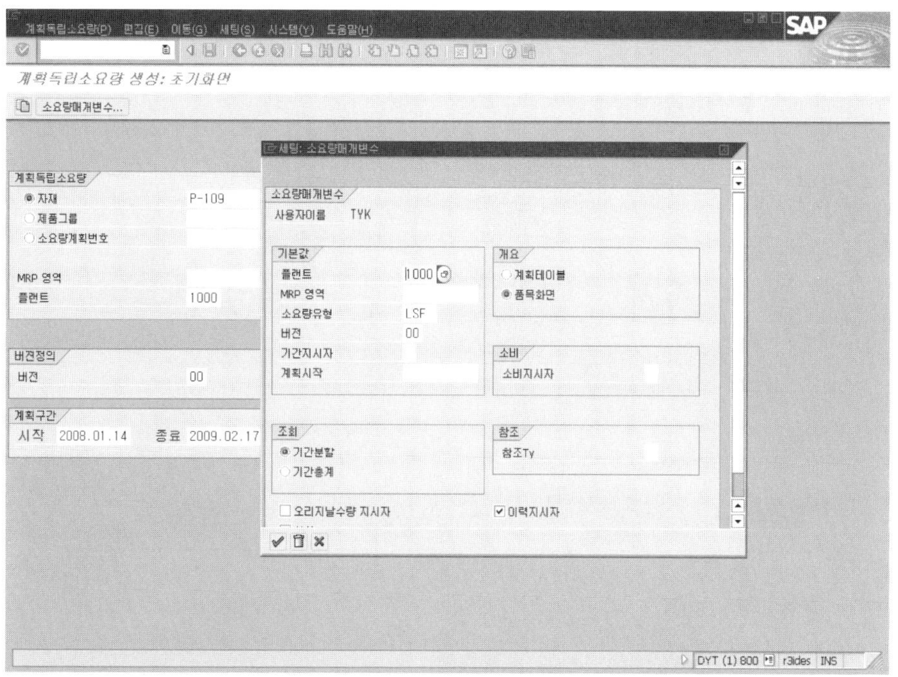

[그림 3-24] 소요량 매개변수 설정 팝업 창 화면

[그림 3-23]의 좌측 상단에 있는 소요량매개변수... 버튼을 클릭하면 소요량 매개변수를 보다 상세히 설정할 수 있는 [그림 3-24]와 같이 팝업 창이 열린다. 여기에서는 '소요량유형' 정보를 "LSF(MTS 생산 방식)"으로 설정하는 것이 중요하다. 조회는 "기간 분할(Period split)" 방식으로 이루어지도록 설정하는 것이 좋고, 개요를 아이템(Item) 화면 방식으로 보는 것이라든지 각종 활성 지시자 등을 셋팅할 수 있다. 설정을 마치고 ✔ 버튼을 누르면 팝업창이 닫히고, 이후 버튼을 클릭하면 계획 독립 소요량 생성 상세 화면이 나타난다.

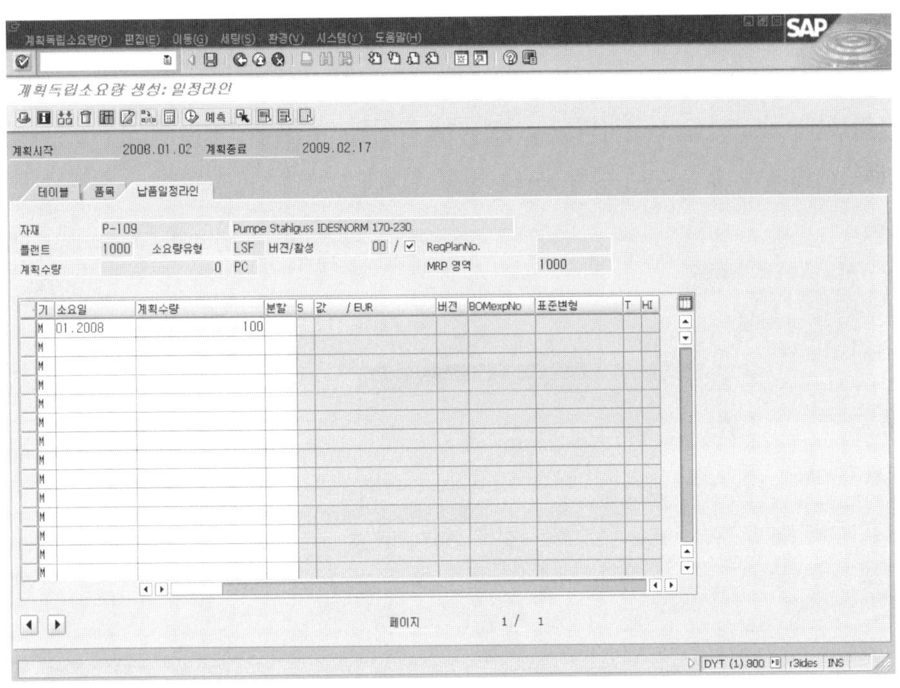

[그림 3-25] 계획 독립 소요량 매개변수 설정 상세 화면

계획 독립 소요량 생성 상세 화면은 [그림 3-25]와 같다. 납품일정라인 탭을 선택하고 소요일 정보와 계획수량 정보를 입력한다. 해당 자재가 어떠한 달에 몇 개 정도 소요될 것이라고 예측되는 수량을 이곳에 입력하면 된다.

이 때 수요 예측(Demand Forecasting) 결과를 활용하여 수량을 입력하고자 할 경우, [그림 3-25]의 상단에 있는 예측 버튼을 클릭하여 수요 예측을 실시할 수 있다.

수요 예측을 실시하는 방법은 다음과 같다. [그림 3-25]의 상단에 있는 예측 버튼을 누르면 [그림 3-26]의 가장 위쪽 좌측의 화면과 같은 수요 예측 대상 기간을 결정하는 팝업창이 나타난다. 여기에서는 대개 월단위로 수요 예측 대상을 결정한다. 설정을 마치고 ✔ 버튼을 누르면 [그림 3-26]의 중앙의 화면과 같은 수요 예측 모델을 선택하는 팝업창이 나타난다. 제품의 판매 성향에 따라 계절성 모델, 추세 모델, 계절 추세 모델 등을 선택하고, 수요 예측을 위하여 어느 기간 동안 제품의 과거 판매 데이터를 사용할 것인지 결정하게 된다.

팝업창 좌측 하단의 예측 버튼을 누르면 지수평활법의 주요 인자값을 입력하게 되어 있다. 이를 입력하고 다시 해당 팝업창 좌측 하단의 예측 버튼을 클릭하면 수요 예측이 실시되고 그 결과를 확인할 수 있다. ERP 시스템에 기존의 판매 데이터가 없을 경우에는 수요 예측 결과도 나타나지 않는다.

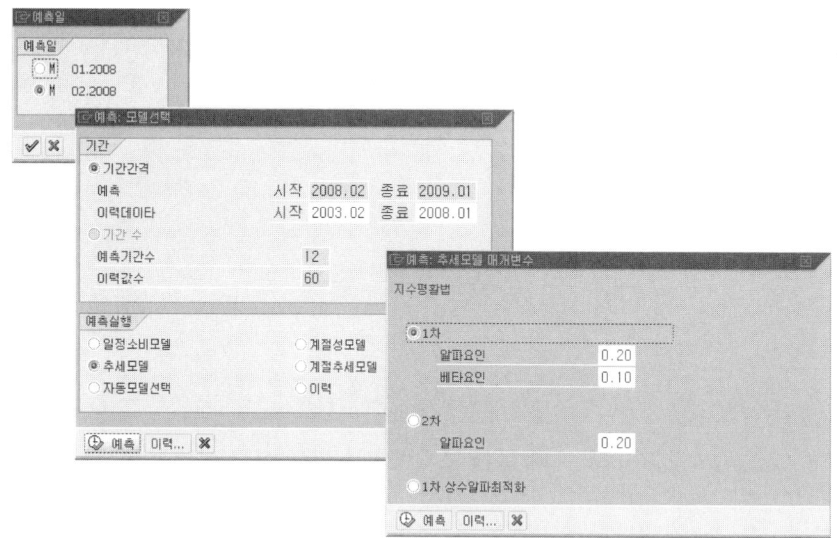

[그림 3-26] 수요 예측 모델 선택 및 매개변수 설정 팝업 창 화면

이렇게 수요 예측 결과 등을 활용하여 소요일 정보와 계획수량 정보의 입력을 마치고 버튼을 누르면, 계획 독립 소요량 생성되면서 해당 자재의 소요량 정보가 저장된다.

계획 독립 소요량의 조회를 위한 메뉴 경로는 다음과 같다.

메뉴 경로	물류 → 생산 → 생산 계획 → 수요관리 → 계획 독립 소요량 → 조회
트랜잭션 코드	MD63

계획 독립 소요량 조회 화면은 계획 독립 소요량 생성 화면과 그 내용 및 구성이 거의 같다. 이 조회 화면에서는 납품일정라인 탭에 해당 자재의 계획수량에 대한 가격 정보를 확인할 수 있으며, 특정 라인을 선택하고 일정라인 이력을 확인하는 것도 가능하다.

3.2 계획 오더(PldOrd : Planned Order) 생성

다중 레벨 요구량 계획(Multi-Level Requirements Planning)을 수행하여 계획 오더(Planned Order)를 생성하는 메뉴 경로는 다음과 같다.

메뉴 경로	물류 → 생산 → MRP → 계획 → 단일 품목, 다중 레벨
트랜잭션 코드	MD02

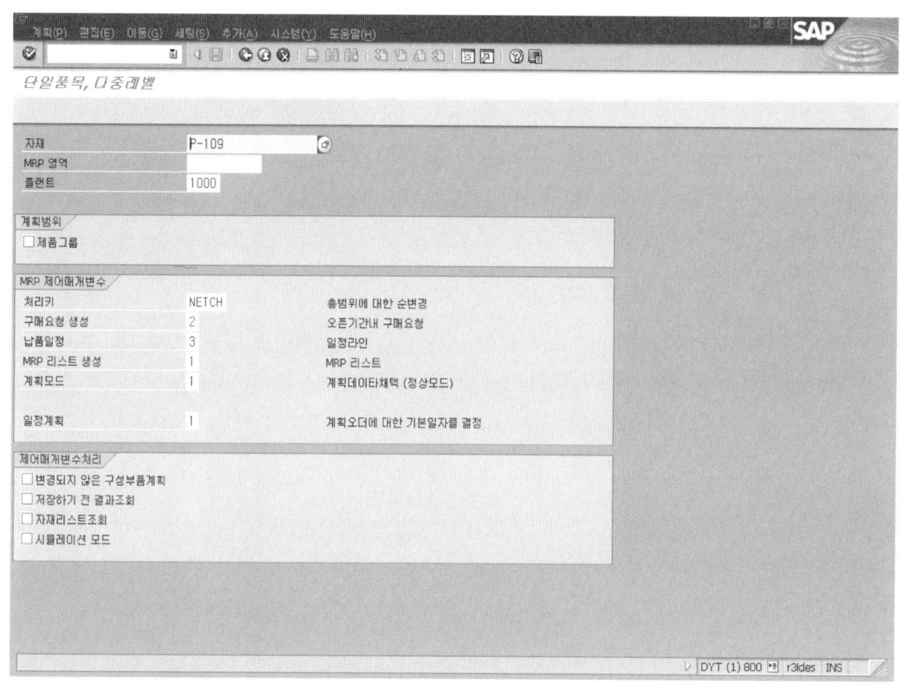

[그림 3-27] 단일품목 다중 레벨의 생산 계획 생성 화면

특정 제품의 다중 레벨에 대한 생산 계획 생성 화면은 [그림 3-27]과 같다. 여기에서는 자재 번호와 플랜트 정보를 입력하고, MRP를 수행하기 위한 매개변수 값을 세팅한다. 여기에서는 특히 '계획 모드'를 "3 (계획데이터 삭제 및 재생성)"으로 설정하는 것이 중요하다. 설정 후 ✔ 버튼을 클릭하면 생산 계획이 수립되면서 계획 오더가 생성되고, 통계치를 조회할 수 있는 화면이 나타난다.

3.3 생산 오더(PrdOrd : Production Order) 생성

계획 오더(Planned Order)를 생산 오더(Production Order)로 변환시키는 작업을 위한 메뉴 경로는 다음과 같다.

메뉴 경로	물류 → 생산 → MRP → 평가 → 재고/소요량 리스트
트랜잭션 코드	MD04

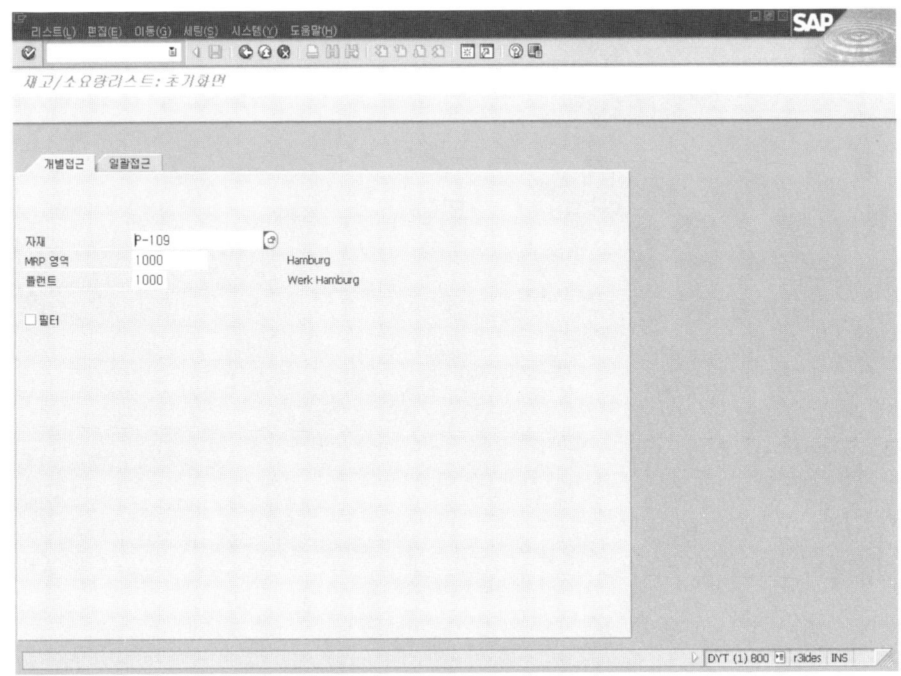

[그림 3-28] 재고/소요량 리스트 초기 화면

계획 오더(Planned Order)가 수립되면, 대량 생산(MTS) 방식의 경우에도 주문 생산(MTO) 방식과 마찬가지로 이를 생산 오더(Production Order)로 변환시킨다. 이러한 변환 작업은 재고/소요량 리스트에서 간편하게 할 수 있다. 재고/소요량 리스트 초기 화면은 [그림 3-28]과 같다. 여기에서는 수요 예측을 통해 계획 오더를 수립한 대상 제품의 자재 번호를 입력하고, 플랜트 정보와 MRP 영역을 입력한다. 실습에서는 대량 생산을 요하는 자재 번호 "P-109"을 입력하고, MRP 영역 "1000(Hamburg)", 플랜트 "1000(Werk Hamburg)"을 입력한다.

초기 화면에서 기본적인 정보 입력을 마치고 ✔ 버튼을 클릭하면 해당 자재에 대한 재고/소요량 리스트 상세 화면이 나타난다.

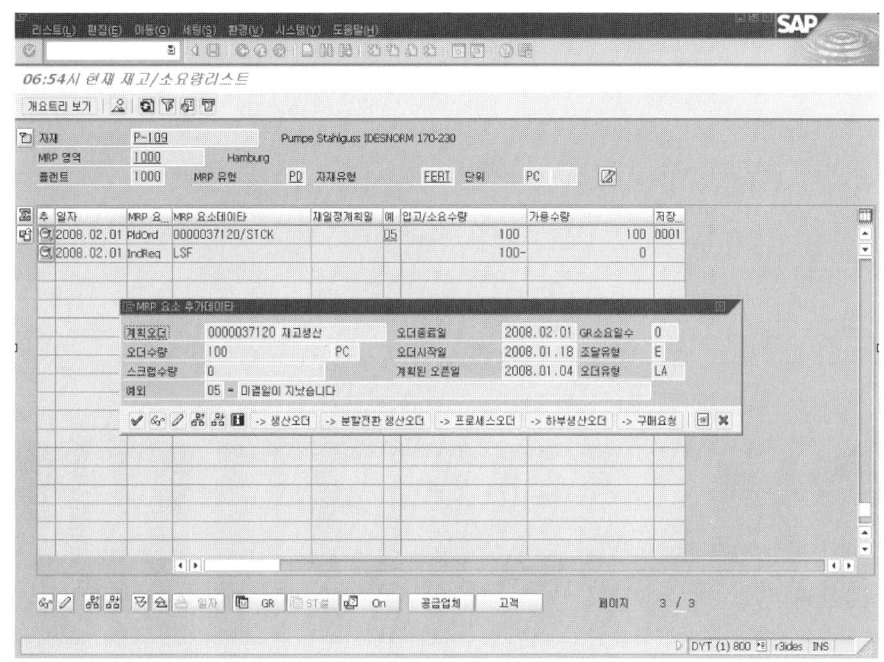

[그림 3-29] MTS 생산방식에서 계획 오더의 생산 오더 변환

재고/소요량 리스트의 상세 화면은 [그림 3-29]와 같다. 여기에서는 해당 자재의 입출고 내역을 확인할 수 있을 뿐만 아니라, 대량 생산(MTS)을 위하여 수요 예측을 통해 생성한 생산 계획 오더 번호와 일자 정보를 확인할 수 있다. 생산 계획 오더의 경우 'MRP 요소' 란에 "PldOrd"로 나타나고, 'MRP 요소 데이터' 란에는 계획 오더 번호가 표시된다. 계획 독립 소요량에 대해서는 'MRP 요소' 란에 "IndReq"로 나타나고, 'MRP 요소 데이터' 란에는 "LSF(MTS 생산방식)"로 표시된다. 각각의 오더별로 스크롤바 좌측의 🔍 버튼을 클릭하면 팝업 창이 나타나면서 해당 오더에 대한 개략적인 정보를 확인할 수 있고, 팝업 창에서 ✎ 버튼을 클릭하면 오더 내용을 조회할 수 있다.

생산 계획 오더 좌측의 🔍 버튼을 클릭하면, [그림 3-29]의 중앙에 표시된 것과 같은 팝업 창이 나타나고, 여기에 생산 오더로 변환 할 수 있는 작업 버튼

이 있는 것을 알 수 있다. 계획 오더의 팝업 창에서 -> 생산오더 버튼을 누르면 생산 오더 생성 화면이 나타난다. 계획 독립 소요량의 경우에는 버튼을 클릭하여 나타난 팝업 창에 특별한 기능을 가진 버튼이 존재하지 않는다.

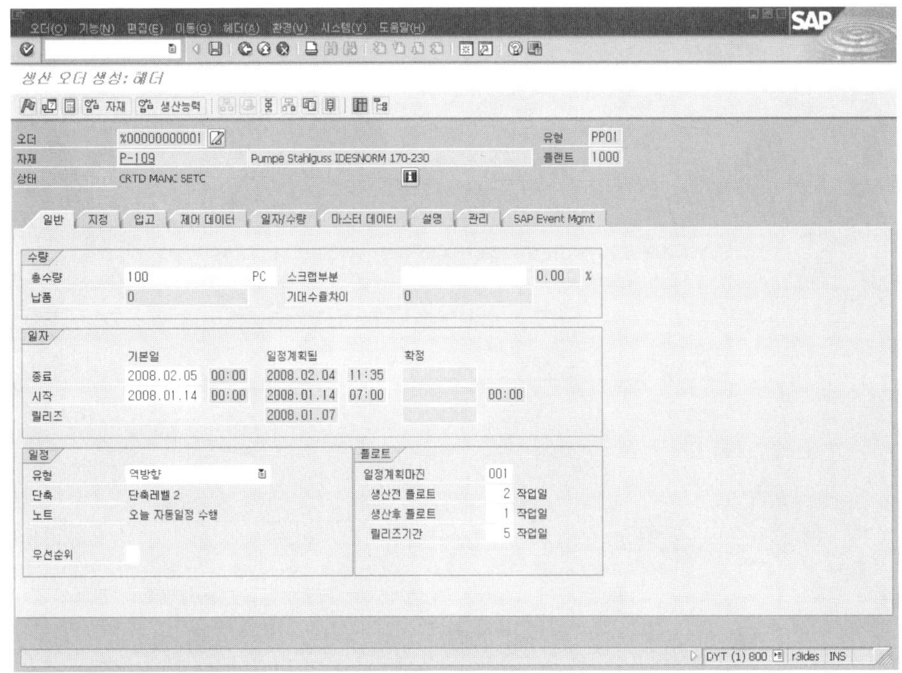

[그림 3-30] MTS 생산방식에서의 생산 오더 생성 화면

재고 생산(MTS)을 위한 생산 오더 생성 화면은 [그림 3-30]에 나타난 것과 같이 주문 생산(MTO)의 생산 오더 생성에서와 동일하다. 여기에서도 우선 버튼을 클릭하여 오더 릴리즈를 수행시킨다. 그리고 버튼을 클릭하여 오더 일정 계획을 수행시킬 수 있다. 또한 자재 버튼과 생산능력 버튼 등을 클릭하여 생산 오더를 생성하기 전에 정상적으로 생산이 가능한 가 체크하는 작업을 실시할 수 있으며, 버튼을 클릭하면 생산 활동에 필요한 상세한 작업 사항을 확인할 수 있다. 모든 입력 정보를 확인 한 후 버튼을 누르면 생산 오더(Production Order)가 생성되면서 생산 오더 번호를 자동 채번하여 알려준다.

생산 오더(Production Order)를 생성한 후 그 내역을 확인하는 메뉴 경로는 계획 오더를 확인할 때와 동일하며, 다음과 같다.

메뉴 경로	물류 → 생산 → MRP → 평가 → 재고/소요량 리스트
트랜잭션 코드	MD04

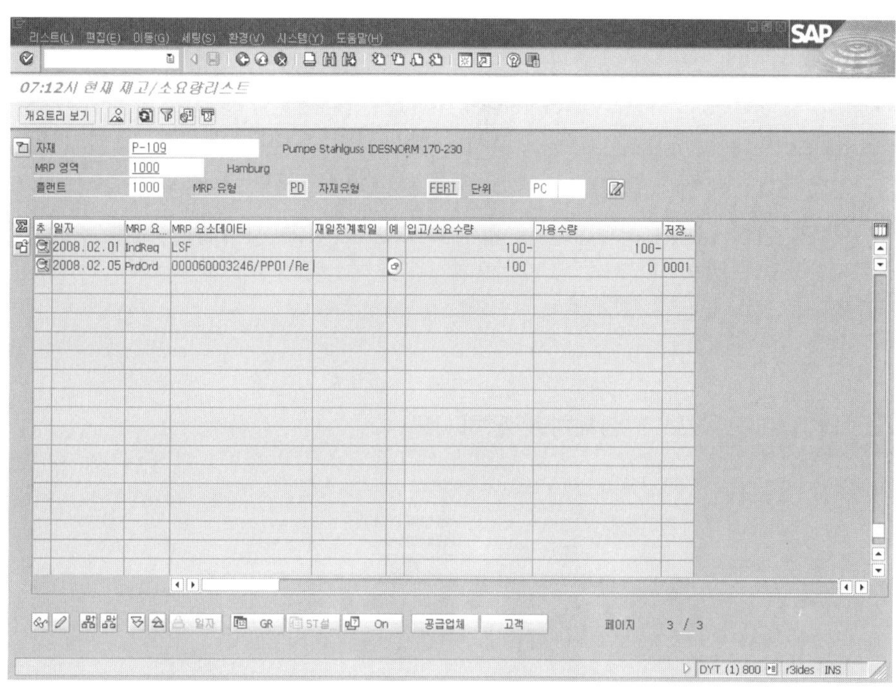

[그림 3-31] MTS생산방식에서 생산 오더로의 변환 확인

[그림 3-31]에서 보는 바와 같이 생산 오더를 생성하면 기존에 있던 계획 오더 정보가 사라지고, 계획 오더로 생성한 생산 오더 정보는 'MRP 요소' 란에 "PrdOrd"로 바뀌어 표시된다. 즉, MTS 방식에서도 MTO에서와 마찬가지로 계획 오더가 생산 오더로 변환된 것을 알 수 있다.

그리고 [그림 3-31]에서 생산 오더에 해당하는 스크롤바 좌측의 버튼을 클릭하면 팝업 창이 나타나고, 해당 오더에 대한 개략적인 정보를 확인할 수 있다. 또한 이러한 팝업 창에서 버튼을 클릭하면 더 상세하게 생산 오더 내용을 조회할 수 있다. 이러한 조회 방법은 MTS와 MTO 모두 동일하다.

연습문제

01 ERP에서 가능한 생산 능력(Capacity)과 그 뚜렷한 한계를 갖는 설비(Machine)를 말하는 개념으로서, 생산 설비, 저장 설비, 운송 설비 등을 포함하며 특히 사람(Man)도 여기에 포함시킬 수 있다. SAP ERP에서 이러한 생산 능력(Capacity)을 가지고 있는 설비를 지칭하는 개념을 무엇이라고 하는가?

02 다음 그림을 보고 상세하게 답하시오.

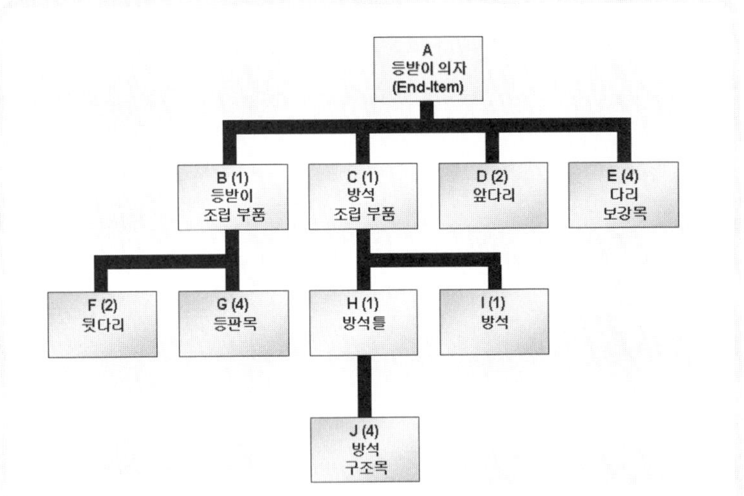

(1) MTS(Make-to-Stock)의 형태로 생산하는 제품을 위하여 구성된 BOM이 위 그림과 같을 때, 등받이 의자(End-Item)를 100개 생산하기 위해서는 원자재 J(방석 구조목)를 몇 개나 준비할 필요가 있는가?

(2) 위 그림에서 반제품 B(등받이 조립 부품)에 대한 BOM을 생성하는 작업에 사용하기 위하여, SAP ERP에서 사전에 미리 만들어져 있어야 하는 기준 정보(Master Data)로는 어떠한 것들이 있는지 기술하시오.

03 다음 그림을 보고 SAP ERP 시스템의 MM 모듈과 PP 모듈에서 실습을 시행하시오.

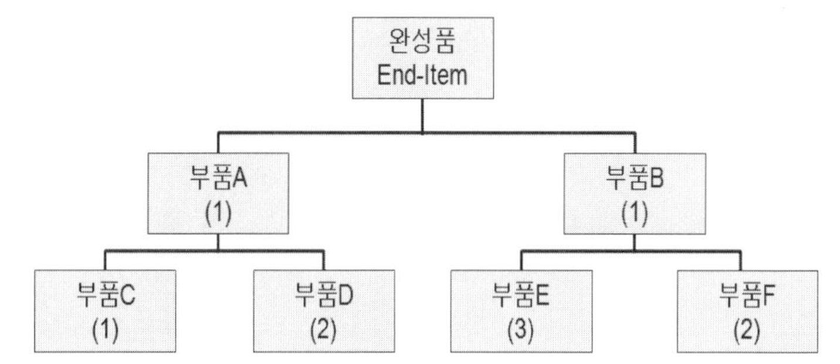

(1) SAP ERP에서 위 그림의 부품과 완성품의 자재 마스터(Material Master)를 생성하시오. 완성품명은 본인이름-완성품, 부품명은 본인이름-부품A, 본인이름-부품B 등으로 하시오.
(산업부문 : 기계공학, 자재유형 : 반제품, 플랜트 : 1000, 자재그룹 : 001, 구매그룹 : 001, 뷰 선택 : 기본데이터1, 기본데이터2, 구매)

(2) SAP ERP 시스템의 PP 모듈에서 위 그림의 부품과 완성품의 관계를 참조하여 각각에 대한 자재 명세서(Bill of Material)를 모두 구성하고 작업장을 할당하여 표준공정을 생성하시오.
(플랜트 : 1000, BOM 용도 : 생산, 공정 용도 : 생산, 작업장 : 1330)

제4장 비지니스 시나리오 별 영업/유통 모듈 실습

1. 견적을 복사하여 영업오더 생성하기

비즈니스 시나리오

Becker 고객(1000)에게 견적을 제시하도록 요청받았다고 가정하고, 시스템에 P-103에 대한 견적을 하나 생성하시오. 얼마 후 우리 회사의 견적이 선택되어 Becker 고객으로부터 수주를 받게 되었다. 사전에 만들어 놓은 견적을 복사하여 영업오더를 만드시오.

1.1 견적 생성

메뉴 경로	물류 → 판매관리 → 영업 → 견적 → 생성
트랜잭션 코드	VA21

견적유형(QT), 영업조직(1000), 유통경로(10), 제품군(00)을 입력한다.

판매처와 인도처, PO 번호 및 PO 일자, 견적효력 만료일을 입력해야 한다. 견적에서는 PO 번호, PO 일자는 선택사항이며, 견적효력 만료일이 필수 입력 사항이다.

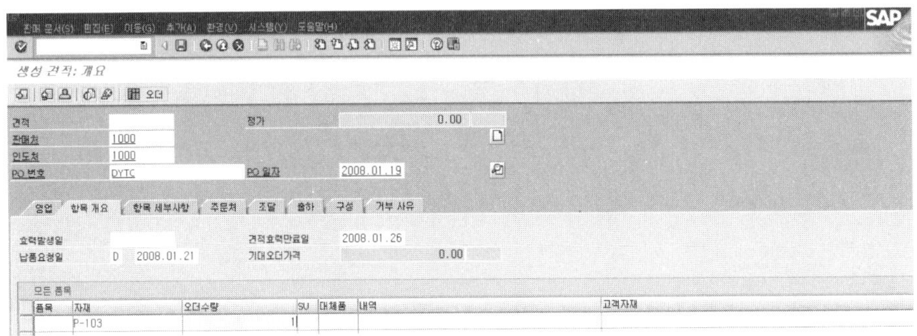

저장하면 견적 번호가 나타나며, 적어놓거나 잘 기억해 두어야 한다.

견적 20001676을(를) 저장했습니다

1.2 복사하여 영업오더 생성

메뉴 경로	물류 → 판매관리 → 영업 → 오더 → 생성
트랜잭션 코드	VA01

오더유형(OR), 영업조직(1000), 유통경로(10), 제품군(00)을 입력한 후 왼쪽 상단의 **참조하여 생성** 을 클릭한다. 그 후 아래의 그림과 같이 견적 탭으로 이동하여 위에서 생성한 견적번호를 입력한 뒤 복사를 클릭한다.

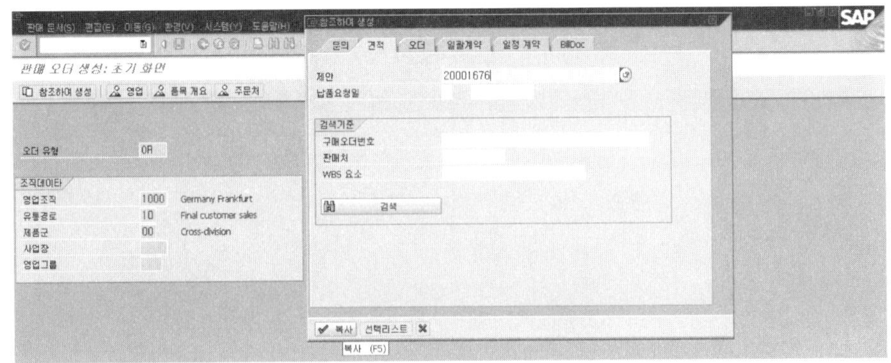

견적을 복사해서 오더를 생성한 것이므로 PO 번호와 PO 일자만 입력하면 된다. 이때, 우리 회사 입장에서는 영업오더이지만, 고객의 입장에서는 구매오더(PO)이므로 고객과의 커뮤니케이션을 원활하게 하기 위해 PO 번호를 필수 입력사항으로 해놓는 경우가 많다.

판매 문서(S) 편집(E) 이동(G) 추가(A) 환경(V) 시스템(Y) 도움말(H)

생성 표준오더: 개요

표준오더 | 정가 1,200.00 EUR
판매처 1000 Becker Berlin / Calvinstrasse 36 / 13467 Berlin-Hermsdorf
인도처 1000 Becker Berlin / Calvinstrasse 36 / 13467 Berlin-Hermsdorf
PO 번호 DYTC | PO 일자 2008.01.19

영업 | 항목 개요 | 항목 세부사항 | 주문처 | 조달 | 출하 | 구성 | 거부 사유

납품요청일 D 2008.01.21 | 납품플랜트
일괄납품 | 총중량 280 KG
납품보류 | 볼륨 0.750 M3
대금청구보류 | 가격결정일 2008.01.19
지급 카드 | 만료일
지급 조건 ZB01 14 일간 3%, 30/2%, 45 | 인도조건 1 CIF Berlin
오더사유
영업영역 1000 / 10 / 00 Germany Frankfurt, Final customer sales, Cross-division

모든 품목

품목	자재	오더수량	SU	내역	S	고객자재번호	ItCa	DG I..	HgLvIt	납	첫날	Plnt	뱃치	CnTy
10	P-103	1	PC	Pumpe PRECISION 103	✓		TAN			D	2008.01.21	1000		PR00

저장하면 견적을 복사하여 생성한 영업오더 번호가 만들어진다.

표준오더 17027을(를) 저장했습니다

2. 영업오더의 납품일정라인 구성과 필요 정보 분석하기

비즈니스 시나리오

Becker고객(1000)은 자재 P-103을 2008년 1월 17일에 1개, 2008년 1월 27일에 2개를 납품받고 싶어한다. 이에 맞게 납품일정라인을 구성하고, 회사는 이 고객에게 바게트빵(자재번호 1000-1155)을 무상으로 1개 제공하기로 하고 이에 맞는 영업오더를 생성하시오. 그리고 바게트 빵이 무상으로 가격결정이 되었는지를 보는 가격결정절차 화면을 보고 이 영업오더로 얼마의 이윤이 남았는지를 분석한 다음, Becker고객에 대한 여신점검을 하는 화면과 자재 P-103에 대해 가용성 점검을 하는 화면을 조회하시오.

2.1 영업오더 생성

영업오더를 생성하기 위한 메뉴경로는 다음과 같다.

메뉴 경로	물류 → 판매관리 → 영업 → 오더 → 생성
트랜잭션 코드	VA01

일반적으로 주문을 입력할 때 가격결정, 가용성 점검 그리고 여신점검을 수행하게 된다. 앞의 비즈니스 시나리오를 수행하면 영업오더에서 어떠한 가격 결정이 이루어지고, 가용성점검을 하는 화면과 여신점검을 수행한 결과를 보는 것이 우선적으로 이루어져야 한다.

위의 메뉴경로에서 오더유형 OR(표준오더), 영업조직 1000, 유통경로 10, 제품군 00을 입력한다.

판매처 및 인도처는 1000, PO 번호, PO 일자, 자재번호 및 수량을 입력한다. 이때 고객과 납품요청일, 지급조건, 인도조건을 협의하여 입력하여야 한다. 모든 입력사항을 확인한 후, 저장한다.

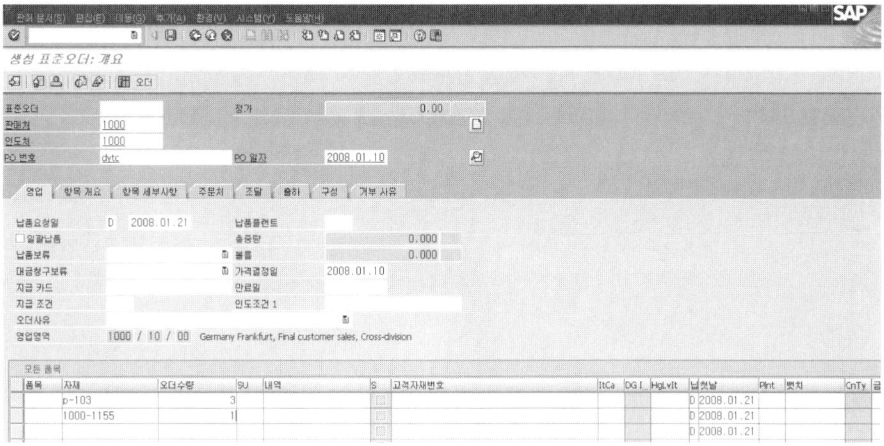

저장을 하면 아래와 같이 표준오더 번호와 함께 메시지가 나타난다.

표준오더 16993을(를) 저장했습니다

2.2 무상납품품목 생성

시나리오에서 회사는 바게트빵을 무상으로 제공해주기로 하였으므로 영업오더의 변경으로 들어가 품목범주(Item Category)를 무상납품으로 바꾸어주어야 한다. 영업오더를 변경하는 메뉴경로는 다음과 같다.

메뉴 경로	물류 → 판매관리 → 영업 → 오더 → 변경
트랜잭션 코드	VA02

아래의 그림과 같이 영업오더 변경으로 가서 오더번호를 확인한 뒤 검색을 한다.

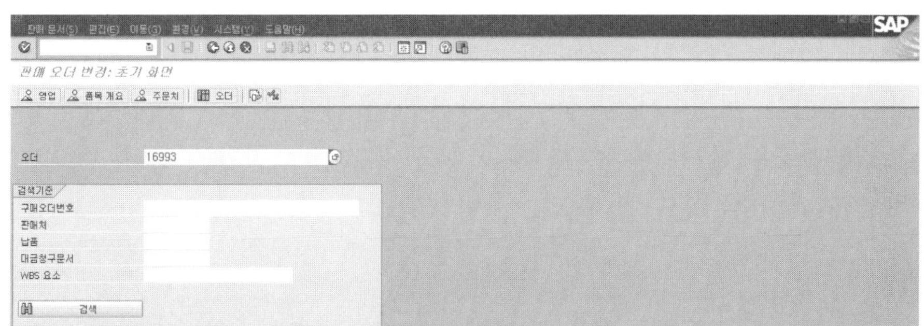

아래의 그림에서와 같이 바게트빵의 품목범주(Item Category)를 TAN에서 TANN(무상품목)으로 바꾼 뒤 저장한다.

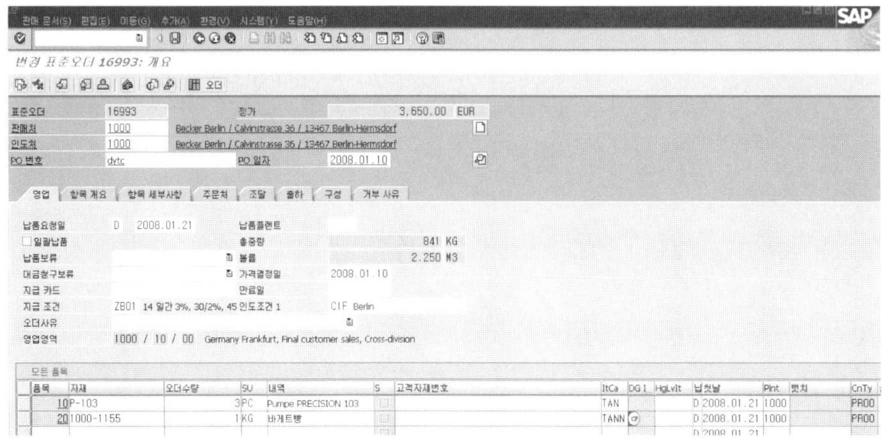

저장을 하면 아래와 같이 신규가격결정을 수행하였다는 메시지가 뜬다.

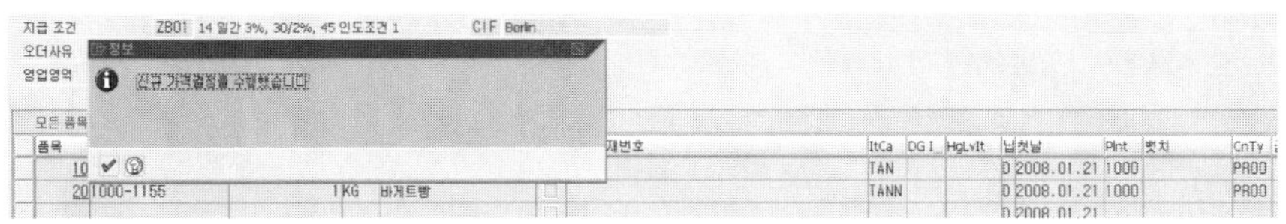

2.3 품목별 납품 일정라인 구성

고객의 요구에 맞게 납품 일정라인을 구성하는 메뉴 경로는 다음과 같다.

메뉴 경로	물류 → 판매관리 → 영업 → 오더 → 변경 → 자재클릭 → 이동 → 품목 → 납품일정라인
트랜잭션 코드	VA02

납품할 자재를 클릭한 후 상단의 메뉴 바로 가서 이동 → 품목 → 납품일정라인을 클릭한다. 여기에서 한 품목에 여러 개의 납품 일정을 구성할 수 있다. 즉, 오더 수량은 한꺼번에 주문받지만, 고객의 납품 요청일을 여러 번으로 나누어 주문받을 수 있을 것이다.

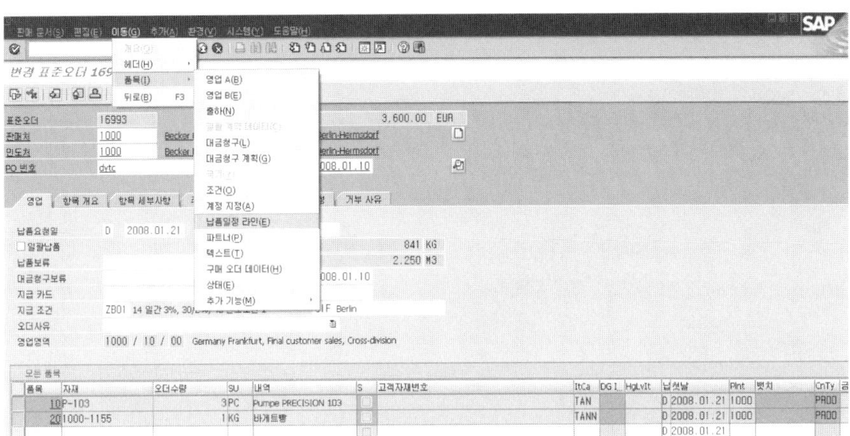

납품일정라인을 구성하는 아래화면에서 고객이 원하는 납품일과 오더수량에 맞게 변경한 뒤 저장한다.

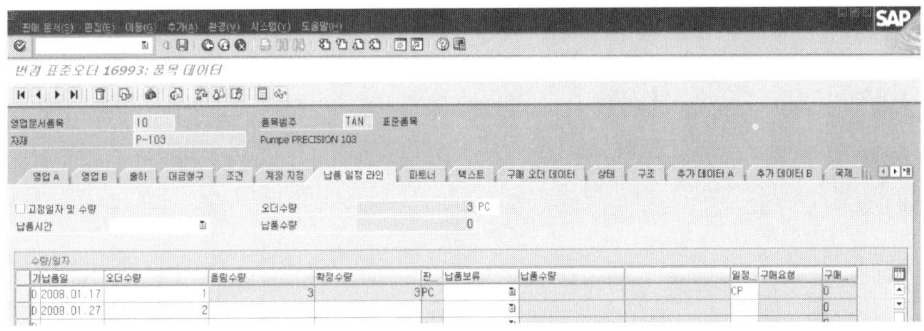

2.4 가격결정 화면 조회

바게트빵이 무상으로 가격결정이 되었는지를 보는 가격결정절차 화면을 보는 메뉴경로는 다음과 같다. 개별 품목의 가격결정절차를 조회해야 한다.

메뉴 경로	물류 → 판매관리 → 영업 → 조회 → 자재클릭 → 이동 → 품목 → 조건
트랜잭션 코드	VA03

다음의 화면에서 바게뜨빵이 무상으로 납품되어 100% 할인으로 나타나 있는 것을 볼 수 있다. 즉, 원래 50유로의 판매금액이 100% 할인되어 대금청구를 할 필요가 없다는 것을 알 수 있다.

판매 문서(S) 편집(E) 이동(G) 추가(A) 환경(V) 시스템(Y) 도움말(H)

변경 표준오더 16993: 품목 데이터

영업문서품목 20 품목범주 TANN 무상품목
자재 1000-1155 바게트빵

영업 A | 영업 B | 출하 | 대금청구 | 조건 | 계정 지정 | 납품 일정 라인 | 파트너 | 텍스트 | 구매 오더 데이터 | 상태 | 구조 | 추가 데이터 A | 추가 데이터 B | 국제

수량 1 KG 정가 0.00 EUR
세금 0.00

CnTy	이름	금액	통화	/	UoM	조건값	통화	분자	OUn	분모	Un	조건값	CdCur
PR00	가격	50.00	EUR	1	KG	50.00	EUR	1	KG	1	KG	0.00	
	총계값	50.00	EUR	1	KG	50.00	EUR	1	KG	1	KG	0.00	
	할인금액	0.00	EUR	1	KG	0.00	EUR	1	KG	1	KG	0.00	
R100	100% 할인	100.000-	%			50.00-	EUR	0		0		0.00	
	리베이트기준	0.00	EUR	1	KG	0.00	EUR	1	KG	1	KG	0.00	
	품목정가	0.00	EUR	1	KG	0.00	EUR	1	KG	1	KG	0.00	
		0.00	EUR	1	KG	0.00	EUR	1	KG	1	KG	0.00	
	정가 2	0.00	EUR	1	KG	0.00	EUR	1	KG	1	KG	0.00	
	정가 3	0.00	EUR	1	KG	0.00	EUR	1	KG	1	KG	0.00	
AZWR	선금/정산	0.00	EUR			0.00	EUR	0		0		0.00	
MWST	매출부가가치세	16.000	%			0.00	EUR	0		0		0.00	
	총계	0.00	EUR	1	KG	0.00	EUR	1	KG	1	KG	0.00	
SKTO	현금할인	3.000-	%			0.00	EUR	0		0		0.00	
VPRS	비용	1,000.00	EUR	1	KG	1,000.00	EUR	1	KG	1	KG	0.00	
	이윤	1,000.00-	EUR	1	KG	1,000.00-	EUR	1	KG	1	KG	0.00	

2.5 영업오더의 이윤 분석 조회

영업오더의 이윤을 분석하기 위한 메뉴경로는 다음과 같다. 영업오더 전체의 수익성을 보는 것이므로 개별품목이 아닌 헤더(Header)로 가서 조건을 클릭해야 한다.

메뉴 경로	물류 → 판매관리 → 영업 → 조회 → 자재클릭 → 이동 → 헤더 → 조건
트랜잭션 코드	VA03

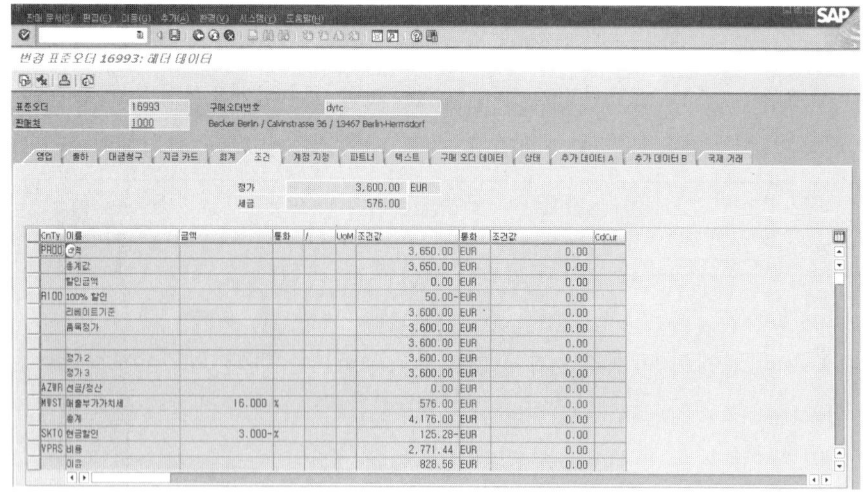

판매 문서(S) 편집(E) 이동(G) 추가(A) 환경(V) 시스템(Y) 도움말(H)

변경 표준오더 16993: 헤더 데이터

표준오더 16993 구매오더번호 dytc
판매처 1000 Becker Berlin / Calvinstrasse 36 / 13467 Berlin-Hermsdorf

영업 | 출하 | 대금청구 | 지급 카드 | 회계 | 조건 | 계정 지정 | 파트너 | 텍스트 | 구매 오더 데이터 | 상태 | 추가 데이터 A | 추가 데이터 B | 국제 거래

정가 3,600.00 EUR
세금 576.00

CnTy	이름	금액	통화	/	UoM	조건값	통화	조건값	CdCur
PR00	가격					3,650.00	EUR	0.00	
	총계값					3,650.00	EUR	0.00	
	할인금액					0.00	EUR	0.00	
R100	100% 할인					50.00-	EUR	0.00	
	리베이트기준					3,600.00	EUR	0.00	
	품목정가					3,600.00	EUR	0.00	
						3,600.00	EUR	0.00	
	정가 2					3,600.00	EUR	0.00	
	정가 3					3,600.00	EUR	0.00	
AZWR	선금/정산					0.00	EUR	0.00	
MWST	매출부가가치세	16.000	%			576.00	EUR	0.00	
	총계					4,176.00	EUR	0.00	
SKTO	현금할인	3.000-	%			125.28-	EUR	0.00	
VPRS	비용					2,771.44	EUR	0.00	
	이윤					828.56	EUR	0.00	

수익성은 판매가격에서 비용을 빼면 되므로 이 화면에서는 3,600유로−2,771.44유로=828.56유로 이다. 따라서 이윤은 맨 마지막 줄에 자동으로 계산되어 나타나 있는 828.56유로이다.

2.6 여신점검

Becker고객에 대한 여신점검을 하는 화면을 보는 메뉴 경로는 다음과 같다.

메뉴 경로	물류 → 판매관리 → 영업 → 조회 → 환경 → 파트너 → 여신계정조회
트랜잭션 코드	VA03

여신점검 화면에서 지금까지 발생되어 있는 총채권이 나타나 있고, 또한 대금 미청구액과 미결납품액 등이 합쳐진 매출환산가치가 나타나 있으며, 지금까지의 여신한도 사용액에 자동으로 계산되어 있다. 계산 메커니즘은 1부 7장의 [그림 7-28]을 참조하기 바란다.

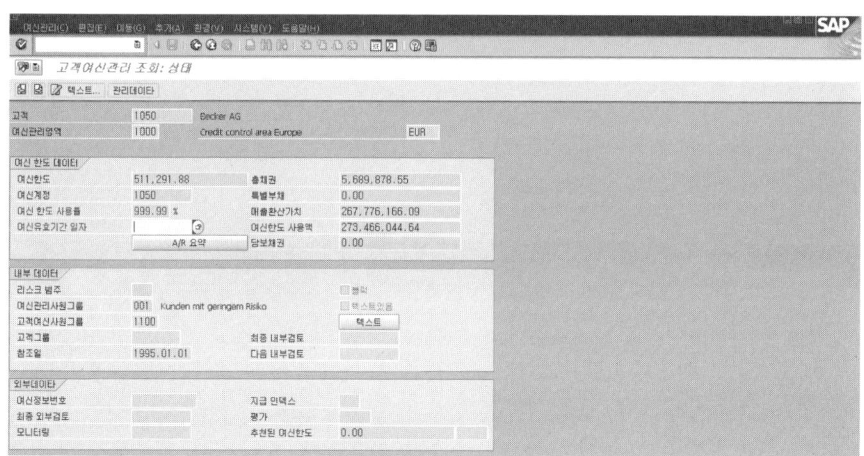

2.7 가용성 조회

자재 P-103에 대해 가용성 점검을 하는 화면을 보는 메뉴 경로는 다음과 같다.

메뉴 경로	물류 → 판매관리 → 영업 → 조회 → 자재클릭 → 환경 → 가용성
트랜잭션 코드	VA03

1부 7장에서 살펴본 바와 같이 가용성 점검(ATP : Available To Promise Check)은 고객이 요청한 납품 일자에 주문 수량의 납품이 가능한지를 확인하여, 가용한 재고가 있는 경우 영업 오더에 할당하는 작업이다. 자세한 가용 자재의 증감요인은 7장의 [그림 7-34]를 참조하도록 하자. 가용성 점검은 현행 재고에서 이미 할당되어 있는 재고가 아닌 가용 재고가 충분히 있는 지를 점검한다. 또한 향후에 입고 예정인 내용과 출고 예정인 내용을 모두 고려하여 가용성 점검을 할 수 있다. 가용성 점검 관련 세부 파라미터를 변경하는 자세한 Configuration화면은 2부 5장의 [그림 5-47]에서 살펴보도록 한다.

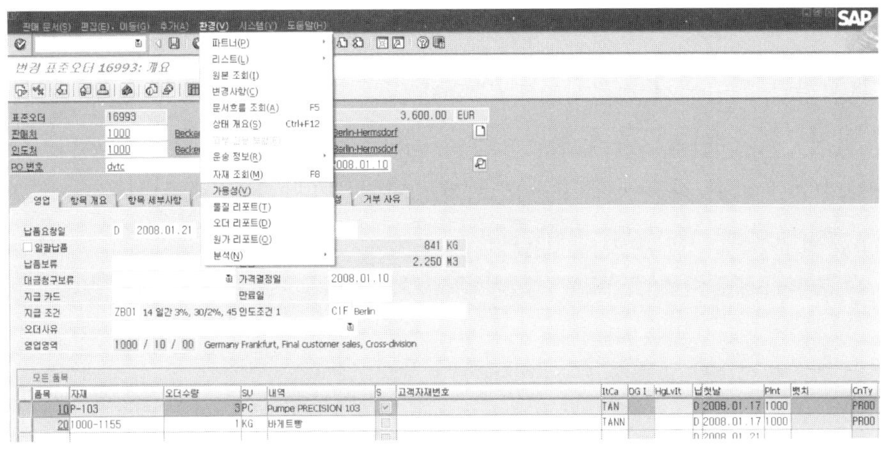

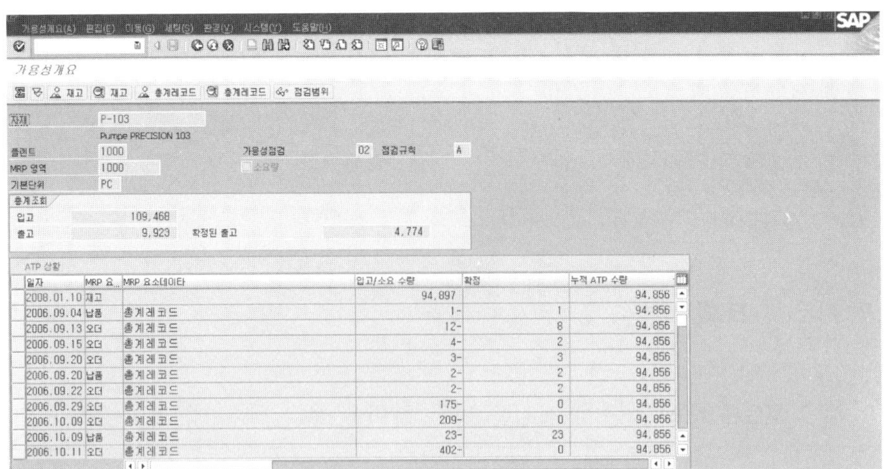

3. 납품 및 대금청구

비즈니스 시나리오

앞의 시나리오에서 생성한 영업오더에 대해 고객의 요청대로 1월 17일과 1월 27일에 납품을 각기 생성하고 대금청구를 수행해야 한다. 그런 다음 17일, 27일 납품 건에 대한 대금청구를 취소하고, 영업오더에서 1200유로가 아닌 1000유로로 할인하여 다시 대금청구를 하시오.

3.1 납품일정라인별 납품 생성

1월 17일과 1월 27일에 납품을 각기 생성하고자 한다. 여기서 아웃바운드 납품의 의미는 기업의 상황이나 프로세스에 따라 다르지만 출하요청 또는 출하지시의 의미를 담고 있다. 1월 17일의 납품을 생성하는 메뉴 경로는 다음과 같다.

메뉴 경로	물류 → 판매관리 → 영업 → 후속기능 → 아웃바운드납품
트랜잭션 코드	VA03

아웃바운드 납품으로 들어가서 출하지점 1000, 선택일을 고객 납품 요청일인 1월 17일로 변경한다. 영업오더에서 가용성을 점검하고 자재가 가용한 날짜 이후로 선택일을 지정해야만 납품의 생성이 가능하다.

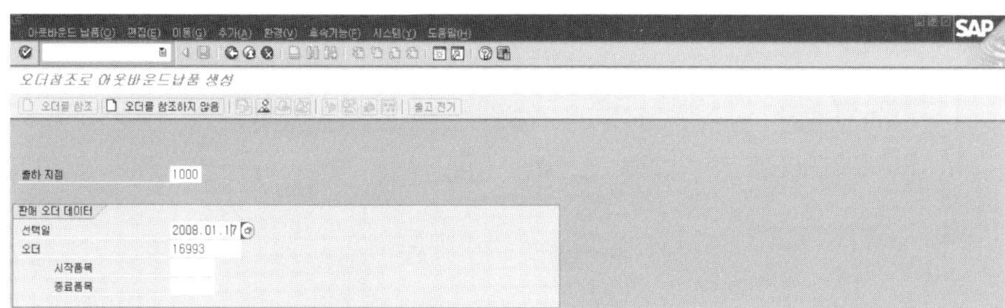

저장을 하게 되면 아웃바운드 납품 번호가 생성된다.

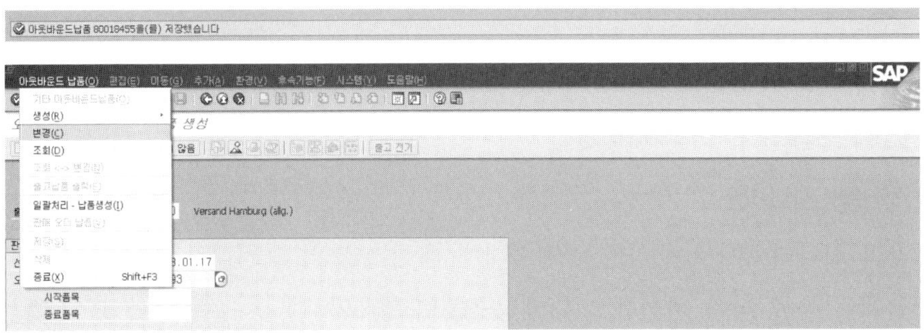

아웃바운드 납품을 생성한 뒤 창고에서 직접 물건을 꺼내는 작업을 하려면, 먼저 아웃바운드 납품의 변경으로 들어간 다음 피킹 수량을 입력한다.

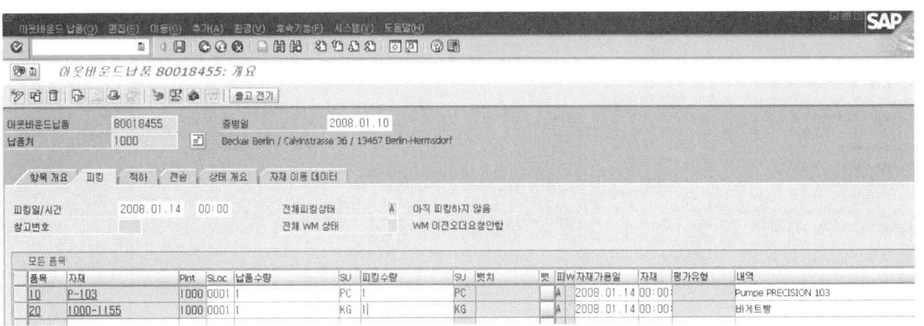

그 내용을 저장하고 **출고전기** 를 클릭해야 공장에서 재고가 빠져나간다.

출고전기는 실물 출하 신호로 매출원가를 확정한다. 이로써 재고수량이 감소되고 재고평가 금액 변동을 재고계정에 반영하게 되며, 납품 요구수량이 감소되고 영업오더와 납품문서 흐름을 갱신하고 대금청구 예정 리스트가 자동으로 작성된다.

1월 27일 납품을 생성하는 메뉴 경로도 앞에서 설명한 바와 같다.

출하지점을 1000으로 입력하고, 선택일을 1월 27일로 변경하고 저장한다.

아웃바운드 납품을 생성한 뒤 직접 물건을 꺼내는 작업을 하려면 1월 17일과 마찬가지로 아웃바운드 납품 변경으로 들어가 피킹 수량을 입력한 뒤 출고전기 를 클릭한다. 아웃바운드 납품생성 및 피킹 그리고 출고전기를 한번에 작업할 수도 있다.

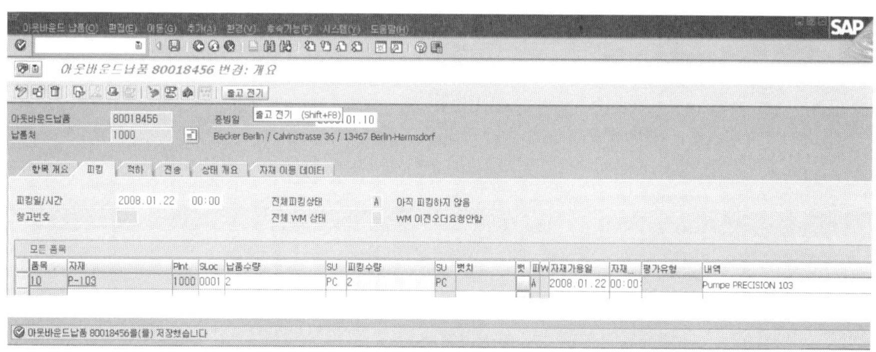

3.2 대금청구 예정리스트에 의한 대금청구

고객에게 대금을 청구하는 메뉴 경로는 다음과 같다.

메뉴 경로	물류 → 판매관리 → 대금청구 → 대금청구 예정리스트 유지보수
트랜잭션 코드	VF04

리스트 조회 기능은 SAP ERP의 큰 장점이다. SD모듈에서는 영업오더와 납품, 그리고 대금청구 관련 정보가 통합되어 있다. 따라서 영업오더를 생성하면 출하 예정리스트(Delivery Due List)에서 실시간으로 조회되어 영업사원들과 출고 업무를 수행하는 사원들간의 의사소통이 원활해지고, 납품이 완료되면 대금청구 예정리스트(Billing Due List)에서 실시간으로 조회되어 영업관리 사원이나 회계부서원들이 어떠한 수주건에 대하여 대금청구를 하여야 할지를 용이하게 파악할 수 있다.

대금청구 시작일과 마감일을 입력하고 **대금청구리스트 조회** 를 클릭한다.

대금청구예정리스트 유지보수
대금청구리스트조회 | 조회변형
대금청구 데이터
대금청구 시작일 2008.01.01 To 2008.01.31
대금청구 유형 종료
SD 문서 종료

첫 번째 아웃바운드납품 번호를 찾아 **개별대금청구문서** 를 클릭한 뒤, 송장 생성 화면을 보고 판매가격과 세금 등 대금청구할 금액이 맞는 지를 점검한다.

S	BlCat	SOrg.	대금청구일	판매처	BillT	DstC	영업문서	DChl	Dv	범주	주소	판매처이름	판매처위치	정렬기준	카운터	ShPt	POD 상태	정가	통화	대금청구일	BillT	상태	그룹
X	L	1000	2008.01.31	1000	F2	DE	80018454	10	01	J	6662	Becker Berlin	Berlin			1000				2008.01.31	F2		
X	L	1000	2008.01.31	1000	F2	DE	80018455	10	01	J	6662	Becker Berlin	Berlin			1000				2008.01.31	F2		
X	L	1000	2008.01.31	1000	F2	DE	80018456	10	01	J	6662	Becker Berlin	Berlin			1000				2008.01.31	F2		

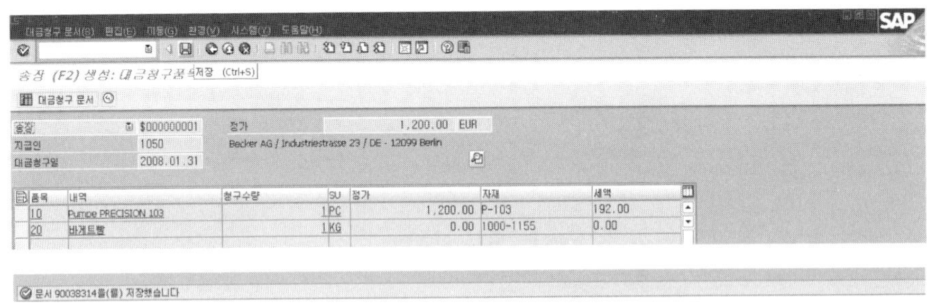

두 번째 아웃바운드납품 번호를 찾아 **개별대금청구문서** 를 클릭한다.

대금청구예정리스트 유지보수

S	BlCat	SOrg.	대금청구일	판매처	BillT	DstC	영업문서	DChl	Dv	범주	주소	판매처이름	판매처위치	정렬기준	카운터	ShPt	POD 상태	정가	통화	대금청구일	BillT	상태	그룹
X	L	1000	2008.01.31	1000	F2	DE	80018454	10	01	J	6662	Becker Berlin	Berlin			1000				2008.01.31	F2		
X	L	1000	2008.01.31	1000	F2	DE	80018456	10	01	J	6662	Becker Berlin	Berlin			1000				2008.01.31	F2		

이번에도 판매가격과 세금 등 대금청구할 금액이 맞는지 점검한 후에 저장한다.

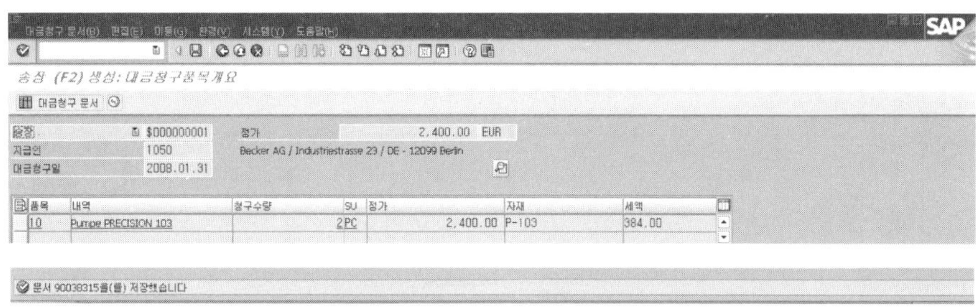

지금까지 실행한 문서들의 흐름을 보는 메뉴 경로는 다음과 같다.

메뉴 경로	물류 → 판매관리 → 영업 → 오더 → 조회
트랜잭션 코드	VA03

메뉴 경로에서 환경의 문서흐름 조회로 들어가면 지금까지 만든 전체 영업 문서들의 흐름을 볼 수 있다.

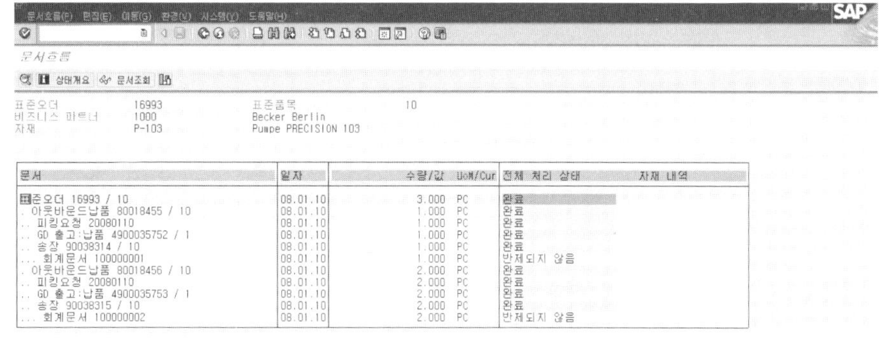

문서흐름

표준오더 16993 표준품목 10
비즈니스 파트너 1000 Becker Berlin
자재 P-103 Pumpe PRECISION 103

문서	일자	수량/값	UoM/Cur	전체 처리 상태	자재 내역
표준오더 16993 / 10	08.01.10	3.000	PC	완료	
. 아웃바운드납품 80018455 / 10	08.01.10	1.000	PC	완료	
.. 피킹요청 20080110	08.01.10	1.000	PC	완료	
.. GD 출고:납품 4900035752 / 1	08.01.10	1.000	PC	완료	
.. 송장 90038314 / 10	08.01.10	1.000	PC	완료	
... 회계문서 100000001	08.01.10	1.000	PC	반제되지 않음	
. 아웃바운드납품 80018456 / 10	08.01.10	2.000	PC	완료	
.. 피킹요청 20080110	08.01.10	2.000	PC	완료	
.. GD 출고:납품 4900035753 / 1	08.01.10	2.000	PC	완료	
.. 송장 90038315 / 10	08.01.10	2.000	PC	완료	
... 회계문서 100000002	08.01.10	2.000	PC	반제되지 않음	

이 화면을 보면, 표준 영업오더 한개가 두번의 납품으로 나누어지고, 각각의 납품 건에 대해 대금청구가 되었다는 것을 알 수 있다.

3.3 대금청구 취소 및 대금청구 금액 변경

송장을 받아 본 고객의 추가 할인 요청을 받아들여 17일, 27일 납품 건에 대한 대금청구를 취소하고, 영업오더에서 1200유로가 아닌 1000유로로 할인하여 다시 대금청구를 해보자.

먼저 대금청구를 취소하는 메뉴 경로는 다음과 같다.

메뉴 경로	물류 → 대금청구 → 대금청구문서 → 취소
트랜잭션 코드	VF11

문서에 발행된 대금청구 문서 번호를 입력한다.

다음의 화면이 나타나면 저장한다.

대금 청구를 취소했다면, 이제 1200유로를 1000유로로 바꿔보자. 가격을 결정하는 메뉴 경로는 다음과 같다.

메뉴 경로	물류 → 영업관리 → 영업 → 오더 → 변경 → 구성
트랜잭션 코드	VA02

구성 탭에서 보면 지금 현재 자재 P-103의 판매가격은 아래의 그림과 같이 1200유로이다. 아래의 화면과 같이 제품 당 가격 1200유로를 1000유로로 가격을 변경시킬 수 있다.

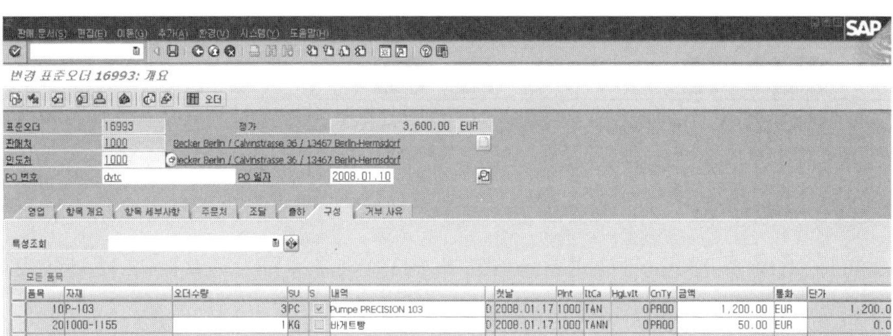

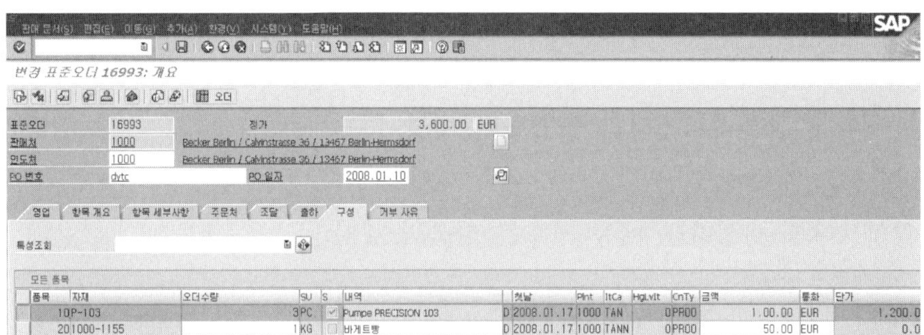

저장을 하게되면 표준오더가 변경되어, 다시 저장된 것을 확인할 수 있다.

표준오더 16993를(를) 저장했습니다

다시 대금청구를 각기 실시하고, 문서흐름을 조회하면 다음과 같은 화면이 나온다. 화면에서 각 대금청구 건이 취소되고 다시 할인된 금액으로 대금청구된 모습이 통합적으로 나타나있다.

문서흐름

상태개요 문서조회

표준오더 16993 표준품목 10
비즈니스 파트너 1000 Becker Berlin
자재 P-103 Pumpe PRECISION 103

문서	일자	수량/값	UoM/Cur	전체 처리 상태	자재 내역
표준오더 16993 / 10	08.01.10	3.000	PC	완료	
. 아웃바운드납품 80018455 / 10	08.01.10	1.000	PC	완료	
.. 피킹요청 20080110	08.01.10	1.000	PC	완료	
.. GD 출고:납품 4900035752 / 1	08.01.10	1.000	PC	완료	
.. 송장 90038314 / 10	08.01.10	1.000	PC	완료	
... 회계문서 100000001	08.01.10	1.000	PC	반제	
.. 송장취소 (SI) 90038316 / 10	08.01.10	1.000	PC	완료	
... 회계문서 100000003	08.01.10	1.000	PC	반제	
.. 송장 90038318 / 10	08.01.10	1.000	PC	완료	
... 회계문서 100000005	08.01.10	1.000	PC	반제되지 않음	
. 아웃바운드납품 80018456 / 10	08.01.10	2.000	PC	완료	
.. 피킹요청 20080110	08.01.10	2.000	PC	완료	
.. GD 출고:납품 4900035753 / 1	08.01.10	2.000	PC	완료	
.. 송장 90038315 / 10	08.01.10	2.000	PC	완료	
... 회계문서 100000002	08.01.10	2.000	PC	반제	
.. 송장취소 (SI) 90038317 / 10	08.01.10	2.000	PC	완료	
... 회계문서 100000004	08.01.10	2.000	PC	반제	
.. 송장 90038319 / 10	08.01.10	2.000	PC	완료	
... 회계문서 100000006	08.01.10	2.000	PC	반제되지 않음	

4. 영업오더를 복사하여 다른 영업오더 만들기

비즈니스 시나리오

재판매 유통경로(12)에서 Karsson고객(1033)에게 1월 27일에 R-1141을 2개 납품하는 오더를 만들고, 이를 복사하여 1월 27일에 R-1141과 R-1140을 각기 3개씩 납품하는 오더를 만드시오.

4.1 재판매 유통경로에서의 영업오더 생성

영업오더를 생성하는 메뉴 경로는 다음과 같다.

메뉴 경로	물류 → 판매관리 → 영업 → 오더 → 생성
트랜잭션 코드	VA01

오더유형 OR, 영업조직 1000, 유통경로 12, 제품군 00을 입력한다.

다음 화면에서 판매처 및 인도처(1033), PO 번호 및 PO 일자, 자재(R-1141), 수량을 입력하고 고객이 원하는 납기일을 입력한 후 저장한다.

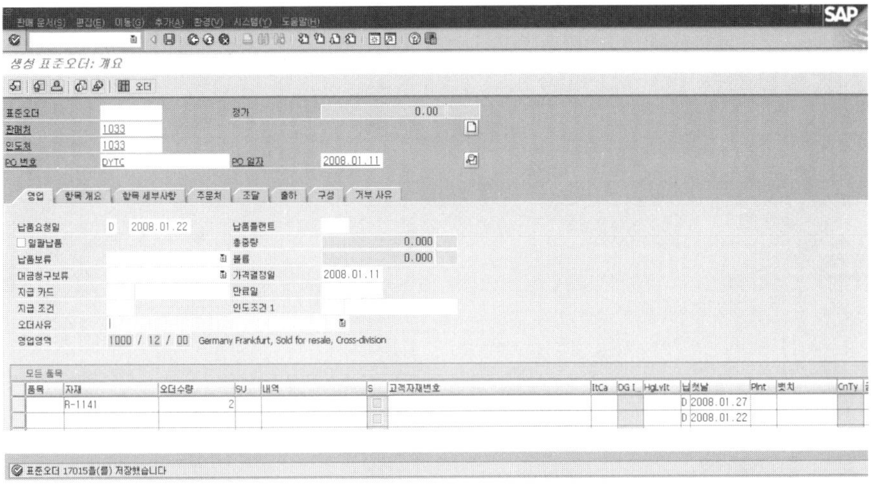

4.2 영업오더 복사에 의한 신규 영업오더 생성

위의 오더를 포함한 다른 영업오더를 재생성하는 메뉴 경로도 처음에는 같다.

메뉴 경로	물류 → 판매관리 → 영업 → 오더 → 생성
트랜잭션 코드	VA01

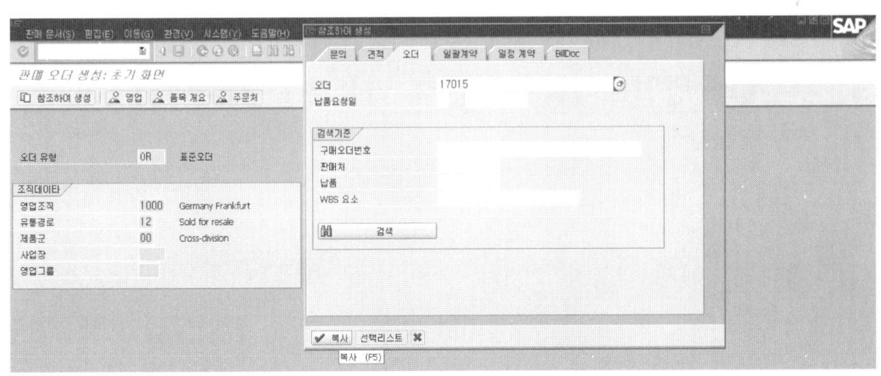

왼쪽 상단의 참조하여 생성 을 클릭한 뒤, 오더 탭으로 이동하여 미리 생성한 오더 번호를 입력하고 복사 를 클릭한다.

판매 문서(S) 편집(E) 이동(G) 추가(A) 환경(V) 시스템(Y) 도움말(H)

생성 표준오더: 개요

표준오더 | 정가 2,442.00 EUR
판매처 1033 Karsson High Tech Markt / Lochhausenerstrasse 46 / 81247 Muenchen
인도처 1033 Karsson High Tech Markt / Lochhausenerstrasse 46 / 81247 Muenchen
PO 번호 DYTC2 PO 일자 2008.01.11

영업 | 항목 개요 | 항목 세부사항 | 주문처 | 조달 | 출하 | 구성 | 거부 사유

납품요청일 D 2008.01.22 납품플랜트
일괄납품 총중량 32 KG
납품보류 볼륨 0.000
대금청구보류 가격결정일 2008.01.11
지급 카드 만료일
지급 조건 ZB01 14 일간 3%, 30/2%, 45 인도조건 1 CPT M?chen
오더사유
영업영역 1000 / 12 / 00 Germany Frankfurt, Sold for resale, Cross-division

모든 품목

품목	자재	오더수량	SU	내역	S	고객자재번호	ItCa	DG I	HgLvIt	납	첫날	Plnt	뱃치	CnTy
10	R-1141	2	PC	PAQ Bildschirm, 20", Farbe			TAN			D	2008.01.27	1200		PR00
	R-1140	3								D	2008.01.27			
	R-1141	3								D	2008.01.27			
										D	2008.01.22			

영업오더 17015를 복사하여 자재 R-1141 2개는 자동으로 입력되어 있는 것을 볼 수 있다. 판매처 및 인도처(1033)도 복사되어 들어와 있으며 PO번호, PO일자 그리고 추가 자재 및 수량을 입력하고 납품요청일을 1월 27일로 변경한 후 저장한다.

표준오더 17016을(를) 저장했습니다

 5. 두 개의 영업오더를 한 번의 납품으로 처리하기

비즈니스 시나리오

앞의 시나리오에서 생성한 오더에 대해, 주문 생성 후에 Karsson고객이 두 개의 오더를 하나로 합쳐서 납품하기를 원한다. 이에 대한 납품을 생성하고, 대금청구 예정리스트에서 본 대금청구건을 찾아 하나의 대금청구를 마친 뒤, 아웃바운드 납품의 문서흐름을 복사하여 보이시오.

5.1 묶음 납품 생성

아웃바운드 납품을 생성하는 메뉴 경로는 다음과 같다.

메뉴 경로	물류 → 판매관리 → 영업 → 오더 → 후속기능 → 아웃바운드 납품
트랜잭션 코드	VL01N

출하지점(1200) 입력 후, 선택일을 고객의 납품요청일인 1주일 뒤로 변경하고, 영업오더 번호를 입력한 후 엔터를 친다.

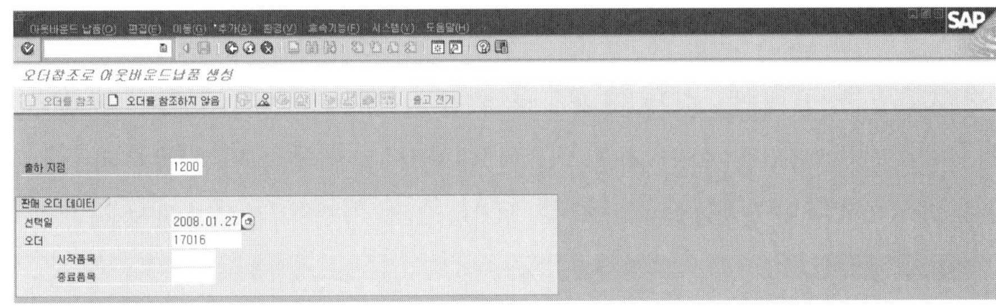

다음 화면에서 왼쪽 상단 메뉴 바의 아웃바운드 납품 → 판매오더 납품을 클릭한다.

팝업 창에 합치고자 하는 오더번호(이 사례에서는 17015)를 입력하고 엔터를 친다. 다음 화면에서 두 개의 영업오더의 자재들이 하나의 아웃바운드 납품으로 합쳐지는 모습을 볼 수 있다.

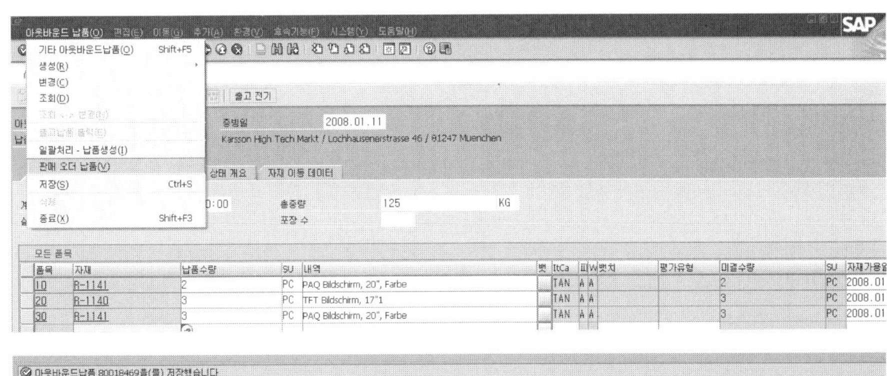

5.2 이전오더에 의한 피킹처리

왼쪽 상단의 아웃바운드 납품으로 가서 변경을 누른다.

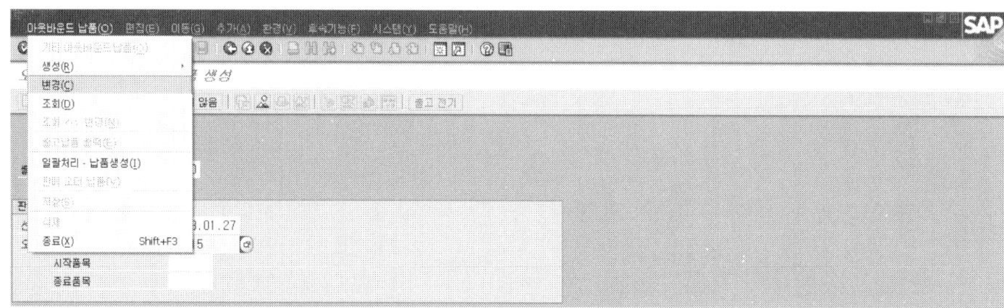

이 시나리오의 영업오더는 재판매 유통경로(12)에서 만들어졌으며, 이 유통경로는 수작업 피킹이 아닌 자동창고에 대한 이전오더를 생성하여 피킹을 하도록 되어 있다. 따라서 메뉴 바의 후속기능으로 가서 이전오더생성을 누른다.

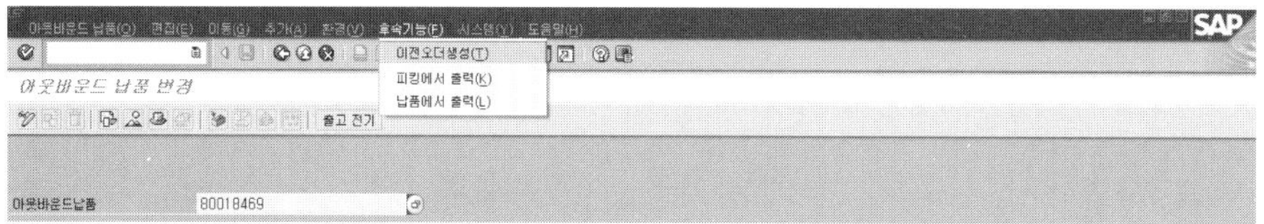

저장하면 이전오더를 생성하였다는 메시지가 뜬다.

이전오더 0000004645을(를) 생성했습니다

아웃바운드 변경으로 가서 출고전기를 해준다.

아웃바운드납품 80018469을(를) 저장했습니다

5.3 대금청구

대금청구 예정리스트에서 아웃바운드 납품 번호를 찾아 대금청구를 하는 메뉴 경로는 다음과 같다.

메뉴 경로	물류 → 판매관리 → 대금청구 → 대금청구문서 → 대금청구예정리스트 유지보수
트랜잭션 코드	VF04

대금청구 시작일과 대금청구 마지막 날을 입력 후 버튼 **대금청구리스트조회** 를 누른다.

자신이 생성한 오더의 아웃바운드납품 번호를 찾아 클릭한 후 **개별대금청구문서** 를 클릭한다.

대금 청구할 금액과 세금 등의 내역을 확인한 뒤 저장.

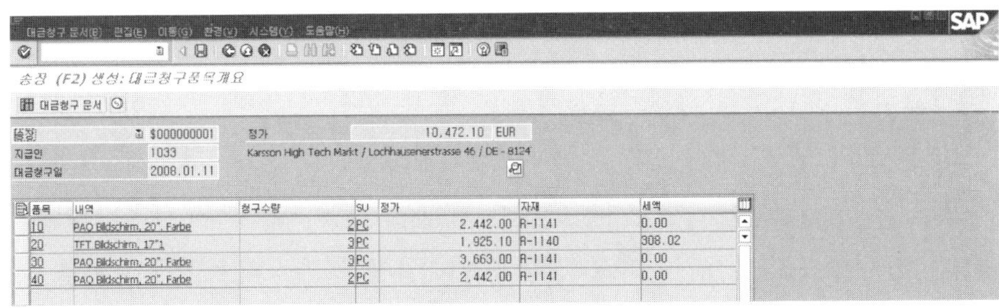

송장이 저장되었다.

5.4 문서흐름조회

지금까지의 문서 생성 과정은 영업오더가 아닌 아웃바운드 납품에서 문서흐름을 조회하여야 여러 영업오더를 합쳤다는 것을 증명할 수 있을 것이다.

메뉴 경로	물류 → 판매관리 → 출하 및 운송 → 아웃바운드납품 → 변경 → 조회
트랜잭션 코드	VL03N

환경 → 문서흐름 조회를 클릭하면 지금까지 생성된 문서들의 흐름을 조회할 수 있다. 아래의 화면과 같이 두 개의 표준오더가 하나로 합쳐서 납품이 되고, 이전오더가 생성된 뒤 출고전기가 된 것을 알 수 있다.

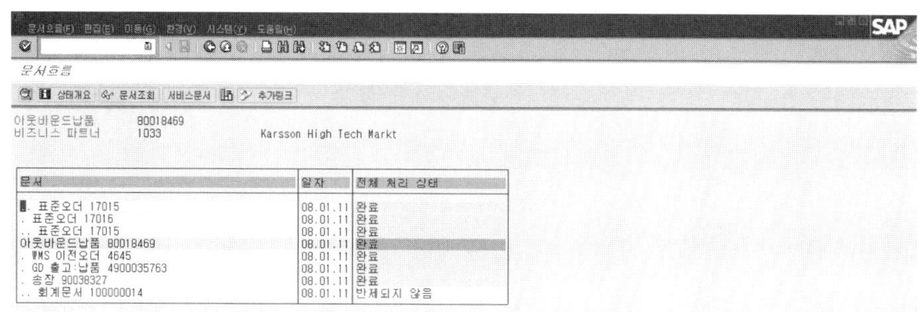

6. 하나의 영업오더를 두 번의 납품으로 처리하기

비즈니스 시나리오

1033고객이 재판매 유통경로(12)에서 자재 R-1141을 30개 주문하였다. 며칠 후 고객은 30개 중 20개만 먼저 납품해 달라고 하였다. 그리고 나머지 10개를 납품해 달라고 하였다. 또 고객은 각 납품에 대해 두 번의 대금청구로 나누기를 희망한다. 귀하가 회계부서원이라고 생각하고 대금청구 예정리스트에서 이를 수행하시오.

6.1 분할납품을 위한 영업오더 생성

분할납품은 앞에서 살펴본 납품일정라인 별 납품생성과는 다른 개념이다. 납품일정라인 별 납품은 영업 주문을 받을 때부터 한 품목의 납품 일정을 구분하고, 이에 맞추어 각 날짜가 도래하면서 납품을 수행하는 것이다.

반면에 분할납품은 영업주문을 받을 때에는 한 날짜로 납품요청일을 정했는데, 회사의 사정에 의해서 두 번의 납품으로 나누기를 희망하거나 혹은 갑작스럽게 고객의 요청에 의해서 납품을 분할하는 경우가 여기에 속한다.

영업오더를 생성하는 메뉴 경로는 다음과 같다.

메뉴 경로	물류 → 판매관리 → 영업 → 오더 → 생성
트랜잭션 코드	VA01

오더 유형, 영업조직, 유통경로(12), 제품군을 입력한다.

판매처 및 인도처(1033), PO 번호 및 PO 일자, 자재 및 수량을 입력하고 저장한다.

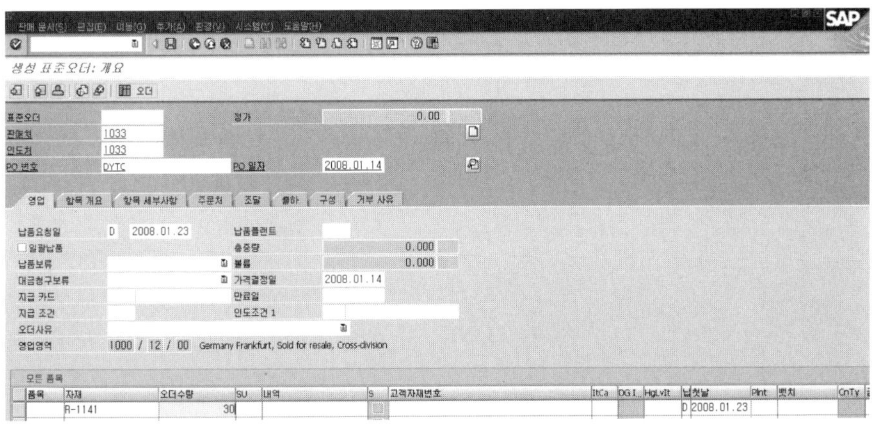

표준오더 17025을(를) 저장했습니다

6.2 첫 번째 분할납품 생성

아웃바운드 납품을 하는 메뉴 경로는 다음과 같다.

메뉴 경로	물류 → 판매관리 → 영업 → 오더 → 후속기능 → 아웃바운드납품
트랜잭션 코드	VL01N

출하지점을 1200으로 입력하고, 선택일을 영업오더의 자재가용일 이후로 변경한다.

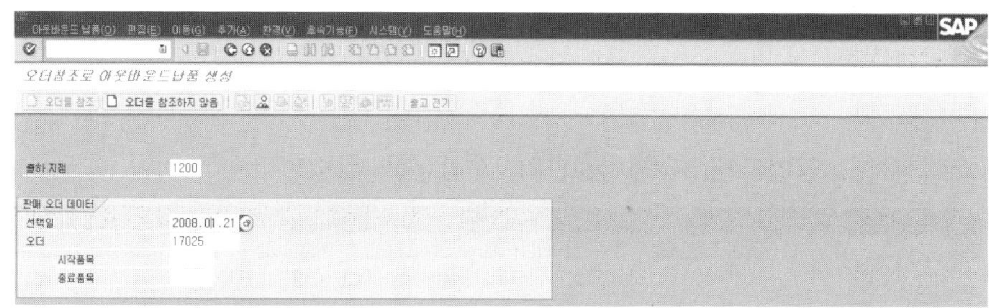

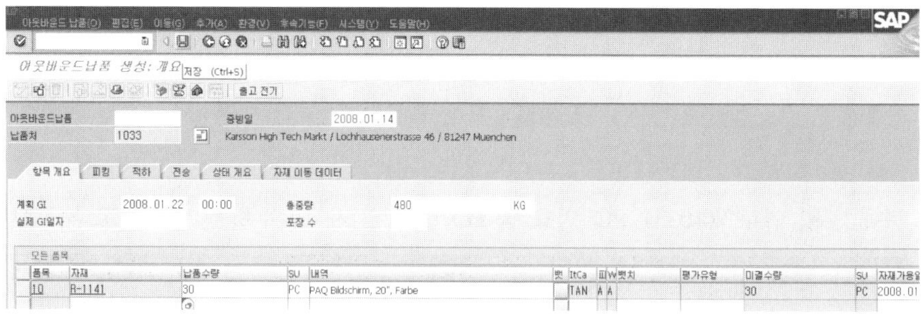

납품 수량을 고객이 분할납품을 원하는 수량인 20으로 변경한 후, 아웃바운드 납품을 저장한다.

아웃바운드납품 80018478을(를) 저장했습니다

첫 번째로 생성된 아웃바운드 납품을 변경하여 이전오더를 생성함으로써 피킹을 하고 출고전기를 한다.

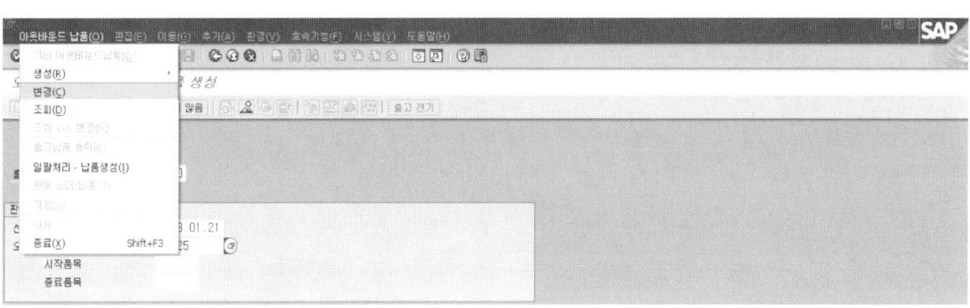

고객이 원하는 첫 번째 납품 수량 20을 확인하고, 이전오더를 생성하기 위하여 후속기능 → 이전오더 생성을 클릭한다.

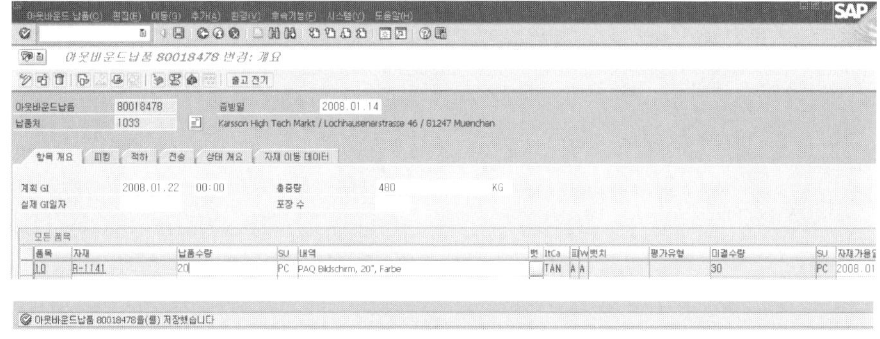

이전오더를 생성하고 출고전기 를 수행한다.

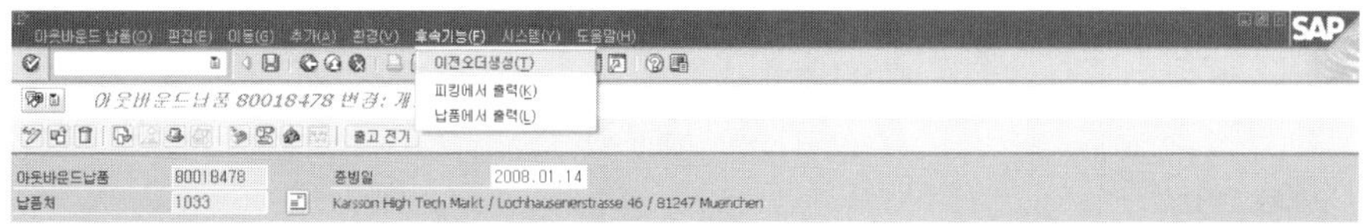

이전오더(T) 편집(E) 이동(G) 환경(V) 시스템(Y) 도움말(H)

납품에 대한 TO 생성: 납품 개요

TO 품목생성 | 저장유형 검색순서

창고번호	012	납품우선순위	2
납품	80018478	피킹일	2008.01.18
출하지점/입고지점	1200	적하일	2008.01.21

작업리스트활성 | 비활성품목 | 처리품목

품목

납품	품목	자재	내역	SLoc	플랜..	뱃치	피킹수량	판..	2.	T..	출하..	납	피킹일
80018478	10	R-1141	PAQ Bildschirm, 20", Farbe	0001	1200		20	PC				0	

이전오더 0000004652을(를) 생성했습니다

아웃바운드납품 80018479을(를) 저장했습니다

6.3 두 번째 분할납품 생성

두번째 분할납품을 위해 아웃바운드납품을 변경해보자.

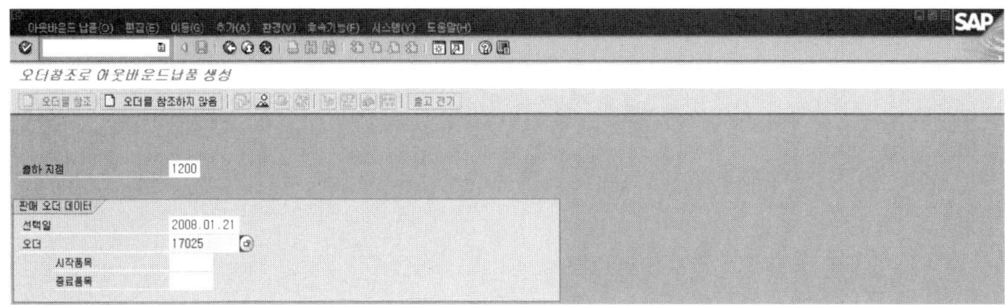

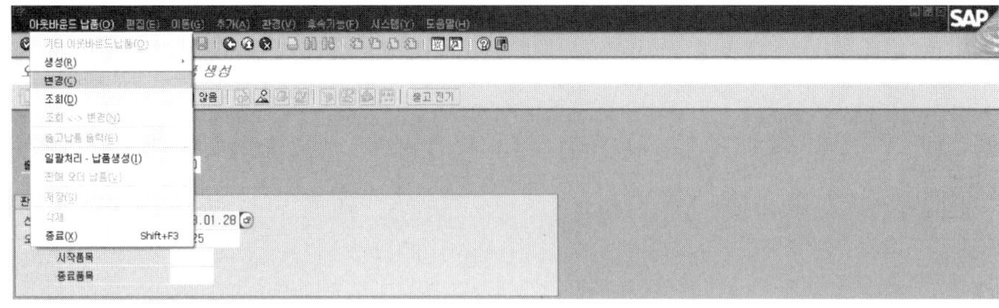

첫번째 분할납품을 수행하고 남은 나머지 10개의 납품수량에 대하여 이전오더를 생성한다. 다음 화면에서 첫번째 분할납품 20개가 감해진 10개만 납품수량에 나타나 있는 모습을 볼 수 있다.

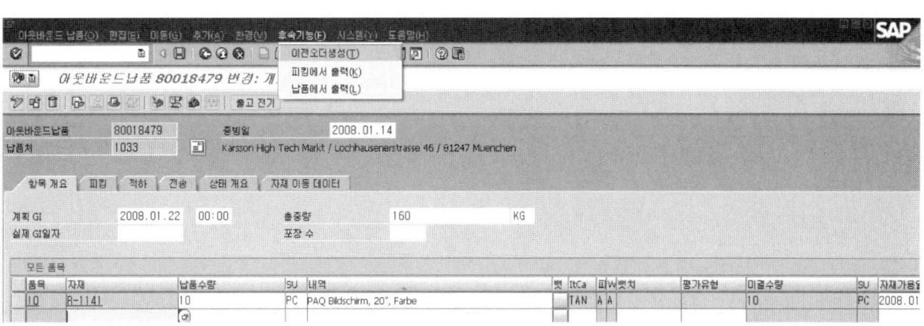

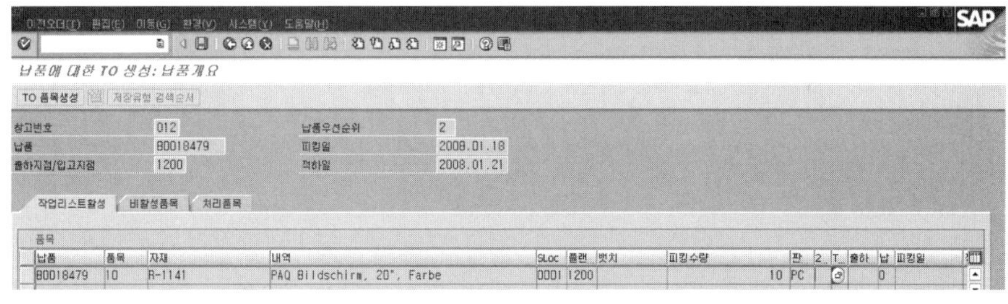

이전오더 0000004653를(을) 생성했습니다

출고전기 를 수행 한다.

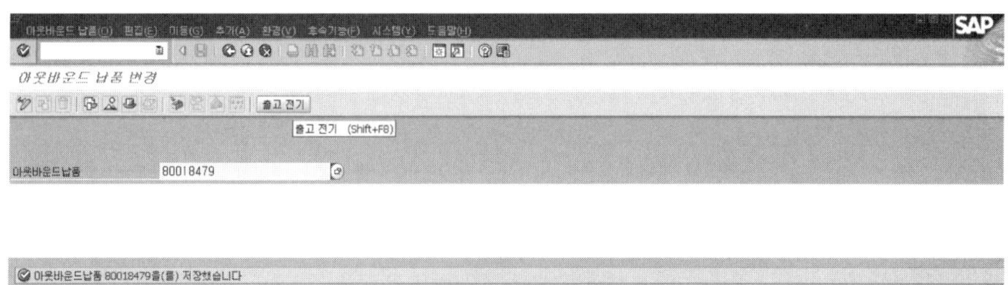

아웃바운드납품 80018479를(를) 저장했습니다

6.4 분할납품에 대한 대금청구 및 문서흐름 조회

대금청구 예정리스트에서 대금청구를 하는 메뉴 경로는 다음과 같다.

메뉴 경로	물류 → 판매관리 → 대금청구 → 대금청구문서 → 대금청구예정리스트 유지보수
트랜잭션 코드	VF04

앞에서 여러번 본 바와 같이 대금청구 시작일과 마감일을 입력한 뒤 왼쪽 상단의 **대금청구리스트조회** 를 클릭한다.

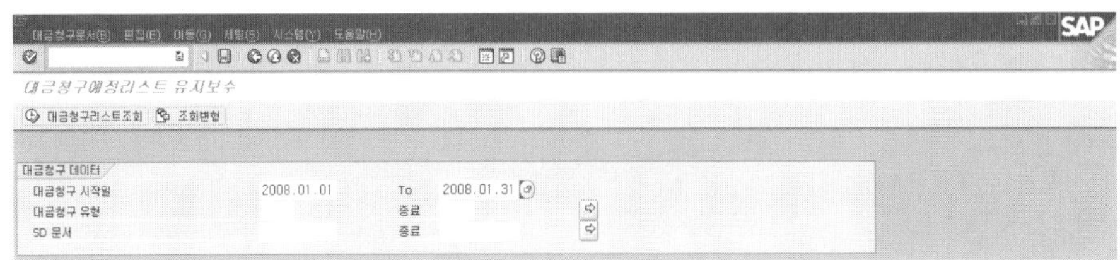

아래와 같은 화면이 나타난다.

첫번째 분할납품 문서를 클릭한 뒤 **개별대금청구문서** 를 클릭한다.

대금청구할 금액과 세금액 등 내역을 확인하고 저장하여 송장을 발행한다.

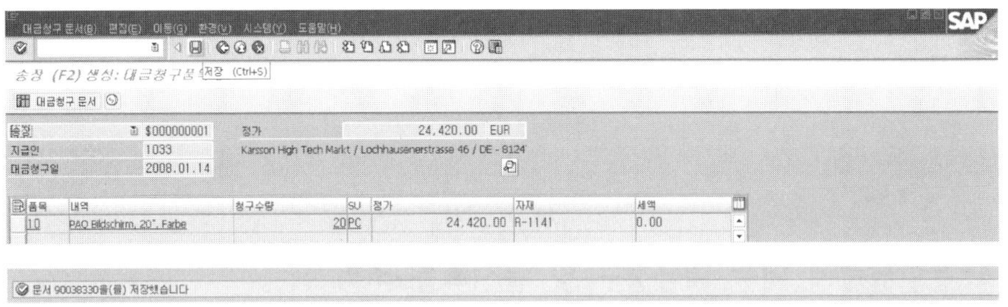

두번째 분할납품에 대한 아웃바운드납품 번호를 지정한 뒤 **개별대금청구문서** 를 클릭한다.

마찬가지로 내역을 확인한 후, 저장하여 송장을 발행한다.

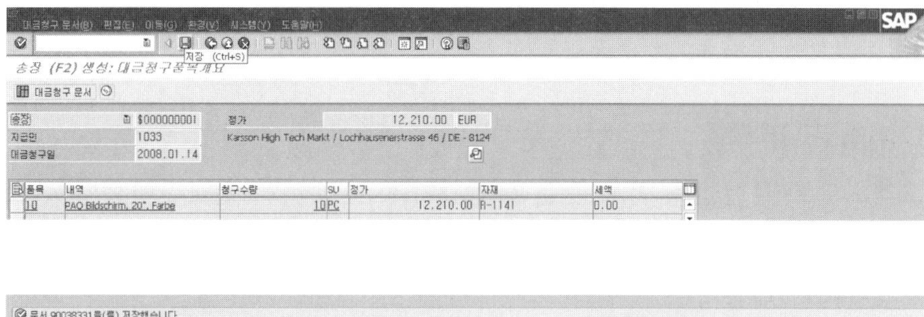

영업오더에서 문서흐름을 조회하면 다음과 같이 하나의 영업오더를 대상으로 2개의 아웃바운드납품과 각각의 이전오더가 생성되고 출고가 된 것을 볼 수 있으며, 대금청구 또한 각각 수행된 것을 확인할 수 있다.

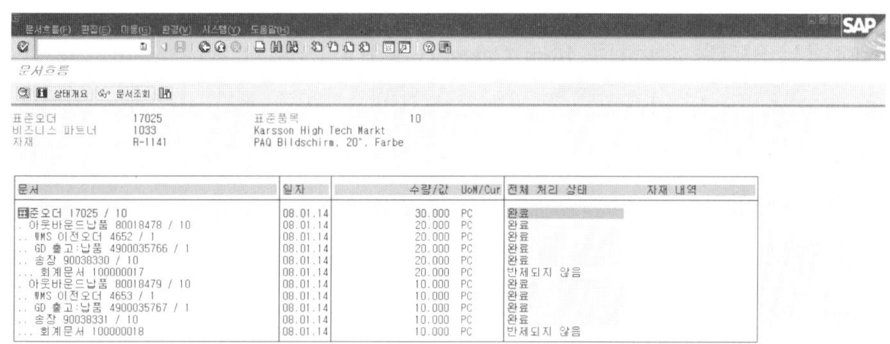

문서	일자	수량/값	UoM/Cur	전체 처리 상태	자재 내역
표준오더 17025 / 10	08.01.14	30.000	PC	완료	
. 아웃바운드납품 80018478 / 10	08.01.14	20.000	PC	완료	
.. WMS 이전오더 4652 / 1	08.01.14	20.000	PC	완료	
.. GD 출고:납품 4900035766 / 1	08.01.14	20.000	PC	완료	
.. 송장 90038330 / 10	08.01.14	20.000	PC	완료	
... 회계문서 100000017	08.01.14	20.000	PC	반제되지 않음	
. 아웃바운드납품 80018479 / 10	08.01.14	10.000	PC	완료	
.. WMS 이전오더 4653 / 1	08.01.14	10.000	PC	완료	
.. GD 출고:납품 4900035767 / 1	08.01.14	10.000	PC	완료	
.. 송장 90038331 / 10	08.01.14	10.000	PC	완료	
... 회계문서 100000018	08.01.14	10.000	PC	반제되지 않음	

앞에서 설명한 바와 같이 분할납품은 영업주문을 받을 때에는 한 날짜로 납품요청일을 정했지만, 우리 회사의 사정에 의해서 두 번의 납품으로 나누려고 할 때나, 혹은 갑작스럽게 고객이 납품을 여러 번으로 분할해 달라고 요청하는 경우에 사용하는 업무 프로세스이다. 납품일정라인 별 납품과의 차이점을 잘 이해해야 한다.

7. 현금판매오더의 생성 및 회계 분개상의 차이 조회

비즈니스 시나리오

고객으로부터 현금을 받고 주문을 받았다고 가정하고, 현금판매오더(BV)로 P-103, 2개를 오늘 날짜로 오더를 내고 출하처리 및 대금청구를 수행하시오. 문서흐름에서 대금청구 이후의 회계문서를 조회하고, 표준영업오더와 회계계정 상의 분개의 차이점을 살펴보고 이유를 설명하시오.

7.1 현금판매오더 생성

현금판매오더란 우선 현금을 받고 물품을 판매하는 것으로 Sales Document Type에서는 BV를 사용하며, Item Category는 BVN으로 설정된다. 오더를 만들었을 때 아웃바운드 납품까지 동시에 생성되며, 특이한 점은 대금청구를 할 때 다른 오더들처럼 아웃바운드 납품번호를 근거로 대금 청구 문서가 생성되는 것이 아니라 영업오더 번호를 근거로 생성된다.

현금판매오더를 만드는 메뉴 경로는 다음과 같다.

메뉴 경로	물류 → 판매관리 → 영업 → 오더 → 생성
트랜잭션 코드	VA01

현금판매오더 유형(BV), 영업조직, 유통경로, 제품군을 입력한다.

판매처 및 인도처(1000), PO 번호 및 PO 일자, 자재(P-103) 및 수량을 입력한 뒤 저장한다.

현금판매오더를 저장하면 다음과 같이 오더와 납품이 동시에 생성된다. 미리 현금을 받은 상태이므로 납품 요청이 별도로 필요없다는 의미를 담고 있다.

현금판매 16994을(를) 저장했습니다 (납품 80018457을(를) 생성했음)

7.2 현금판매 유형의 납품을 위한 피킹 및 출고전기

오더 생성과 동시에 아웃바운드납품이 생성되었으므로, 별도의 아웃바운드납품 생성없이 바로 아웃바운드납품 변경으로 들어가서 피킹을 하고 출고 전기를 한다.

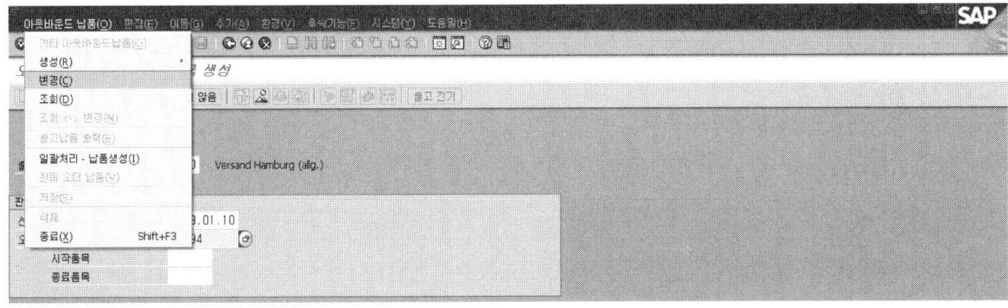

피킹 수량을 입력한 뒤 **출고전기** 를 한다.

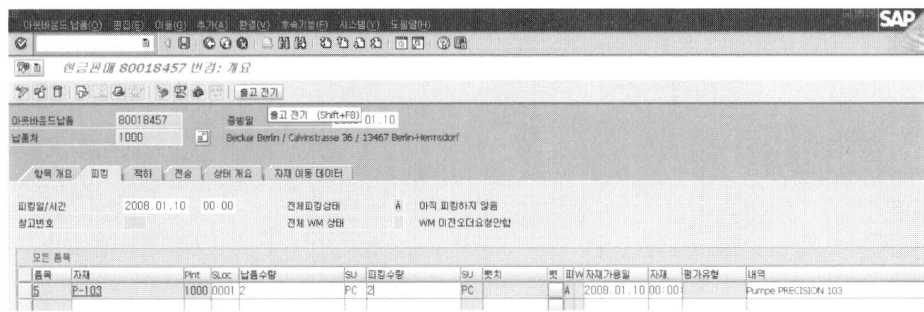

저장을 하면 아래와 같이 현금판매를 저장하였다는 메시지가 뜬다.

현금판매 80018457을(를) 저장했습니다

7.3 현금판매오더에 근거한 대금청구

현금판매오더의 대금청구는 이미 현금을 받은 상태 이므로 시스템 상의 회계 분계 처리 목적으로만 수행한다. 즉, 이미 입금까지 이루어진 상태에서 대금청구는 의미가 없지만, 통합시스템의 성격 상 회계처리와 향후 분석 업무를 위해 후속 기능을 처리한다. 현금판매오더는 오더와 납품이 동시에 생성되기 때문에 아래 화면에서와 같이 대금청구 문서는 아웃바운드 납품번호가 아닌 현금판매오더의 번호에 근거하여 만들어진다.

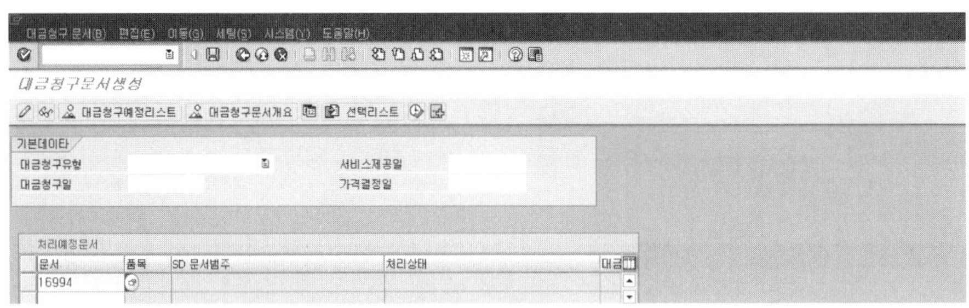

대금청구문서를 생성하여 저장한다.

문서 90038320을(를) 저장했습니다

7.4 현금 판매오더의 회계 분개 계정 조회

오더의 조회로 가서 문서흐름을 조회하면 현금판매 오더와 아웃바운드납품이 동시에 생성된 것을 볼 수 있다.

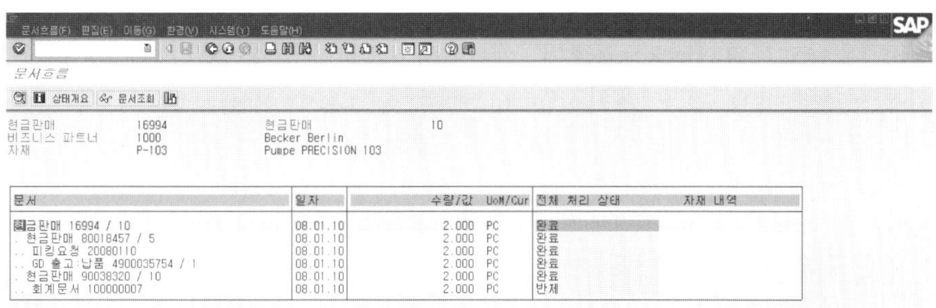

회계문서를 클릭한 다음 왼쪽 상단의 문서조회를 클릭하면 아래와 같은 회계문서의 계정을 볼 수 있다. 현금판매는 돈을 받고 물건을 고객에게 넘겨준 것이기 때문에 외상매출금이 아닌 소액현금이 들어왔다는 것을 볼 수 있다.

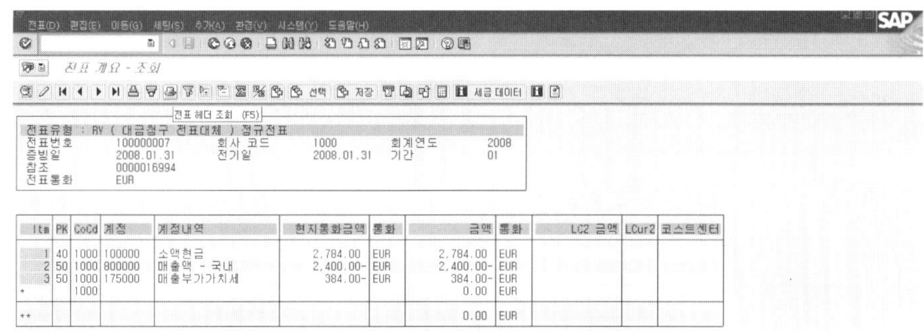

일반 표준영업오더가 외상매출금000 / 매출000 으로 계정전기가 된다면, 현금판매는 현금000/매출000 으로 계정전기가 된다. 외상매출금이 나중에 들어오는 표준오더와 달리 현금판매는 판매를 하기 전에 현금을 받고 제품을 납품하므로 외상매출금 대신 바로 현금이 들어온다. 이에 따라 FI 모듈에서 별도의 입금처리를 할 필요가 없다.

8. 긴급오더 생성 및 후속기능처리

비즈니스 시나리오

평소 우량고객인 Becker고객이 긴급하게 요청하였으므로 긴급오더(SO)로 P-103, 3개를 주문 받고 출하처리 및 대금 청구를 수행하시오.

8.1 긴급오더 생성 및 납품 처리

다른 영업오더생성과 마찬가지로 긴급 오더를 생성하는 메뉴 경로는 다음과 같다.

메뉴 경로	물류 → 판매관리 → 영업 → 영업 → 오더 → 생성
트랜잭션 코드	VA01

긴급오더 유형(SO), 영업조직, 유통경로, 제품군을 입력한다.

판매처 및 인도처(1000), PO 번호 및 PO 일자, 자재(P-103) 및 수량을 입력한다.

판매 문서(S) 편집(E) 이동(G) 추가(A) 환경(V) 시스템(Y) 도움말(H)

생성 긴급오더: 개요

오더

긴급오더 | 정가 0.00
판매처 1000
인도처 1000
PO 번호 dytc | PO 일자 2008.01.11

영업 | 항목 개요 | 항목 세부사항 | 주문처 | 조달 | 출하 | 구성 | 거부 사유

납품요청일 D 2008.01.11 | 납품플랜트
일괄납품 | 총중량 0.000
납품보류 | 볼륨 0.000
대금청구보류 | 가격결정일 2008.01.11
지급 카드 | 만료일
지급 조건 | 인도조건 1
오더사유
영업영역 1000 / 10 / 00 Germany Frankfurt, Final customer sales, Cross-division

모든 품목

품목	자재	오더수량	SU	내역	S	고객자재번호	ItCa	DG I	HgLvIt	납첫날	Plnt	뱃치	CnTy
	p-103	3								D 2008.01.11			

긴급오더를 생성하고 저장을 하게 되면 아래와 같이 긴급오더 생성과 동시에 납품까지 생성된 것을 볼 수 있다. 긴급오더는 신속히 처리되어야 하므로 납품요청이 동시에 이루어진다는 의미를 담고 있다.

긴급오더 16995을(를) 저장했습니다 (납품 80018458을(를) 생성했음)

만약 긴급오더 유형의 후속처리 목적으로 아웃바운드 납품을 생성한다면 다음과 같이 납품생성이 될 수 없다는 화면이 나타난다.

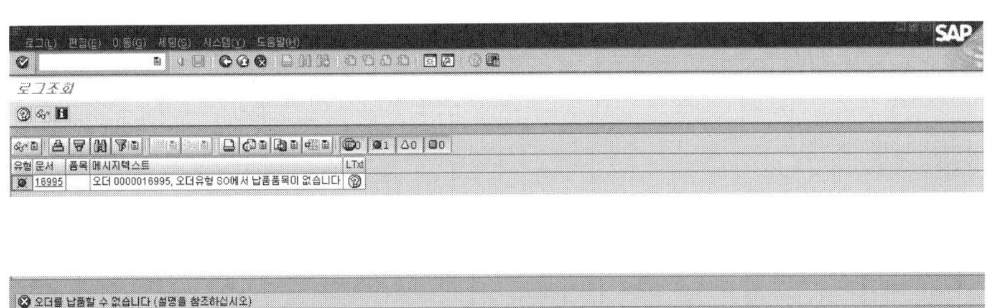

오더를 납품할 수 없습니다 (설명을 참조하십시오)

따라서 바로 아웃바운드 납품 변경으로 들어가 피킹 수량을 입력하고 **출고전기**를 한다.

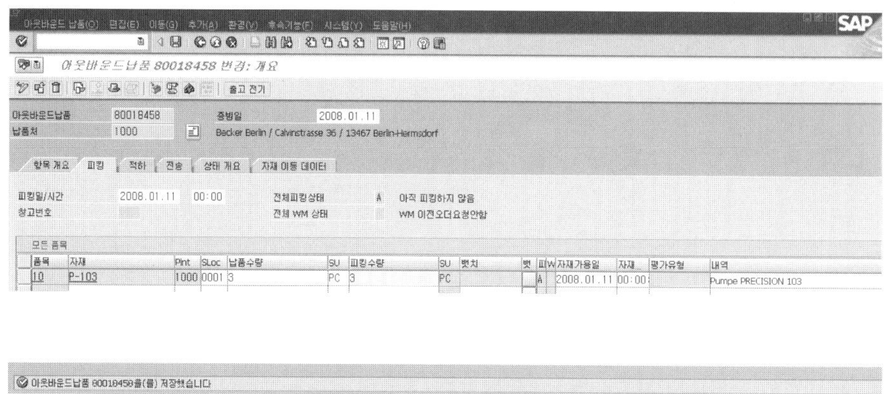

8.2 긴급주문에 대한 대금청구

대금청구를 하는 메뉴 경로는 다음과 같다.

메뉴 경로	물류 → 판매관리 → 영업 → 오더 → 후속기능 → 대금청구문서
트랜잭션 코드	VF01

현금판매오더는 오더번호를 근거로 대금청구를 했지만 긴급주문의 경우에는 오더 생성과 동시에 생성된 아웃바운드납품 번호로 대금청구를 한다.

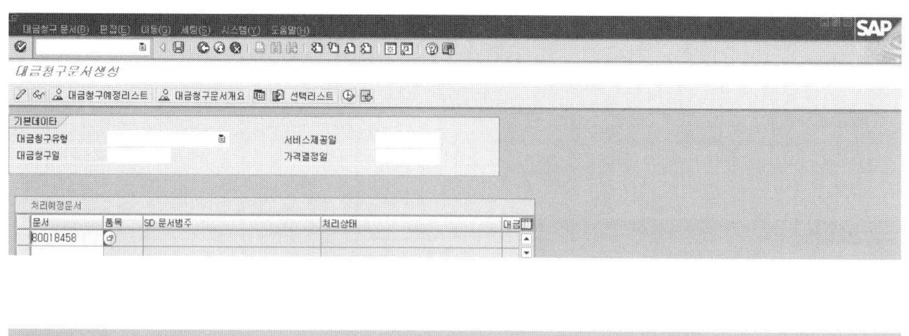

긴급오더의 문서흐름을 조회하면 다음과 같다.

문서흐름(F) 편집(E) 이동(G) 환경(V) 시스템(Y) 도움말(H)

문서흐름

상태개요 문서조회

긴급오더 16995 표준품목 10
비즈니스 파트너 1000 Becker Berlin
자재 P-103 Pumpe PRECISION 103

문서	일자	수량/값	UoM/Cur	전체 처리 상태	자재 내역
긴급오더 16995 / 10	08.01.11	3.000	PC	완료	
. 아웃바운드납품 80018458 / 10	08.01.11	3.000	PC	완료	
.. 피킹요청 20080111	08.01.11	3.000	PC	완료	
.. GD 출고:납품 4900035755 / 1	08.01.11	3.000	PC	완료	
.. 송장 90038321 / 10	08.01.11	3.000	PC	완료	
... 회계문서 100000008	08.01.11	3.000	PC	반제되지 않음	

9. 무상납품오더 생성 및 후속기능 수행

비즈니스 시나리오

신제품이 출시되어 고객에게 견본으로 제시하기 위해 무상납품(FD)으로 P-103, 3개를 오더를 내고 출하처리 및 대금 청구를 수행하시오.

9.1 무상납품오더 생성

오더를 생성하는 메뉴 경로는 다음과 같다.

메뉴 경로	물류 → 판매관리 → 영업 → 영업 → 오더 → 생성
트랜잭션 코드	VA01

[그림 4-1]에서 볼 수 있듯이, 무상납품은 신제품 홍보, 제품 테스트, 전시장에 물품을 지원하는 등 판매촉진(Promotion) 목적으로 이루어진다. 무상으로 지원을 하더라도 향후 분석 목적 상 반드시 오더처리를 해주어야 한다. 또한 통합시스템의 성격 상 재고는 감소하면서 현금이 들어오지 않는 계정 전기처리를 해주어야 하므로 오더를 생성해야 한다. 그러나 무분별한 무상납품을 막기 위해, 오더 생성 시에 반드시 오더 사유를 필수로 입력해야 한다.

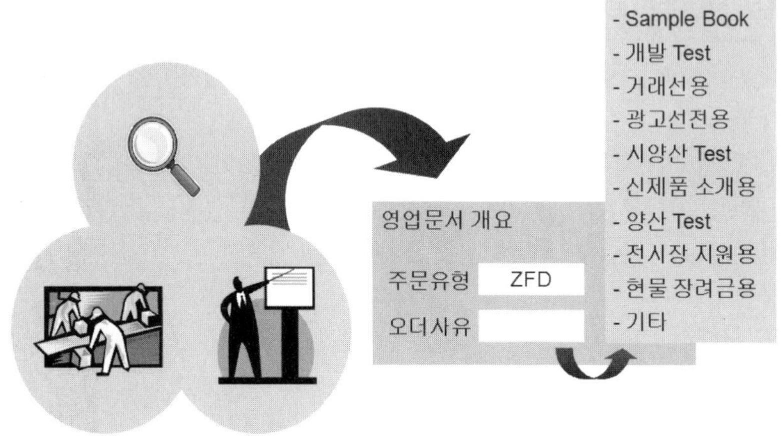

[그림 4-1] 무상 판매 오더시의 오더 사유

무상납품 오더유형(FD), 영업조직, 유통경로, 제품군을 입력한다.

판매처 및 인도처(1000), PO 번호 및 PO 일자, 자재(P-103) 및 수량을 입력한다.

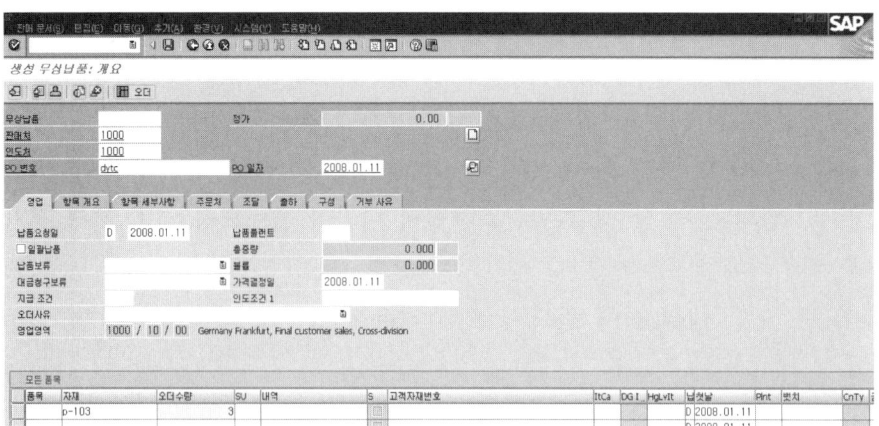

저장을 누르면 아래와 같이 미완료 문서임을 알리는 화면이 나타나는데, 이것은 무상 납품오더를 만드는데 필수 입력 필드인 오더사유를 입력하지 않았기 때문이다.

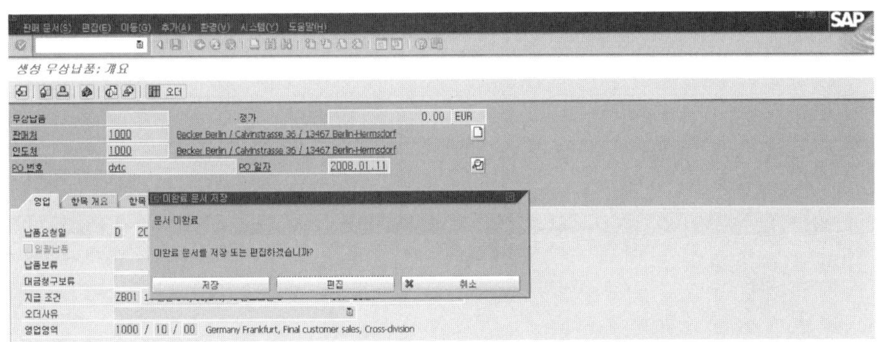

편집을 누른 뒤 파란색 Bar를 클릭하고 데이터 완료를 누른 뒤, 오더 사유를 반드시 입력한다.

아래 화면과 같이 무상견본으로 고객에게 제시하는 것이 오더 사유라고 가정하고 입력 후 저장한다.

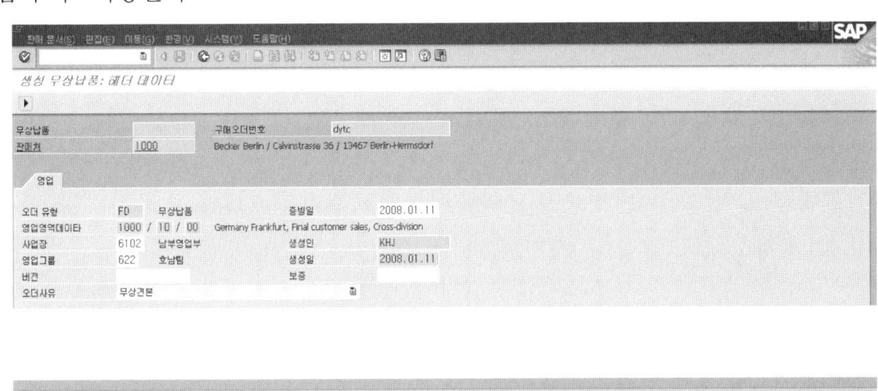

9.2 무상납품 생성

아웃바운드 납품을 하는 메뉴 경로는 다음과 같다.

메뉴 경로	물류 → 판매관리 → 영업 → 영업 → 오더 → 후속기능→ 아웃바운드 납품
트랜잭션 코드	VL01N

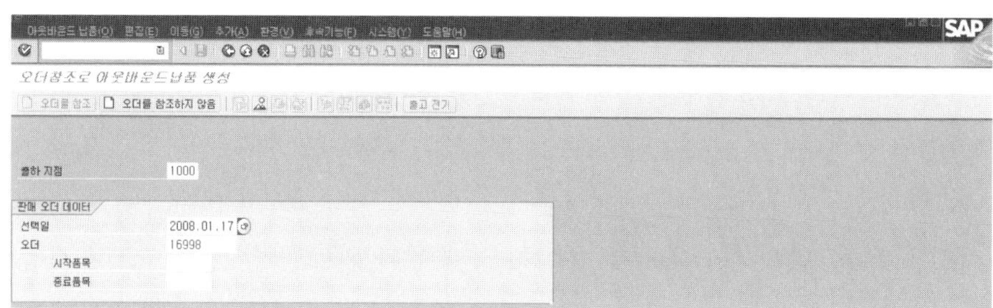

바로 피킹 수량을 적고 저장한다. 이 화면에서 바로 출고전기를 시킬 수도 있다.

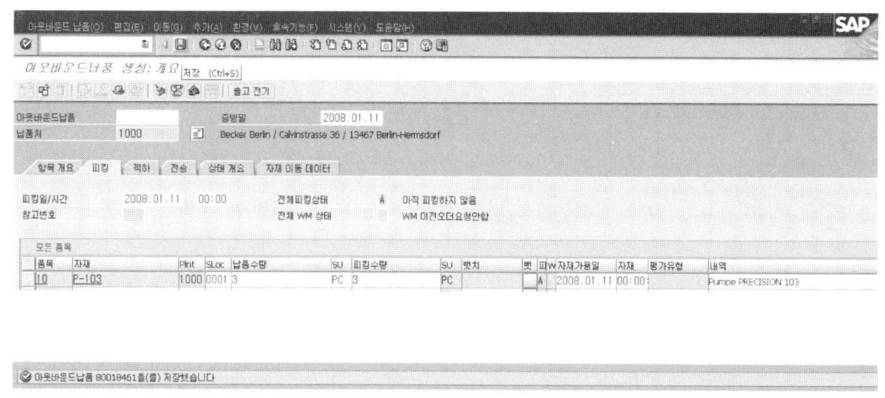

이웃바운드 납품의 변경으로 들어가서 출고전기를 한다. 출고전기와 함께 재고 회계계정에서 수량이 빠진다.

무상납품은 판촉, 제품의 하자 발생 등의 이유로 무상으로 고객에게 제공하는 납품이기에 대금청구를 하지 않는다. 그러므로 대금청구를 하지 않고 문서흐름을 조회해도 문서의 흐름이 완료된 것을 볼 수 있다.

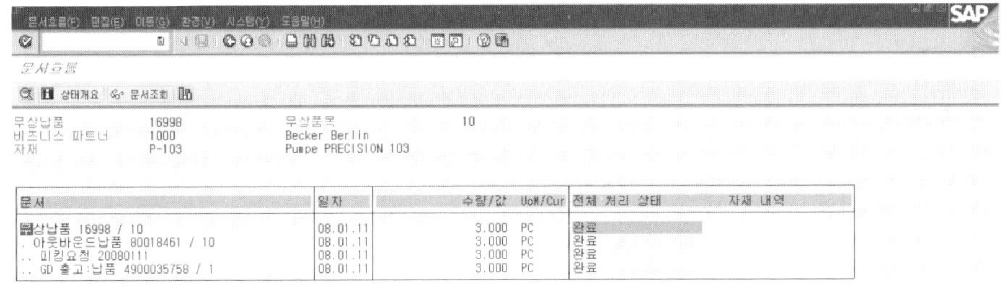

연습문제

01 다음이 의미하는 영업조직 체계는 무엇인가?

- 판매 자재가 어떠한 방법으로 고객에게 전달될 것인지를 결정하는 조직 단위

02 주문 생성 시점에서 납품이 가능한 일자를 확정하기 위해서 재고가 필요한 일자에 사용 가능한 자원이 있는지 확인하는 것을 무엇이라 하는가?

03 영업오더의 구조를 구성하는 3가지 구성요소를 쓰시오.

04 영업오더를 만들 때 주문 유형(Order Type)을 입력하는 이유는 무엇인가?

05 고객에게 견적을 제시하기 위해 시스템에 견적을 하나 만들고 견적을 복사하여 영업오더를 만들고자 한다. 이러한 방식으로 영업오더를 만들고 배송처리와 대금청구업무 처리까지 완성하시오. (1) 영업오더의 PO번호에 자신의 이름을 넣은 영업오더 화면 (2) 여신점검을 하는 화면 (3) 가용성 점검을 하는 화면 그리고 (4) 저장한 영업오더 번호가 나온 화면 (5) 출하예정리스트에서 자기 영업오더 번호가 있는 화면 (6) 배송 및 대금청구 완료 후 영업오더를 조회하여 문서흐름이 나온 화면을 제출하시오.

06 SAP ERP 시스템의 SD모듈에서 실습을 수행하시오.

(1) 판매 문의, 판매 견적의 과정을 거쳐서 영업 오더를 생성하시오.
(문의 유형 : IN, 견적 유형 : QT, 오더 유형 : OR, 영업조직 : 1000, 유통경로 : 10, 제품군 : 00, 판매처 : 1000, 인도처 : 1000, 플랜트 : 1000 PO 번호 : (문의) K-BE-200000, (견적) K-BE-200001, (오더) K-BE-200002, PO 일자 : 오늘, 납품요청일 : 오늘 이후의 입력되는 임의의 날짜, 견적효력발생일 : 오늘, 견적효력만료일 : 1달 후, 판매 자재 : P-103, 오더 수량: 2)

(2) 판매 주문을 참조하여 아웃바운드 납품을 위한 단일문서를 생성하시오. 이 때 참조하는 영업오더 데이터의 선택일은 영업오더 생성 정보에서 가용성 점검을 하여 납품이 가능해지는 날짜를 확인하고, 피킹 수량은 주문 수량 및 아웃바운드 납품 수량과 동일하다고 가정한다.

(3) 판매 주문과 아웃바운드 납품의 단일문서를 참조하여 대금청구 예정리스트에서 대금청구 문서를 생성하시오.

(4) 영업오더 화면에서 문서흐름을 조회하시오.

07 (1) Becker 고객(1000)에게 P-103을 12월 19일에 1개, 12월 26일에 1개를 납품하도록 납품일정라인을 구성하고, 12월 19일에 바게트 빵(1000-1155)을 무상으로 1개를 주는 영업오더를 생성하시오. (2) 바게트 빵이 무상으로 가격결정이 되었는지를 보는 가격결정절차 화면을 보고 이 영업오더로 얼마의 이윤이 남았는지를 분석하시오. (3) Becker고객에 대한 여신점검을 하는 화면과 P-103에 대해 가용성점검을 하는 화면을 보이시오. (4) 출하 예정리스트에서 각 요구 날짜의 납품을 각기 생성하시오. (5) 대금청구 예정리스트에서 본 대금청구 건을 찾아 각 납품에 대한 두 번의 대금청구를 하시오. (6) 각 납품 건에 대한 대금청구를 취소하고 영업오더에서 1200유로가 아닌 1000유로로 할인하여 다시 대금청구를 하시오. (7) 영업오더의 문서흐름을 복사하여 보이시오.

08 (1) 현금판매오더의 개념을 기술하고, (2) 현금판매오더(BV)로 P-103 2개를 오늘 날짜로 오더를 내고 출하처리 및 대금청구를 수행하시오. (3) 문서흐름에서 대금청구 이후의 회계문서를 조회하고, 일반 표준영업오더와 회계계정 상의 분개의 차이점을 기술하고 이유를 설명하시오.

09 재판매유통경로(12)에서 Karsson고객(1033)에게 R-1141을 2개 납품하는 영업오더를 만들고 (1) 이를 복사하여 R-1141과 R-1140을 각기 3개씩 납품하는 오더를 만드시오. (2) Karsson 고객이 이 두 개의 영업오더를 하나로 합쳐서 납품하기를 원한다. 자동창고를 사용하므로 이전오더(Transfer Order)에 의한 피킹을 수행하고 이에 대한 납품을 생성하고 (3) 대금청구 예정리스트에서 본 납품 건을 찾아 하나의 대금청구를 하시오. (4) 아웃바운드 납품의 문서흐름을 복사하여 보이시오.

10 고객에게 배송을 하기 위해 출고전기(Goods Issue)를 시켰다. 그 결과와 효과를 기술하시오.

11 품목범주(Item Category)를 커스토마이징(Customizing)하는 화면에서 TAN과 TANN의 구체적인 파라미터 결정 화면을 각기 보이면서 TAN과 TANN의 파라미터 세팅 차이를 기술하고, 이 차이점을 근간으로 품목범주(Item Category)가 수행하는 역할을 5개 이상 기술하시오.

12 Rebate의 의미를 기술하고, A 고객에게 Rebate를 200,000원 주어야 하는 경우에 대한 SAP ERP상에서의 처리 방식과 처리 이후의 회계계정 상의 변화를 설명하시오.

제5장 Configuration 실습 및 응용

1. 주문 입력 및 관련 데이터 조회

비즈니스 시나리오

기존에 등록된 고객마스터, 자재마스터, 가격마스터, 오더 유형 및 조직 구조(Enterprise Structure)를 이용하여 주문을 입력하시오. 그리고 영업오더의 헤더와 고객마스터에서 영업조직, 유통경로, 제품군 그리고 사업장과 영업그룹을 조회하시오.

오더 유형 : OR

고객마스터 : 판매처-1000 / 납품처-1010

자재마스터 : 1000-1155

1.1 영업오더의 생성 및 헤더정보 조회

T-code VA01를 실행한 후 [그림 5-1]과 같이 오더 유형에 OR, 판매처에 1000과 PO 번호를 입력한다. 자재번호를 1000-1155 그리고 수량을 입력한 후 Enter한다. ④에서 판매처의 영업영역을 선택한다. ✔ 버튼 클릭한다. ⑥에서 납품되길 원하는 납품처인 인도처를 클릭한다. 내용 확인 후 저장한다. 실습목적 상 조회를 하려면 영업오더번호를 기록해 놓거나 잘 기억해야한다.

4장에서 영업오더를 여러 번 생성하고 조회해 보았다. 5장에서 영업오더를 생성하는 이유는 헤더정보를 조회하고, 관련 데이터를 고객 마스터데이터에서 찾아보고, 또한 필요한 데이터를 Configuration을 통해 수정하기 위해서이다.

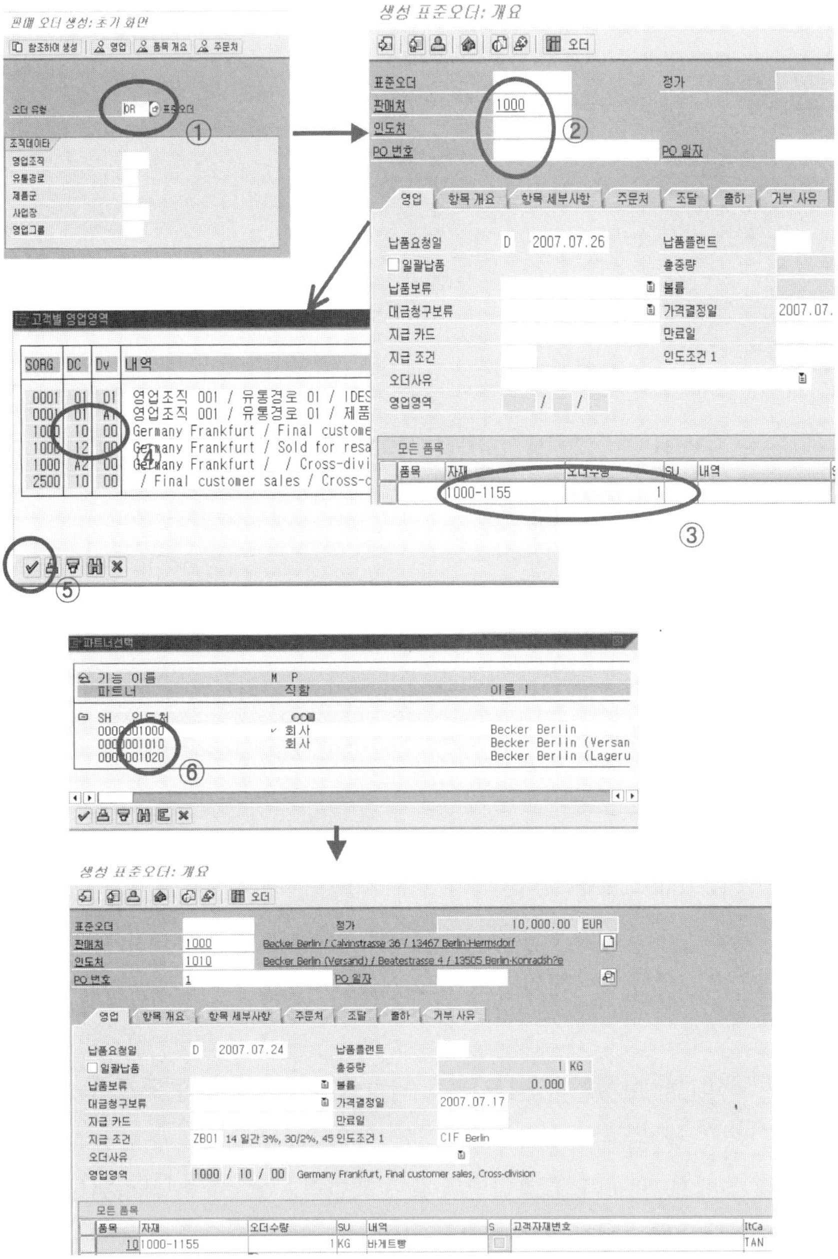

[그림 5-1] 주문 입력 과정

주문조회는 T-code VA03를 실행한 후 영업 오더번호를 입력하고, [그림 5-2]의 ②에 있는 버튼을 클릭해서 영업오더의 헤더 정보를 조회한다.

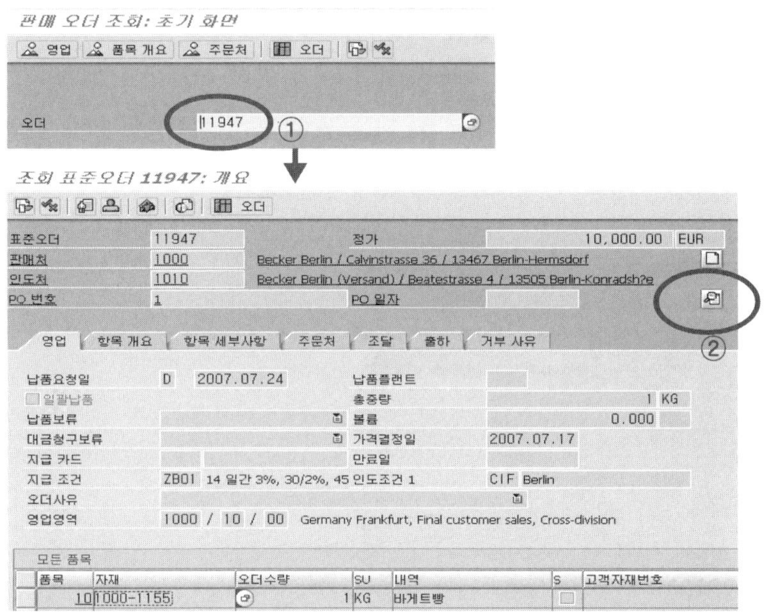

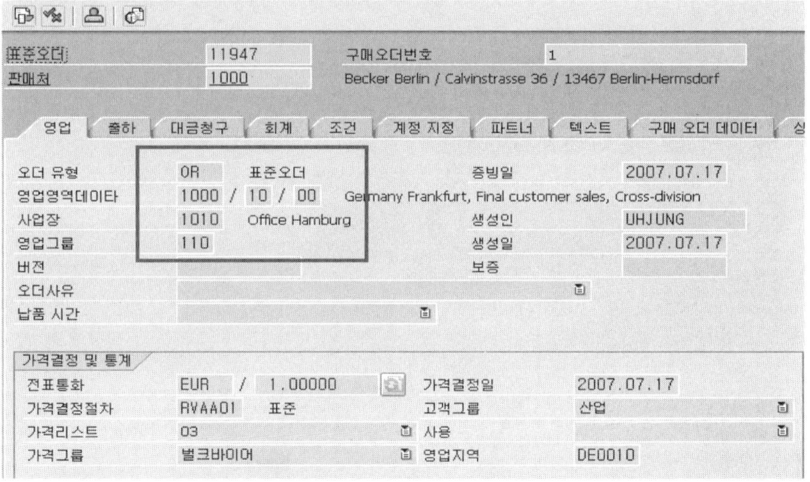

[그림 5-2] 영업오더의 헤더 정보 조회 과정

[그림 5-2]의 헤더정보에서 영업영역이 1000/10/00으로 등록이 되어있는 이유는 [그람 5-1]의 주문입력 시에 ④에서 선택하였기 때문이며, 사업장과 영업그룹이 1010-110으로 되어 있는 이유는 1000번 고객마스터에 사업장과 영업그룹이 각기 1010-110으로 등록되어 있기 때문이다.

1.2 고객 마스터데이터의 영업영역데이터 조회

T-code XD03를 실행한 후 [그림 5-3]의 ①과 같이 고객번호-1000 / 회사코드 -1000 / 영업조직-1000 / 유통경로-10 / 제품군-00을 입력한 후 Enter하고, ②의 영업영역데이터 버튼을 클릭한다.

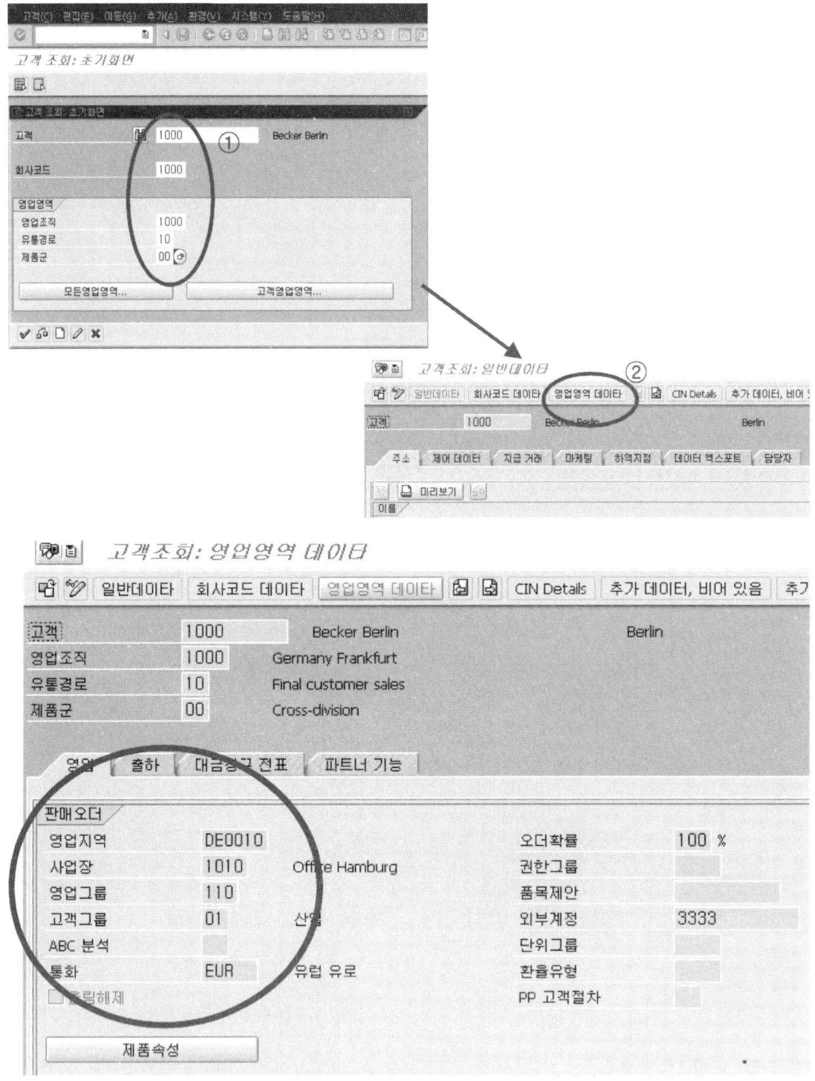

[그림 5-3] 고객 마스터데이터의 영업영역데이터 조회과정

영업지역/사업장/영업그룹/고객그룹 등의 여러 정보가 등록이 되어 있다. 여기에 등록된 사업장과 영업그룹이 주문 생성 시에 주문 문서 헤더의 사업장과 영업그룹이 된다. 즉, 고객마스터의 사업장과 영업그룹이 1010-110으로 영업오더의 헤더정보에서 조회한 사업장 및 영업그룹과 일치하는 것을 볼 수 있다.

2. 신규 영업 관련 조직의 커스토마이징

비즈니스 시나리오

우리 회사의 영업조직을 SAP ERP에 세팅하고자 한다. 회사의 영업부가 서울, 경기, 강원지방을 담당하는 서울영업부와 충청, 호남, 영남을 담당하는 남부영업부로 구분되어 있다. 또한 서울영업부는 서울팀, 경기팀, 강원팀으로 구분하고 남부영업부는 충청팀, 호남팀, 영남팀으로 구분되어 있다고 할 때, SAP ERP에 여러분의 조직을 세팅하시오. 그리고 영업부들을 사업장으로, 팀들을 영업그룹으로 지정하는 것이 올바르다고 판단되었다. 고객마스터 1000의 사업장과 영업그룹의 코드를 각기 남부영업부와 호남팀으로 변경 후 영업오더를 입력하시오.

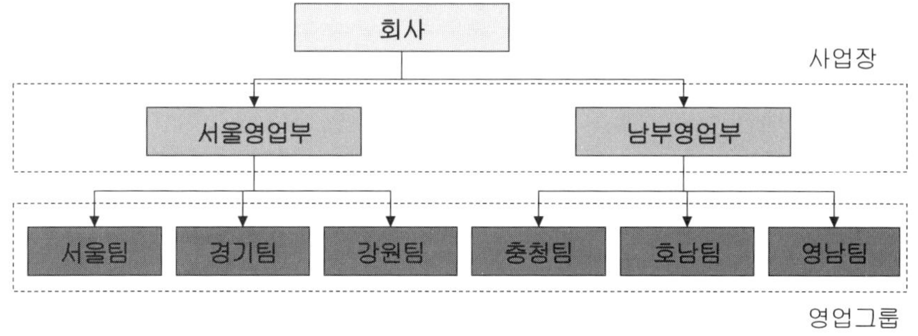

[그림 5-4] 시나리오에 있는 회사조직도

2.1 사업장과 영업그룹 커스토마이징

T-code SPRO를 실행한 후 [그림 5-5]의 화면에서 해당 메뉴를 실행하고, 새

로운 엔트리를 등록하기 위해 **신규엔트리** 버튼을 클릭한다. ③에서 새로 생성할 사업장코드와 사업장이름 입력 후 Enter한다. 신규 사업장에 대한 국가코드를 DE(독일)로 입력 후 Enter하고, 💾 버튼을 눌러 새로운 사업장코드를 저장한다.

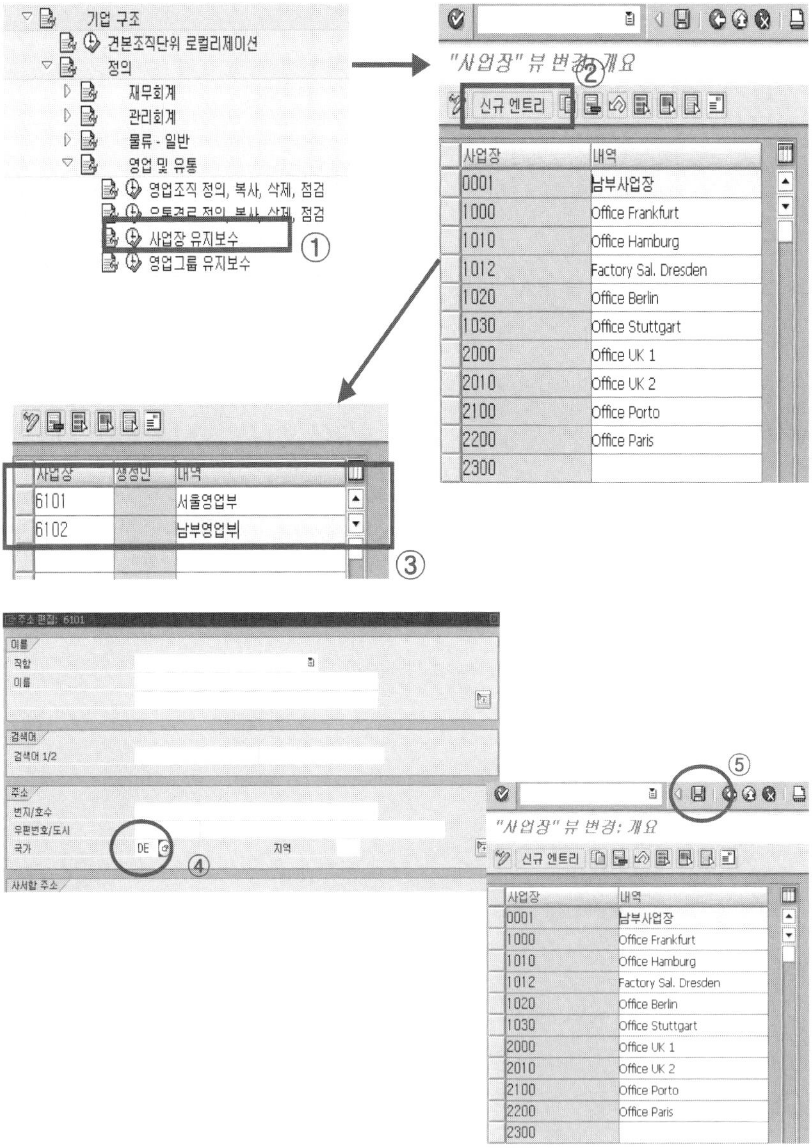

[그림 5-5] 사업장과 영업그룹의 Customizing-사업장 정의

영업그룹에 대한 정의도 T-code SPRO를 실행한 후 [그림 5-6]에 나타나 있는 ①의 해당 메뉴를 실행한다. 새로운 엔트리를 등록하기 위해 신규엔트리 버튼을 클릭하고, ③에서 새로 생성할 영업그룹코드와 영업그룹이름 입력 후 버튼을 눌러 새로운 영업그룹코드를 저장한다.

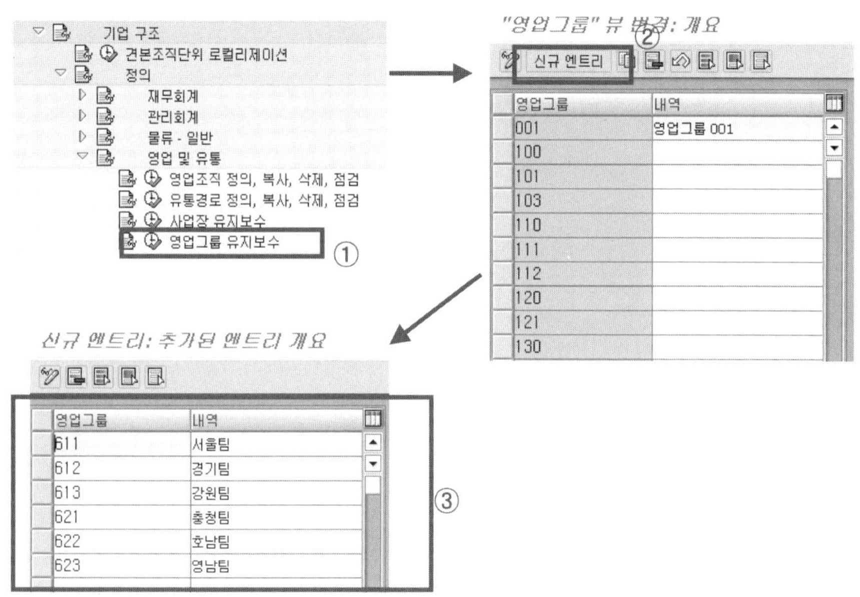

[그림 5-6] 사업장과 영업그룹의 Customizing -영업그룹 정의

사업장과 영업그룹에 대한 정의가 끝났으므로, 다음으로는 영업영역에 사업장을 지정하고, 사업장에 영업그룹을 지정하여 연결시켜야 한다. 이를 위해 T-code SPRO를 실행한 후 [그림 5-7]의 해당 메뉴를 실행한다. 영업영역에 사업장을 연결하기 위해 사업장을 추가할 영업영역에 커서를 놓고 지정 버튼을 클릭한다. 추가할 사업장을 선택하고, ✔ 버튼을 클릭하고, 정상 추가된 것을 확인하고 버튼을 눌러 저장한다.

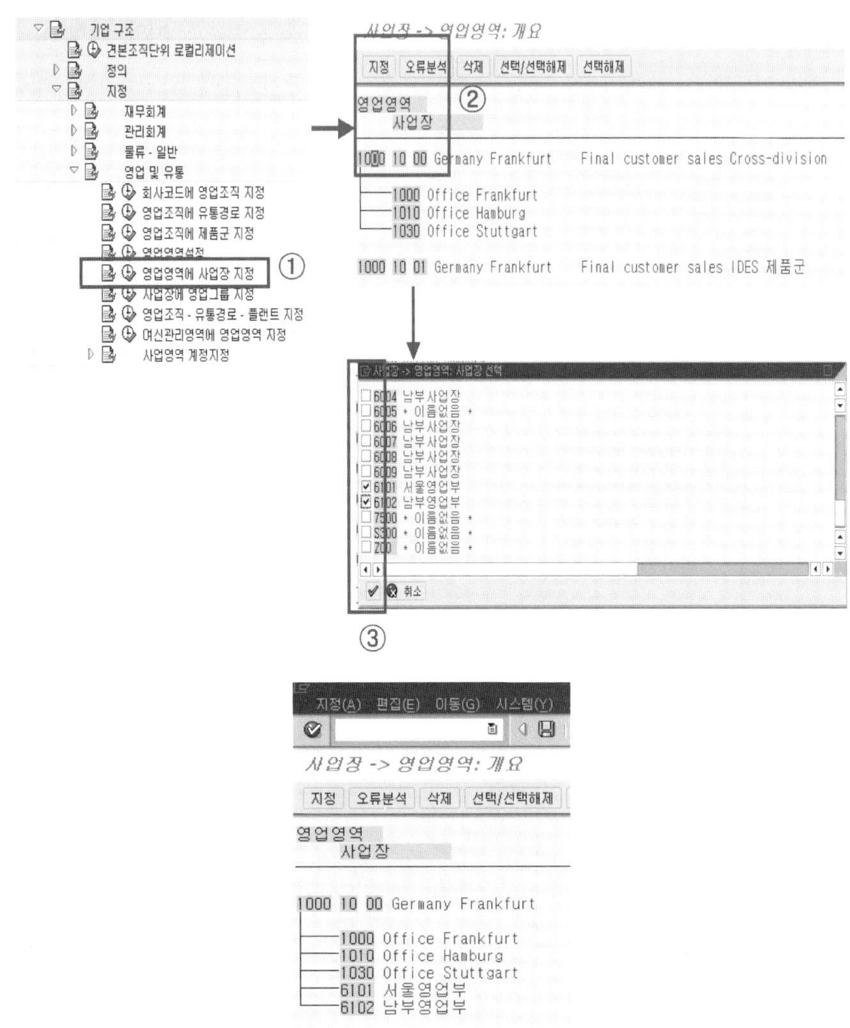

[그림 5-7] 영업영역에 사업장 지정

사업장에 영업그룹을 지정하기 위해서는 T-code SPRO를 실행한 후 [그림 5-8]의 해당 메뉴를 실행한다. ②에서 사업장에 영업그룹을 연결하기 위해 영업그룹을 추가할 사업장에 커서를 놓고 지정 버튼을 클릭한다.

③에서 추가할 영업그룹을 선택하고 ✔ 버튼을 클릭하고, 정상 추가된 것을 확인하고 💾 버튼을 눌러 저장한다. 이와 같이 서울영업부에 서울팀, 경기팀, 강원팀을 연결하였으면, 같은 방법으로 남부영업부에도 충청팀, 호남팀, 영남팀을 추가한다.

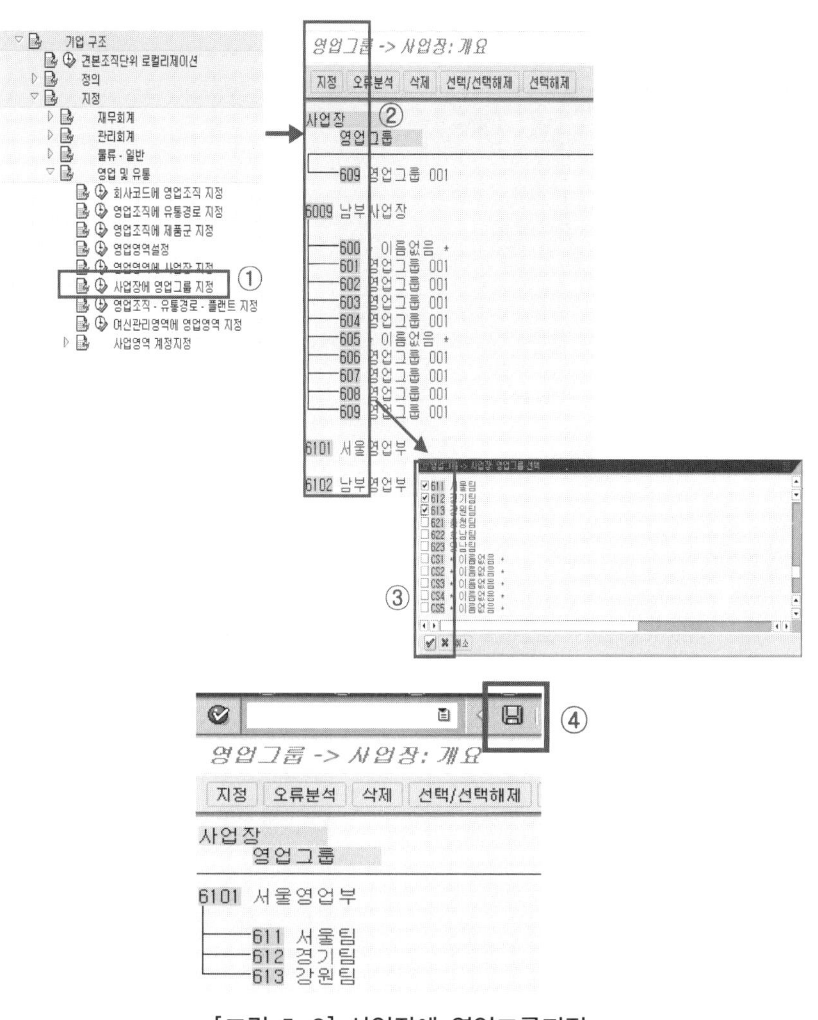

[그림 5-8] 사업장에 영업그룹지정

2.2 고객 마스터데이터 변경과 신규 영업오더 확인

고객 마스터데이터를 변경하기 위해 T-code XD02를 실행한 후 [그림 5-9]에서 고객번호(1000), 회사코드(1000), 영업조직(1000), 유통경로(10), 제품군(00)을 입력한 후 Enter한다. 영업영역데이터 버튼을 클릭한다. 사업장의 Possible Entry를 눌러 입력가능한 값들을 조회한 후 남부영업부를 더블 클릭하여 선택한다. 또한 영업그룹의 Possibly Entry를 눌러 입력 가능한 값들을 조회한 후 호남팀을 더블 클릭한다. 그리고 버튼을 눌러 저장한다.

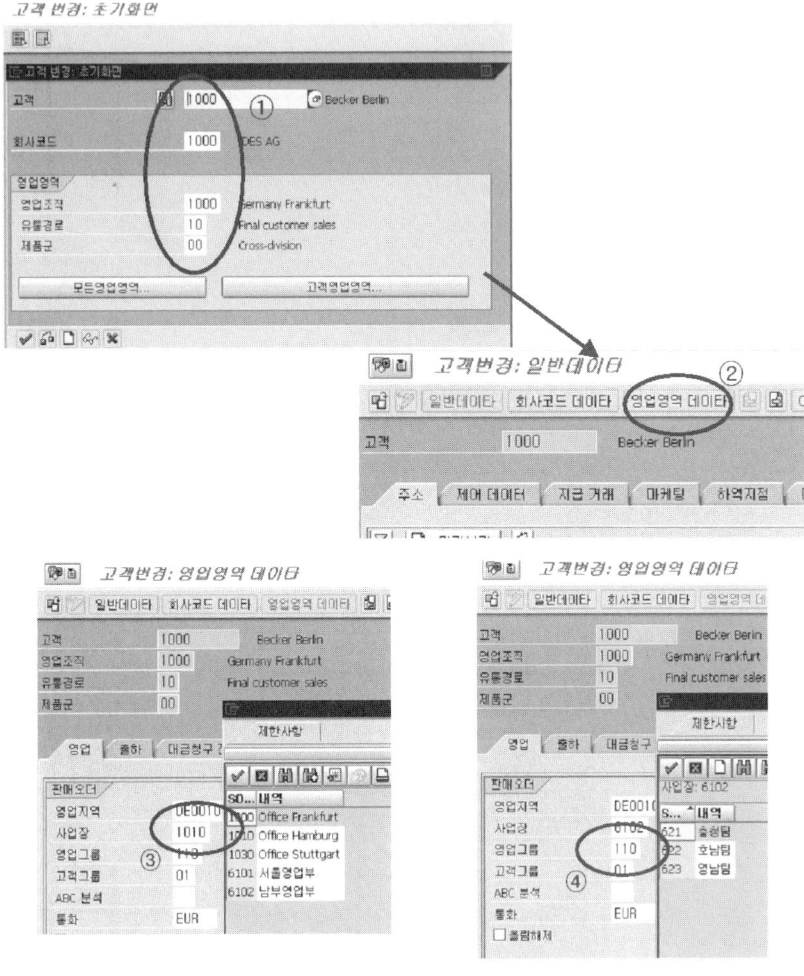

[그림 5-9] 추가한 사업장과 영업그룹 활용-고객 마스터 수정

커스터마이징을 통해 추가하고 고객 마스터에서 수정한 사업장과 영업그룹이 영업오더 생성 시에 활용되는지를 확인해야 한다. 이 과정은 앞에서 이미 실습한 내용과 동일하므로 간략히 살펴보도록 한다.

① 주문을 신규로 다시 생성한다.

오더 유형 : OR

고객마스터 : 판매처-1000 / 납품처-1010

자재마스터 : 1000-1155

② 주문 문서의 헤더의 내용을 확인해 본다.

[그림 5-10]과 같이 고객마스터에서 수정한 사업장과 영업그룹의 값을 신규로 생성한 영업오더의 헤더에서 확인해 볼 수 있으며, 지금까지와 같은 방법으로 회사의 실제 영업부서 조직을 세팅할 수 있다.

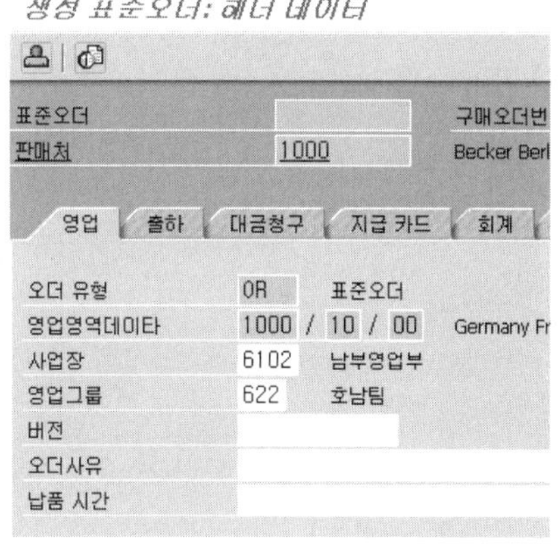

[그림 5-10] 영업오더에서 사업장과 영업그룹 조회

3. 조건 마스터데이터 입력

비즈니스 시나리오

기존에 등록된 고객 마스터데이터, 자재 마스터데이터, 오더유형 및 조직구조(Enterprise Structure)를 이용하여 주문을 입력하기 전에 자재의 가격을 변경하도록 한다.

오더 유형 : OR

영업조직 : 1000

유통경로 : 10

제품군 : 00

고객 마스터데이터 : 판매처-1000 / 납품처-1010

자재 마스터데이터 : 1000-1155

가격 : 기존 1kg당 10,000EUR

신규 1kg당 12,000EUR

자재의 가격을 변경시키기 위해 T-code VK11을 실행한 후, 조건유형에 PR00을 입력 후 키조합 버튼을 클릭한다. 릴리즈상태의 자재 메뉴를 선택하고 ✔ 버튼을 클릭한다. 영업조직 1000, 유통경로 10, 자재코드 1000-1155, 금액 12000을 넣고 Enter한다. Enter를 치면 ④와 같이 단위, 유효일, 효력 만료일 등이 자동으로 들어온 것을 확인할 수 있다. 확인 후 💾 버튼을 눌러 저장한다.

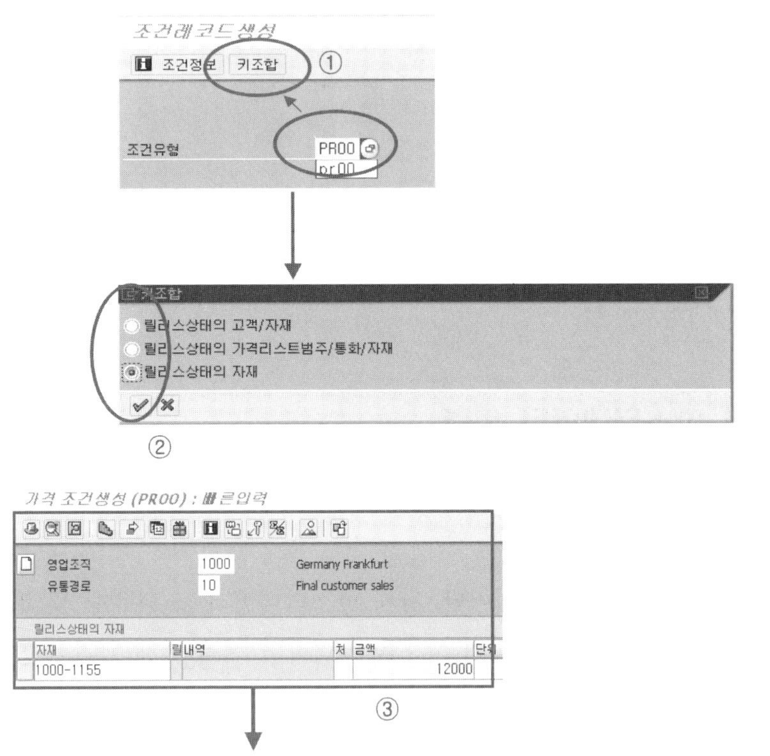

[그림 5-11] 제품 가격을 입력하는 과정

조건 마스터데이터에 신규로 수정한 내용을 아래와 같은 과정을 거쳐 주문 문서에서 확인하고자 한다.

① 주문을 신규로 다시 생성한다.
오더 유형 : OR
고객마스터 : 판매처 - 1000 / 납품처 - 1010
자재마스터 : 1000-1155

② [그림 5-12]와 같이 주문 문서에서 가격을 확인한다.

이러한 예제와 같이 가격마스터를 이용하여 기간, 자재, 고객-자재 별로 가격을 별도로 유지, 보수할 수 있다.

생성 표준오더: 개요

오더

표준오더		정가	12,000.00 EUR
판매처	1000	Becker Berlin / Calvinstrasse 36 / 13467 Berlin-Hermsdorf	
인도처	1010	Becker Berlin (Versand) / Beatestrasse 4 / 13505 Berlin-Konradsh?e	

[그림 5-12] 영업오더에서의 변경한 가격 확인

4. 신규 고객계정그룹 커스토마이징

비즈니스 시나리오

우리 회사가 백화점 입점을 통한 영업을 신규로 시작하기로 하고, ERP 팀에서 백화점에 대한 고객계정그룹을 별도로 신규 생성하기로 하였다. 신규 고객계정그룹에서는 판매처, 인도처, 입금처, 청구처가 동일하도록 생성할 것이며, 고객 상호, 세금번호1, 세금번호2는 필수 입력사항으로 하고, 나머지는 모두 입력해도 되고 안 해도 되는 선택 사항으로 규칙을 정했다. 신규 고객계정그룹을 생성하고, 고객생성 화면에서 신규 고객계정그룹인 백화점 고객계정그룹이 나타나는지 확인하시오.

1부 7장의 [그림 7-5]에서 살펴본 바와 같이 고객계정그룹의 역할은 다음과 같다.

① 고객 마스터데이터의 번호 범위를 정의한다.

② 고객 마스터데이터를 생성하거나 수정, 조회 할 때 필드의 상태(필수, 옵션, 조회, 숨김)를 설정한다.

4.1 고객계정그룹 생성

고객계정그룹을 통해 화면 레이아웃을 정의할 수 있다. 또한 고객계정그룹에 의해 필드의 상태를 정의할 수 있다. [그림 5-13]에서 ①과 ②를 수행한다.

① T-code SPRO를 실행한 후 해당 메뉴를 실행한다.

② 새로운 엔트리를 등록하기 위해 **신규엔트리** 버튼을 클릭한다.

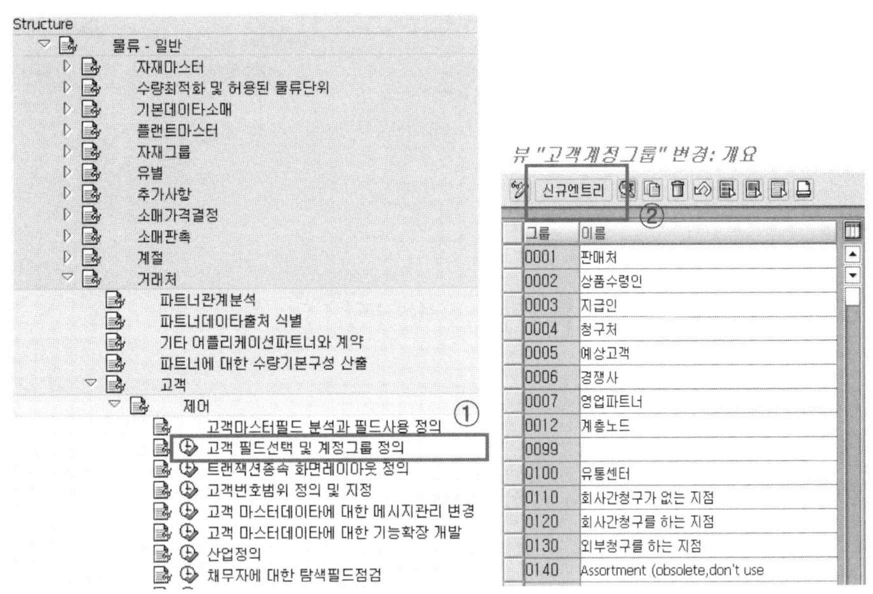

[그림 5-13] 고객계정그룹 생성 초기화면

[그림 5-14]의 ①에는 신규로 등록할 고객계정그룹 코드와 계정그룹 명을 입력한다. 또한 ②에는 파트너결정절차에 AG를 입력한다. ③은 고객 마스터의 3가지 뷰를 나타내는 것으로 각각의 영역을 선택하면 선택된 영역에 해당되는

고객 마스터 뷰(View)가 리스트 된다. 즉, 일반데이터를 더블 클릭하면 일반데이터의 내용이 나타나고, 영업데이터를 더블 클릭하면 영업데이터의 내용이 나타난다.

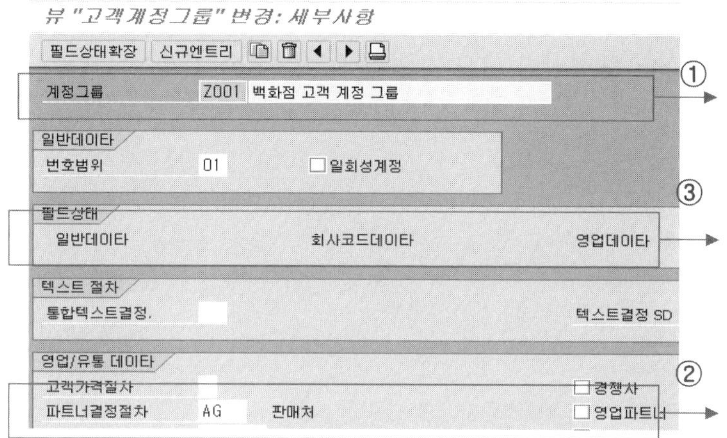

[그림 5-14] 고객계정그룹 세부사항 세팅

[그림 5-15]는 일반데이터를 선택한 경우 나타난 화면이며 아래 그룹선택 의 리스트는 고객마스터의 일반데이터에 해당하는 탭의 리스트이다. 이 리스트 중 하나를 선택하면 고객마스터 등록 시 보여지는 필드들이 나타나며 옆에는 그 필드의 상태 값이 있다.

여기서는 주소를 더블 클릭한다.

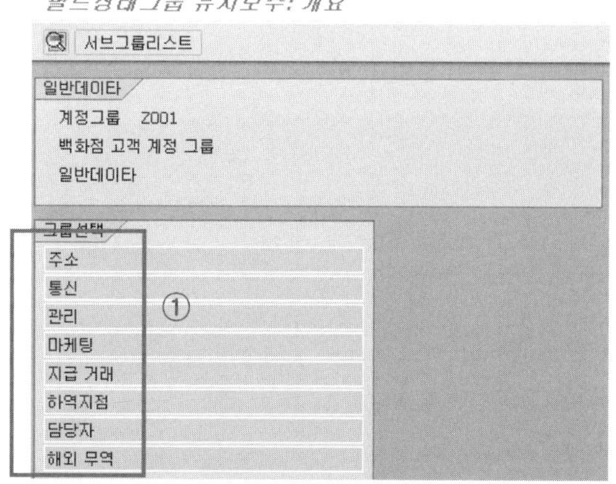

[그림 5-15] 고객계정그룹의 일반데이터 탭의 내용

[그림 5-16]의 왼쪽에 고객 마스터데이터의 주소 화면에서 관리되어지는 필드의 이름이 나타나며 옆에는 ①과 같이 상태가 설정 되어 있다. 원하는 필드의 속성을 선택하고 ②의 다음 버튼을 눌러 다른 탭으로 이동한다. 이 예제 시나리오에서는 이름1/성 을 필수로 한다. 여기에서 필수엔트리로 속성이 지정되면, 고객 마스터 생성시에 반드시 입력해야만 후속 진행이 된다는 것을 의미한다.

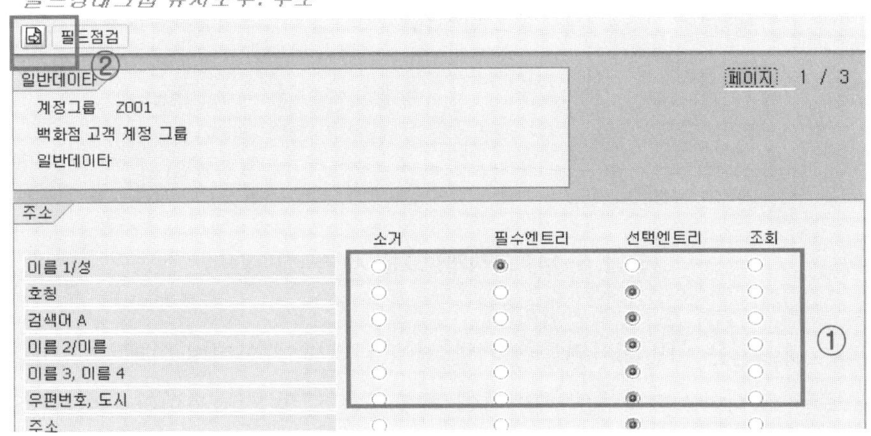

[그림 5-16] 일반데이터 화면의 주소 관련 속성 정의

원하는 필드의 속성을 선택하는데 [그림 5-17]에서 보듯이 이 예제 시나리오에서는 세금코드1과 세금코드2를 필수 입력 사항으로 설정한다. 버튼을 눌러서 저장한다.

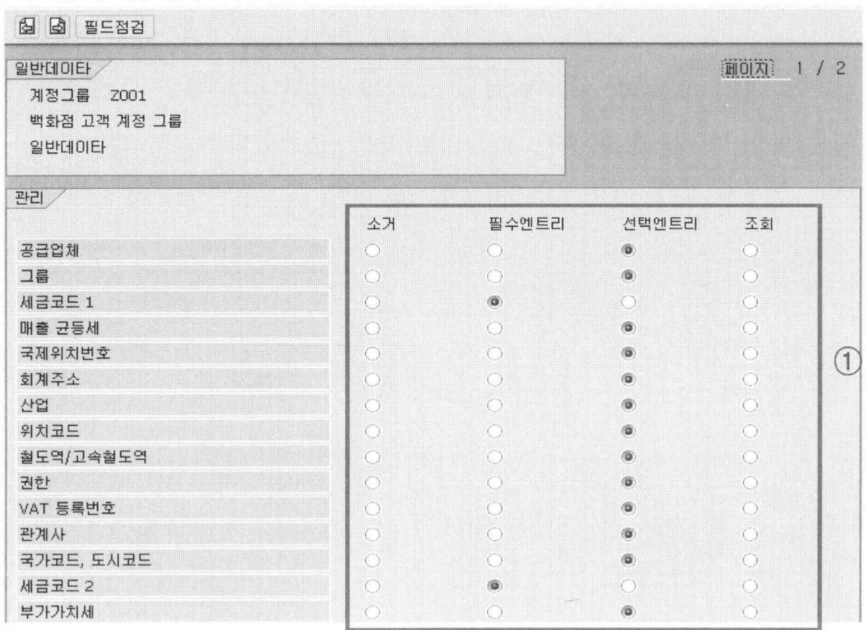

[그림 5-17] 일반데이터 화면의 관리 관련 속성 정의

4.2 번호범위지정

[그림 5-18]에서 볼 수 있는 바와 같이 신규로 만드는 백화점 고객계정그룹에 기존 0001 고객그룹과 같은 번호범위(01)을 입력한다.

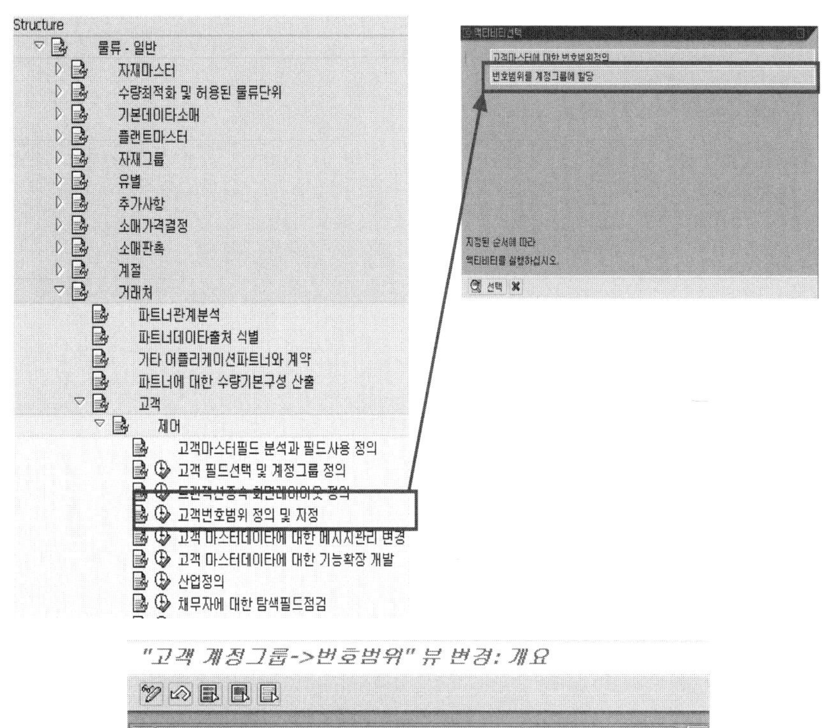

"고객 계정그룹->번호범위" 뷰 변경: 개요

그룹	이름	번호범위
Z001	백화점 고객 계정 그룹	01
ZAG1		07
ZAG2		08
ZAPO		XX
ZARG		02
ZCPG		07
ZCRM		08
ZHOS		XX
ZINT		02
ZK01	판매처	XX

[그림 5-18] 고객계정그룹의 번호범위 입력 과정

4.3 파트너 결정 설정

다음으로는 신규 고객계정그룹에서 수행하게 될 파트너 결정 기능을 지정하도록 한다. [그림 5-19]에서 보듯이 커스토마이징 툴의 판매관리의 기본 기능에서 ①의 파트너 결정 메뉴를 실행한다. 그리고 ②의 "고객마스터에 대한 파트너 결정 설정"을 더블 클릭 한다.

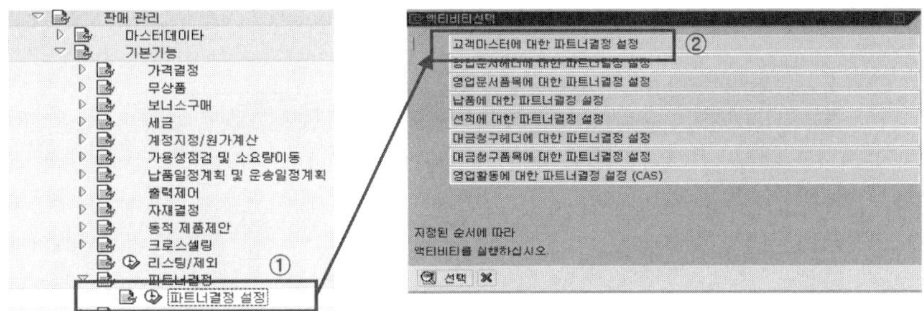

[그림 5-19] 파트너 결정을 위한 메뉴 경로

[그림 5-20]의 ①과 같이 계정그룹-기능지정을 더블 클릭하고, **신규엔트리** 버튼을 누른다. 그리고 ②와 같이 SP, SH, PY, BP에 신규 고객계정그룹인 Z001을 입력한다. 이로써 백화점 고객계정그룹으로 고객 마스터데이터를 생성하면 판매처. 인도처, 지급처, 청구서를 지정할 수 있다.

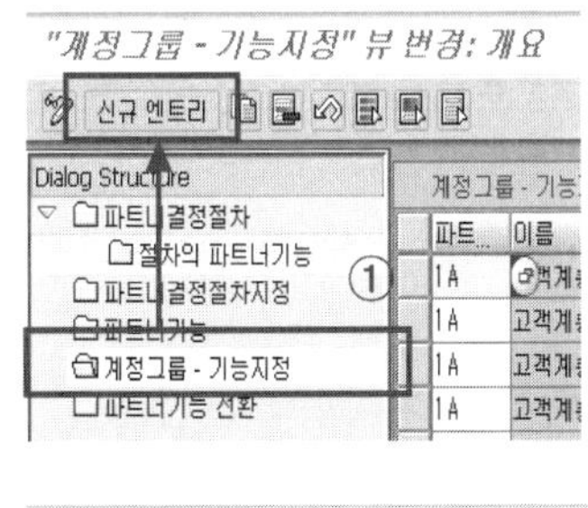

신규 엔트리: 추가된 엔트리 개요

Dialog Structure
- 파트너결정절차
  - 절차의 파트너기능
- 파트너결정절차지정
- 파트너기능
- 계정그룹 - 기능지정
- 파트너기능 전환

계정그룹 - 기능지정 ②

파트..	이름	계정그룹	이름
SP	판매처	Z001	백화점 고객 계정 그룹
SH	인도처	Z001	백화점 고객 계정 그룹
PY	지급처	Z001	백화점 고객 계정 그룹
BP	청구처	Z001	백화점 고객 계정 그룹

[그림 5-20] 파트너 결정 설정화면

4.4 신규 고객계정그룹 생성여부 확인

T-code XD01을 실행하고 고객 마스터데이터 생성화면에서 계정그룹의 리스트 박스를 열어서 신규로 생성한 백화점 고객계정그룹이 나타나는지를 확인한다. [그림 5-21]에 신규로 커스토마이징한 백화점 고객계정그룹이 나타나는 것을 확인할 수 있다. 신규 고객계정그룹에 대한 속성 정의도 이미 되어 있다.

고객 생성: 초기화면

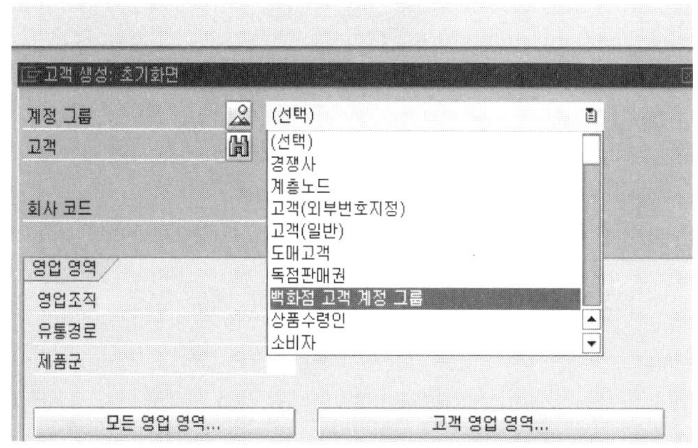

[그림 5-21] 신규 고객계정그룹 확인

5. 영업영역(Sales Area) 신규 생성

비즈니스 시나리오

이제 회사의 영업영역을 세팅해 보도록 하자. 회사가 백화점 입점을 통한 영업을 신규로 시작하기로 하고, ERP 팀에서 백화점에 대한 판매를 신규 유통경로로 신설하기로 결정하였다. 신규 유통경로 신설에 의한 기업구조(Enterprise Structure)를 세팅 하시오. 또한 기존 자재마스터가 신규 유통경로에 판매가 허용이 되도록 마스터를 조정하고, 가격마스터를 등록하고, 앞에서 생성한 신규 고객계정그룹으로 고객을 새로 등록한 후에, 등록한 고객을 이용하여 영업오더를 생성해서 확인하라.

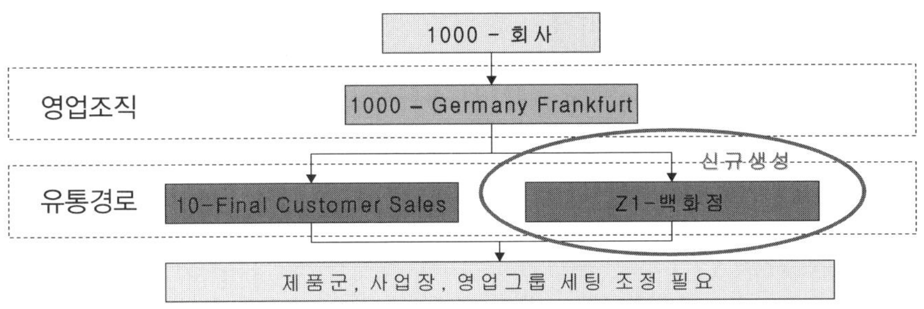

[그림 5-22] 신규 백화점 유통경로

5.1 유통경로 정의

T-code SPRO를 실행한 후 기업 구조 중 신규 백화점 유통경로를 정의하기 위해 [그림 5-23]의 ①과 같이 해당 메뉴를 실행하고, 새로운 엔트리를 등록하기 위해 신규엔트리 버튼을 클릭한다. ③과 같이 새로 생성할 유통경로코드와 유통경로의 이름을 입력한 후 Enter한다. 버튼을 눌러 새로운 유통경로코드를 저장한다.

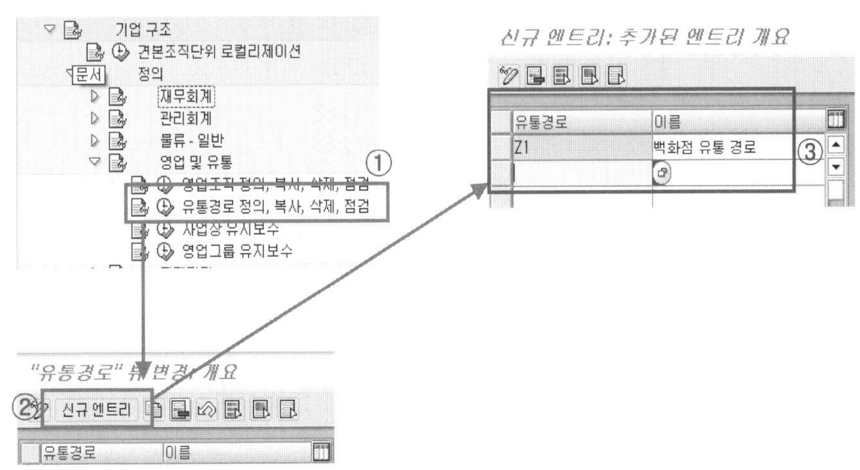

[그림 5-23] 유통경로 정의 과정

5.2 영업조직에 유통경로 연결

영업조직에 신규 생성한 백화점 유통경로를 연결하기 위해 [그림 5-24] ①의 해당 메뉴를 실행하고, ②와 같이 1000번 영업조직에 커서를 놓고 지정 버튼을 클릭한다. ③에서 추가할 유통경로를 선택한 후 ✔버튼을 클릭한 후, 정상적으로 추가된 것을 확인하고 버튼을 눌러 저장한다.

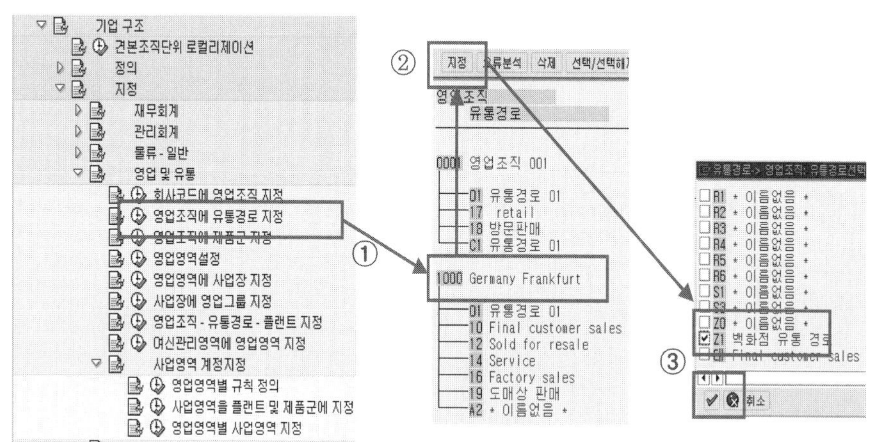

[그림 5-24] 영업조직에 유통경로를 지정하는 과정

5.3 영업영역 설정

1부의 이론 및 기능에서 학습했듯이 영업영역은 영업조직, 유통채널, 제품군으로 구성되어 영업문서를 생성하는 조직이다. [그림 5-25]에서 영업영역을 설정하는 ①의 해당 메뉴를 실행하고, ②의 1000 영업조직을 선택하고 지정 버튼을 클릭한다. 이 예제에서는 ③과 같이 백화점 유통경로인 Z1을 선택하여 영업조직과 연결시킨다. ⑤에서 1000번 영업조직에 연결할 유통경로를 선택한다. 1000 영업조직에 연결된 유통경로를 선택하고 지정 버튼을 클릭한다. 마지막으로 ⑥에서 1000-Z1에 연결될 제품군 00과 01을 선택한다. 정상적으로 연결된 것을 확인하고 버튼을 눌러 저장한다.

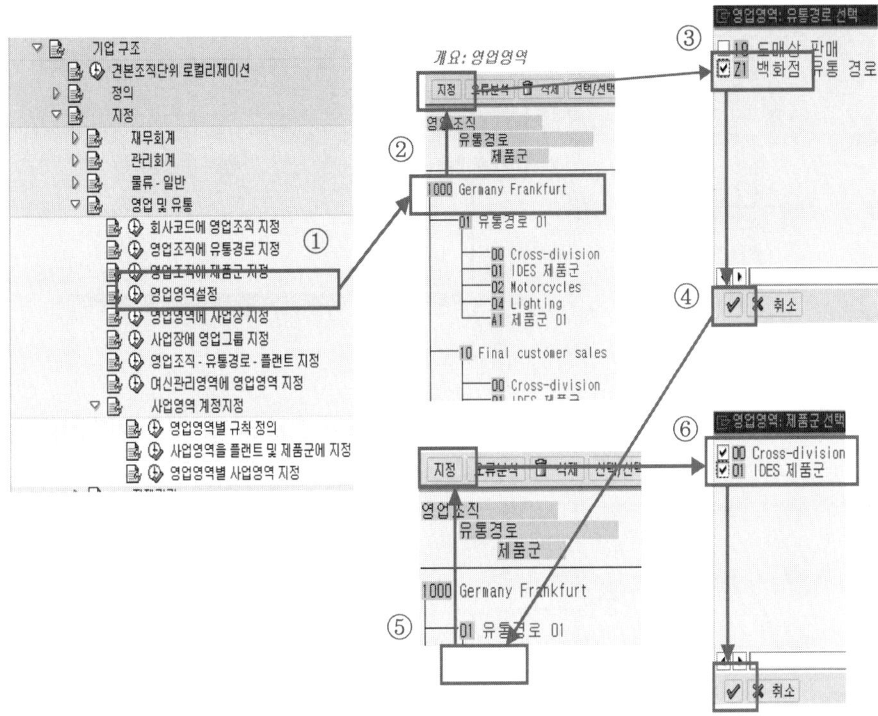

[그림 5-25] 영업영역 설정 과정

5.4 영업영역에 사업장 지정

[그림 5-26]의 ①에서 해당 메뉴를 실행한다. 영업영역에 사업장을 연결하기 위해 사업장을 추가할 영업영역에 커서를 놓고 지정 버튼을 클릭하고, ③에서 추가할 사업장을 선택하고 ✔ 버튼을 클릭한다. 본 예제에서는 서울영업부와 남부영업부를 사업장으로 추가시킨다. 정상적으로 추가된 것을 확인하고 💾 버튼을 눌러 저장한다.

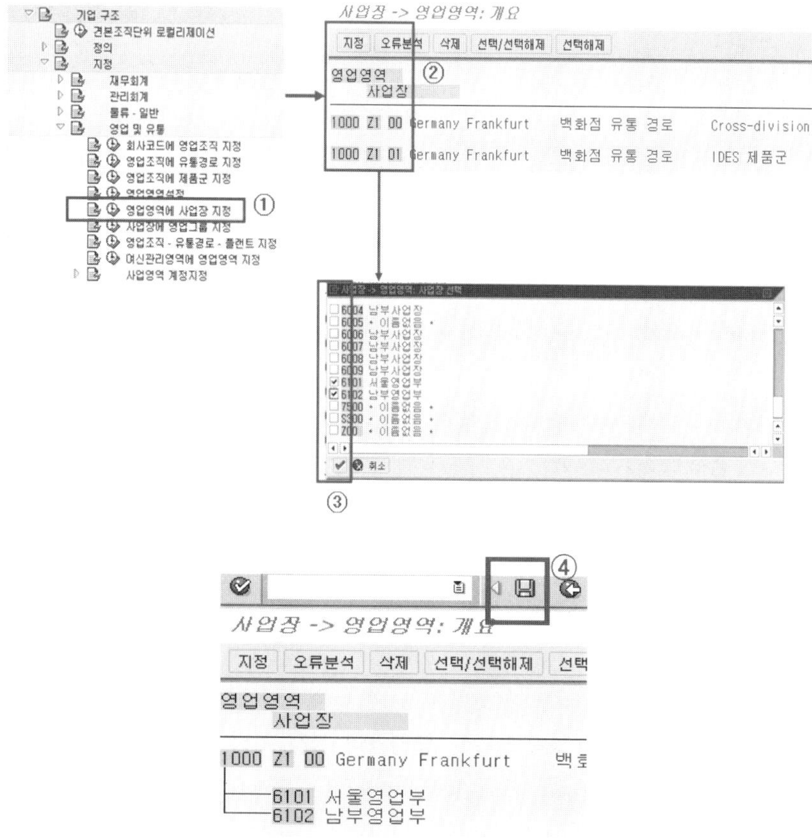

[그림 5-26] 영업영역에 사업장을 지정하는 과정

5.5 영업조직 및 유통경로에 플랜트 지정

영업조직과 유통경로를 통해 제품이 판매될 때, 실제 출하가 되어 제품이 나가는 납품플랜트를 지정해 놓아야 한다.

[그림 5-27]의 ①에서 해당 메뉴를 실행하고, 영업조직과 유통경로에 플랜트를 연결하기 위해 플랜트를 추가할 영업조직-유통경로에 커서를 놓고 ②의 지정 버튼을 클릭한다. ③에서 추가할 플랜트를 선택하고 ✔ 버튼을 클릭한다. 정상적으로 추가된 것을 확인하고 💾 버튼을 눌러 저장한다.

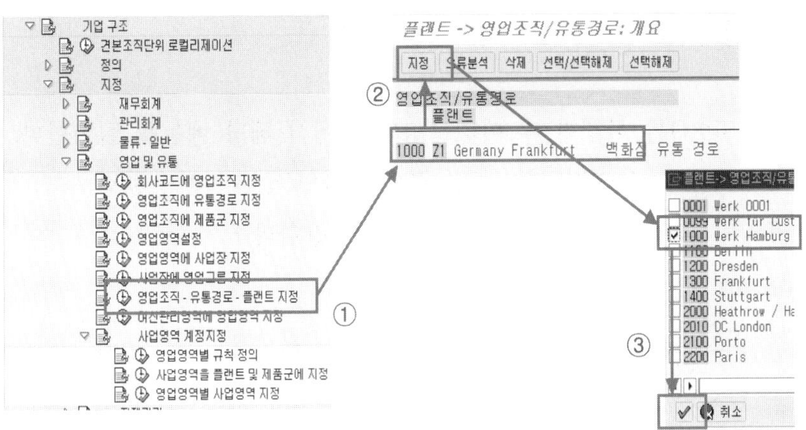

[그림 5-27] 영업조직과 유통경로에 플랜트 지정 과정

5.6 가격결정절차 지정

해당 영업영역에서 영업오더를 생성할 때 자동으로 가격을 결정하는 절차를 정의해야 한다.

[그림 5-28]의 ①에서 해당 메뉴를 실행한다. 그리고 ②의 가격결정절차결정 정의를 더블 클릭한다. **신규엔트리** 를 클릭하고 ④에서 1000-Z1-00-A-1-RVAA01-PR00와 1000-Z1-01-A-1-RVAA01-PR00를 입력한 후 버튼을 눌러 저장한다. 이것은 RVAA01이라는 표준가격결정절차를 두개의 영업영역에 그대로 적용시킨다는 의미이다.

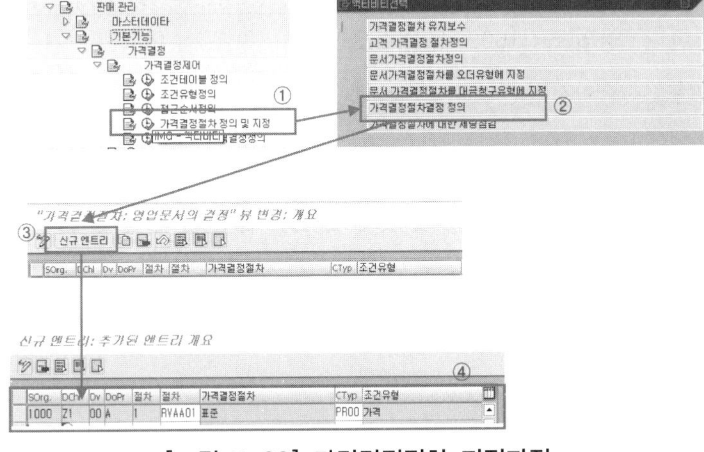

[그림 5-28] 가격결정절차 지정과정

5.7 사업영역(Business Area) 결정 지정

T-code SPRO를 실행한 후 아래그림의 ①에서 해당 메뉴를 실행한다. ②에서 영업조직1000-유통경로Z1-제품군00과 영업조직1000-유통경로Z1-제품군01에 규칙 1을 입력하고 버튼을 눌러 저장한다.

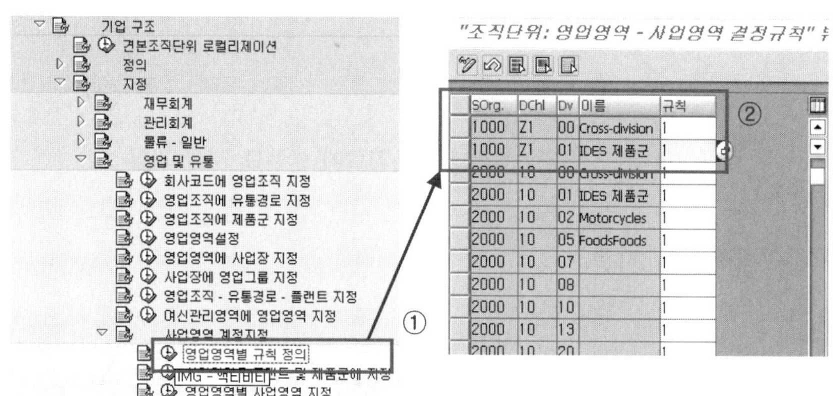

[그림 5-29] 사업영역 결정규칙을 정의하는 과정

5.8 신규 영업영역에 오더 유형 허용

새로 만든 영업영역에 오더유형을 지정하기 위해 [그림 5-30]의 ①처럼 "영업문서유형에 영업영역지정" 메뉴를 실행한다. 그리고 ②의 유통경로 조합을 더블 클릭한다. 영업조직1000-유통경로 Z1에 참조 유통경로인 10을 넣어 준다. 버튼을 눌러 저장한다. 이곳에서 지정하는 오더유형만 영업오더 생성이 가능하다.

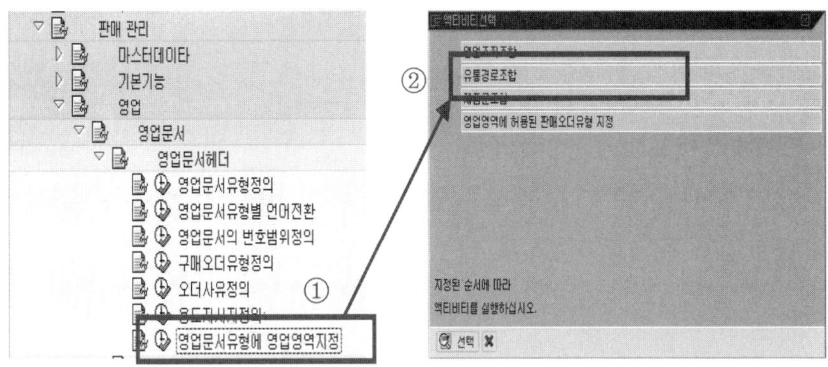

"영업조직별 유통경로 - 오더유형지정" 뷰 변경: 개요

SOrg.	DChl	이름	유통경로	이름
0001	01	유통경로 01		
0001	17	retail		
0001	18	방문판매		
0001	C1	유통경로 01		
1000	01	유통경로 01	10	Final customer sales
1000	10	Final customer sales	10	Final customer sales
1000	12	Sold for resale	10	Final customer sales
1000	14	Service	14	Service
1000	16	Factory sales	16	Factory sales
1000	19	도매상 판매	19	도매상 판매
1000	A2		10	Final customer sales
③ 1000	Z1	백화점 유통 경로	10	al customer sales

[그림 5-30] 신규 영업영역에 오더유형을 지정하는 과정

5.9 추가된 영업영역의 활용 - 고객 마스터데이터 생성

신규로 생성한 백화점 유통경로가 포함된 신규 영업영역에서 고객 마스터가 제대로 생성되고, 나아가 제반 영업문서가 성공적으로 생성되는지 검증을 해 보도록 하자.

T-code XD01을 실행한 후 [그림 5-31]의 ①에 신규 생성한 백화점 고객계정그룹을 선택하고 생성할 신규 고객 번호를 입력한다. 회사코드 1000, 그리고 영업조직 1000을 입력하고 유통경로는 앞에서 신규 생성한 Z1을 입력하고 제품군 00을 입력한다. ②에 신규 고객의 상호명을 입력하고, 고객이 위치한 국가코드를 입력한다. 본 예제에서는 신규 고객의 이름을 동양백화점으로 입력하였고, 국가코드는 독일(DE)로 입력하였다.

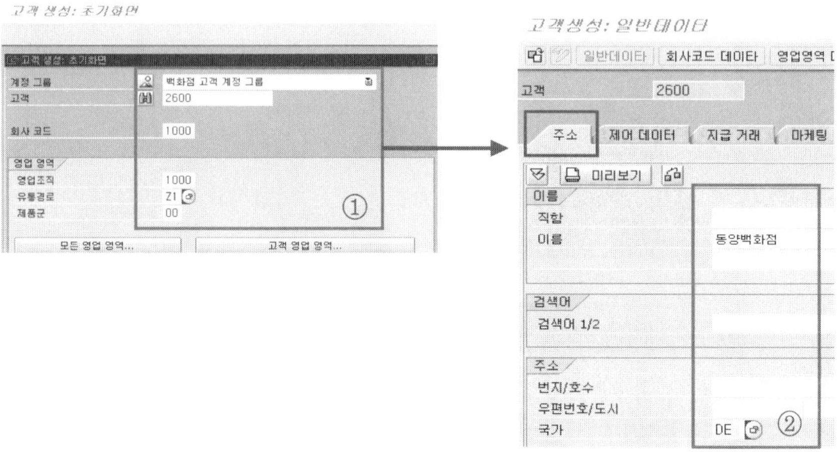

[그림 5-31] 신규 영업영역에서 사용할 고객 마스터데이터 생성

[그림 5-32]에서 보듯이 제어 데이터 탭에 있는 ①의 세금번호1에 사업자 대표의 주민번호를 입력하고, 세금번호2에 사업자번호를 입력한다. **회사코드데이터** 창의 계정관리 탭 안에 있는 ②의 조정계정에는 이 고객에 대한 외상매출금이 발생할 때 사용할 계정과목번호(AR계정)를 입력한다.

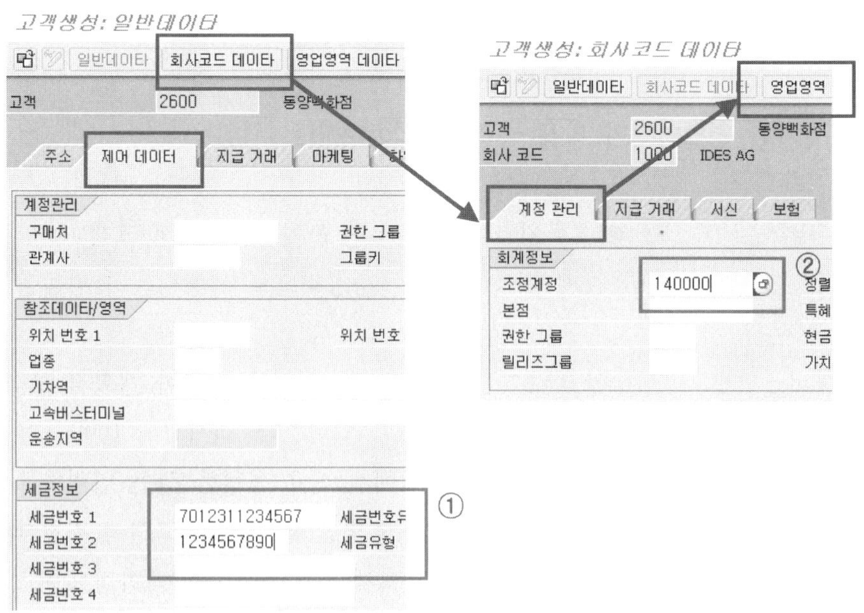

[그림 5-32] 제어 데이터 탭에 있는 세금번호와 계정관리 탭에 있는 조정계정 입력

[그림 5-33]과 같이 ①에서 사업장에 서울영업부, 영업그룹에 서울팀을 입력하고 통화에 EUR, 고객가격절차에 1을 입력한다. ②에서 출하조건에 02를 넣고 납품플랜트에 1000을 입력한다.

고객의 주문에 대한 출하처리 시 출하조건(Shipping Condition)을 영업문서에 지정하면, 납품문서 작성 시에 출하지점(Shipping Point)을 자동으로 결정할 수 있게 된다. 예를 들어, 수출주문의 경우에 항공 및 해상으로 출하조건을 구분할 수 있다.

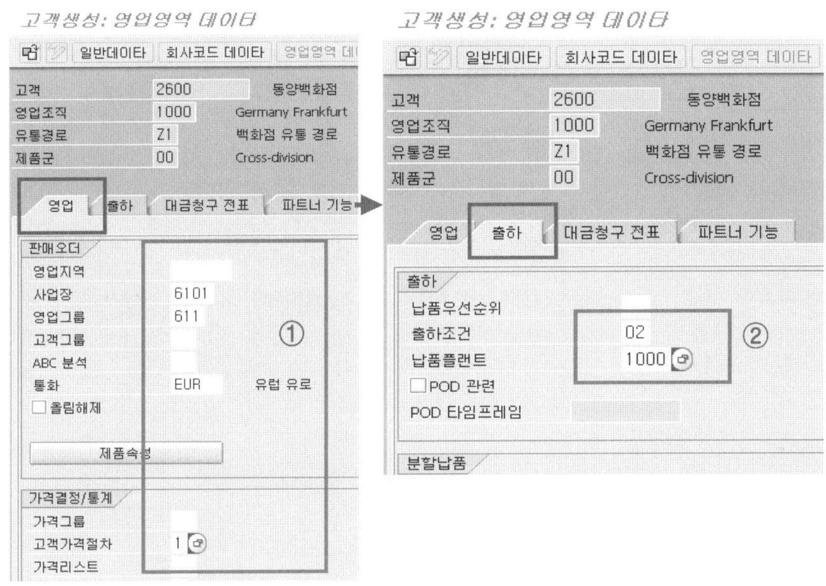

[그림 5-33] 영업영역 데이터의 영업 탭과 출하 탭

출하조건은 [그림 5-33]과 같이 고객 마스터에 등록하고 주문 생성 시에 기본적으로(Default) 제시되도록 할 수 있으며, 오더 유형 별로 지정할 수도 있다. 이때, 우선순위는 오더 유형에 지정된 출하조건이 기본으로 우선 제시되게 된다.

출하지점 자동결정 시에 필요한 요소는 출하조건(Shipping Condition), 적하그룹(Loading Group), 납품 플랜트(Delivery Plant)이며, 이러한 결정 요소들의 조합으로 기본적으로 출하지점을 우선 제공하고, 수작업으로 출하지점을 변경할 수 있게 되어 있다.

주문 입력 시의 가격 결정과 대금청구와 관련 있는 필드의 내용이 [그림 5-34]에 나타나 있다. 인도조건이나 지급조건 그리고 세금 내역 등에 따라 대금청구 금액이 달라질 것이며, 대금청구 후에 계정을 지정하는 기능도 필요하다. 인도조건에 CFR을 입력한다. 그리고 그 옆에 Berlin을 입력하고, 지급조건에 ZB01을 입력하고, 계정지정그룹에 01, 세금에 1을 입력한다.

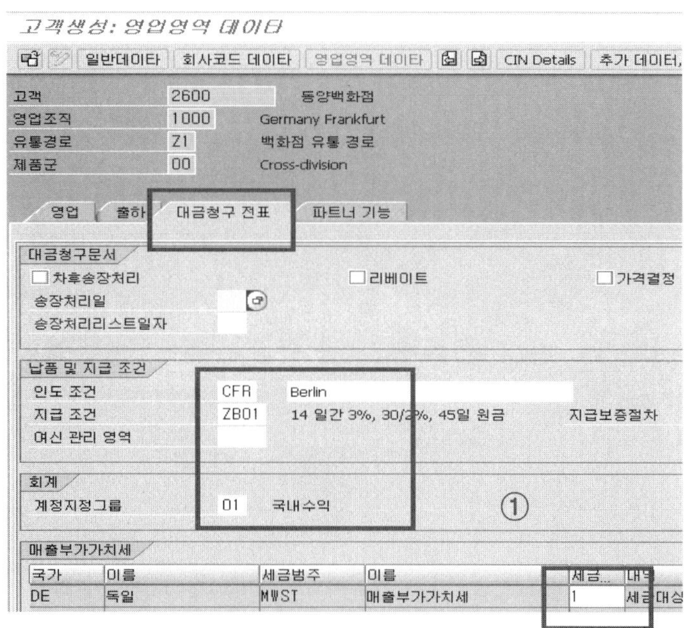

[그림 5-34] 영업영역 데이터의 대금청구 전표 탭

[그림 5-35]의 파트너 기능 탭에 있는 SP, BP, PY, SH에 모두 신규 생성하는 고객번호를 동일하게 넣어준다. 이것은 판매처, 청구처, 지급처, 그리고 인도처가 모두 동일하다는 의미이다. 그리고 💾 버튼을 눌러 신규 고객을 저장한다.

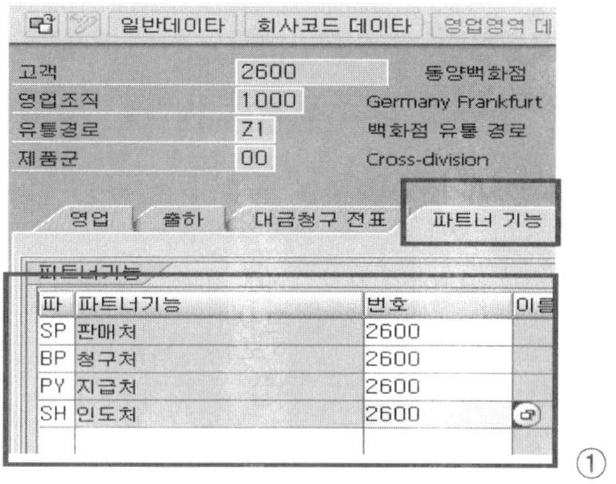

[그림 5-35] 영업 영역데이터의 파트너 기능 탭

5.10 추가된 영업영역의 활용 – 자재 마스터 생성

T-code MM01을 실행한 후 [그림 5-36]의 ①에 있는 <자재>에 새로운 유통경로에 등록하고자 하는 자재번호를 입력한다. 그리고 산업구분을 기계공학으로 선택하고, 자재유형을 교역품으로 선택하여 Enter한다. ②에서 영업에 관련된 뷰를 선택하고 ✔ 버튼을 누른다. ③의 영업조직에 1000을 넣고, 유통경로에 앞에서 새로 만든 백화점 유통경로인 Z1을 넣고 버튼을 누른다.

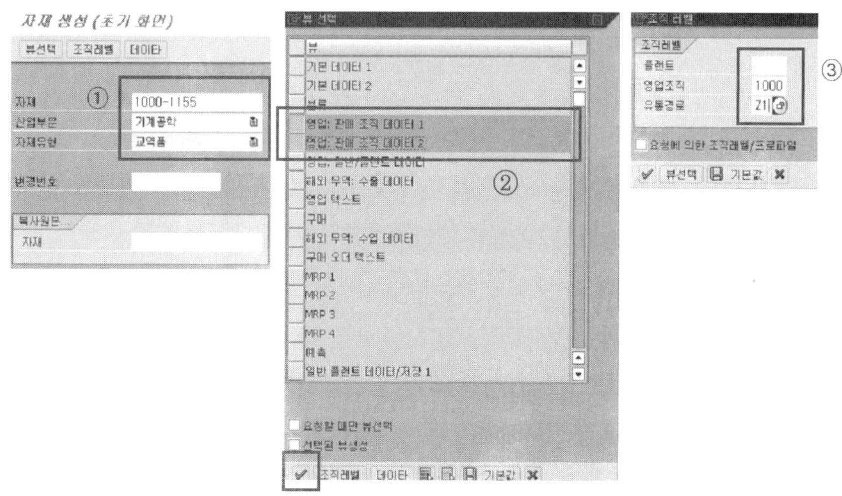

[그림 5-36] 자재 마스터데이터 생성 초기화면

[그림 5-37]의 <영업 : 판매조직1> 탭 안에는 여러가지 필드가 있지만, 꼭 필요한 세금코드에 1을 입력한다. 그리고 <영업 : 판매조직2> 탭을 누른다.

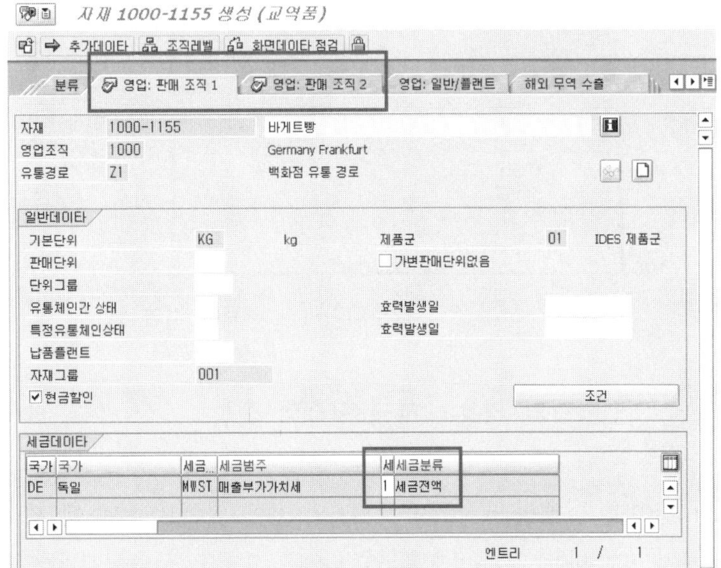

[그림 5-37] 영업 : 판매조직1 탭의 모습

[그림 5-38]의 <영업 : 판매조직2> 탭 안에는 여러 필드가 있지만 꼭 필요한 것들이 아니기 때문에, 일반품목범주그룹 필드만 확인한 후 버튼을 누른다.

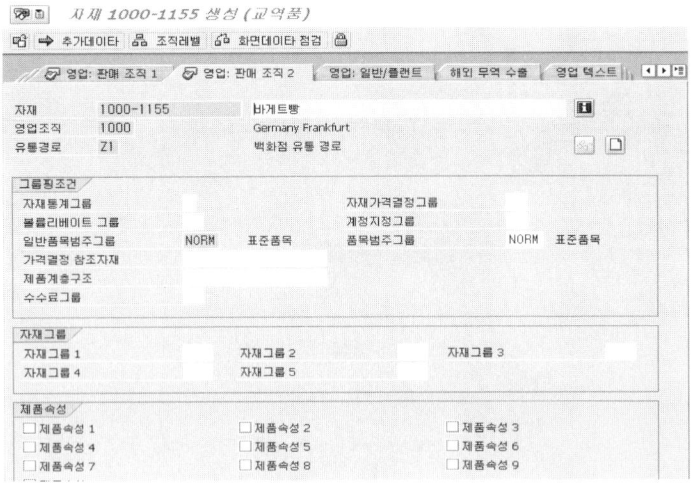

[그림 5-38] 영업 : 판매조직2 탭의 모습

5.11 추가된 영업영역의 활용 – 조건 마스터데이터 생성

T-code VK11을 실행 한 후 [그림 5-39]의 ①에서 조건유형에 PR00를 넣고 키조합 버튼을 클릭한다. ②에서 릴리즈 상태의 자재를 선택한 후 버튼을 누른다. 영업조직에 1000, 유통경로에 Z1을 입력한 후에, ③에서 자재번호에 1000-1155를 넣고 금액에 1100유로를 넣은 후 Enter를 친다. 데이터를 확인하고 버튼을 눌러 저장한다.

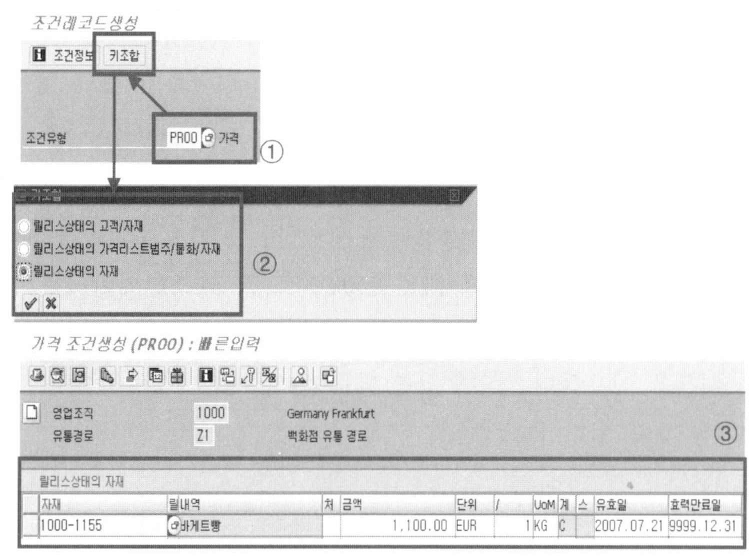

[그림 5-39] 자재에 대한 가격 조건 생성

5.12 추가된 영업영역의 활용 – 영업오더 생성

지금까지 신규로 영업영역을 생성한 이후에, 관련 커스토마이징과 마스터데이터들이 제대로 수행되었는지를 검증하기 위해, 신규 영업영역에서 영업오더를 생성하도록 한다. T-code VA01을 실행 한 후 영업조직에 1000을 넣고 유통경로에 Z1, 제품군에 00을 넣고 Enter를 친다.

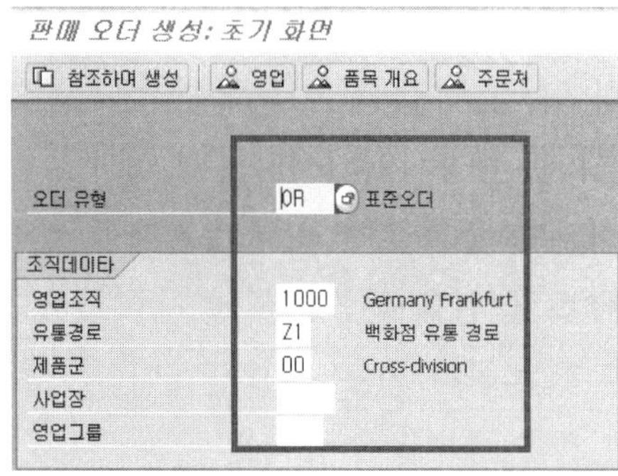

[그림 5-40] 영업오더 생성 초기 화면

[그림 5-41]의 영업오더 입력화면에서 판매처에 신규로 생성한 고객 마스터 데이터인 2600을 넣는다. 자재에 1000-1155를 넣고 수량에 1을 넣고 Enter를 친 후 저장한다. 이렇게 영업오더를 생성하는데 성공했다. 신규로 백화점 유통 경로를 생성함으로써 새로운 영업영역을 생성하는 커스토마이징을 하였다. 또한 신규로 백화점 고객계정그룹 내의 2600번 고객 마스터데이터를 만들었으며, 백화점 유통경로에서 유통될 수 있는 바게트 빵 자재 1000-1155를 신규로 생성하여 이들을 이용하여 영업오더를 만들었다는 것은 성공적으로 관련 세팅을 마쳤다는 것을 의미한다.

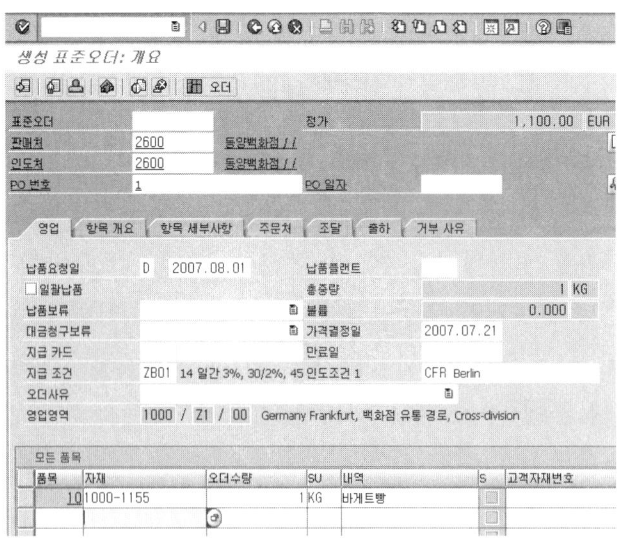

[그림 5-41] 영업오더 입력

지금까지 12개의 과정을 거쳐 하나의 유통경로를 신규로 생성하고 영업영역을 생성했을 경우에 해주어야 할 제반 세팅과 마스터데이터의 생성 과정들을 살펴보았다.

6. 가용성 점검 규칙 커스토마이징

비즈니스 시나리오

우리 회사의 가용성 점검 규칙을 수립하고자 한다. 현재 회사의 가용성 점검 규칙은 가용재고에 구매오더를 더한 수량에 판매오더와 납품요청 수량을 제외한 수량을 미래 가용재고로 계산하는 규칙이 적용되고 있다. 하지만, 앞으로는 가용재고에 구매오더를 더한 수량에 납품요청 수량만을 제외한 수량을 미래 가용재고로 계산하는 규칙을 사용하기로 결정하였다. 이는 판매주문의 변경이 빈번하여 납품요청이 생성된 수량만을 확정 납품 수량으로 인정해야 한다는 회사의 정책변화 때문이다. 현재 상태로 미래 가용재고 수량이 어떻게 계산되는지 수량을 확인하고, 가용성 점검 규칙을 변경하고, 규칙 변경 이후의 가용재고 수량을 확인하라.

오더유형 : OR
고객번호 : 2600
영업영역 : 1000-Z1-00
자재코드 : 1000-1155
수량 : 100,000

6.1 현재 상태에서의 가용성 점검 확인

현재 상태의 가용성 점검 규칙을 확인하기 위해, 영업오더를 만들어 ATP 수량을 확인해 보도록 하겠다. T-code VA01을 실행 한 후 오더유형에 OR을 넣는다. 영업조직에 1000을 넣고 유통경로에 Z1, 제품군에 00을 넣고 Enter를 한다.

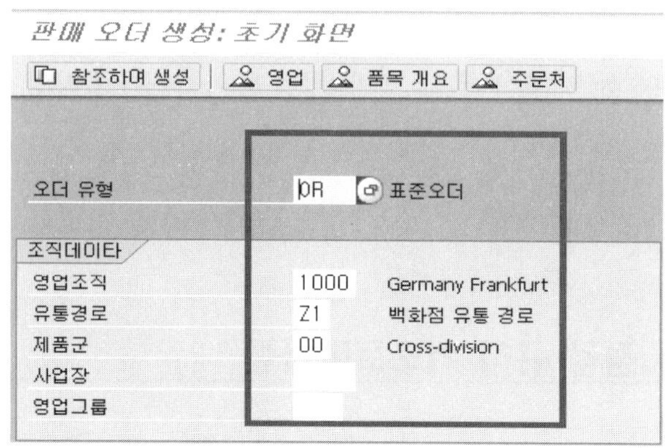

[그림 5-42] 가용성점검 확인을 위한 영업오더 생성

판매처에 2600을 넣고 자재코드에 1000-1155, 오더수량에 100,000을 넣고 Enter한다. 가용성 제어 화면의 ②에서 주문 가능한 수량(9,942)이 화면에 나타나게 된다. ③의 ATP수량 버튼을 눌러 ATP 상세화면에 들어간다.

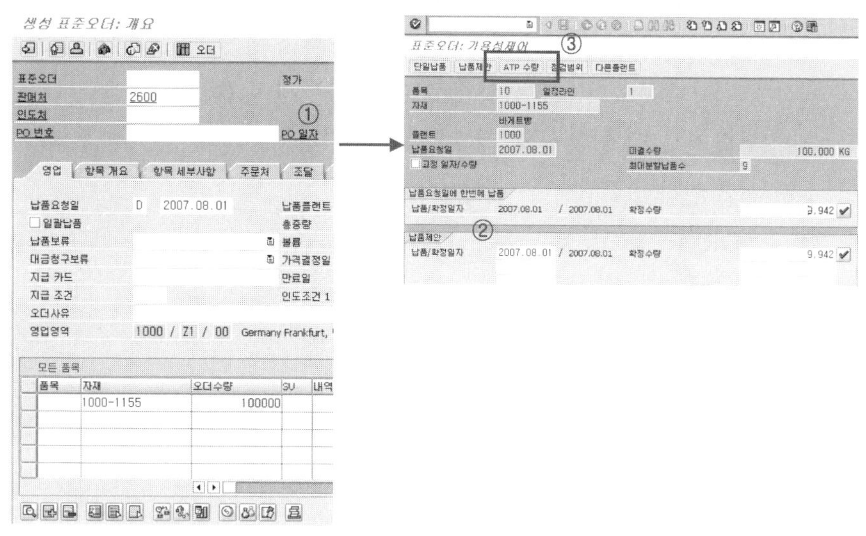

[그림 5-43] 주문 입력 후 주문 가능한 수량 확인

[그림 5-44]에서 가용성점검 필드에 01이 입력되어 있고 점검규칙이 A인 것을 확인할 수 있다. 또한 ATP상황을 보면 재고 수량에 영업오더의 주문 수량들이 소요량으로 감안이 되어, 가용재고가 9,942가 되는 것을 확인해 볼 수

있다.

- 현재 재고수량(9,992) − 확정 오더수량(50)=가용수량(9,942)

따라서 영업오더의 주문 수량을 모두 감안하는 현재의 가용성점검규칙 하에서는 시뮬레이션 소요량 칸에 있는 누적 ATP 수량인 9,942가 최대 가용수량이다.

버튼을 눌러 앞화면으로 다시 돌아간다.

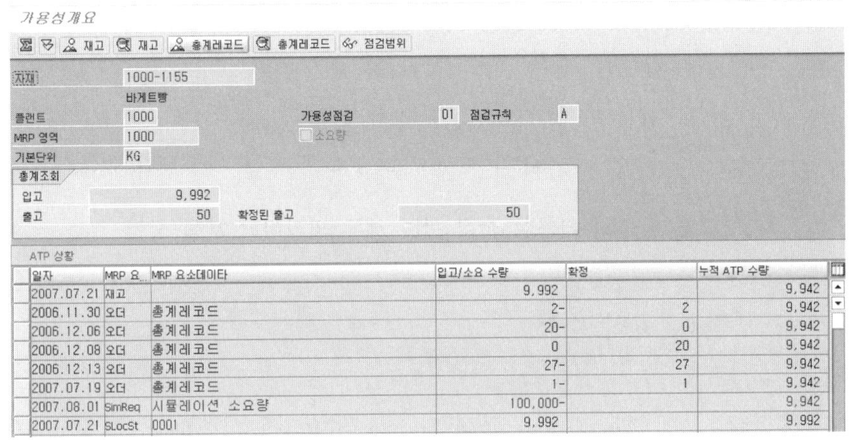

[그림 5-44] 가용성 점검 내역 확인

[그림 5-45]에서 보듯이 점검범위 버튼을 누르면 가용성 점검이 되는 세부 필드들의 내역을 볼 수 있다. 가용성 점검 관련 파라미터의 세팅사항을 살펴보면 (−)가 되는 측면에서 판매소요량포함과 납품포함이 체크가 되어 있다. 그래서, 가용 수량 계산시에 영업오더의 주문 수량도 감안되어 계산되어진다. 이 예에서는 판매소요량 파라미터의 체크를 제거한다.

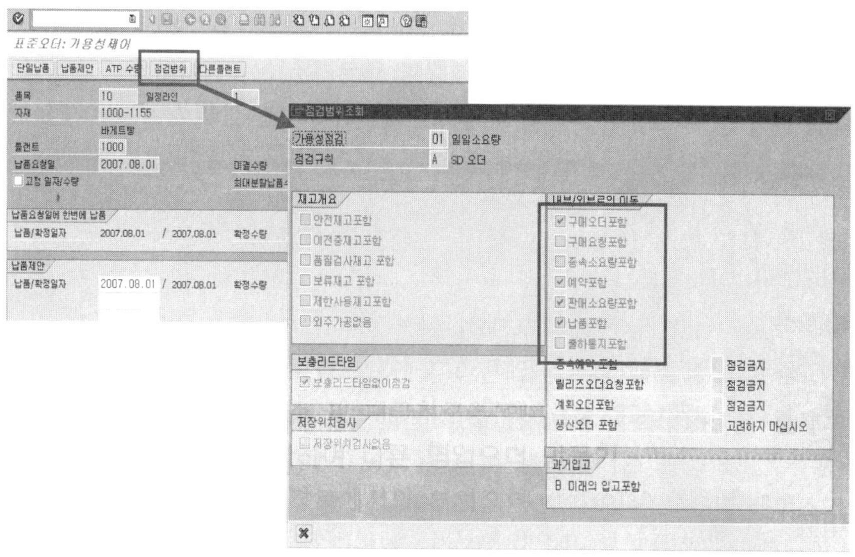

[그림 5-45] 가용성 점검 관련 세부 파라미터 세팅 확인

6.2 가용성 점검 규칙 수정

가용성 점검 규칙을 수정하기 위해 T-code SPRO를 실행하고 [그림 5-46]에 있는 ①의 해당 메뉴를 실행 시킨 후에, 영업오더의 가용성 점검 내역에서 확인한([그림 5-44]) ②의 01(일일소요량)-A(SD 오더) 라인을 더블 클릭한다.

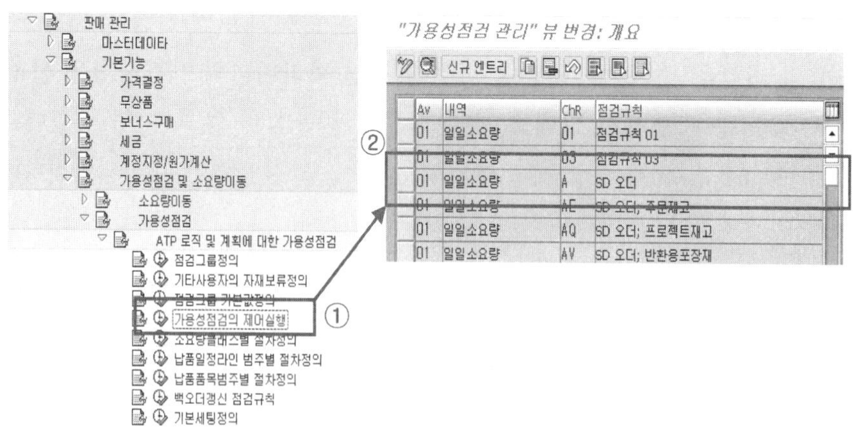

[그림 5-46] 가용성 점검의 제어실행 화면

[그림 5-47]의 화면에서 판매소요량포함의 가용성 점검 파라미터를 해제하면 앞으로 영업오더에 대한 주문 수량은 가용재고를 계산할 때 제외된다. 영업오더의 주문 수량 이외에도 고객의 납품요청일 이전에 입고되기로 되어 있는 구매오더나 구매요청 수량을 가용재고에 포함시킬 것인지, 말 것인지를 파라미터 조정으로 용이하게 결정할 수 있다. 또한 [그림 5-47] 화면의 왼쪽에는 안전재고나 품질검사중인 재고도 가용한 재고로 보고 계산할 것인지를 결정하는 파라미터들이 있으며, 현재에는 안전재고나 품질검사 중인 재고는 가용한 재고로 고려하지 않도록 세팅되어 있음을 볼 수 있다. 자세한 가용재고 증감요인은 1부 7장의 [그림 7-34]를 참조하기 바란다. 그리고 버튼을 눌러 저장한다.

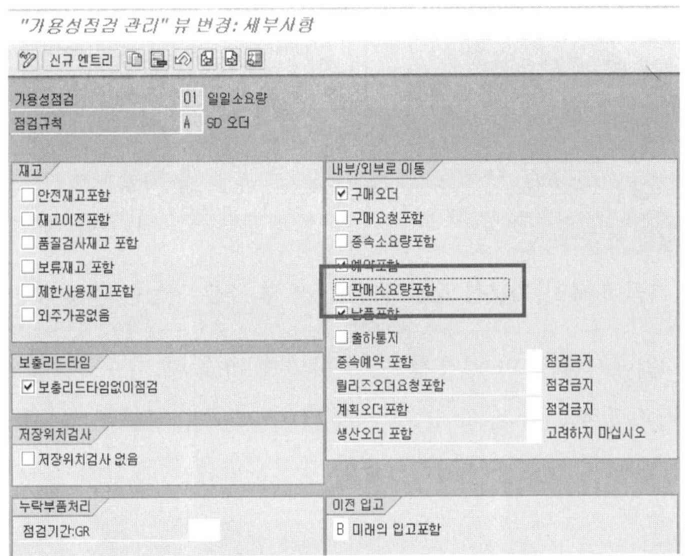

[그림 5-47] 가용성 점검 관련 세부 파라미터 변경

6.3 변경 상태에서의 가용성 점검 확인

영업오더에서 가용성 점검 방법이 변경되었는 지를 확인하기 위하여 T-code VA01을 실행 한 후 오더유형에 OR을 넣고 영업조직에 1000, 유통경로에 Z1, 제품군에 00을 넣고 Enter한다.

[그림 5-48]의 화면에서 판매처에 2600, 자재코드에 1000-1155, 오더 수량을 100,000을 입력한 후 Enter한다. 가용성 점검 화면을 보면 ②에서 주문 가능한 수량(9,992)이 화면에 나타나게 된다. 영업오더의 주문 수량이 가용재고 수량을 감소시키는 이전 세팅에서의 가용재고인 9,942보다 수량이 증가함을 알 수 있다. ③의 ATP수량 버튼을 눌러 ATP 상세 화면에 들어간다.

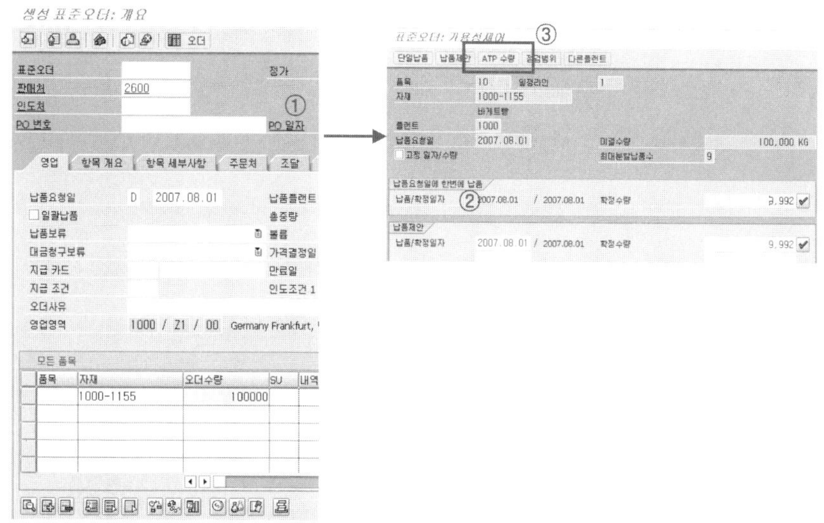

[그림 5-48] 가용성 점검 방법 변경 후 주문 가능한 수량 확인

[그림 5-49]에서 이전의 가용성 상세 화면과 비교 해 보면, 영업오더에 대한 내용이 사라지면서 가용재고 수량이 더 많이 계산이 되는 것을 확인할 수 있다. 즉, 영업오더의 주문 수량이 가용한 재고수량을 소진시키지 않아 9,942가 9,992로 가용재고 수량이 증대되었다.

가용성개요

재고 재고 총계레코드 총계레코드 점검범위

자재 1000-1155
바게트빵
플랜트 1000 가용성점검 01 점검규칙 A
MRP 영역 1000 소요량
기본단위 KG

총계조회
입고 9,992
출고 0 확정된 출고 0

ATP 상황

일자	MRP 요..	MRP 요소데이타	입고/소요 수량	확정	누적 ATP 수량
2007.07.21	재고		9,992		9,992
2007.08.01	SimReq	시뮬레이션 소요량	100,000-		9,992
2007.07.21	SLocSt	0001	9,992		9,992

[그림 5-49] 가용성 점검 방법 변경 후 가용성 점검 내역 확인

앞에서 설명한 1부 7장의 [그림 7-34]에 있는 가용성 증감요인과 [그림 5-47]의 가용성 점검 세부 파라미터 세팅 내용을 잘 이해하면 기업의 상황에 맞는 가용성 점검 규칙을 비교적 용이하게 ERP에 적용시킬 수 있다.

가용성 점검은 영업영역이나 오더유형 별로, 또는 제품의 성격에 따라 다양한 점검방식을 세팅해서 사용할 수도 있다.

결국 가용성 점검은 고객이 요청한 납품 일자에 주문수량의 납품이 가능한지를 신속하게 파악하여, 가용한 재고가 있는 경우에는 영업오더에 할당하여 확정시키고, 가용하지 않으면 가용한 최단시간을 고객에게 알림으로써 영업을 활성화시키고, 궁극적으로 고객의 만족을 도모하는 것이 목적이다.

7. 납품문서 생성 및 출고전기

비즈니스 시나리오

지금까지 백화점에 납품하기 위한 세팅과 고객마스터데이터, 자재마스터데이터, 조건마스터데이터를 모두 등록했다. 그리고, 주문 입력 시 가용성점검을 위한 세팅도 마무리되었다. 다음으로는 주문을 등록하고 납품문서를 생성하여 출고전기를 해보자.

오더유형 : OR

영영영역 : 1000-Z1-00

고객번호 : 2600

납품요청일 : Today + 10일

자재코드 : 1000-1155

수량 : 10

앞에서 여러번 영업오더를 만들어 보았기 때문에 이제 쉽게 영업오더를 만들 수 있을 것이다. T-code VA01을 실행 한 후 오더유형에 OR을 넣고 영업조직에 1000, 유통경로에 Z1, 제품군에 00을 넣고 Enter를 친다.

[그림 5-50]에서 고객코드 2600과 납품요청일, 자재코드 1000-1155, 수량 10을 넣고 Enter를 친다. 그리고 ②의 자재입력 라인을 더블 클릭하고, 여러 탭 중에서 ③의 출하 탭을 클릭한다. ④에서 출하지점이 1000으로 되어 있는 것을 확인하고 버튼을 눌러 저장한다. 출하지점을 확인해야 아웃바운드 납품을 생성시켜야 할 지점을 정확히 알 수 있다.

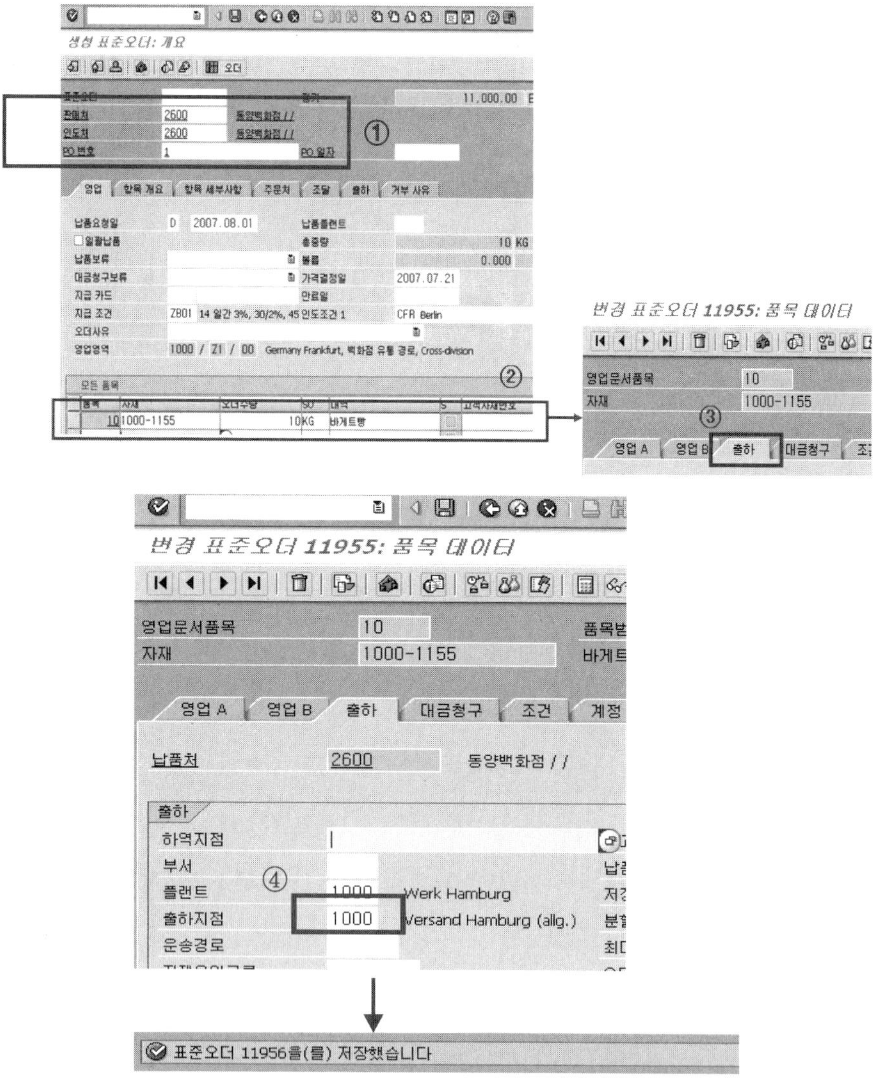

[그림 5-50] 영업오더 입력 및 출하지점 확인

T-code VL01N을 실행 한 후, [그림 5-51]의 ①에 있는 출하지점에 영업오더에서 확인했던 1000을 넣고 선택일에는 고객의 납품요청일을 입력한 후, 오더를 저장한 영업오더번호를 입력한다. Enter를 누르고, ②의 피킹 탭을 누른다.

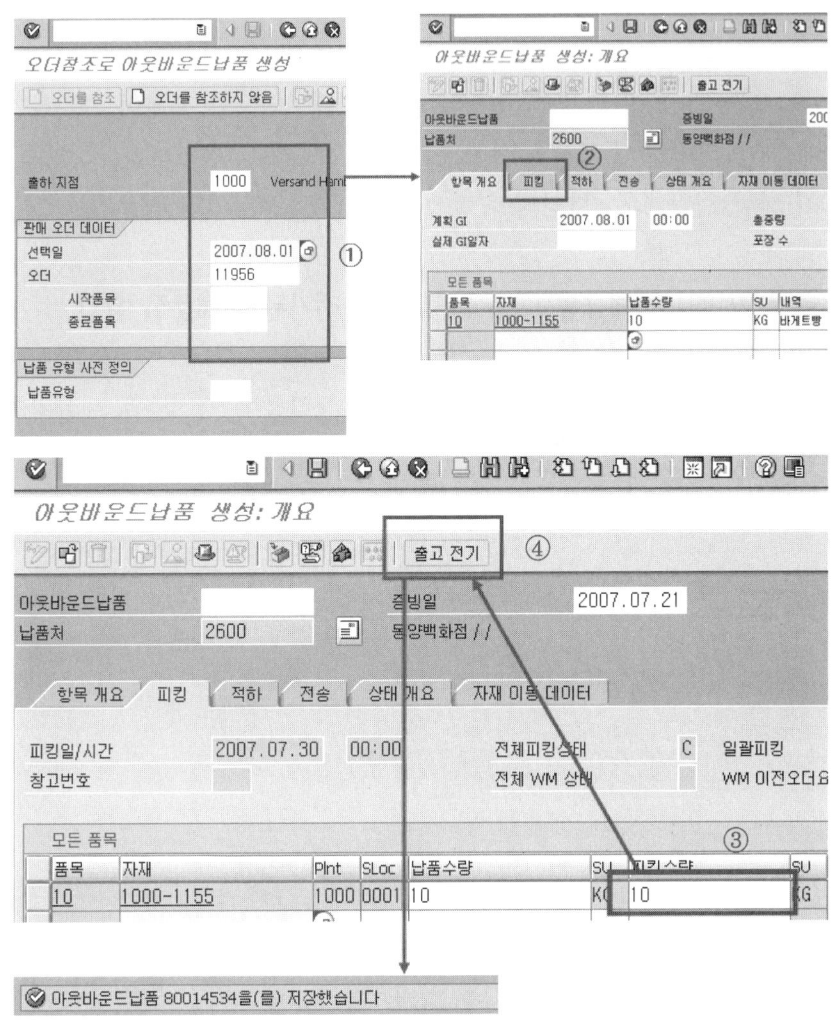

[그림 5-51] 납품문서 생성 및 출고전기 과정

피킹 탭에서 ③의 피킹 수량을 납품 수량 만큼 입력하고, 출고전기 버튼을 눌러 납품 문서의 저장과 동시에 출고전기를 수행한다. 문서흐름(Document Flow)을 통해 해당 영업오더의 상태를 확인할 수 있다.

8. 매출액 계정과목 자동 연결 커스토마이징

비즈니스 시나리오

매출이 발생하면 현재까지는 매출액이 계정과목 번호 800000(매출액-국내)로 자동 생성 되고 있다. 우리 회사는 계정과목을 더욱 세분하여 관리하기 위해 이제부터는 매출 계정과목번호를 변경시키기로 결정하였다. 앞으로는 800001(서비스 판매)로 변경되어 발생하도록 커스토마이징 해보자.

8.1 현재 상태에서 대금청구 후 FI 모듈로 전기된 회계문서 확인

고객에게 대금청구를 하기 위하여 T-code VF01을 실행 한 후, 대금청구 시 참조할 납품문서를 입력하고, 대금청구 문서의 내용을 확인한 후에 💾 버튼을 눌러 저장한다. 생성된 대금청구 문서번호를 기억한다.

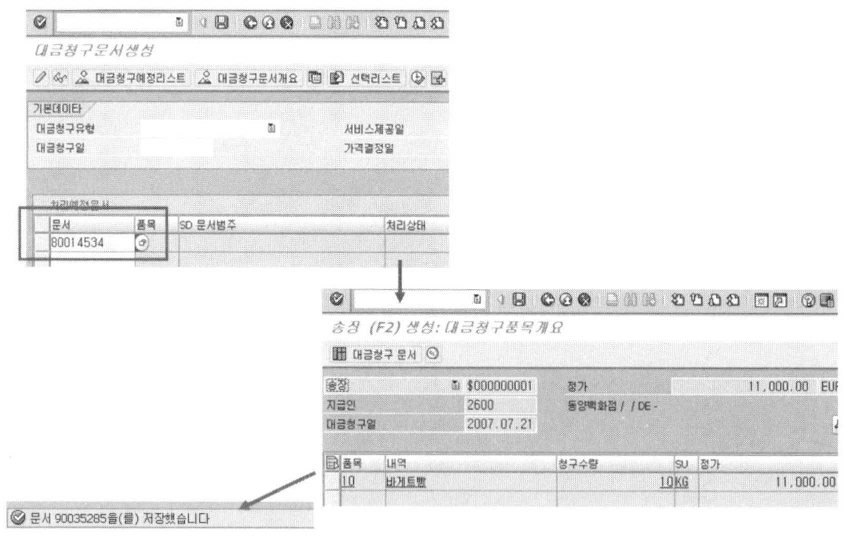

[그림 5-52] 대금청구 생성 과정

[그림 5-53]에 나타난 바와 같이 T-code VF03을 실행 한 후, 앞에서 생성한

대금청구 문서를 조회한다. 생성된 대금청구 문서번호를 입력한 후에 버튼을 눌러 문서흐름을 조회한다. ②에 있는 맨 아래 회계문서에 커서를 선택하고 **문서조회** 버튼을 눌러 회계전표를 조회한다. 매출액 계정이 800000번 (매출액-국내)로 전기 처리된 것을 확인해 볼 수 있다.

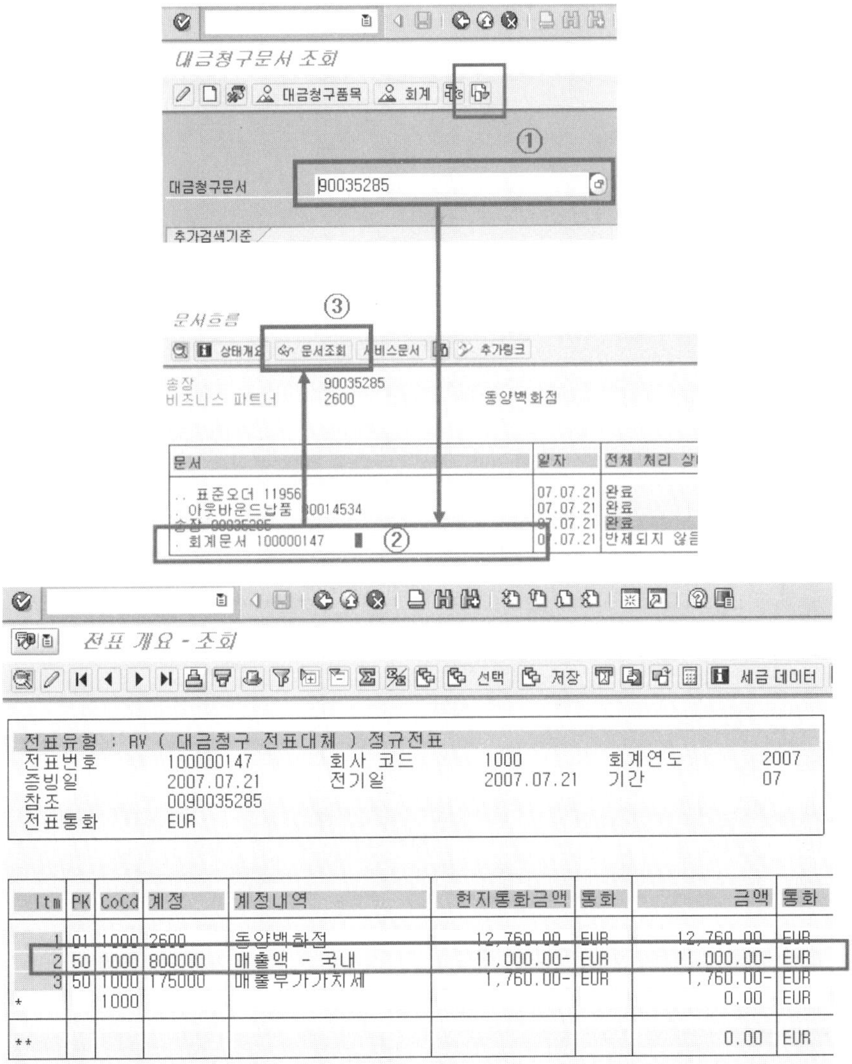

대금청구문서 조회

대금청구품목 회계

①

대금청구문서 90035285

추가검색기준

문서흐름

③

상태개요 문서조회 서비스문서 추가링크

송장 90035285
비즈니스 파트너 2600 동양백화점

문서	일자	전체 처리 상태
.. 표준오더 11956	07.07.21	완료
. 아웃바운드납품 80014534	07.07.21	완료
송장 90035285	07.07.21	완료
. 회계문서 100000147 ②	07.07.21	반제되지 않음

전표 개요 - 조회

선택 저장 세금 데이터

전표유형 : RV (대금청구 전표대체) 정규전표					
전표번호	100000147	회사 코드	1000	회계연도	2007
증빙일	2007.07.21	전기일	2007.07.21	기간	07
참조	0090035285				
전표통화	EUR				

Itm	PK	CoCd	계정	계정내역	현지통화금액	통화	금액	통화
1	01	1000	2600	동양백화점	12,760.00	EUR	12,760.00	EUR
2	50	1000	800000	매출액 - 국내	11,000.00-	EUR	11,000.00-	EUR
3	50	1000	175000	매출부가가치세	1,760.00-	EUR	1,760.00-	EUR
*		1000					0.00	EUR
**							0.00	EUR

[그림 5-53] 대금청구문서 및 회계 계정과목 조회

8.2 매출액 계정 연결 세팅의 변경

T-code SPRO을 실행한 후 [그림 5-54]의 ①에서 G/L 계정 지정 메뉴를 실행하고, ②에서 고객그룹/계정키 라인을 더블 클릭한다.

③에 보면 V-KOFI-INT-1000-01-ERL에 계정번호가 800000으로 연결되어 있다. 그래서, 현재 이 고객계정그룹에 속한 고객에게 매출이 일어나면 800000으로 연결된다. 연결되어 있는 내용에 대한 각각의 의미를 살펴보면,

V : 영업

KOFI : FI POSTING

INT : 회사에서 제공하는 과목표

1000 : 영업조직

01 : 고객 마스터의 고객계정그룹

ERL : 수익이라는 뜻이다.

④에서 G/L 계정번호를 변경하고자 하는 계정과목번호인 800001로 바꿔준 후에 버튼을 눌러 저장한다.

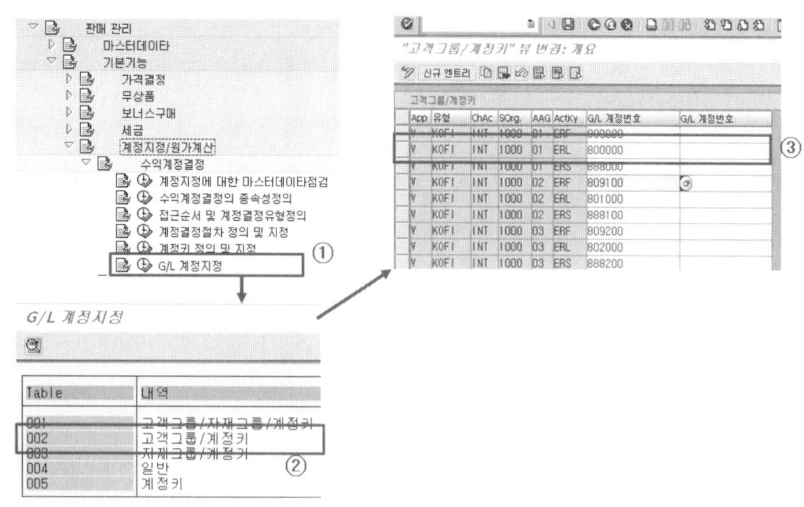

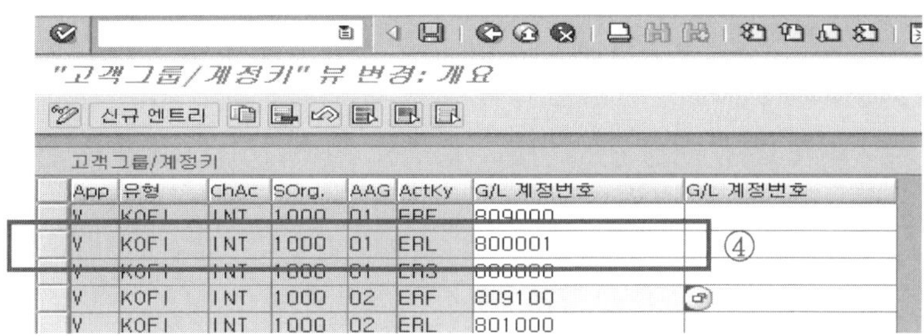

[그림 5-54] 매출액 계정 과목 번호 변경 과정

8.3 매출액 계정 과목 변경 후 결과 확인

주문을 다시 입력하여 납품처리, 출고전기 그리고 대금청구 처리를 하여 FI 모듈로 전기된 회계문서에서 매출액 계정과목이 변경되었는 지를 확인한다.

T-code VA01을 실행 한 후 오더유형에 OR을 넣고 영업조직에 1000, 유통경로에 Z1, 제품군에 00을 넣고 Enter를 친다.

[그림 5-55]와 같이 고객번호 2600, 납품요청일, 자재코드 1000-1155의 수량 10을 넣고 Enter한다.

③의 출하 탭에서 출하지점이 1000으로 되어 있는 것을 확인하고 [저장 아이콘] 버튼을 눌러 저장한다.

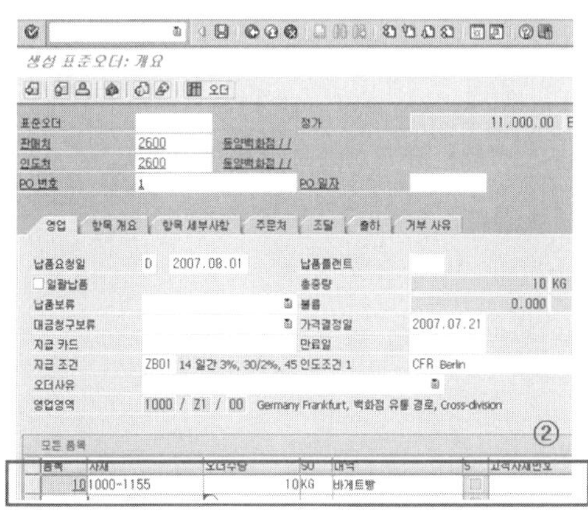

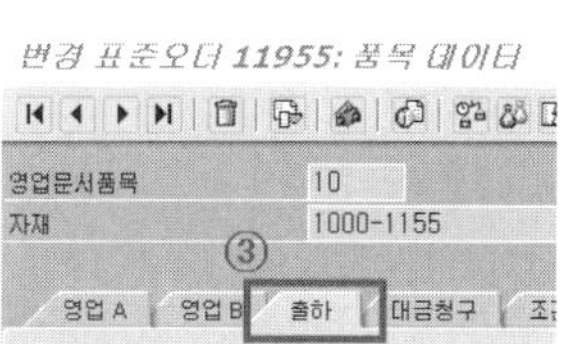

[그림 5-55] 영업오더 생성화면

출하처리를 위하여 T-code VL01N을 실행 한 후, [그림 5-56]의 ①에서 출하지점에 영업오더에서 확인했던 1000을 넣고 선택일에는 고객의 납품요청일을 넣은 후에, 오더에 저장된 영업오더번호를 입력하고 Enter를 누른다. ②의 피킹 탭을 누른다. 피킹 탭에서 피킹수량을 납품수량 만큼 입력하고 **출고전기** 버튼을 눌러 납품문서의 저장과 동시에 출고전기를 수행한다.

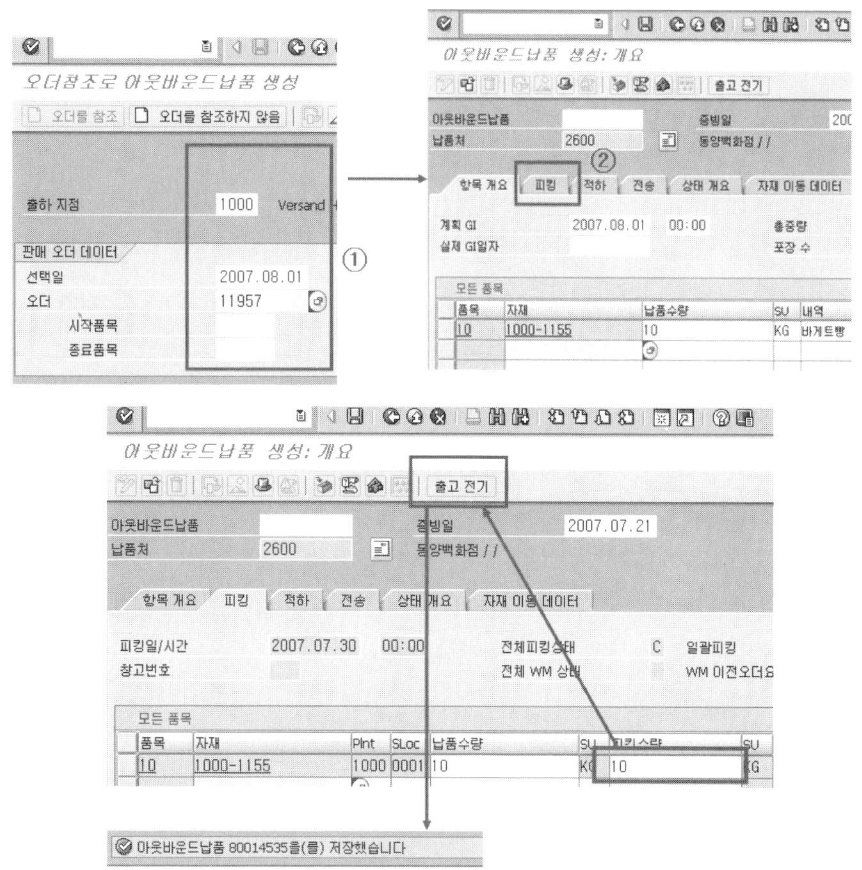

[그림 5-56] 납품문서 생성 및 출고전기 과정

대금청구 문서를 생성하기 위하여 T-code VF01을 실행 한 후, 대금청구 문서를 생성할 납품문서를 입력하고, 대금청구 문서의 내용을 확인 후에 버튼을 눌러 저장한다. 이 내용은 앞에서 살펴 본 [그림 5-52]의 대금청구 생성과정과 같으며, 생성된 내용을 조회하려면 [그림 5-53]에 있는 과정과 마찬가지로

조회하면 된다. T-code VF03을 실행 한 후 생성된 대금청구 문서번호를 입력한 후에 버튼을 눌러 문서흐름을 조회한다. 맨 아래 회계문서에 커서를 선택하고, **문서조회** 버튼을 눌러 회계 전표를 조회 한다. [그림 5-57]의 회계 전표에 매출액 계정이 800001 서비스판매로 처리된 것을 확인해 볼 수 있다.

전표 개요 - 조회

선택 저장 세금 데이터

전표유형 : RV (대금청구 전표대체) 정규전표

전표번호	100000150	회사 코드	1000	회계연도	2007
증빙일	2007.07.21	전기일	2007.07.21	기간	07
참조	0090035288				
전표통화	EUR				

Itm	PK	CoCd	계정	계정내역	현지통화금액	통화	금액	통화
1	01	1000	2600	동양백화점	12,760.00	EUR	12,760.00	EUR
2	50	1000	800001	서비스판매	11,000.00-	EUR	11,000.00-	EUR
3	50	1000	175000	매출부가가치세	1,760.00-	EUR	1,760.00-	EUR
*		1000					0.00	EUR
**							0.00	EUR

[그림 5-57] 회계문서 조회 및 매출액 계정과목 변경 내역 확인

고객에게 대금청구를 하면 매출과 매출채권이 발생한다. 이때 작성된 송장을 바탕으로 매출 및 매출채권을 인식하는 회계 전표(Accounting Document)가 자동적으로 생성되는데, [그림 5-57]에서 커스토마이징을 통해 변경한 회계 계정과목으로 자동 연결되어 처리되어 있다는 것을 확인할 수 있었다.

지금까지 살펴본 바와 같이 영업/유통 모듈과 재무회계 모듈이 통합되어, 영업/유통 모듈에서 발생하는 거래가 실시간으로 재무회계 모듈에 반영됨으로써 관련된 회계 전표들이 자동으로 생성되는 것은 SAP ERP의 통합성을 잘 보여주는 측면이라고 볼 수 있다.

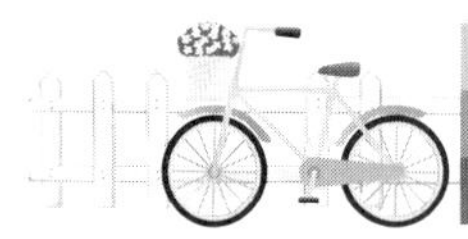

연습문제

01 여러분의 회사의 영업조직을 SAP ERP에 세팅한다. 만약, 여러분의 회사가 서울, 경기, 강원지방을 담당하는 서울영업부와 충청, 호남, 영남을 담당하는 남부영업부로 구분되고, 서울영업부는 서울팀, 경기팀, 강원팀으로 구분하고 남부영업부는 충청팀, 호남팀, 영남팀으로 구분되어 있다고 할 때, SAP ERP에 여러분의 조직을 세팅하시오. 그리고 영업부들을 사업장으로, 팀들을 영업그룹으로 지정하는 것이 올바르다고 판단되었다. 고객마스터 1000의 사업부와 영업그룹의 코드를 각기 서울영업부와 서울팀으로 변경시킨 후 영업오더를 입력하시오.

02 여러분 회사의 고객계정그룹을 세팅한다. 여러분의 회사가 할인점 입점을 통한 영업을 신규로 시작하기로 하고, ERP 팀에서 할인점에 대한 고객계정그룹을 별도로 신규 생성하기로 하였다. 신규 고객계정그룹에서는 판매처, 인도처, 입금처, 청구처가 동일하도록 생성할 것이며, 고객 상호, 세금번호1, 세금 번호2는 필수 입력사항으로 하고, 나머지는 모두 입력해도 되고 안해도 되는 옵션으로 규칙을 정했다. 신규 고객계정그룹을 생성하고, 고객 생성화면에서 신규 고객계정그룹인 할인점 고객계정그룹이 나타나는지 확인하시오.

03 여러분의 회사의 가용성 점검 규칙을 수립하고자 한다. 현재 여러분의 회사의 가용성 점검 규칙은 가용재고에 구매오더를 더한 수량에 판매오더와 납품수량을 제외한 수량을 미래 가용재고로 계산하는 규칙이 적용되고 있다. 하지만, 앞으로는 가용재고에 구매오더를 더한 수량에 납품수량만을 제외한 수량을 미래 가용재고로 계산하는 규칙을 사용하기로 결정하였다. 이는 판매주문의 변경이 빈번하여 납품요청이 생성된 수량만을 확정 납품수량으로 인정해야 한다는 회사의 정책 변화 때문이다. 또한 품질검사 중인 재고도 가용 수량으로 간주하기로 결정하였다. 현재 상태로 미래 가용재고 수량이 어떻게 계산되는지 수량을 확인하시오. 가용성 점검 규칙을 변경하고, 규칙 변경 이후의 가용재고 수량을 확인하시오.

04 Sales Document Type(ex : Order Type)을 커스토마이징(Customizing)하는 화면을 보이고(Order Type : SO), 이 유형이 하는 역할을 5개 이상 기술하시오.

05 Item Category를 커스토마이징(Customizing)하는 화면을 보이고 (Item Category : TANN), 이 유형이 하는 역할을 5개 이상 기술하시오.

06 표준오더 유형으로 매출이 발생하면 현재까지는 매출액이 계정과목번호 800000(매출액-국내)로 자동 생성 되고 있다. 여러분의 회사는 지금부터 표준오더 유형에서는 수출만을 관리하기 결정하였다. 이에 맞추어 매출 계정과목 번호를 변경하여 800002(매출액-수출)로 회계 계정이 변경되어 발생하도록 커스토마이징한 후 영업오더의 회계 계정을 확인하시오.

참고문헌

1. 국내문헌

그란트 노리스 외 3인 공저 / 이재욱, 이해승, 안동민 옮김, 『e-비즈니스와 ERP - 엔터프라이즈 혁명』, 물푸레, 2000.

김영렬, 한대문, 『ERP 전략 & 회계정보시스템』, 한올출판사, 2008.

김은, 박진우, 박준호, 유세열, 『Enterprise Solutions』, 어람출판사, 2005.

김의창, 송유진, 문태수, 『e-비즈니스시대의 정보관리론』, 학현사, 2005.

김정욱, 함용석 외 10인, 『경영정보시스템』, 박영사, 2007.

김현정, 이영희, "전사적 자원관리시스템의 조직 내 확산에 대한 저항요인", 하계 통합학술대회 (경영정보학회 part), 2005, pp.1-14.

토머스 데이븐포트 외 2인 공저, 노부호, 함용석 외 9인 옮김, 『빅 아이디어』, 21세기북스, 2003.

래리 리츠먼 외 1인 공저 / 강종열, 민동권, 박재홍, 손병규, 원유동 공역, 『생산운영관리의 기초』, 시그마프레스㈜, 2004.

류중경, 『e-Business의 성공을 위한 ERP 및 e-ERP 구축 방법』, 삼양미디어, 2003.

류지철, 『글로벌 경제시대의 생산경영』, 한올출판사, 2005

백주현, 황규진, 함용석, 권오영, 김종근, 『경영학원론』, 도서출판 두남, 2007.

변지석, 『ERP를 통한 경영혁신』, 라이트북닷컴, 2003.

시모도이 다카시 지음 / 윤재봉 외 2인 옮김, 『경영시스템 혁신을 위한 SAP R/3』, 대청, 2000.

오우라 유조 지음 / 김양욱 편역, 『업무혁신을 위한 ERP 성공포인트 98』, 21세기북스, 1999.

최경주, 함용석, 박상익, 『전자상거래와 SCM』, 도서출판 두남, 2007.

최정욱, 함용석, "전자 상거래 환경하의 SCM의 발전단계에 관한 연구", 한국생산관리학회지, 제14권, 제2호, 2003, pp.93-113.

함용석, 김태영, "H사의 공급망 환경에서의 생산계획 최적화 사례연구", 한국경영정보학회 추계컨퍼런스, 2006, pp.375-381.

함용석, 김태영, "혼합정수계획법을 이용한 H사의 분배 센터 운영 최적화 방안에 대한 연구", 대한경영학회 논문집, 제19권, 제6호, 2006, pp.2513-2530.

함용석, 남기찬, "ASP방식을 통한 제이텔의 ERP도입사례", Information Systems Review, Vol.24, No.1, 2002, pp.19-31.

함용석, 최정욱, "V사의 Post-ERP 혁신활동을 통한 가치 창출 사례", 한국 SI학회 추계학술대회 논문, 2002, pp.245-251.

홍일유, 『디지털 기업을 위한 경영정보시스템』, 법문사, 2005.

황재훈, "ERP 시스템의 구축 후 운영성공에 관한 사례연구", 정보기술과 데이터베이스 저널, 2002, 제10권 제1호, pp.61-70.

후쿠시마 요시아키 지음 / 한국능률협회컨설팅 SCM팀 옮김, 『SCM 경영혁명』, 21세기 북스, 1998.

2. 국외문헌

Amako-Gyampha, K and Salam, A.F., "An Extension of the Technology Acceptance Model in an ERP Implementation Environment," Information and Management, Vol.41, 2004, pp.731-745.

Andreas Vogel and Ian Kimbell, 『mySAP ERP For Dummies』, Wiley Publishing, 2005.

Boo-Ho Rho, Yong-seok Hahm and Yung Mok Yu, "Improving Interface Congruence between Manufacturing and Marketing in Industrial-Product Manufacturers", International Journal of Production Economics, 37, 1994, pp.27-40.

Cecil Bozarth, "ERP Implementation Efforts at Three Firms-Integrating Lessons from the SISP and IT-Enabled Change Literature", IJOPM, Vol.26, No.11, 2006.

David King, Dennis Viehland and Jae Lee, 『Electronic Commerce-A Managerial Perspective』, Pearson Education International, 2006.

Dimitris N. Chorafas, 『Integrating ERP, CRM, Supply Chain Management, and Smart Materials』, AUERBACH, 2001.

Gattiker, T.F and Goodhue, D.L., "What Happens after ERP implementation: Understanding the Impact of Interdependence and Differentiation on Plant-Level Outcomes," MIS Quarterly, Vol.29, No.3, 2004, pp.559-585.

Gerhard Keller and Thomas Teufel, 『SAP R/3 Process-Oriented Implementation-Iterative Process Prototyping』, Addison Wesley Longman, 1998.

Gerhard Knolmayer, Peter Mertens and Alexander Zeier, 『Supply Chain Management Based on SAP Systems』, Springer, 2002.

Glynn C. Williams, 『Implementing SAP R/3 Sales and Distribution』, McGraw-Hill, 2000.

George W. Anderson and Danielle Larocca, 『Sams Teach Yourself SAP in 24 Hours』, Sams Publishing, 2006.

Horst Keller and Sascha Kruger, 『ABAP Objects-ABAP Programming in SAP Netweaver』, Galileo Press, 2007.

Jen-Her Wu and Yu-Min Wang, "Measuring ERP Success : the Ultimate User's View", IJOPM, vol.26 no.8, 2006.

John Storey and Carloline Emberson et al., 『Supply Chain Management: Theory, Practice and Future Challenges』, IJOPM, Vol.26, No.7, 2006.

Kenneth C. Laudon and Jane P. Laudon, 『Management Information Systems』, Pearson Education International, 2007.

Lapointe,L. and Rivard, S., "A Multilevel Model of Resistance to Information Technology Implementation," MIS Quarterly, Vol.29, No.3, 2005, pp.461-491.

Martin Murray, 『SAP MM-Functionality and Technical Configuration』, Galileo Press, 2006.

Patrik Jonsson and Stig-Arne Mattsson, "A Longitudinal Study of Material Planning Applications in Manufacturing Companies", IJOPM, Vol.26, No.9, 2006.

Quentin Hurst and David Nowak, 『Configuring SAP R/3 FI/CO』, SYBEX, 2000.

Stanley E. Fawcett, Lisa M. Ellram and Jeffrey A. Ogden, 『Supply Chain Management: From Vision to Implementation』, Pearson Education International, 2007.

찾아보기

E

F

G

H

I

K

L

M

T

V

W

ㄱ

ㄴ

ㄷ

ㄹ

❖ 저자약력

함용석 교수는 1993년부터 삼성SDS와 글로벌 경영컨설팅 회사인 Accenture 및 SAP Korea 등에서 근무하며 삼성전자, 삼성중공업 조선해양사업부 및 영국생산법인, 삼성항공, 볼보건설기계코리아, 한국타이어, LG전자 등 국내 유수 기업들의 경영 컨설팅을 담당한 바 있다. 서강대학교에서 학사, 석사, 박사를 취득하고, 이화여자대학교, 서강대학교, 인천시립대학교 등에서 학부 및 대학원 강의를 담당하였다.

현재는 동양공전에서 ERP 및 SCM 관련 과목을 강의하며, 대우조선, 삼성SDI 등에서 『Post-ERP 경영혁신』 과정과 『프로세스 최적화 및 성과지표관리』 과정 등 맞춤형 교육과정을 운영하고 있다. 또한 미국 APICS공인 생산/물류관리사(CPIM) 자격증을 보유하고 있으며, 독일 SAP사의 ERP 관련 SD, MM, PP모듈에 대한 공인자격증을 가지고 있다. 『빅 아이디어 (21세기북스)』, 『전자상거래와 SCM (도서출판 두남)』, 『경영정보시스템 (박영사)』 등의 주요 저서가 있으며, Improving Interface Congruence between Manufacturing and Marketing in Industrial-Product Manufacturers (International Journal of Production Economics) 등 국내외 학술지에 수십 편의 논문을 발표하였다.

인 지

무한세계 SAP ERP 여행

초 판 1쇄 발행 —— 2008년 2월 25일
초 판 2쇄 발행 —— 2010년 1월 25일
초 판 3쇄 발행 —— 2011년 2월 15일
초 판 4쇄 발행 —— 2013년 1월 30일
지은이 —— 함 용 석
펴낸이 —— 전 두 표
펴낸곳 —— 도서출판 두남
서울시 강동구 성내로6길 34-16 두남빌딩
신 고 : 제25100-1988-9호
TEL : 02) 478-2065, 2066, 2067, 2311
FAX : 02) 478-2068
E-mail : dunam1@unitel.co.kr
http://www.dunam.co.kr

정가 22,000원

ISBN 978-89-8404-914-7 13320